5 천만이 검색한 가족여행지

글·사진 이병헌

프롤로그

교단에 선지 25년째다.
예전과 달리 아이들은 밖에 나가 뛰어놀기 보다는 책상에 앉아 교과서와 문제집에 파묻혀 있는 시간들이 더 길어진 듯하다. 옆에서 보기에 안타깝기도 하고 교사로서 '아이들에게 좀 더 많은 세상을 보여줄 수는 없을까?' 라는 생각이 항상 머릿속에 맴돌았다. 그런 고민이 하루 이틀 계속 되던 날 우연찮은 기회에 첫 여행을 떠나게 되었다. 그저 집을 떠나 새로운 곳을 가는 것만으로도 설레는 시간이었다. 여행을 다녀와서 이야기 한 보따리를 아이들에게 풀어놓았다. 똑딱이 카메라로 세상을 담은 사진들도 보여줬다. 교과서에 고개를 파묻고 있던 아이들이 여행이야기에 귀를 기울이기 시작했다.

그렇게 시작된 나의 여행이었다. 그 후 내가 다녀온 여행 정보와 감상을 우리 학생 뿐 아니라 여러 사람과 나누고 싶다는 생각이 들어 2006년부터 '자연 여행 그리고 삶' 이라는 블로그에 여행 이야기를 풀어내기 시작했다. 꾸준함 덕분인지 2008년부터 지금까지 여행분야 파워블로그로 선정되었다. 그 후로 5년 이제 여행은 취미가 아닌 내 삶의 전부가 되었다.

이제는 직장인뿐만 아니라 전국의 모든 초·중·고등학생도 2012년부터 토요일에 학교에 가지 않아도 된다. 아이들이야 신나겠지만 부모들은 걱정거리가 늘었다.

과연 주말 이틀 동안 아이들과 무엇을 해야 온가족이 알찬 시간을 보낼 수 있을까? 여기 그 해답이 있다. 자녀에게 더 넓은 세상을 만나게 해 줄 수 있는 가장 좋은 방법은 여행이다. 25년 간 교사 생활을 하면서 느낀 건 교과과정에 매몰된 아이들보다 바깥세상을 많이 경험한 아이들이 풍부한 감수성과 창의력을 갖는다는 것이다. 온가족이 배낭을 메고 떠나는 여행을 통해 새로운 것을 보고 느끼고 경험하면서 세상을 보는 눈이 넓어진다. 바로 이런 여행을 하도록 아이들을 도와주는 것이 부모의 역할 아닐까?

　여행의 첫걸음은 그리 어렵지 않다. 온가족이 거실에 둘러앉아 여행 계획을 짜는 것만으로도 큰 공부가 된다. 무작정 떠나는 여행을 할 수도 있겠지만 떠나기 전 계획을 세우고 출발한다면 아이들에게 좀 더 많은 것을 보여주고 알려줄 수 있을 것이다. 이 책에 소개된 곳들은 혼자서도 좋지만 가족과 함께 간다면 더 좋을 곳들을 선택했다. 책 속의 내용을 기본으로 여행계획을 세우고 떠난다면 좀 더 알찬 여행이 될 것이다.

　끝으로 이 책이 나오기까지 수고해주신 중앙북스의 서랑례님과 사진을 제공해 준 구름발치님, 유토피아님, 집시님, 메아리님께 깊은 감사를 드린다. 책이 세상에 나오는 날 나는 또 다시 자연 속에서 여행과 삶 이야기를 나누고 있을 것이다.

사과나무 과수원 옆, 작은 시골 중학교에서

이병헌

일 러 두 기

∷ 대중교통, 먹을거리, 잠자리 정보는 2011년 10월 기준으로 쓰여졌습니다.

∷ 대중교통의 운행시각과 배차간격은 수시로 변동하므로 계획을 세울 때 다시 한 번 확인을 부탁드립니다.

∷ 자가용 여행의 출발지는 서울을 기준으로 쓰여졌습니다.

∷ 여행지의 순위는 블로그 및 오프라인, 인터넷 커뮤니티 투표의 결과로 선정되었습니다.

국내 여행지 목차

서울

경기도

강원도

충청북도

충청남도

경상북도

경상남도

전라북도

전라남도

제주도

서울

서울여행지베스트

종로구 4대 고궁 투어

영등포구 선유도 한강공원

영등포구 선유도 한강공원

4

용산구 N서울타워 **7**

용산구 이태원

9

용산구 국립중앙박물관

용산구 N서울타워

용산구 이태원

성북구 길상사

성북구 길상사

구 성곽길 성북구 길상사
10 **3**
종로구 대학로
8
1 **12** 종로구 종묘 **5** 종로구 이화동 벽화거리
종로구 4대 고궁 투어
2 종로구 인사동
11
종로구 청계천

종로구 청계천

종로구 청계천

송파구 올림픽공원과 몽촌토성

송파구 올림픽공원과 몽촌토성 **6**

송파구 올림픽공원과 몽촌토성

두근두근 서울1일코스

과거와 현재가 공존하는 도시 서울을 한꺼번에 둘러보는 가족여행 일일코스.
익숙한 도시 서울을 느긋하게 둘러보는 하루여행

1day

1 성북구 길상사

주말 가족과 함께 하는 서울 일일 투어의 시작은 도심 속 조용한
절집 길상사
전철과 버스를 벗어나 성북동 골목길을 여유롭게 걸어보자.

2 종로구 창경궁

길상사에서 명륜동을 거쳐 내려와 조금만 걷다보면 나오는 고궁
조선의 옛 숨결이 남아있는 곳으로 서울과학관과 함께 구경하면 좋다.

개장시간 | 09:00~18:30(4~10월), 09:00~17:30(11~3월),
　　　　　　 09:00~17:00 (12~2월)
입장료 | 대인 1,000원, 소인 500원

3 종로구 이화동

마을 곳곳에서 벽화와 설치미술품들을 찾아볼 수 있는 곳.
벽화를 배경으로 예쁜 사진을 찍어보자.

4 종로구 대학로

우리나라 공연 예술의 메카. 하루에도 수십 편이 넘는 공연이 무대
에 올려진다. 아이들과 인기 있는 공연이 보고 싶다면 예약은 필수.

1day

① 용산구 국립중앙박물관

우리나라를 대표하는 박물관으로 13만 5,000여 점에 이르는 유물을 소장하고 있다. 사람이 몰리는 시간을 피해 오전에 방문해보자.

관람시간 | 09:00~18:00(화 · 목 · 금요일), 09:00~21:00(수 · 토요일), 09:00~19:00(일요일 · 공휴일)
휴관 | 1월 1일, 매주 월요일
입장료 | 무료 (단, 유료 특별 · 기획전시 제외)

② 용산구 이태원거리

세계의 다양한 문화와 음식을 만날 수 있는 곳. 이태원거리에서 맛있는 점심식사를 하고 근처 삼성미술관 리움에 방문해보자.

삼성미술관 리움
관람시간 | 10:30~18:00
휴관 | 1월 1일, 설연휴, 추석연휴, 매주 월요일
입장료 | 상설전 10,000원, 코리안 랩소디 7,000원, Day pass 13,000원

③ 용산구 N서울타워

서울에서 가장 아름다운 야경을 볼 수 있는 곳.
N서울타워에서 어둠 속에서 불빛으로 반짝이는 최고의 야경을 감사하자.

개장시간 | 10:00~23:00(월~목요일, 일요일), 10:00~24:00(금 · 토요일)
입장료 | 어른 9,000원, 경로 · 청소년 7,000원, 어린이 5,000원

1day

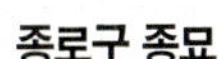

① 종로구 종묘

유네스코 세계문화유산 중 하나. 우리나라 조상 숭배 사상을 직접 눈으로 확인할 수 있는 곳.

개장시간 | 09:00~18:00(3~9월), 09:00~17:30(10~2월)
입장료 | 성인 1,000원, 청소년 500원, 만6세 이하 어린이, 만 65세 이상 국민 무료

② 종로구 인사동길

젊음과 전통이 공존하는 인사동길. 고가구점, 화방, 민속공예품점 등 전통문화를 느낄 수 있는 곳이 많다.

③ 청계천

서울을 대표하는 명소.
도심 속 답답함을 가시게 하는 시원한 물줄기를 느끼며 가족과 함께 불을 밝힌 청계천변을 산책해보자.

01위 종로구 4대 고궁 투어

여행포인트 **고궁을 둘러보며 조선시대 왕과 왕비들의 생활에 대해 이야기를 나누자.**

경복궁

주소 **서울시 종로구 세종로 1-1**

문의 **02-3700-3900**

홈페이지 **www.royalpalace.go.kr**

가는길 전철 3호선 경복궁역 5번 출구로 나와 도보 5분

창덕궁

주소 **서울시 종로구 와룡동 2-71**

문의 **02-762-8261**

홈페이지 **www.cdg.go.kr**

가는길 전철 1 · 3 · 5호선 종로3가역 6번 출구로 나와 도보 10분 또는 3호선 안국역 3번 출구로 나와 도보 6분

창경궁

주소 **서울시 종로구 와룡동 2-1**

문의 **02-762-4868**

홈페이지 **http://cgg.cha.go.kr**

가는길 전철 4호선 혜화역 4번 출구로 나와 도보 10분 | 버스 106 · 140 · 162 · 171 · 272 · 301번을 타고 창경궁 하차

덕수궁

주소 **서울시 중구 정동 5-1**

문의 **02-771-9951**

홈페이지 **www.deoksugung.go.kr**

가는길 전철 1호선 시청역 2번 출구로 나와 도보 3분 또는 2호선 시청역 12번 출구로 나와 도보 3분

일반적으로 외국인들이 우리나라를 여행할 때 가장 먼저 서울을 찾게 되는데 처음으로 둘러보는 코스가 고궁이다. 그 중심에는 경복궁이 있다. 태조 이성계가 1392년 조선을 세운 후에 1395년 지은 조선 왕실의 정궁이다. 제2대 정종을 비롯해 많은 임금이 경복궁 근정전에서 즉위했고 여러 면에서 조선시대 최고의 궁궐이라 할 수 있다. 화재로 방치되었다가 1868년 고종 때 대원군이 창건 당시 규모로 복원했다. 1895년 명성왕후 시해 사건이 일어나면서 이듬해 2월 고종이 러시아 공관으로 파천했다가 경운궁으로 거처를 옮기면서 왕궁 기능을 상실하게 되었다.

창덕궁은 1405년 태종이 지은 이궁으로 경복궁 동쪽에 있다 하여 '동궐'이라 불렀는데, 성종 때부터 임금들이 이곳에서 지내 본궁이나 다름없었다. 1917년 마지막 화재가 난 후 바로 중건되지 못하고 1920년에야 다시 지어졌는데 일제강점기에 경복궁의 교태전, 강녕전, 함원정, 흠경각을 철거해 창덕궁 건물들을 중건하면서 원래 모습을 상실했다.

창경궁은 세종대왕이 상왕인 태종을 위해 1418년 지은 수강궁이었는데 수난을 많이 당했다. 임진왜란 때 전소된 것을 광해군 시절 복구했으나 병자호란 등으로 또다시 화재를 당했다. 일제는 1909년 창경궁 내에 동·식물원을 설치한 뒤 '창경원'이라고 이름을 붙여 일반인들에게 개방해 왕궁으로서의 격을 떨어뜨렸고 유원지로 이용되다가 1984년 복원작업을 거쳐 현재에 이르고 있다.

덕수궁은 왕궁이 아닌 성종의 형 월산대군의 집으로 1879년 고종이 러시아 공관에서 이곳으로 환궁하면서 왕궁으로서의 역할을 했다. 한일의정서와 을사보호조약 체결도 바로 이곳에서 이뤄졌다. 언젠가도 도심 속 휴식을 제공하지만 역사적 숨결이 느껴지는 고궁은 단풍과 환상적인 조화를 이루는 10~11월이 방문하기에 좋다.

수문장 교대식

서울에 있는 고궁을 돌아보는 것은 우리 역사를 살펴볼 수 있는 좋은 계기가 될 수 있다. 특히 경복궁이나 덕수궁의 수문장 교대식은 외국인뿐만 아니라 내국인들에게도 인기 있는 프로그램이 되고 있다. 경복궁 수문장 교대식은 10시부터 오후 3시까지 정각에 이뤄지고, 덕수궁은 11시, 오후 2시 그리고 3시30분에 열린다. 그리고 4대궁 및 종묘를 입장권 한 장으로 관람할 수 있는데 홈페이지를 참조하면 된다.

02위 종로구 인사동길

여행포인트	**골동품 가게, 작은 갤러리가 밀집한 인사동길을 걸으며 전통문화를 몸소 느껴보자.**	
주소	**서울시 종로구 인사동**	
문의	**02-734-0222**(인사동 관광안내소)	
홈페이지	**http://insadong.jongno.go.kr**	
가는 길	전철 1호선 종각역 3번 출구로 나와 도보 3분 또는 3호선 안국역 6번 출구로 나와 도보 1분	
먹을거리	• **육미**(한식, 02-738-0122, 인사동) • **지리산**(한식, 02-723-4696, 관훈동)	
잠자리	• **웨스틴조선호텔**(02-771-0500, 소공동) • **플라자호텔**(02-771-2200, 태평로2가)	

외국인들이 우리나라를 방문하면 우리 문화와 역사를 알기 위해 경복궁 등 고궁 다음으로 많이 찾는 곳이 바로 인사동거리다. 인사동거리는 종로2가에서 인사동을 지나 관훈동 북쪽의 안국동 사거리까지를 말한다.

인사동의 명칭은 조선시대 한성부의 관인방(寬仁坊)과 대사동(大寺洞)에서 가운데 글자 인(仁)과 사(寺)를 따서 불렀다고 한다. 동쪽으로는 낙원동이 있고, 서쪽으로는 공평동, 북쪽으로는 관훈동, 남쪽으로는 종로2가와 적선동과 접해 있다. 1914년 행정구역 통폐합에 따라 대사동, 이문동, 향정동, 수전동, 승동, 원동 등의 일부가 통합되어 인사동이 되었고, 현재의 인사동 명칭은 일제강점기인 1914년부터 불려졌다.

1930년대에 이르러 인사동길 주변에 서적 및 고미술 관련 상가가 들어서기 시작해 골동품 거리로 자리를 잡게 되었다. 1970년대에는 최초의 근대적 상업 화랑인 현대화랑이 들어서면서 화랑들이 모여들어 미술문화 거리의 면모를 갖춰가기 시작했다. 1980년대 이후 골동품점, 화랑, 고가구점, 화방, 민속공예품 점포가 들어서면서 명실상부한 전통문화예술 활동의 중심지가 되었다.

인사동은 살아있는 박물관과 같은 곳이다. 인사동거리에 한국의 역사가 깃든 유적지들이 남아있고, 골목마다 들어선 전통찻집과 음식점에서 맛있는 시간을 가질 수 있으며, 필방과 고미술점과 화랑에서 예술혼을 만나볼 수 있다.

특히 인사동은 2003년 6월부터 최초로 일요일마다 차 없는 거리를 유지하고 있다. 지금은 토요일 오후(14~22시)와 일요일 오전 10시부터 밤 10시까지 운영되고 있다. 인사동에서는 4월에 개최되는 연등축제, 인사동 전통문화축제 등 일 년 내내 축제가 열리는데 미리 정보를 알아본 후 가면 더 즐거운 시간을 보낼 수 있다.

인사동 쌈지길(http://insa.ssamziegil.com)

인사동의 대명사처럼 되어 있는 쌈지길. 젊음과 전통이 함께하는 공간인 쌈지길은 종로구 관훈동에 있는 복합문화공간이다. 패션 브랜드 업체 '쌈지'가 만들어 쌈지길인데 인사동의 대표적 데이트 장소다. 지하부터 지상 4층까지 70여 개 공예품점, 기념품점, 갤러리, 찻집 그리고 음식점 등이 들어서 있다. 한국 전통의 멋스러움을 자아내 많은 사람이 찾아와 그들의 시간을 즐긴다.

03위 성북구 길상사

여행포인트   시인 백석과 기녀 김영한의 이룰 수 없는 사랑이야기를 들려주자.

주소   서울시 성북구 성북동 323

문의   02-3672-5945

홈페이지   www.kilsangsa.or.kr

가는 길
- 전철 4호선 한성대입구역 6번 출구로 나와 버스 1111 · 2112번을 타고 홍익중고 앞에서 하차 후 도보 10분
- 길상사 셔틀버스 이용. 전철 4호선 한성대입구역 6번 출구로 나와 50m전방 버스정류소에서 탑승(08:30~16:30, 1일 8회 운행)

먹을거리
- **수연산방**(찻집, 02-764-1736, 성북동)
- **성북동집**(칼국수, 02-747-6234, 성북동)

잠자리
- **롯데호텔**(02-771-1000, 소공동)
- **프레지던트호텔**(02-753-3131, 을지로1가)

전철과 버스에서 벗어나 성북동 골목을 오르는 길은 여유롭고 한가롭다. 길상사에 가는 길이어서 그런지 마음속에서 따스함이 먼저 묻어나온다. 골목길을 오르다 보면 성북동 북악산 기슭에 자리 잡은 길상사에 닿는다. 1987년 공덕주 길상화(吉祥花) 김영한님이 음식점이던 대원각을 청정한 불도량으로 만들어 주시기를 법정스님께 청했다. 법정스님은 처음엔 거절했는데 계속되는 청에 1995년 그 뜻을 받아들여 6월 13일 대한불교 조계종 송광사 말사 '대법사'로 등록하고 주지에 현문 스님이 취임했다. 1997년에는 '맑고 향기롭게 근본도량 길상사'로 이름을 바꿨다.

시주를 한 김영한은 가난해 병약한 남편에게 시집을 갔고 그녀의 남편이 죽자 시어머니의 고된 시집살이를 견디지 못하고 결국 집을 뛰쳐나왔다. 그 후 춤추고 노래하는 기녀의 길을 걸으면서 운명적으로 백석과 만났는데 백석은 한눈에 김영한에게 빨려 들어갔다. 백석의 부모는 기생에게 빠져있는 아들을 강제로 세 번이나 결혼시켰지만 그때마다 김영한에게 돌아왔다. 백석이 김영한에게 '우리 만주로 함께 도망치자'고 제안하지만 김영한은 자신이 백석에게 걸림돌이 되는 것이 싫어 거절하고 '대원각'을 운영하며 돈을 모았다. 그녀는 백석의 생일인 7월 1일만 되면 곡기를 끊었다고 한다. 절을 개원할 때 불교계 인사들뿐만 아니라 선종하신 김수환 추기경님을 비롯한 많은 수녀님도 참여했다.

연등의 숲을 헤치고 올라가다 보면 왼쪽에 그녀의 공덕비가 있다. 위로 올라가면서 스님들의 숙소가 보이고 다시 아래로 내려오니 아미타부처님을 봉안한 길상사의 본법당인 극락전이 보인다. 옆으로는 선열당이 있고 도서관도 있다. 도심 속에 있는 길상사는 많은 사람에게 삶의 여유를 제공하는 공간으로 사랑받고 있다. 주말 가족과 함께 가벼운 나들이를 하기에 좋은 곳이다. 매월 3·4 주말에는 선 수련회가 열린다. 신자가 아니라도 참석이 가능하다.

길상사 관음보살상

길상사에는 관음보살상이 있는데 길상사 개산(開山) 당시 천주교 신자인 조각가가 만들어 봉안한 석상이다. 관음보살상이 마리아를 닮았는데 종교 간 화해의 염원이 담긴 관음상이다.

04위 영등포구 선유도 한강공원

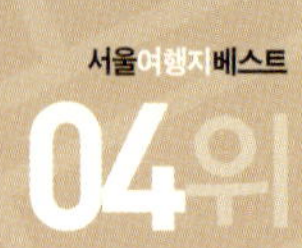

여행포인트	주변에서 흔히 볼 수 없는 수생식물을 직접 보고 관찰일기를 써보자.
주소	서울시 영등포구 양화동 95
문의	02-3780-0590
홈페이지	http://hangang.seoul.go.kr/park_soenyoo

가는 길
- 전철 2호선 당산역 1번 출구로 나와 버스 760 · 5714번을 타고 선유도공원 정문에서 하차
- 전철 9호선 당산역 13번 출구로 나와 버스 5714번을 타고 선유도공원 정문에서 하차
- 전철 9호선 선유도역 2번 출구로 나와 도보 7분

먹을거리
- **카페테리아 나루**(커피와 차, 02-2675-2112, 선유도공원 내)
- **민속 칼국수 얼큰한 수제비**(수제비, 02-2632-3793, 양평동)

잠자리
- **남경호텔**(02-334-0055, 합정동)
- **준희빈호텔**(02-332-7771, 합정동)

서울의 젖줄 한강 선유도엔 과거의 정수장 건축구조물을 재활용해 조성한 환경 생태공원인 선유도 한강공원이 있다. 선유도공원은 '물 공원'이 가장 큰 콘셉트다.

선유도 일대에 있던 건물과 어우러진 수질정화원, 환경물놀이터, 식물원 등에서 다양한 수생식물과 생태숲을 만날 수 있다. 또한 이곳은 서울디자인갤러리와 시간의 정원 등 다양한 볼거리도 제공하고 있다. 공원에 있는 각종 휴식공간은 생태교육과 자연체험의 장이다.

도심에서 그리 멀지 않기 때문에 서울시민들이 많이 찾아와 소풍을 즐기듯 머물다 가기에 좋은 곳이다. 이곳은 과학기술의 비약적 발전 이면에서 우리들이 겪어야 했던 환경 문제에 대해 생각해볼 수 있는 곳이다.

일제강점기와 근대화의 물결 속에서 사라져간 선유봉은 정수장이 들어서면서 그 모습이 훼손되었고, 선유도를 둘러싼 한강은 오염되었다. 그 후 옛 정수장 시설물을 재활용해 환경 중심의 공원으로 다시 태어나게 됐다. 생각도 못했던 일이 현실로 구현된 것이다. 오물을 처리하던 정수장이 서울 시민들이 즐겨찾는 생태 공원이 될 줄이야.

선유도 공원은 각종 수생식물과 여러 종류의 나무와 꽃을 심어 휴식과 환경교육의 장으로 이용되고 있다. 더 이상 환경 파괴가 아닌 함께 어우러지면서 현재와 미래에 대한 희망을 담은 선유도 공원이 시민들 품에 안기게 되었다.

선유도 공원은 시민들의 놀이터가 되었다. 잔디밭이나 빈 곳에는 사람들이 자리를 잡고 소풍을 즐기는 모습이 보인다. 가족 단위 방문객이 많다. 도시락을 싸 가지고 와서 식사를 하고 간식을 먹고 휴식을 취한다. 그 모습이 참 정겹게 느껴진다. 생태 놀이터에서는 아이들이 물놀이를 하는 모습도 볼 수 있다. 식물원에는 많은 수는 아니지만 도시에서 쉽게 볼 수 없는 식물들을 만날 수 있어 체험의 장이 되고 있다.

선유도 테마식물원

선유도 테마식물원은 기존 정수장을 활용해 만들었는데 각종 수생식물이 물을 정화시키는 과정을 볼 수 있다. 이뿐 아니라 금불초, 갯버들 등 수생식물을 관찰할 수 있어 아이들의 학습에도 좋다. 시간의 정원에서는 이끼원, 고사리원, 푸른숲의 정원, 초록색의 정원 등 다양한 테마정원을 만날 수 있어 좋고 온실 안에서 다양한 꽃과 식물을 만나보는 것은 덤으로 느껴진다.

05위 종로구 이화동 벽화거리

여행포인트	**벽화마을의 다양한 그림을 배경으로 아이와 즐거운 컨셉사진을 찍어보자.**
주소	**서울시 종로구 동숭동 산 2-10**
연락처	**02-743-7985**(낙산공원관리소)
가는 길	전철 4호선 혜화역 2번 출구로 나와 낙산공원 방향으로 도보 10분
먹을거리	• **이스탄불**(양식, 02-744-9790, 명륜4가)
	• **숯대**(샤부샤부, 02-741-1357, 동숭동)
잠자리	• **비원호텔**(02-763-5555, 원남동)
	• **고궁호텔**(02-741-3831, 원남동)

언제부턴가 우리나라에 벽화거리가 생겨나 전국적인 열풍으로 번지고 있다. 벽화거리는 주로 달동네를 중심으로 조성되어왔는데 이화동 역시 낙산공원 주변을 중심으로 많은 벽화가 그려졌고 또 설치미술까지 등장하게 되었다.

전철 4호선 혜화역에 2번 출구로 나와 낙산공원을 향해 오르다보면 이화동 벽화거리에 닿게 된다. 한 방송국 예능프로그램에 방송된 이후 꾸준히 사람들이 찾아오는 곳이 되었다.

사실 벽화는 낡은 담벼락이나 골목길 바닥에 그려지는 경우가 많다. 이곳도 담벼락에 많은 그림들이 그려졌고 골목 계단에도 꽃이 그림이 되어 살아있다. 허전했던 벽면에 그려진 그림을 보면서 주민들의 웃음도 피어나고 지나가는 사람들의 입가에도 미소가 번지는 것을 느낄 수 있다.

입구에서는 낙타가 먼저 이곳을 찾는 사람들을 맞아준다. 벽에는 풀꽃이 피어나고, 나뭇가지에 올라앉은 남녀의 모습이 보이고, 사람과 개가 나란히 하늘을 향해 걸어가는 모습도 보인다. 가스 파이프라인에 붙어있는 딱정벌레를 볼 수 있고 창문에 피어난 나팔꽃의 신선함에 젖어들게 된다. 벽에는 소나무가 꽃처럼 피어나 우뚝 서있고, 골목 계단에는 물고기가 헤엄쳐 올라가는 듯하다. 또한 계단을 밟고 위로 올라갈 때마다 꽃송이도 함께 올라가는 듯한 느낌이 든다.

하지만 이화동 벽화거리는 홍역을 앓고 있다. 낮뿐만 아니라 밤에도 이곳을 찾아오는 사람들이 주민들에게 고통을 주기도 한다. 한 예능 프로그램에 등장해 유명세를 치른 이화동 '날개 벽화'가 삭제되는 안타까운 일이 벌어졌다. 이는 방문객들이 날개 벽화 앞에서 웃고 떠들어 주민들이 어려움을 겪자 벽화를 그린 작가가 날개 벽화를 지웠다고 한다.

이곳 벽화거리를 돌아보면서 낙산공원에 들러 잠시 휴식을 취하면서 자연 속에 머물러 보는 것도 좋다. 다만 주민들이 살고 있는 곳이니 조용히 움직이도록 하자.

낙산공원

북악산, 남산, 인왕산과 함께 서울을 구성하는 내사산(內四山)의 하나인 낙산은 북악산의 좌청룡에 해당한다. 이곳은 역사적 문화 환경을 복원하고 쾌적한 자연환경을 조성해 시민들에게 좋은 경관을 제공한다. 각종 편의시설까지 갖춰 시민들의 휴식처가 되고 있다.

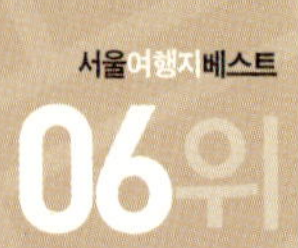

06위 송파구 올림픽공원과 몽촌토성

여행포인트	도심 한가운데 있는 토성을 따라 걸으며 백제시대로의 역사 여행을 떠나보자.
주소	서울시 송파구 올림픽로 426
문의	02-410-1114
홈페이지	www.kspo.or.kr/olpark
가는 길	• 전철 5호선 올림픽공원역에서 하차 • 버스 3212 · 3214 · 3316 · 3416 · 4213 · 371번을 타고 올림픽공원역에서 하차
먹을거리	• **벽제갈비**(갈비, 02-415-5522, 방이1동) • **홈수끼**(샤부샤부, 02-417-4124, 방이동)
잠자리	• **올림픽파크텔**(02-410-2514~5, 방이2동) • **잠실스카이호텔**(02-416-1611, 방이2동)

올림픽공원은 원래 아시아경기대회와 올림픽을 치르기 위해 건설되었는데 지금은 다양한 용도로 이용하는 종합공원이다.

올림픽공원은 3개 테마공원으로 구분된다. 산책이나 레포츠를 즐길 수 있는 건강 올림픽공원, 몽촌 역사관, 몽촌토성 등이 있는 볼거리 올림픽공원, 호돌이관광열차·음악분수 등으로 구성된 즐거운 올림픽공원이다.

올림픽공원의 주요 시설은 올림픽회관, 경륜장, 역도경기장, 펜싱경기장, 체조경기장, 테니스경기장, 수영장 등이며 각종 경기가 열리기도 하고 시민들이 이용할 수도 있다.

그리고 세계 110개국 200여 조각가의 작품으로 조성된 올림픽조각공원과 세계평화의 문, 88놀이마당, 산책로, 올림픽문화센터, 야생화단지, 야외미술관 등 다양한 시설이 들어서 많은 시민의 휴식처가 되고 있다.

이곳은 몽촌토성지가 복원되어 토성을 따라 걷는 것도 인기가 있다. 몽촌토성은 백제 전기의 토성으로 성내천 남쪽에 있는데 둘레가 약 2.7㎞이다. 석성과 달리 이곳은 자연 지형을 이용해 진흙으로 성벽을 쌓았고 목책을 세워 방어를 했다. 또한 자연 암반층을 급경사로 깎아 만들기도 했고, 성을 둘러싼 물길인 해자도 확인되었다. 이곳에서 나온 유물은 동전무늬가 찍힌 자기 조각과 여러 종류의 토기류, 철제 무기류 등이 있는데 특히 동전무늬 자기 조각은 시대 확인에 있어 중요한 역할을 한다.

몽촌토성에 대해 백제의 도성인 위례성이라는 견해와 방어용 성이라는 견해가 있는데, 여러 정황을 볼 때 백제 초기 군사적 그리고 문화적 성격을 살필 수 있는 유적이라 할 수 있다. 아이들과 국사 교과서에 등장하는 백제 시대의 모습을 확인할 수 있는 최적의 장소다. 온가족이 언제라도 휴식을 즐길 수 있는 도심 속 공원이다.

놓치지 마세요!

왕따나무

몽촌토성에는 사람들이 소위 '왕따나무'라 부르는 측백나무가 있다. 잔디밭에 홀로 서 있는 모습이어서 '왕따'라는 이름을 가지게 되었는데 많은 사진작가가 이 나무를 찍기 위해 온다. 계절별로 다가오는 느낌이 다르니 올림픽공원에 가면 꼭 살펴보길 바란다.

07위 용산구 N서울타워

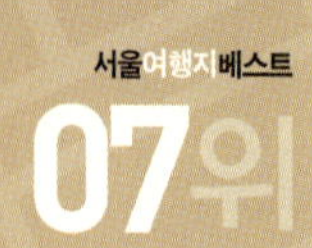

여행포인트	**해질녘 온가족이 N서울타워에 올라 멋진 야경사진을 찍어보자.**
주소	**서울시 용산구 용산동2가 산 1-3번지**
문의	**02-3455-9277**
홈페이지	**www.nseoultower.com**

가는 길
- 전철 3·4호선 충무로역 2번 출구로 나와 대한극장 앞에서 남산순환버스 2·5번을 타고 종점에서 하차
- 전철 6호선 이태원역 4번 출구로 나와 남산순환버스 3번을 타고 종점에서 하차

먹을거리
- **한쿡**(한식, 02-3455-9292, N서울타워 내)
- **N.Grill**(양식, 02,3455-9297, N서울타워 내)

잠자리
- **롯데호텔**(02-771-1000, 중구 소공동)
- **프라자호텔**(02-771-2200, 태평로2가)

서울의 중심 남산에 솟아있는 탑으로 밤이 되면 어디서나 보일 법한 화려한 조명으로 옷을 갈아입는 곳. 바로 남산 N서울타워다. N서울타워는 2005년 5월부터 남산공원 생태환경보호의 일환으로 승용차 출입이 제한되어 인근 주차장에 자동차를 주차하고 노란색 남산순환버스를 이용해 오르면 된다.

입구에서 내려 도심에 자리 잡고 있는 남산을 느끼면서 걷는 것도 운치 있는 일이다. 멀리서 N서울타워를 보면 가슴이 뻥 뚫리는 느낌을 받는다. 중간에 버스에서 내려 걸어가다 보면 서울 성곽을 만나기도 하고 봄에는 초록빛, 가을에는 울긋불긋한 단풍을 만나 즐거운 시간을 담을 수 있다.

전망대에 도착하면 높이 솟아있는 그 규모에 놀라게 된다. 이 전망대는 문화방송과 동양방송 그리고 동아방송이 공동투자해 1969년 착공해 1975년 완공되었다. 1980년부터는 일반인들에게 공개되면서 서울을 상징하는 대표 건축물이 되어 많은 사람이 찾아오고 있다.

높이는 236.7m, 해발 479.7m이다. 전망대에서 서울 시내 전역을 내려다볼 수 있다. 특히 전망대에서 보는 서울 야경은 두고두고 눈에 어른거릴 만큼 인상적이다. 이곳은 전파 송출용 시설뿐 아니라 편의시설도 갖춰져 있다. 전망대, 전시관, 식당, 카페, 기념품점 등이 있어 소중한 시간을 보내기에도 충분하다. 전망대에 위치한 식당은 바닥이 48분마다 360° 회전하는 것으로 유명하다.

탑이 세워진 곳은 원래 조선신궁이 있었던 자리인데, 철거하면서 공터로 있다가 안전기획부 청사 등이 들어서면서 같이 세워졌다. 탑 옆에는 남산 팔각정이 있고 그 옆에는 봉수대가 있다. 이곳은 많은 영화와 드라마가 촬영된 장소로도 유명하다. 자물쇠를 채워서 사랑을 간직하려는 연인들이 많이 오는데, 요즘에는 열쇠로 탑을 만들어 새로운 명소가 되고 있다. 또한 펜스에 걸려있는 자물쇠는 남산타워의 새로운 명물이다. 연인들은 저마다의 소망을 닮아 남산타워 주변 펜스에 자물쇠를 채우곤 한다.

남산 팔각정

N서울타워 부근에 남산 팔각정이 자리 잡고 있다. 1959년 이승만 대통령을 기리기 위해 우남정을 지었다가 1960년 4·19의거 때 철폐되었고, 다시 1968년 11월 건립되었다. 이 팔각정은 남산 정상에 세워져 눈 아래 펼쳐진 서울 시를 한눈에 볼 수 있다.

08위 종로구 대학로

여행포인트	온가족이 연극 한 편을 보고 각자의 감성을 자유롭게 이야기해 보자.
주소	서울시 종로구 동숭동
연락처	02-731-0114
홈페이지	http://daehangno.jongno.go.kr
가는 길	전철 4호선 혜화역 2 · 4번 출구로 나오면 바로
먹을거리	• **마끼야**(일식, 02-766-0063, 연지동) • **프로방스**(돈까스, 02-3672-6359, 혜화동)
잠자리	• **Backpackers INSIDE**(02-3672-1120, 명륜동2가) • **비원호텔**(02-763-5555, 원남동)

서울에는 젊음을 읽고, 느끼고 함께할 수 있는 문화 충전소 역할을 하는 곳이 많다. 그중에서 대학로는 연극이나 공연의 맥을 이어가는 곳이다. 대학로라는 명칭은 정부 주도로 1985년 '문화예술의 거리'를 조성하면서 처음 사용되었는데 지금까지 이어지고 있다. 이곳은 경성제국대학 이후 서울대학으로 바뀌면서 대학가 문화를 선도했다. 대학이 있던 자리에는 신촌을 비롯해 서울 곳곳에 흩어져 있던 문화단체와 극장들이 모여들기 시작했다. 그리고 이곳은 2004년 인사동에 이어 서울에서 두 번째 '문화지구'로 지정되어 서울의 문화를 대표하는 거리로 변모하게 되었다.

대학로는 종로구 종로5가 79-1번지 종로5가 사거리에서 혜화동 132번지 혜화동 로터리에 걸쳐있다. 80년대에는 학생운동과 함께 젊음이 들끓던 곳이었다. 거리공연이 있었고, 스케이트보드를 타는 젊은이들이 많았고, 한쪽에선 막걸리 파티가 열리면서 나라를 이야기하고 삶을 노래했던 곳이었다.

캠퍼스가 머물던 자리에 한국문화예술진흥원, 문예진흥원 미술관(현, 아르코미술관), 문예진흥원 예술극장(현, 아르코 예술극장)이 들어섰고, 1989년에는 동숭아트센터가 건립되어 연극을 비롯한 각종 문화공연의 장이 되었다. 대학로 거리에는 각종 설치미술품들이 많이 있다. 이곳의 극장에서 연극 한 편이나 뮤지컬을 보면서 시간을 보내는 것도 뜻 깊은 일이다.

대학로에 연극이나 공연을 하는 극장만 있는 것은 아니다. 이곳에서 대학문화가 형성되고 꽃을 피웠으니 근현대 문화유산도 많이 있다. 가톨릭청소년회관, 도산 안창호 선생이 조직한 흥사단 본부 그리고 마로니에 공원이 있다. 반대편 나지막한 언덕은 '낙산'이다. 10분 정도 골목을 따라 올라가면 낙산공원이 나온다. 낙산공원에서 내려오는 길에는 이승만 전 대통령이 살았던 사적 497호 이화장이 있다.

이화장(梨花莊)

이화장은 한국방송통신대학 뒤쪽 낙산 기슭에 있는데 본채, 별채인 조각당, 그리고 여러 부속건물들로 구성되어 있다. 본채는 대한민국 초대 대통령인 이승만 내외가 살던 곳이고, 조각당은 1948년 7월 20일 대통령에 당선된 이승만이 조각 본부를 두고 초대 내각을 구상한 곳이다.

09위 용산구 국립중앙박물관

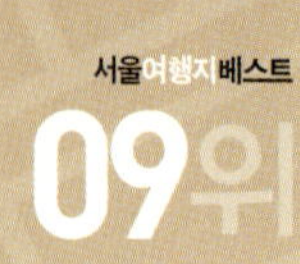

여행포인트	**교과서에 나온 유물을 직접 보며 아이와 유물이름대기 놀이를 해보자.**
주소	서울시 용산구 용산동6가 168-6
문의	02-2077-9000
홈페이지	**www.museum.go.kr**
가는 길	• 전철 4호선 또는 중앙선 이촌역 2번 출구로 나와 도보 5분 • 버스 0213 · 502번을 타고 국립중앙박물관에서 하차
먹을거리	• **동강**(중식, 02-794-1033, 이촌동) • **거울못카페**(양식, 02-796-1825, 국립중앙박물관 내)
잠자리	• **윤게스트하우스**(070-8117-8668, 남산동) • **캐피탈호텔**(02-792-1122, 이태원동)

어느 나라나 그 나라를 대표하는 박물관이 있듯 우리나라에는 국립중앙박물관이 있다. 용산에 위치한 이곳에서 우리 역사를 가장 잘 알고 느낄 수 있다. 해방 후 조선총독부 박물관을 인수하고 개편해 덕수궁 석조전 건물에서 처음으로 업무를 시작했다. 1953년 잠시 남산 분관에 머물렀고 1954년 덕수궁 석조전으로 이전했다. 그 후 1972년 경복궁에 건물을 신축해 이전했고, 1986년 옛 중앙청 건물로 이전했는데 건물이 철거되었다. 1996년 경복궁 내의 사회교육관 건물을 증개축해 개관했으며 2004년 10월까지 운영된 후 2005년 10월 용산가족공원 신축 건물에서 개관해 지금에 이르고 있다.

국립중앙박물관에는 13만5000여 점의 소장유물 중 5000여 점의 유물이 18개 전시실에 전시돼 있다. 지층에는 불교 관련 미술품과 공예품 및 역사 관련 미술품을, 1층에는 고려시대와 조선시대의 각종 도예품을, 2층에는 선사시대 및 삼국시대의 각종 유물 및 미술품을 전시하고 있다.

국립중앙박물관에는 북한산 신라 진흥왕 순수비(국보 제3호), 청자사자유개향로(국보 제60호), 청자비룡형주자(국보 제61호), 금동미륵보살반가상(국보 제78호), 금동미륵보살반가상(국보 제83호), 경천사 십층석탑(국보 제86호), 도제기마인물상(국보 제91호) 등 다수의 국보와 보물이 있어 많은 사람들이 찾고 있으며 우리 문화의 정수를 만끽할 수 있다. 이곳 국립 중앙박물관에 가면 체험학습을 온 학생들이 많이 있다. 초등학생들이 전시 되어있는 유물을 돌아보면서 설명을 듣고 꼬박꼬박 메모를 하는 모습을 보면 옛추억이 되살아난다. 우리나라 국민이라면 한 번은 국립중앙박물관에 방문해 조상들이 물려준 문화유산을 돌아보면서 우리의 역사를 생각해보는 시간을 가져보자. 그리고 박물관에서 운영하는 '큐레이터와의 대화' 프로그램을 통해 박물관 전시품에 대한 더 많은 정보를 얻을 수 있다.

놓치지 마세요!

큐레이터와의 대화

국립중앙박물관에서는 매주 수요일 야간개장 시간에 전시설명 프로그램인 '큐레이터와의 대화'를 실시하고 있다. 박물관 큐레이터들의 상세한 전시품 해설과 관람객과의 질의응답으로 구성된 프로그램이다. 2006년 3월에 처음 시작되어 현재까지 진행되고 있는데 그날의 주제를 설명한 자료도 배포해 전시작품에 대한 관람객들의 이해를 돕고 있다. (문의 02-2077-9470)

10위 종로구 성곽길

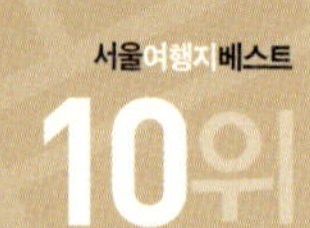

🧑 **여행포인트**		**산책하며 성곽길 곳곳에 숨어있는 사연들을 들려주자.**
📧 **주소**		**서울시 종로구 청운동 일대**
📱 **문의**		**02-765-0297**(말바위안내소)
🖥 **홈페이지**		**http://tour.jongno.go.kr**
🚕 **가는 길**		전철 3호선 경복궁역 3번 출구로 나와 버스 1020 · 7022 · 0212번을 타고 자하문고개에서 하차
🍴 **먹을거리**		• **국시집**(칼국수, 02-762-1924, 성북1동) • **전주식당**(한식, 02-739-5621, 청운동)
🏠 **잠자리**		• **바람의 길 게스트하우스**(02-6407-2012, 명륜동3가) • **비원호텔**(02-763-5555, 원남동)

서울성곽 도보 여행코스는 1코스 북악산 코스, 2코스 낙산 코스, 3코스 남산 코스, 4코스 인왕산 코스 등이 있는데 여기서는 창의문에서 숙정문까지 코스를 소개한다. 우선 창의문안내소에서 신청서를 작성해 신분증과 함께 내밀면 확인이 끝난 후에 표찰을 준다. 숙정문에서 말바위안내소로 이어지는 구간은 신분증이 필요하다. 백악마루로 오르는 길이 가파르다. 나무계단을 오르면서 성곽을 바라본다. 성곽 옆 소나무가 푸른 빛으로 다가온다. 차가움이 시원함으로 변하면서 생각은 역사 속으로 달려간다.

백악마루까지 가파른 길을 올라간다. 중간 중간에 초소가 있어 성곽만 카메라에 담는 것이 좋다. 다시 왼쪽으로 가면 '1·21' 사태 소나무를 만난다. 숙정문을 비롯한 청와대 뒤 북악산 일대는 1968년 청와대 무장공비 침투사건인 '1·21 사태' 이후 군사시설보호구역으로 지정돼 일반인의 발길이 철저히 차단되어왔다. 일반인 공개 후 한 예능 프로그램에 소개된 뒤 많은 사람의 발길이 이어지고 있다. '1·21 사태' 총격전으로 이 소나무에 15발의 총탄 자국이 남아있는데 상처는 아물었지만 우리 민족의 비극 자국처럼 느껴진다.

다시 앞으로 나가면 청운대가 있고 잠시 쉬면서 눈앞에 펼쳐진 수려한 경관을 감상할 수 있다. 한참 앞으로 가면 곡창이 있고 아랫길로 걸어가면 숙정문이 있다. 바로 여기까지가 신분증이 필요한 구간이다. 숙정문은 서울성곽을 이루는 사대문(四大門) 가운데 하나로, 도성의 북쪽 대문이다. 1396년(태조 5) 9월 도성의 나머지 삼대문과 사소문(四小門)이 준공될 때 함께 세워졌다고 한다. 숙정문에서 잠시 아래로 내려가면 말바위안내소가 있다. 이곳에 표찰을 반납하고 길 상사로 향하면 좋다. 도보 여행코스는 본인의 수준에 맞게 선택하자. 인왕산, 북악산 코스는 가파른 길이 많아 어린 아이와 함께 하기에는 무리가 있다.

심청동 카페골목

서울성곽 창의문에서 숙정문까지 걷고 말바위 안내소에서 삼청공원 쪽으로 20여분 걸어 내려오면 삼청동 카페골목에 닿는다. 카페골목에 닿으면 향기로운 원두커피 내리는 냄새가 진동한다. 그 냄새만으로도 좋지만 어느 카페라도 들어가 갓 볶아 내린 원두커피 한 잔 마시면서 여유로운 시간을 즐겨보자.

11위 종로구 청계천

여행포인트	언제라도 좋지만 루체비스타가 열리는 겨울의 청계천이 가장 아름답다.
주소	서울시 종로구 창신동
문의	02-2290-7111(서울시설공단)
홈페이지	www.cheonggyecheon.or.kr
가는 길	전철 1호선 시청역 4번 출구로 나와 도보 5분 또는 2호선 을지로3가역에서 1·2번 출구로 나와 도보 3분, 4호선은 동대문역사문화공원역 1번 출구로 나오면 바로 또는 5호선 광화문역 5번 출구로 나오면 바로
먹을거리	• **예전식당**(한식, 02-2271-3155, 관수동) • **마마스**(샌드위치, 02-6030-8980, 수하동)
잠자리	• **롯데호텔**(02-771-1000, 소공동) • **센추럴관광호텔**(02-2265-4121, 장사동)

지방에 사는 사람들이 서울에 도착했을 때 가장 먼저 느끼는 것은 답답함이다. 도로가 복잡하고 건물로 꽉 찬 시멘트 덩어리로 느껴지는 서울. 하지만 청계천에 도착하는 순간 새로운 생각을 품게 된다.

청계천의 본래 명칭은 개천(開川)이었다. 조선의 수도로 정해졌을 당시 청계천은 자연 상태 그대로여서 비가 많이 오면 물난리가 났고 개울이 매우 불결했다. 태종이 처음으로 치수사업을 시작했고, 영조 때는 본격적인 개천사업을 시행해 흐름이 비로소 직선화됐다. 그 후 순조와 고종 때도 준설을 했고 개천에 놓인 다리는 수표교와 오간수교 그리고 광교 등 모두 24개였다. 일제강점기 초에 청계천으로 이름이 바뀌었는데 근대적 도시계획 성격을 띤 준설공사가 이루어졌다.

해방 이후에도 도심을 흐르는 청계천의 유지관리에 힘썼는데 1958년 복개공사에 착수해 복개를 완료하고 고가도로를 건설했으나 안전문제가 대두되어 상판과 다리기둥, 들보를 보수했다. 그러다가 2003년 7월부터 서울시의 청계천복원사업이 시작되었고 답답하게 청계천을 덮고 있던 시멘트 덩어리가 벗겨져 나갔다. 2005년 10월에 2년이 넘는 공사를 마치고 청계천 위에 총 22개 다리뿐만 아니라 정조반차도를 비롯한 역사적 자료를 설치해 도심 속 하천으로 시민들 품으로 돌아왔다. 청계천의 주요 다리로는 모전교, 광통교, 장통교, 버들다리, 두물다리 등이 있고 청계천 옆으로 난 길을 따라 걸으면서 청계천을 느낄 수 있다.

지금 청계천은 많은 연인의 데이트 코스로, 친구들과 가족이 어우러지는 산책길로, 외국인들에게는 한국의 한 부분을 만날 수 있는 역사와 현재가 공존하는 문화코스로 자리 잡고 있다. 그리고 일 년 내내 열리는 각종 축제와 이벤트 그리고 생태 프로그램도 이곳을 찾는 사람들에게 즐거움을 선사한다.

청계천에는 도보 관광코스도 있다. 3시간 정도 소요되는데 시간적 여유가 된다면 시도해 보자.

청계천의 다리

청계천에는 총 22개 다리가 있는데 첫번째 다리는 모전교이고, 마지막 다리는 고산자교이며, 가장 긴 다리는 열아홉 번째 다리인 비우당교로 46.6m나 된다. 또한 가장 짧은 다리는 두 번째 다리인 광통교로 12m다. 분수는 총 10개가 설치되어 시원한 물줄기를 뿜어올려 멋진 풍경을 연출한다.

12위 종로구 종묘

여행포인트	아이에게 자신들의 조상과 뿌리에 관한 이야기를 들려주자.
주소	서울시 종로구 훈정동 1-2
문의	02-765-0195
홈페이지	http://tour.jongno.go.kr
가는 길	전철 1·3·5호선 종로3가역 8번 출구로 나와 도보 5분
먹을거리	• **이스탄불**(양식, 02-744-9790, 명륜4가) • **민가다헌**(한정식, 02-733-2966, 경운동)
잠자리	• **프레이저스위츠 호텔**(02-6262-8888, 낙원동) • **호텔크라운 인사동**(02-3676-8000, 낙원동)

　우리나라에는 어떤 방식으로든 조상을 숭배하는 사상이 널리 퍼져있어 민간에서도 사당을 세워 조상들의 혼을 모시면서 제례를 지내왔다. 이는 왕가에서 더 철저히 이뤄져왔는데 조선의 왕과 왕후는 죽은 뒤 몸은 능에 묻히고 혼은 종묘에 모셔졌다. 종묘는 조선시대 역대 왕과 왕비 및 왕위에 오르지 못하고 죽은 추존 왕과 왕비의 신주(神主)를 모신 왕가의 사당이다.

　유네스코에 세계문화유산으로 등재된 종묘는 동양의 파르테논 신전으로 일컬어지기도 한다. 정궁인 경복궁을 중심으로 좌우에 종묘와 사직을 만들었다. 종묘는 왕의 선조들을 모시는 곳으로 양적인 원리를 대표하는 반면 사직은 땅과 곡식의 신에게 제사를 드리는 곳이니 음적인 원리를 대표한다. 태조 이성계는 음양의 균형을 잘 맞춰야 나라가 잘 다스려질 것이라고 믿어 경복궁보다 먼저 종묘를 세웠다.

　종묘에서 행해지는 종묘제례는 한국의 무형유산 가운데 최초로 유네스코 세계문화유산에 등재되었다. 종묘제례는 일 년에 네댓 번 하던 것인데 지금은 매년 5월 첫째 일요일에만 한다.

　이성계는 이곳에 자신의 4대조를 모셨고, 세종대에 이르러 태조, 정종, 태종까지 모셨으니 7실이 다 채워졌다. 종묘의 제실은 원래 7개밖에 둘 수 없기 때문이었다. 세종은 자신의 자리가 없음을 알게 되었고 그래서 정전 옆에 영녕전을 세워 이성계의 4대 조상 신위들을 옮겨 자신이 들어갈 자리를 만들었다. 그 뒤에는 방을 하나씩 늘려 왕의 혼을 모시게 되었다.

원래 법도대로 하면 7개 방이 다 차면 다른 건물을 지어야 하는데 그냥 계속 칸을 늘려나가 정전은 19칸이 되었다. 그래서 이곳에는 19명의 왕과 30명의 왕후가 모셔져 있는데 왕후가 많은 것은 왕에게 한 명 이상의 중전이 있을 수 있기 때문이다. 그리고 영녕전에는 15명의 왕과 17명의 왕후, 그리고 조선의 마지막 황태자 영친왕 내외가 모셔져 있다.

종묘의 문화재

사적 제125호로 지정된 종묘는 국보 제227호인 정전, 보물 제821호인 영녕전 등이 있고 종묘제례악은 중요무형문화재 제1호로, 종묘제례는 중요무형문화재 제56호로 지정되어 있다. 1995년 12월 유네스코 세계문화유산으로 등재되었다.

13위 용산구 이태원

여행포인트	**외국음식점, 식재료상, 옷가게 등을 둘러보며 해외 간접체험을 해보자.**
주소	**서울시 용산구 이태원동**
문의	**02-3785-0942**(이태원 안내소)
가는 길	• 전철 6호선 이태원역 1번 출구로 나오면 바로 • 버스 110번을 타고 이태원역이나 해밀톤호텔에서 하차
먹을거리	• **자코비버거**(수제버거, 02-3785-0433, 용산동2가) • **스파이스테이블**(아시아음식, 02-796-0509, 이태원동)
잠자리	• **해밀톤호텔**(02-794-0171, 이태원동) • **그랜드하얏트**(02-797-1234, 한남동)

외국인이 가장 많이 거주하고 또 많이 찾는 이태원. 이곳에는 다양한 외국문화와 우리나라 문화가 공존하며 어우러진다. 한국 안에 떠 있는 외국인들을 위한 작은 섬이라는 생각을 가지게 하는 이태원. 밤낮없이 이곳을 찾는 사람들 틈에는 외국인의 모습이 많이 보인다.

이태원은 행정구역상으로 서울특별시 용산구에 속한 동으로 이름은 조선시대 이곳에 있던 역원(驛院)인 이태원(梨泰院)에서 유래했다. 이름에서 알 수 있듯이 이곳에는 배나무가 많이 있었다. 역원은 조선 초기부터 여행자 숙소로 이용되던 곳으로 서울에는 보제원과 전관원, 이태원, 홍제원이 있었다.

이태원은 한국전쟁 후에 미군이 용산 일대에 재배치되고, 미8군사령부가 인근에 있어 미군들의 위락지대로 번창하기 시작했다. 이후 점차 외국인 관광객의 쇼핑과 관광의 명소로 발전했다. 이뿐만 아니라 외국 공관이 많이 들어서면서 쇼핑거리가 형성되어 값싼 제품으로 사람들을 불러모았다. 이태원거리에 가면 우리나라 옷뿐만 아니라 다른 나라의 다양한 옷을 살 수 있다.

이태원은 1988년 서울올림픽을 계기로 전 세계에 널리 알려졌다. 이태원로를 중심으로 많은 상가가 밀집해 있어 밤낮이 따로 없는 쇼핑과 이국적인 문화를 즐길 수 있는 핫스폿이 되고 있다. 또한 이곳에 가면 다양한 외국음식을 먹을 수 있는 식당이 많아 쇼핑 관광과 함께 맛과 멋을 함께 경험할 수 있는 지역이다. 요즘에는 이태원로 외에 경리단길 등 이태원 골목까지 많은 상점들이 들어와 흥밋거리를 더해주고 있다. 외국 음식점과 식재료상 심지어 슈퍼마켓과 무슬림 사원까지 있다. 그리고 이태원에는 우리나라 미술관의 대명사인 삼성미술관 리움이 있으니 꼭 방문하길 권한다.

삼성미술관 리움

도심 속 자연을 느낄 수 있는 남산 자락에 세워진 삼성미술관 리움은 한국미술사를 기록할 수 있는 중요한 유물들을 수집하고, 한국의 근 · 현대작가뿐만 아니라 세계적인 현대미술가들의 작품을 수집해 담아놓았다. 전시실은 우리나라 고미술품 전시를 위한 MUSEUM 1과 한국과 외국의 근 · 현대미술품 전시를 위한 MUSEUM 2로 이루어져 있다. 리움의 건축은 세계적인 건축가 마리오 보타, 장 누벨, 렘 쿨하스의 작품으로, 한 대지 안에 세 작가의 개성이 조화롭게 표현된 예술작품으로서의 미술관 건축물을 감상할 수 있다.

경기 여행지 베스트

파주 임진각

강화 전등사

강화 석모도와 보문사

4 강화 석모도와 보문사

9 강화 전등사

14 6 파주 헤이리 예

파주 임진각

13 옹진군 신도 시도 모도

옹진군 신도 시도 모도

10 인천 차이나타운

8 용인 한국등잔박물

화성 제부도

2 수원 화성과 화성행궁

화성 제부도

용인민속촌

포천 승진훈련장

가평 남이섬

12 포천 산정호수

가평 쁘띠프랑스

20 포천 승진훈련장

가평 남이섬 **1**

가평 쁘띠프랑스 **18**

16 남양주 왈츠앤닥터만 커피박물관

여주 목아박물관

3 광주 남한산성

17 여주 목아박물관

15 여주 신륵사

3 용인 한국민속촌

11 용인 한택식물원

7 안성 서일농원

안성 서일농원

두근두근 경기1박2일코스

역사의 현장을 찾아 떠나는 강화도와 석모도 여행

서해바다와 섬으로 떠나는 역사여행은 아이와 함께 하기에 제격이다. 교과서에 등장하는 여러 유적지를 직접 눈으로 보고 역사의 현장을 확인해 볼 수 있다.

1day

1 강화도 외포리 선착장

강화도에서 석모도로 갈 수 있는 관문. 외포리에서 석모도 가는 배는 보통 아침 7시부터 수요에 따라 결정되는데 자동차를 싣고 갈 수 있고 기본적으로는 30분마다 출항한다.

승선료 | 왕복-대인 1,000원, 소인 500원, 일반차량 14,000원
문의 | 삼보해운 www.kangwha-sambo.co.kr
　　　　032-932-7324 또는 032-932-6007

2 보문사

석모도 하면 제일 먼저 생각나는 사찰 보문사. 보문사는 인천 강화군 삼산면 매음리 낙가산에 있는 사찰로 우리나라 3대 해상 관음 기도도량이다. 보문사의 일몰을 놓치지 말자.

3 민머루해수욕장

보문사에서 서해안을 따라 내려오면 민머루 해변에 닿게 된다. 이곳의 아름다운 펜션들은 인기가 많으니 미리 예약을 하고 들어오는 것이 좋다.

2day

1. 강화 전등사

고구려 소수림왕 11년인 381년에 아도화상이 창건한 것으로 전해지는데, 사실이라면 현존하는 한국의 사찰 중 가장 역사가 긴 곳. 전등은 '불법(佛法)의 등불을 전한다'는 뜻으로, 법맥을 받아 잇는 것을 뜻한다.

2. 초지진

프랑스나 미국 그리고 일본은 근대식 무기로 공격을 했지만 우리는 빈약한 무기로 싸웠던 아픔의 현장이다. 지금은 당시의 대포를 진열해 역사교육 현장으로 이용하고 있다.

3. 덕진진

1866년 병인양요 때 양헌수가 이끄는 부대가 이 진을 통하여 정족산성으로 들어가 프랑스군을 격퇴했고, 1871년 신미양요 때는 미국함대를 격퇴시킨 장소

4. 고려궁지

강화군 강화읍 관청리에 있는 고려궁지는 고려가 몽골의 침략에 줄기차게 항전하던 39년간의 궁궐이 있던 곳.

5. 강화역사박물관

강화역사박물관은 강화 고인돌공원 안에 있는데 규모가 대단히 크다. 지상 2층, 지하 1층의 규모로 건물 디자인이 인상적이다. 오천년 역사와 문화를 간직하고 있는 강화의 문화유산을 보존하고 알리는 것이 목적이며 청동기시대부터 고려, 조선, 격동의 근현대까지 옛 선조들이 남긴 문화유산을 보고 느낄 수 있는 공간으로 역할을 하고 있다.

관람시간 | 09:00~18:00
휴관일 | 1월 1일, 설날 · 추석 당일, 매주 월요일
입장료 | 어른 1,500원, 어린이 · 청소년 1,000원

01 위 가평 남이섬

여행포인트	**메타세쿼이아가 주욱 늘어선 길을 따라 가족과 함께 여유롭게 산책하자.**	

주소　경기 가평군 가평읍 달전리 144

문의　031-580-8114(춘천남이관광안내소)

홈페이지　www.namisum.com

가는 길
- **자가용:** 올림픽대로-경춘고속도로-화도IC-마석IC-46번 국도-대성리-청평-가평오거리 우측 SK경춘주유소 끼고 우회전-75번 국도-현충탑 끼고 좌회전-남이섬 선착장
- **대중교통:** 동서울터미널 가평행 직행버스(06:20~22:05, 배차간격 20~30분)-가평시외버스터미널에서 택시로 10분
- **셔틀버스:** 서울 인사동 탑골공원 옆길에서 탑승(출발 09:30, 1시간~1시간30분 소요)

먹을거리
- **고목식당**(쟁반국수, 031-582-4443, 남이섬 내)
- **드라마카페 연가지가**(추억의 김치 도시락, 031-582-2550, 남이섬 내)

잠자리
- **정관루**(031-580-8000, 남이섬 내)
- **구름발치펜션**(031-585-8133, 청평면)

주변관광지　아침고요수목원, 쁘띠프랑스, 청평호반

남이섬은 강원도와 경기도의 경계에 있다. 가평나루에서 배를 타고 들어가면 남이섬이 나온다. 행정구역상은 춘천이지만 가평으로 가는것이 더 편리하다. 가평나루에서 남이섬으로 가는 첫 배가 7시30분에 있는데 30분 간격이지만 이용객에 따라 수시 운항하기도 한다. 배를 타고 5분 정도 들어가면 남이나루에 도착하는데 입장요금에는 왕복 도선료가 포함되어 있다.

배에서 내리면 인어공주가 맞아주고 입구를 지나 발길 가는 대로 섬을 둘러보면 된다. 자전거를 빌려 이용할 수도 있겠지만 걷는 것이 더 좋다. 남이섬은 홍수가 날 때만 고립되는 반쪽짜리 섬이었다고 한다. 청평댐이 생긴 뒤에야 북한강에 떠 있는 온전한 섬이 되었다.

조금만 걸으면 좌측에 있는 남이 장군 묘를 볼 수 있다. 남이섬 이름이 바로 남이 장군에게서 유래되었다는 것을 눈치 챌 수 있는 곳이다. 이곳에 오는 사람들 중에는 한류열풍을 타고 온 일본인이나 중국인들 그리고 동남아시아인들도 많이 보인다. 겨울에는 여기저기 피워놓은 장작불과 향긋한 군고구마 냄새가 향수를 불러오기에 충분하고, 봄과 여름에는 초록빛 세상에 젖으면서 걷는 즐거움이 크다. 남이섬의 관광 피크는 가을이다. 노랗게 물든 은행잎이 가득한 낙엽길을 걷노라면 만추의 즐거움에 흠뻑 빠지게 된다.

남이섬은 가족, 연인들에게 두루 사랑받는 여행지다. 안쪽으로 걷다가 우측으로 가면 드라마 〈겨울연가〉의 상징물이 있고 최지우와 배용준의 사진이 있다. 남이섬을 찾은 사람들은 이곳에서 사진을 많이 찍고 간다. 특히 일본 여성들은 그곳에서 계속 사진을 찍는다. 앞으로 가면 전나무 군락지가 있고 메타세쿼이아길이 있다. 메타세쿼이아길 옆에는 최지우와 배용준의 동상이 있는데 이곳에서도 많은 사람들이 함께 사진을 찍는다.

남이섬 즐기기

남이섬의 잘 정비된 길은 이름도 가지각색이다. 드라마 〈겨울연가〉 촬영 장소로 유명한 메타세쿼이아길부터 은행나무길, 벚길, 자작나무길, 이슬길 등은 쉬엄쉬엄 걷다 보면 모두 밟게 되는데 참 기분이 좋다. 이곳에서는 타조나 오리, 닭 등을 볼 수 있고 나무 아래로 오가는 청설모를 자주 만난다. 섬 여기저기 볼거리를 보고 또 중간 중간에 있는 음식점에서 간식을 사 먹으며 커피도 한 잔 마실 수 있다.

02위 수원 화성과 화성행궁

여행포인트	**아이들에게 거중기를 이용해 만든 수원화성의 과학적인 면모를 알려주자.**
주소	**경기 수원시 장안구 연무동 190**
문의	**031-251-4435**
홈페이지	**http://hs.suwon.ne.kr**
가는 길	• **자가용:** 경부고속도로-수원IC-수원역 방향 42번 국도-동수원사거리-팔달문-1번 국도 타고 우회전-화성행궁 • **대중교통:** 수원역에서 시내버스 11 · 13 · 36 · 39번, 서울 잠실역에서 좌석버스 1007번을 타고 수원 화서에서 하차 또는 강남역에서 좌석버스 3000번을 타고 북수동 하차
먹을거리	• **가보정갈비**(갈비, 031-238-3883, 팔달구 인계동) • **평양면옥**(냉면, 031-246-3341, 팔달구 팔달로2가)
잠자리	• **라마다 프라자 수원 호텔**(031-230-0001, 팔달구 인계동) • **호텔캐슬**(031-211-6666, 팔달구 우만동)
주변관광지	**월화원, 만석공원, 월드컵경기장**

수원에 가면 팔달산과 그 주변에 수원화성의 모습이 한눈에 보인다. 사적 제3호로 지정된 수원화성은 조선시대 정조가 아버지 사도세자를 향한 효심을 바탕으로 수도 남쪽의 국방요새와 정치적 구상의 중심지로 삼으려고 세운 성곽이다. 정조 18년(1794)에 성을 쌓기 시작해 1796년 완성했는데 실학자인 유형원과 정약용이 성을 설계했다. 거중기 등 새로운 기재를 이용해 과학적이고 실용적으로 쌓았다.

18세기의 대표적 문화유산인 수원화성은 1997년 유네스코의 세계문화유산으로 지정될 정도로 그 건축 의의와 디자인이 빼어나 국내 관광객뿐만 아니라 외국 관광객도 많이 찾아오고 있다. 팔달산(143m)을 중심으로 쌓은 화성의 총길이는 5700m에 달한다. 화성은 단순한 하나의 '성'이 아니다. 역사적 의미와 함께 건축학적으로도 귀중한 문화유산이다.

또한 조선 성곽제도의 최고 완성형이자 한국 성곽 발달사에서도 가장 중요한 비중을 차지한다. 화성은 석성과 토성의 장점만을 살려 축성되었다고 한다. 화성 축성에 매달린 선조들은 한국 성곽의 약점을 보완하기 위해 중국과 서양의 축성술을 본뜨기도 했다. 화성을 돌아본 후에 아래로 내려가 화성행궁을 둘러보는 것이 좋다. 화성에서는 야외 음악회 등 다양한 이벤트와 즐길거리를 제공하니 방문 전 홈페이지에 들러 일정을 확인 해보자.

화성행궁

행궁이란 왕이 지방에 잠시 머물 때 임시로 거처하는 궁을 말하는데, 화성행궁은 조선시대 행궁 중 규모나 기능 면에서 첫손에 꼽힌다. 2002년 경기도와 수원시가 행궁 521칸을 복원한 이곳은 인기 드라마인 〈대장금〉의 궁궐 장면 일부 촬영이 이루어진 장소이기도 하고 영화 〈왕의 남자〉도 촬영했다. 행궁에서 뒤로 돌아가면 화령전에 닿는다. 화령전은 조선 제22대 임금인 정조의 초상화를 모셔놓고 해마다 제사 지내던 건물이다. 23대 임금 순조는 아버지 정조의 지극한 효성을 본받기 위해 순조 1년(1801)에 수원부의 행궁 옆에 건물을 짓고 화령전이라 했다고 한다.

03위 광주 남한산성

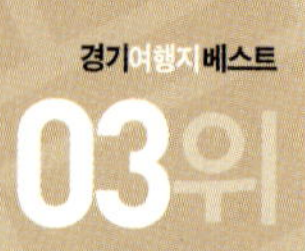

여행포인트	**남한산성을 둘러보며 병자호란에 얽힌 역사적 이야기를 들려주자.**	

여행포인트　남한산성을 둘러보며 병자호란에 얽힌 역사적 이야기를 들려주자.

주소　경기 광주시 중부면 산성리 563

문의　031-743-6610

홈페이지　www.namhansansung.or.kr/index.jsp

가는 길
- **자가용:** 경부고속도로-양재IC-헌인릉 앞-세곡동-복정사거리-약진로-남문-산성로터리-남한산성
- **대중교통:** 전철 8호선 산성역 2번 출구로 나와 9번 버스를 타고 남한산성에서 하차

먹을거리
- **시골집**(닭요리, 031-743-4799, 중부면 불당리)
- **평양초계탕**(닭요리, 031-746-2479, 중부면 오전리)

잠자리
- **리디아의 정원**(031-749-4210, 중부면 검복리)

주변관광지　**팔당호, 곤지암, 광주 경기도박물관**

광주시 중부면 산성리에 위치한 남한산성은 1963년 1월 21일 사적 제57호로 지정되었는데 북한산성과 함께 수도 한양을 지키던 조선시대 산성이다. 남한산성은 신라 문무왕 13년(673) 한산주에 주장성을 쌓았다는 기록이 있는데 현재의 남한산성으로 여겨진다. 고려시대 기록은 없고, 조선 「세종실록지리지」에 일장산성이라 기록되어 있다.

인조 2년(1624)에 남한산성이 현재 모습을 갖추게 되었는데, 축성에 승려 각성이 도총섭이 되어 8도 승군을 동원했고, 이들의 뒷바라지를 위해 전부터 있던 망월사·옥정사 외에 개원사 등 7사(寺)가 창건되었으나 오늘날에는 장경사만 남아있다.

인조 14년 병자호란 때는 왕이 이곳으로 피신했고, 강화가 함락되고 식량이 부족해 인조는 세자와 함께 성문을 열고 삼전도에서 항복했다. 그 뒤에 수리를 거듭해 오늘에 이르고 있다. 남한산성은 전체 11.7km로 국가사적 제57호로 5개 옹성과 4대문 등이 노송군락 등 주변 자연경관과 함께 보존되어 있다. 특히 조선시대 인조, 숙종, 영조, 정조 때의 다양한 축성 기법의 표본이 잘 남아있다.

현재 남아있는 시설은 동문루, 서문루, 남문루와 방어시설인 장대, 돈대, 보 등과 비밀통로인 암문, 우물, 관아, 군사훈련시설 등이 있다. 남한산성은 각종 시설이 잘 정비되어 우리나라 산성 가운데 시설이 잘된 곳으로 손꼽힌다. 남한산성에는 수어장대, 숭열전, 청량당, 침괘정, 현절사, 연무관 등 문화재가 있다. 다양한 문화재를 구경하며 걷는 재미가 쏠쏠하다. 한여름 남한산성 걷기를 마치고 먹는 닭백숙 맛이 기가 막히니 놓치지 말자.

남한산성 둘레길

제1코스는 역사와 함께 소요하는 생명의 길로 숲이 가진 생명력과 산성 곳곳에 전하는 역사를 배우고 느끼는 코스로 산성종로를 출발해 침괘정, 영월정을 거쳐 수어장대로 오르는 길이다. 제2코스는 행궁과 함께하는 법도의 길로 남한산성 행궁을 소개하고 조선 제16대 인조 임금의 고뇌와 숙종의 자신감, 영정조의 문화 르네상스를 생각해보는 코스다. 제3코스는 기억과 함께하는 반추의 길로 병자년(1636) 전쟁의 기억을 반추하고 새로운 미래를 꿈꾸는 길이다. 제4코스는 성곽과 함께하는 의지의 길로 남한산성의 절반 거리를 성곽을 따라 걷는 코스며 산성의 아름다움을 가장 잘 보여주는 길이다. 제5코스는 산성을 따라가는 옹성 미학의 길로 옹성이 몰려있는 성곽의 남동쪽 길을 따라 펼쳐진다.

04위 강화 석모도와 보문사

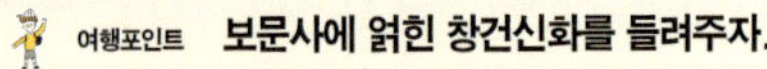

여행포인트	**보문사에 얽힌 창건신화를 들려주자.**	

여행포인트 보문사에 얽힌 창건신화를 들려주자.

주소 인천시 강화군 삼산면 매음리 629

문의 032-933-8271~3

홈페이지 www.bomunsa.net

가는 길
- **자가용:** 서울 올림픽대로-김포-48번 국도 강화 방향-강화읍내 84번 국도-찬우물삼거리에서 우회전-인산리삼거리에서 우회전-외포리-석모도행 카페리 승선(07:00~19:00, 배차간격 30분)-석모도-보문사
- **대중교통:** 전철 2호선 신촌역 4번 출구로 나와 아트레온 극장 앞에서 버스 3000번(05:40~23:30분, 배차간격 10~15분)-강화버스터미널에서 외포리행 버스(배차간격 20분)-외포리 선착장-석모도행 카페리 승선-석모도

먹을거리
- **천서리횟집**(생선회, 032-932-8660, 내가면 외포리)
- **석모도 회센터**(생선회, 032-933-3812, 삼산면 석모리)

잠자리
- **유정농원**(032-932-3666, 삼산면 매음리)
- **노을내리는 아름다운집**(032-933-9677, 삼산면 매음리)

주변관광지 **마니산, 강화성, 강화역사관**

강화도 외포리 선착장을 출발해 10분 정도 가면 석모도 선착장에 닿게 된다. 석모도로 가는 배에서 새우깡을 갈매기에게 던져주거나 새우깡을 붙잡고 있으면 갈매기가 새우깡을 채 가는 모습을 볼 수 있다. 그것은 석모도 가는 길의 트레이드마크처럼 여겨질 정도로 흔한 일이 되었다.

석모도에 도착하면 보문사로 가는 이정표가 보이고 선착장에서 자동차를 타고 20분 정도 달리면 보문사에 닿는다.

보문사는 인천 강화군 삼산면의 낙가산에 있는 사찰로, 선덕여왕 4년 회정대사가 건립했고 순조 12년에 다시 고쳐 지었다.

옛날 한 어부가 고기를 잡다가 그물에 22개의 돌이 걸려 그것을 바다에 버렸더니 그날 밤 꿈에 노승이 나타나 '그 돌들은 천축국에서 온 불상들이니 잘 받들어 공경하면 복이 있다' 고 말했다. 꿈을 심상치 않게 여긴 어부가 이튿날 다시 그 돌들을 건져보니 동자 불상의 형상을 하고 있었다. 그래서 현재의 석실에 안치해 모셨더니 소원이 모두 이뤄졌고, 그때부터 불사가 시작되었는데 불상과 나한 · 천진석상 22구를 바다에서 건져 천연석굴 안에 봉안한 후부터 널리 알려졌다.

입구에 3개의 홍예문을 설치하고 천연동굴 내에 반월형 좌대를 마련해 탱주를 설치했는데, 탱주 사이에 21개 감실이 있어 거기에 석불을 안치했다. 이 석실은 지방유형문화재 제57호로 지정되어 있다.

극락보전 왼쪽에 난 계단을 오르면 보문사 눈썹바위로 가는 길로 이어진다. 보문사 마애석불은 1928년 금강산 표훈사 주지 이화응과 보문사 주지 배선주가 낙가산 중턱의 가파른 암벽에 조각했으며 높이 32척, 너비 11척이라고 하는데 그 위용이 대단하다. 또한 대웅전 우측 석실 안에 향나무가 있는데 6·25 전쟁 중 죽은듯 했다가 기적처럼 3년 후에 살아났다고 한다.

보문사 눈썹바위

보문사의 또 다른 볼거리인 산 아래 수직으로 10미터쯤 깎아지른 암벽은 머리위에 모자라도 쓴 듯 수평으로 튀어나와 있다. 눈썹처럼 툭 불거져 사람들은 '눈썹바위' 라고 부르기도 한다. 이 바위 밑 수직 암벽에 마애불좌상이 양각으로 새겨져 있다.

05위 용인 한국민속촌

여행포인트	**널뛰기 · 그네뛰기 · 줄타기 등 전통놀이를 직접 체험해 보고, 조상들의 생활을 상상해보자.**	
주소	**경기 용인시 기흥구 보라동 107**	
문의	**031-288-0000**	
홈페이지	**www.koreanfolk.co.kr**	

가는 길
- **자가용 :** 경부고속도로-수원IC-상길교삼거리에서 좌회전-민속촌입구삼거리에서 좌회전-한국민속촌
- **버스 :** 전철 강남역 6번 출구로 나와 CGV 맞은편에서 버스 3000번(05:50~23:30, 배차간격 20~25분) 또는 여의도역 6번 출구로 나와 버스 7007-1번(05:05~22:20, 배차간격 13분), 전철 1호선 수원역 4번 출구로 나와 버스 37번(05:30~22:20, 배차간격 18분)-한국민속촌

먹을거리
- **한국관**(한식, 031-288-2836, 민속촌 내)
- **양반장**(한식, 031-288-2837, 민속촌 내)

잠자리
- **별빛속으로**(031-336-4876, 원삼면 두창리)
- **별헤는펜션**(031-336-3296, 양지면 제일리)

주변관광지 **한국등잔박물관, 경기도 박물관, 태평양박물관**

어느 나라나 삶의 방식이나 종교 그리고 문화에 따라 형성된 전통이 있고 각 나라에는 그 전통을 담은 마을이 형성되어 있다. 한국민속촌은 점점 서구화되어 사라져가는 우리 조상의 전통생활 모습을 총체적으로 재현·전시한 야외 민속박물관이다. 입구에서부터 타임머신을 타고 옛날로 들어가는 것 같은 기분이 든다. 나이 든 어르신들이나 기성세대에게는 향수를 가져다주고 어린아이나 청소년들에게는 조상들의 삶의 방식과 문화에 대해 이해할 수 있도록 한다. 또한 외국인들에게는 한국의 역사와 전통문화를 직접 체험해 볼 수 있는 장이다. 사실 이곳은 외국인들이 자주 찾는 관광 명소가 되어 외국인을 발견하는 것은 아주 쉬운 일이 되었다.

이곳에서는 전통결혼식이 열리고 널뛰기나 그네뛰기 그리고 사물놀이나 줄타기 공연 등을 통해 우리 조상들의 놀이문화와 관혼상제에 대해 직접 혹은 간접적으로 체험할 수 있다.

이곳은 전국 각지에서 옮겨온 가옥들과 30여 년 동안 가꿔온 수목들이 자연스럽게 어우러진 마을에 조상들의 삶의 모습을 그대로 재현해 놓았다.

물론 삿갓을 쓰고 짚신을 신고 천자문을 공부하지는 않는다. 하지만 전통과 현대가 어우러진 모습 속에서 과거 조상들의 삶을 이해하고 느낄 수 있다. 또한 지방별로 서민가옥과 양반가옥을 이전했거나 복원해 놓았다. 북부 지방의 가옥부터 똥돼지가 사는 제주도의 가옥까지 직접 보면서 느껴볼 수 있다.

그리고 옛 지방 행정기관이었던 관아, 교육기관이었던 서원과 서당, 의료기관이었던 한약방, 토속종교 건축물이었던 사찰과 서낭당, 점술집 등도 있어 우리 조상들의 교육과 종교 그리고 의술과 신앙에 대해 알아볼 수 있다. 돌아본 후 민속촌 장터에서 우리 옛 음식을 먹어 보며 타임머신 여행을 마무리해보는 것도 좋다.

민속촌 장터

이곳은 장터가 있어 옛 음식을 먹을 수도 있으니 일석이조 효과를 거둘 수 있다. 메뉴로는 장국밥을 비롯해 민속촌 내에서 재배한 야채를 재료로 한 전과 비빔밥, 칼국수, 냉면, 쫄깃쫄깃한 인절미, 전통 순대, 민속촌에서 개발한 찹쌀 동동주 등 듣기만 해도 군침이 도는 음식을 먹을 수 있다.

06위 파주 헤이리 예술마을

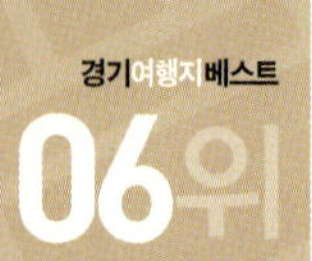

여행포인트	**가족과 함께 다양한 문화예술축제에 참여해 보자.**
주소	**경기 파주시 탄현면 법흥리 1652**
문의	**1588-7387(헤이리종합안내소)**
홈페이지	**www.heyri.net**

가는 길
- **자가용:** 자유로-이산포IC-통일전망대-성동IC-이정표 '예술마을 헤이리'를 따라 우회전 –성동사거리에서 좌회전-헤이리
- **대중교통:** 전철 2·6호선 합정역 2번 출구로 나와 버스 2200번(05:30~22:10, 배차간격 10분)-헤이리

먹을거리
- **식물감각**(이탈리아 음식점, 031-957-3123, 탄현면 법흥리)
- **로빈의숲**(바베큐, 031-945-7623, 탄현면 갈현리)

잠자리
- **마당안숲**(031-8071-0127, 탄현면 법흥리)
- **모티프원**(031-949-0901, 탄현면 법흥리)

주변관광지 **프로방스, 영어마을**

　여유로움을 가지고 찾아가고 또 천천히 마을을 돌아보는 것이 더 정겨운 곳이 있으니 파주에 있는 헤이리 예술마을이다. 늦게 잠이 드는 헤이리 마을은 그에 맞게 늦게 일어난다. 보통 9시가 되면 관광지는 기지개를 펴면서 일어나는데 이곳은 10시는 되어야 방긋 웃으면서 얼굴을 내민다.

　누구나 한번쯤은 가고 싶은 헤이리 예술마을은 인터넷 포털사이트에서 검색이 많이 이뤄지고 카페나 블로그에 자주 소개되어 널리 알려져 있다. 헤이리는 1998년 창립총회 이후 15만평에 미술인, 음악가, 작가, 건축가 등 380여 명의 예술인이 회원으로 참여해 집과 작업실, 미술관, 박물관, 갤러리, 공연장 등 문화 예술 공간을 지었고 아직도 진행 중이라고 한다.

　'헤이리'라는 마을 이름은 경기 파주 지역에 전해 내려오는 전래농요 '헤이리 소리'에서 따왔다고 한다. 건축물들이 상식을 뛰어넘어 독특하고 색다른 느낌을 준다. 생각의 폭을 넓힌 다음 마을을 돌아보는 것이 좋다.

　헤이리에서는 연중 다양한 문화예술축제가 열려 이곳을 찾은 사람들에게 또 다른 즐거움을 주고 있다. 이곳은 주어진 자연환경을 살린 설계를 지향함으로써 산과 구릉, 늪, 개천의 많은 부분을 원형대로 보존하려고 노력하고 있다. 마을 곳곳엔 초록빛 세상이 숨 쉬고 있다. 국내외 대표 건축가들이 건축에 참여하고 그 건축물들은 각각의 특색을 가지고 있는데 다른 곳에서 볼 수 없는 실험적인 건축물을 많이 볼 수 있다. 헤이리에 들어서는 모든 설치물은 자연과의 조화를 생각하며 작품으로 조성되었다고 한다. 보도블록 하나에도 예술적인 가치가 일관되게 투영되어 색다른 맛을 주고 있다. 또한 각각의 장소에서 미술전시회, 낭독회, 작은 콘서트 등이 게릴라 형식으로 열리기도 하니 눈과 귀를 활짝 열고 둘러보자.

헤이리와 함께 달려요

헤이리는 생각보다 넓은 지역이다. 그렇다고 자동차를 타고 다닐 수도 없고 걸어 다니기에는 전부 돌아보는 데 시간이 많이 걸린다. 그래서 자전거나 전기버스를 이용해 마을을 둘러본다. 연인이라면 2인용 자전거가 좋고 가족 단위라면 전기차를 이용하는 게 좋다. 자전거나 전기차로 헤이리 마을을 달리는 것도 예술적인 행위다.

07위 안성 서일농원

	여행포인트	전통장이 어떻게 만들어지는지 직접 보고 체험해보자.
	주소	**경기 안성시 일죽면 화봉리 389-3**
	문의	031-673-3171
	홈페이지	**www.seoilfarm.com**

- **가는 길**
  - **자가용 :** 경부고속도로-신갈IC-영동고속도로-호법JC-중부고속도로-일죽IC-장호원 방향으로 좌회전-일죽휴게소 맞은편 우측, 음성 방향 318번 국도-서일농원
  - **대중교통 :** 동서울터미널 일죽행 직행버스(06:40~19:40, 배차간격 30분), 하차 후 도보 15분(택시로 기본요금)

- **먹을거리**
  - **솔리**(한식, 031-673-3171, 일죽면 화봉리)
  - **송삿갓**(한식, 031-672-3838, 일죽면 방초리)

- **잠자리**
  - **안성퓨전펜션**(031-675-1807, 죽산면 용설리)
  - **레이크펜션**(010-7932-8253, 죽산면 용설리)

- **주변관광지** **칠장사, 한택식물원, 청룡사, 태평무 전수관, 안성목장**

항아리가 가득한 장독대를 보면 늘 정감이 가고 조상들의 숨결이 느껴진다. 경기도 안성에 항아리 가득한 장독대가 있는 서일농원이 있어 많은 사람이 이곳을 찾아 정겨움 속으로 빨려든다.

서일농원 하면 생각나는 것은 된장과 고추장이다. 하지만 서일농원 대표인 서분례 여사는 그저 된장, 고추장이 아니라 '금(金)장'이라고 부르고 싶다고 말한다. 1983년부터 안성시 일죽면 화봉리에 자리를 잡고 우리 전통장을 연구하고 담가왔으니 장은 서분례 대표의 자식이나 다름없고 분신이 되었으니 당연한 결과인지 모른다.

서일농원 입구에서 안쪽으로 들어가면 연못이 있는데 여름이 되면 연꽃이 펴 방문객들에게 향기로움을 선사한다. 앞으로 가면 항아리가 가득한 큰 장독대를 볼 수 있다. 2500여 개 항아리에 든 된장과 고추장, 간장은 전통방식 그대로 담가 입소문을 타 특허까지 받게 됐다고 한다. 그녀는 이런저런 과정을 겪은 후에 전통장 사업을 시작했고 제대로 된 된장 맛을 내기 위해 문헌을 뒤지고 전국을 돌아다니면서 솜씨 좋은 어른들의 도움도 받았다.

무(無)농약 콩, 제초제까지 쓰지 않은 콩이라야 천연의 맛이 나니 비닐로 콩밭을 덮기까지 했다고 한다. 또한 숨 쉬는 항아리를 찾아내 장을 담그니 여러 조건이 맞아 지금의 서일농원 된장이 되고 고추장이 되었다고 한다. 서일농원에는 전통장을 맛보고 체험하고 사려는 사람들이 전국에서 몰려든다.

특히 백 년이 되어가는 항아리들이 줄 맞춰 자리 잡은 모습은 장관을 이룬다. 이곳에서는 드라마나 영화 혹은 광고도 찍는다고 한다. 봄에는 바람에 떨어지는 배꽃이 꽃비가 되어 내리는 모습을 보면서 걷고 여름에는 연꽃과 수련을 바라보며 가족끼리 연인끼리 걸으면서, 우리 전통을 담은 장이 익어가는 것처럼 은은한 사랑 빛 세상 속에 빠져보자.

전통음식 시음장 솔리

서일농원의 중간쯤 가면 '솔리'가 있는데 전통음식을 맛볼 수 있는 음식점이다. 서원농원에서 담근 장을 사용해 만든 맛깔스런 음식을 제공한다. 이곳에 소나무가 500여 그루 있고 마을을 의미라는 '里'를 사용해 이름 지었다고 한다. 된장찌개를 중심으로 더덕, 깻잎, 감, 달래, 무말랭이, 파래장아찌와 신선한 쌈을 고추장이나 쌈장과 함께 먹을 수 있다.

08위 화성 제부도

제부도 매바위의 일몰을 배경으로 아이와 멋진 사진을 남기자.

여행포인트　제부도 매바위의 일몰을 배경으로 아이와 멋진 사진을 남기자.

주소　**경기 화성시 서신면 제부리**

문의　**031-355-3924**(제부도유원지 사무소)

홈페이지　**http://jebudo.hssisul.or.kr**

가는 길
- **자가용:** 서해안고속도로-비봉IC-남양-사강-서신리-제부도
- **대중교통:** 전철 1호선 금정역에서 버스 330번(05:00~22:40, 배차간격 10분)-제부도

먹을거리
- **그린회수산민박**(생선회, 031-357-3838, 서신면 제부리)
- **강동횟집**(생선회, 031-357-9955, 서신면 제부리)

잠자리
- **라비에벨펜션**(031-357-0119, 서신면 제부리)
- **해랑방펜션**(010-8357-3900, 서신면 제부리)

주변관광지　**궁평항, 탄도, 남양성지**

제부도로 가는 길에는 조개구이 집과 바지락칼국수 집 그리고 굴구이 집이 줄 지어 있다. 음식점 앞에서는 호객행위를 하는 사람들이 손을 뻗어 지나가는 사람들을 부른다. 이곳은 조개구이와 바지락칼국수가 유명한데 싱싱한 바지락을 사용해 국물이 시원하다. 제부도로 가기 위해서는 물때(www.ytnweather.co.kr에서 바다 갈라짐 검색)를 살펴봐야 한다. '모세의 기적'으로 잘 알려진 이곳의 바닷길은 하루에 2번 열리는데, 포장도로여서 자동차로 통행할 수 있다. 물때를 잘 알아두지 않으면 섬으로 들어가지 못하기도 하고, 또 섬 밖으로 나갈 수 없으니 어려움을 당할 수도 있다. 입구에 알림판이 있으니 참고하고 미리 물때를 보면 낭패를 당하지 않는다.

제부도라는 이름은 '제약부경'이라 일컬어지던 사람들에게서 유래했다고 한다. 그들이 송교리와 이 섬 사이의 갯고랑을 어린아이는 업고 노인들은 부축하고 건네주어 제약부경의 '제'자와 '부'자를 따서 제부도라고 부르게 되었다고 한다.

제부도해수욕장 끄트머리에 나무로 만든 통로가 바닷가를 따라 설치되어 있고 그곳을 통해 등대로 이어진다. 시원한 바닷바람을 느끼면서 한참 가다보면 소라 모양의 포토존이 있어 사람들은 그곳에서 사진을 찍고 산책을 한다.

빨간 등대가 눈에 보인다. 사람들은 등대를 찾고 옆을 지나는 요트는 바람에 몸을 흔들면서 앞으로 다가온다. 다시 제부도해수욕장으로 돌아와 제부도의 상징인 매바위를 돌아보는 사람이 많다. 이곳은 수심이 얕고 모래가 고아 해수욕장으로 개발되었는데, 썰물 때는 간석지를 통해 동쪽 해안이 육지와 이어진다.

제부도 매바위

제부도의 상징과 같은 매바위를 돌아보는 것은 제부도 여행을 할 때 필수코스다. 매바위는 섬 남쪽 끝에 있는 세 개의 바위인데, 얼핏 보면 매의 형상과 닮아 이러한 이름이 붙었다고 한다. 실제로는 보는 각도에 따라 다양한 형태로 보인다. 매바위를 배경으로 진행되는 일몰이 참 아름다워 사진작가들의 단골 출사지가 되고 있다. 시간이 있으면 이곳에서 멀지 않은 탄도에서 일몰을 보는 것도 좋다.

09위 강화 전등사

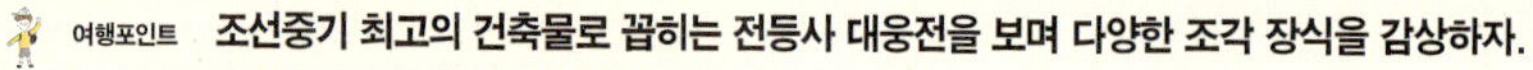

🧍 여행포인트	**조선중기 최고의 건축물로 꼽히는 전등사 대웅전을 보며 다양한 조각 장식을 감상하자.**	
📋 주소	**인천시 강화군 길상면 온수리 635**	
📱 문의	**032-937-0125**	
🖥 홈페이지	**www.jeondeungsa.org**	

🚗 가는 길
- **자가용:** 48번 국도에서 김포우회도로–양촌사거리–초지대교 건너 우회전–초지삼거리에서 좌회전–전등사사거리 좌회전–전등사
- **대중교통 :** 전철 2호선 신촌역 4번 출구로 나와 아트레온 극장 앞에서 버스 3100번 (06:30~22:30, 배차간격 1시간~1시간 30분)–온수리에서 하차 후 도보 10분(문의 : 강화운수, 032-933-2533)

🍴 먹을거리
- **삼랑성꿀보리밥집**(보리밥, 032-937-0397, 길상면 온수리)
- **목포식당**(한식,032-937-9315, 길상면 온수리)

🏠 잠자리
- **가족펜션**(032-937-3525, 길상면 선두리)
- **들꽃 피는 언덕**(032-937-9445, 길상면 온수리)

⚓ 주변관광지   **삼랑성, 광성보, 고려궁지**

전등사에 들어가기 위해서는 삼량성 성문을 통과해야 한다. 오른쪽 언덕에 양헌수 승전비가 서있다. 조선 후기의 무신 양헌수가 병인양요 때 삼량성 전투에서 프랑스 군대를 격퇴한 공적을 기념하기 위해 고종 10년에 강화군민들이 건립한 비다.

봄과 여름에는 초록빛이 아름답고 가을에는 단풍이 곱게 물드는 전등사 가는 길이 걷기에도 참 좋다. 다시 앞으로 나아가면 왼쪽에 찻집이 보인다. 찻집 앞의 작은 정원도 아름답다. 전등사는 강화군 정족산에 위치한 사찰이다. 고구려 소수림왕 11년(381)에 아도화상이 창건한 것으로 전해진다. 이것이 사실이라면 현존하는 한국의 사찰 중 가장 역사가 길다. 아도화상이 처음 절을 지을 때는 진종사(眞宗寺)로 불렀다고 한다.

고려시대 강화도에 임시 도읍을 정했을 때 크게 중창되었으며, 충렬왕 8년인 1282년에 왕비 정화궁주가 시주한 것을 계기로 전등사로 이름이 바뀌었다. 전등은 '불법(佛法)의 등불을 전한다' 는 뜻으로, 법맥을 받아 잇는 것을 뜻한다. 조선 광해군 때 소실되었는데 1621년 재건되었다. 숙종 때는 「조선왕조실록」을 전등사에 보관하기 시작했다고 한다. 1726년 영조가 전등사를 직접 방문해 '취향당' 편액을 내렸다고 하니 왕실과 깊은 관계를 맺었다고 생각된다.

전등사 대웅전은 보물 제178호로 지정되어 있는데 규모는 작지만 단정한 결구에 정교한 조각 장식으로 꾸며져 있어 조선중기 건축물로는 으뜸으로 손꼽힌다. 전등사 범종은 보물 제393호로 지정되어 있고, 근래에 만들어진 범종 등 두 개의 종이 있는데 이 두 범종을 보존하기 위해 종각과 종루로 이름을 달리해 두 개의 범종각을 세웠다. 약사전은 보물 제979호로 정면 3칸, 측면 3칸의 다포집 계통에 속하는 건물로 단층 팔작지붕을 얹고 있다. 이외에도 전등사에 가면 꼭 대웅전 나부상을 살펴봐야 한다.

대웅전 나부상

대웅전을 중건하는 과정에서 도편수가 주막집 여인과 사랑에 빠지는데 어느 날 그의 모든 돈을 가지고 야반도주했고, 배반감에 화가 났지만 마음을 잡고 공사를 마무리했다. 공사가 끝나갈 무렵 대웅전의 처마 네 군데에는 벌거벗은 여인이 지붕을 떠받치는 조각이 만들어졌는데, 대웅전 중수를 맡은 도편수가 달아난 여인에 대한 배반감으로 조각했다는 전설이 내려온다.

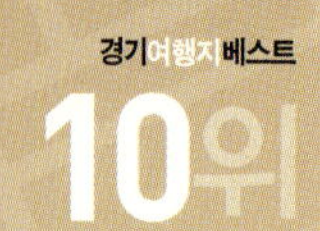

10위 인천 차이나타운

여행포인트	**중국 음식점, 잡화점, 식료품점 등을 둘러보며 온가족이 중국에 여행 온 기분을 내보자.**	
주소	**인천시 중구 선린동 · 북성동 차이나타운**	
문의	**032-760-7866**(한중문화회관)	
홈페이지	**www.ichinatown.or.kr**	

- 가는 길
  - **자가용:** 제1경인고속도로 종점-막다른 삼거리에서 우회전-첫 번째 사거리에서 우회전-고가 아래로 진입-월미도 반대방향으로 우회전-차이나타운
  - **대중교통:** 전철 1호선 인천역 1번 출구로 나와 도보 5분

- 먹을거리
  - **자금성**(중화요리, 032-761-1688, 북성동3가)
  - **청관**(중화요리, 032-772-5118, 북성동3가)

- 잠자리
  - **하버파크호텔**(032-770-9500, 항동3가)
  - **바다풍경**(032-751-3949, 을왕동)

- 주변관광지
  - **월미도, 자유공원, 인천대교**

인천은 서해바다와 접해 있고 중국으로 가는 배를 탈 수 있어 배를 이용한 여행이 이뤄지는 시발지이기도 하다. 1883년 개항 이후 인천은 청나라를 비롯한 열강이 첫발을 내디딘 곳이었다. 1884년에는 청국 조계지가 설정됐고 이후 러시아, 미국, 일본을 비롯한 열강들이 몰려들었다. 1888년에는 최초의 서양식 공원 '자유공원' 이 만들어졌다. 그 이후 시간을 거쳐 인천시 중구 선린동에 차이나타운이 형성되었다. 인천역 앞에서 길을 건너면 우뚝 솟은 패루가 나오고 이곳을 지나 경사진 길을 300m 정도 걸으면 T자형으로 길이 양쪽으로 나뉘고 주변 상가는 온통 중국의 거리에 온 듯한 느낌을 준다.

다른 나라 도시에 있는 중국인 집중 거주 지구를 차이나타운이라고 하는데 특히 동남아시아와 미국에 많다. 인천의 차이나타운은 다른 나라 차이나타운과는 형성 배경이 다르다고 한다. 인천의 차이나타운은 짧은 기간에 많은 변화를 가져온 근대화 과정에서 가까운 거리의 이점을 살려 주로 상업을 위해 주거하면서 형성되었다.

차이나타운에는 음식점·식품점·잡화점 등이 밀집해 있다. 언덕을 따라 난 길을 올라가는데 활기가 가득하다. 길 옆에는 중국음식점들이 있고 중간 중간에 중국 물건을 파는 가게들이 있다.

중국사람들은 유난히 붉은색을 좋아하는데 이곳도 붉은색 치장이 많다. 각종 장식과 음식점의 색깔 또한 붉은색을 띠고 있다. 음식점에는 줄을 선 사람들이 있는데 음식을 먹기 위해 번호표를 받아 기다리는 사람들이다. 완전한 중국풍은 아니지만 음식이 맛깔스럽다.

거리는 활기가 넘친다. 붉은 바탕에 한자로 쓰인 간판들이 차이나타운의 특징으로 나타난다. 가족과 함께 이국적 풍경을 느끼고 싶다면 차이나타운으로 발걸음을 옮겨보자.

삼국지 벽화거리

화교학교인 중산학교 뒷담과 그 맞은편에는 「삼국지」의 명장면을 그림으로 표현한 150m짜리 대형 벽화로 조성된 삼국지 벽화거리가 있다. 길 양쪽의 벽에 「삼국지」의 중요 장면을 설명과 함께 타일로 제작했다. 「삼국지」를 읽어본 사람이라면 그림으로 남에게 설명할 수 있을 정도로 총 80여 장면이 있는데 차이나타운을 찾는 사람들의 사랑을 받고 있다.

11위 용인 한택식물원

여행포인트	**소설 「어린왕자」에 등장하는 거대한 바오밥나무를 직접 눈으로 확인해보자.**	

주소 경기 용인시 처인구 백암면 옥산리 365

문의 031-333-3558

홈페이지 www.hantaek.co.kr

가는 길
- **자가용:** 경부고속도로-신갈JC-영동고속도로-양지IC-17번 국도 백암 · 진천 방향-근곡사거리에서 우회전-325번 국도 장평리 방향으로 좌회전-한택식물원
- **대중교통:** 서울남부터미널에서 백암행 버스(06:10~21:00, 배차간격 20~30분)-백암버스터미널에서 시내버스 10-4번(06:35~20:30, 배차간격 1시간)-한택식물원(문의: 경남여객 031-338-4444)

먹을거리
- **미담**(꽃비빔밥, 031-323-3747, 백암면 옥산리)
- **콩사랑**(한식, 031-332-4765, 백암면 옥산리)

잠자리 에코그린타운(031-338-6610, 양지면 평창리)

주변관광지 민속촌, 에버랜드, 와우정사

봄이 오면 사람들의 마음은 설레기 시작한다. 겨울을 벗은 대지에서 솟아나는 새싹을 보고 또 눈 속에서 피어나는 꽃을 보면서 새로운 계절을 느낀다. 우리 야생화가 일 년 내내 피어나는 곳이 있으니 바로 용인의 한택식물원이다.

한택식물원은 비봉산 자락의 서향에 위치해 양지와 음지, 계곡 등 습지대가 형성되어 있고 다양한 종의 자생식물이 자리하기에 최적의 요건을 갖추고 있다. 30여 년의 준비과정을 거친 후 2003년 처음으로 일반에 공개되었다. 우리나라에서 야생화가 가장 많이 식재되어 있는 식물원 중 한 곳인 이곳은 연중 사람들의 발길이 이어진다. 야생화를 좋아하는 사람들이 찾아와 자연 속에 피어있는 야생화를 즐기고 카메라에 담아 간다. 특히 사진작가들의 단골 출사지이기도 하다.

한택식물원은 크게 동원과 서원으로 나뉘어 있는데 일반에 공개되는 곳은 동원이다. 동원 주차장 앞에 설치된 매표소를 지나면 작은 연못이 있고, 그 옆으로 난 산책길을 따라가면서 야산과 계곡가에 야생화가 피어있다. 할미꽃, 처녀치마, 얼레지, 노루귀, 복수초, 깽깽이풀 등에서부터 처음 보는 꽃들까지 무리 지어 피어있는 작은 꽃들이 신비롭다.

식물원 내에는 자연생태원, 암석원, 수생식물원, 억새원, 음지식물원, 원추리원, 비비추원, 모란작약원, 희귀식물원, 호주온실, 남아프리카온실, 허브식충식물원 등 다양한 공간이 있는데 전 세계 꽃들을 살펴볼 수 있다.

자연생태원을 따라 산책로를 오르면 왼쪽에 전망대가 있다. 그곳에서 한택식물원을 한눈에 볼 수 있다. 봄에는 벚꽃, 살구꽃, 복숭아꽃, 진달래, 목련꽃 등 나무에서 피는 꽃과 튤립 등 외래종이 화사한 계절을 노래한다. 여름에는 샤스테 데이지, 원추리, 상사화, 구절초, 가을에는 국화와 마타리, 쑥부쟁이 등이 계속 피고 진다. 수생식물원은 봄과 여름에 수련이 피어나고 지면서 아름다운 풍경을 이끈다.

호주온실

한택식물원 동원의 중심부에 위치한 호주온실에서는 생텍쥐페리의 소설 「어린왕자」에 등장하는 바오밥나무를 볼 수 있다. 거대한 바오밥나무는 세계적으로 보호받는 종이다. 또한 코알라의 주식인 유칼립투스뿐만 아니라 호주에서 자생하는 식물들도 만날 수 있다.

12위 포천 산정호수

여행포인트	**도시에서는 쉽게 볼 수 없는 억새꽃을 보러가자.**	

여행포인트 **도시에서는 쉽게 볼 수 없는 억새꽃을 보러가자.**

주소 **경기 포천시 영북면 산정리 191**

문의 **031-532-6135**(산정호수 관광지부)

홈페이지 **www.xn—zf4buzn5kvnq.info**

가는 길
- **자가용 :** 동부간선도로-의정부-43번 국도-포천 시내-우측 산정호수 방향으로 빠지는 길로 진입-산정호수
- **대중교통 :** 동서울터미널 운천행 버스(06:00~21:40, 배차간격 30분) 또는 수유버스터미널 운천행 버스(06:00~21:00, 배차간격 20분)-운천시외버스터미널에서 시내버스 71번(배차간격 1시간)-산정호수

먹을거리
- **서울식당**(한식, 031-532-6131, 영북면 산정리)
- **이모네식당**(한식, 031-534-6173, 영북면 산정리)

잠자리
- **서해성펜션**(031-531-4148, 영북면 산정리)
- **럭스제이펜션**(010-3620-2941, 영북면 산정리)

주변관광지 **평강식물원, 자인사, 허브아일랜드**

도심 생활에서 벗어나 자연 속에서 만끽하는 하루 혹은 몇 시간은 삶에 휴식을 제공하고 긴장을 풀어줄 수 있기에 참 중요하다. 포천시 영복면에 위치한 산정호수는 바로 이런 역할을 하기에 충분한 곳이다. 이곳은 1977년 3월 30일 국민관광지로 지정되었고 그 이후 많은 관광객이 이곳을 찾아와 즐거운 시간을 보내고 있다. 수영장, 볼링장, 사우나 등 편의시설을 갖추고 있고 최근에는 눈썰매장 및 스케이트장이 개장되어 온가족이 함께하는 사계절 관광지로 자리 잡았다. 수심 23.5m, 면적 7만8000여 평에 이르는 호수는 명성산과 어우러져 자연 속 휴식처라 할 만하다.

산정호수는 1925년 농업용수로 이용하기 위해 축조된 저수지인데 호수 주변 경관이 수려하고 명성산과 망무봉으로 둘러싸여 '산속에 우물과 같은 맑은 호수가 있다' 하여 산정호수라 불렸다. 서울에서 그리 멀지 않은 곳에 있어 서울을 비롯한 수도권에서 연간 100만 명 이상이 찾는 관광지로 각광을 받고 있다.

천혜의 자연 조건을 갖춘 산정호수를 많은 사람이 찾아오고 있는데 봄에는 흐드러지게 피어나는 벚꽃, 여름에는 호수와 계곡에 흐르는 시원한 물, 가을에는 온 산을 붉고 노랗게 물들이는 단풍과 등산로의 억새밭 그리고 겨울에는 자연 그대로의 아름다운 설경과 스케이팅을 즐길 수 있는 호수의 빙판 등이 이곳을 찾은 사람들의 마음을 빼앗는다.

이곳은 계절에 따라 이용할 수 있는 눈썰매장, 스케이트장, 수영장, 보트장, 놀이동산 등이 있어 가족단위로 즐길 수 있고, 호수를 따라 산책하면서 맑은 공기를 만끽할 수 있어 좋은 시간을 보낼 수 있는 장소다. 호수 주변의 조각공원에는 조각 작품들이 설치되어 있는데 하나하나 눈을 맞춰보면서 산책을 하는 것도 즐거운 일이다. 특히 새벽의 물안개는 놓칠 수 없는 산정호수만의 자랑이다. 공원을 천천히 걸으며 사색의 시간을 가져도 좋다.

명성산 억새꽃축제

6만 평의 억새밭이 자아내는 늦가을 풍경을 담은 명성산은 '대한민국 억새 관광 일번지'라는 명성에 걸맞게 아름다운 가을을 완전히 담아낸다. 억새밭에 바람이 불 때 사르르 움직이는 모습은 마치 춤을 추는 것과 같고 그 안에 잠시 머물면 시간을 잊게 된다. 보통 10월 둘째 주에 열리는 명성산 억새꽃 축제 속으로 들어가보는 것도 좋다.

13위 옹진군 신도·시도·모도

여행포인트	배미꾸미조각공원과 드라마 촬영지를 배경으로 기억에 남는 추억 사진을 찍어보자.
주소	**인천시 옹진군 북도면 모도리**
문의	**032-899-3401**(옹진군 북도면사무소)
홈페이지	**www.bukdo.net**
가는 길	• **자가용:** 영종도 신공항고속도로–영종대교–화물터미널 표지판 확인 후 우회전–삼목선착장 방향으로 우회전–삼목선착장에서 승선(07:10~18:10, 배차간격 1시간)–신도–시도–모도 • **대중교통:** 공항철도 운서역–버스 121–1번(매시 40분 출발, 배차시간 1시간)–삼목선착장에서 승선–신도–시도–모도
먹을거리	• **배미꾸미카페**(카페, 032-752-7215, 북도면 모도리) • **섬마을식당**(한식, 032-751-0260, 북도면 신도리)
잠자리	• **배미꾸미펜션**(032-752-7215, 북도면 모도리) • **신도펜션**(032-777-8212, 북도면 신도리)
주변관광지	**감골해수욕장, 배미꾸미해변, 배미꾸미조각공원**

인천광역시 옹진군 북도면은 신도, 시도, 모도 및 장봉도, 4개 섬이 있다. 신석기시대 전기부터 사람이 살기 시작한 것으로 추정되고 고려시대에는 강화현에 속했다. 옹진군에 가면 신도와 시도 그리고 모도를 한 번에 돌아볼 수 있다. 모도에 가기 위해서는 먼저 신도에 가야 한다. 신도를 가기 위해서는 영종도 섬목선착장에서 배를 타야 하는데 15분이면 선착장에 도착한다. 신도, 시도, 모도는 연도교로 연결되어 각각의 섬을 돌아볼 수 있다.

신도, 시도, 모도는 작은 섬인데 그래도 신도가 가장 크며 해안선 길이가 16㎞ 남짓이다. 조선왕조 말엽에 이곳에서 화염을 제조해 '진염' 이라 불리다가 제도면에 속하게 되어 믿을 신 (信)자와 섬 도 (島)자를 따서 신도라 불리게 되었다고 한다. 신도에서 2005년 준공된 연도교를 통해 시도(矢島)로 들어갈 수 있다. 시도는 북쪽으로 수기해수욕장이 있는데 수심이 얕고 경사가 완만해 해수욕을 하기에 좋다. 해수욕장 중앙에는 송혜교와 비가 주연했던 드라마 〈풀하우스〉 세트장이 있고, 북동쪽 끝에는 권상우, 연정훈, 김희선이 주연했던 드라마 〈슬픈연가〉의 세트장이 있다.

시도를 돌아본 다음에 다시 연육교를 통해 모도에 들어간다. 모도(茅島)는 조선말 통진에서 살던 차영선이라는 어부가 고깃배를 갖고 모도 앞에서 조업을 했으나 물고기는 잡히지 않고 띠(풀뿌리)만 어망에 걸려 고기를 잡지 못하고 이곳에 정착하게 되어 띠 모(茅)자와 섬 도(島)자를 써서 모도라 불리게 되었다고 한다.

모도에 닿고 잠시 마을길을 달리면 배미꾸미조각공원에 닿게 된다. 삼형제 섬 중 맨 마지막 섬 모도는 세 섬 중에서 막내와 같은 섬인데 이름처럼 소박하고 조용한 섬이다. 이 조용하고 소박한 모도에 사람들을 매혹시키는 것이 있으니 바로 배미꾸미조각공원이다.

배미꾸미조각공원

배미꾸미해변에 있는 조각공원으로 해변 주변으로 눈길을 끄는 대형 조각품들이 설치되어 있다. 조각가 이일호씨의 작업실 앞에 세워진 작품들이다. 배미꾸미조각공원에는 카페가 있어 차를 마시며 조각 작품을 감상하는 여유 있는 시간을 보낼 수 있다. 또한 배미꾸미해변 바로 앞에는 인천공항이 있어 세계로 향하는 비행기들이 배미꾸미해변 상공으로 날아간다. 조각 작품에 빠져 돌아보면서 사색을 즐겨보자.

14위 파주 임진각

여행포인트	아이들과 통일에 관한 이야기를 나눠보자.
주소	경기 파주시 문산읍 마정리 1325-1
문의	031-953-4744
홈페이지	http://peace.ethankyou.co.kr/main.jsp

가는 길
- **자가용:** 자유로-하행선 마정분기점-판문점 방향-도로차단점에서 U턴-임진각
- **대중교통:** 전철 경의선 문산역에서 하차-도라산행 관광열차-임진강역 하차 또는 서울역 YTN 앞에서 버스 909번(05:10~22:00, 배차간격 12분)-문산버스터미널-버스 58번 (07:05~20:05, 배차간격 1시간 5분)-임진각(문의 031-952-2657)

먹을거리
- **통일촌장단콩마을**(한식, 031-954-3443, 문산읍 마정리)
- **장어명가임진강**(장어요리, 031-952-9236, 문산읍 사목리)

잠자리
- **유일레저타운**(031-948-6161, 광탄면 마장리)
- **우리민박**(031-959-0080, 파평면 늘노리)

주변관광지 도라산역, 제3땅굴, 통일촌

임진각으로 통하는 자유로를 달리다보면 제일 먼저 눈에 들어오는 것이 평화누리공원이다. 멀리서부터 바람의 언덕에 있는 색색의 바람개비가 눈에 들어온다. 노랗고 빨갛고 파랗고 하얀 바람개비 3000여 개가 조화를 이룬다. 초록과 노란색으로만 꾸며진 한반도의 바람개비와 바람이 부는 언덕 위로 솟아오르는 연, 그리고 하늘에 떠 있는 뭉게구름이 함께 어우러져 한 폭의 그림을 이룬다. 김언경 작가의 작품 '바람의 언덕' 은 한없이 자유롭고 평화로운 마음을 그리고 있다.

바람개비 옆에는 새로운 식구들이 서있는 모습이 보인다. 대나무와 철근으로 만들어진 최평곤 작가의 '통일 부르기' 라는 작품이다. 북녘을 바라보는 듯한 형상 4개로 이뤄진 설치미술작품이다. 북쪽을 향해 기도하는 마음으로 하염없이 바라보는 애절함. 이 작품을 통해 통일을 향한 마음을 담은 작가의 심정이 짐작된다.

잔디를 밟으며 '희망' 의 다른 이름, 솟대를 만나러 간다. 사람들이 마을 어귀에 솟대를 세우고 하늘에 마음을 전했던 것처럼, 평화와 통일을 기원한다.

평화누리 바람의 언덕에서 바람개비의 흐름에 평화의 염원을 담고 임진각으로 향한다. 임진각 본관 건너편에는 1986년 9월 26일 조성된 망배단이 있다. 매년 명절 때면 실향민들이 와서 고향을 향해 절을 하는 곳으로 향로와 망배탑이 있다. 임진각 여행의 마지막 코스는 철도중단점이다. 임진각에서 임진강역으로 나서면, 운행이 중단된 경의선 철도를 상징하는 철길과 1930년대 모습으로 복원한 기차카페가 세월의 시름은 아랑곳하지 않은 채 사이 좋게 놓여 있다.

임진각은 전통적인 안보관광지로 자유의 다리, 통일연못, 평화의 종 등을 볼 수 있으며, 임진각 전망대에 오르면 임진강을 한눈에 내려다볼 수 있다. 자유의 다리에서 북쪽을 바라본다. 철길이 눈앞에 있는데 건너가지 못하는 아픔이 마음을 누른다. 소망을 적은 리본을 읽으니 마음이 뜨거워지면서 통일에 대한 염원이 솟아오른다.

자유의 다리

망배단 뒤쪽에 있으며 경기기념물 제162호로 지정된 자유의 다리. 다리 길이는 83m이고 너비는 4.5~7m이며 높이는 8m로 목조와 철조를 혼합해 만들었다. 1953년 휴전협정 이후 한국군 포로 1만 2773명이 자유를 찾아 귀환한 다리라고 해서 '자유의 다리' 라는 이름이 붙었는데 우리 민족의 아픔이 되어 그곳에 머물러 있다.

15위 여주 신륵사

📋 주소	**경기 여주군 여주읍 천송리 282**	
📱 문의	**031-885-2505**	
🖥 홈페이지	**www.silleuksa.org**	

🚗 **가는 길**
- **자가용** : 경부고속도로-신갈JC-영동고속도로-여주IC-37번 국도-터미널사거리에서 우회전-여주대교-신륵사
- **대중교통** : 서울고속버스터미널 여주행 버스(06:30~22:00, 배차간격 30분)-여주버스터미널에서 천송리행 또는 신륵사행 버스(배차간격 1시간) 또는 터미널에서 택시로 10분(요금 4,000~5,000원)-신륵사

🍴 **먹을거리**
- **명성회관**(민물매운탕, 031-885-3234, 여주읍 천송리)
- **용궁회관**(용봉탕, 031-885-2604, 북내면 천송리)

🏠 **잠자리**
- **여주관광농원**(031-882-9499, 북내면 중암리)
- **별자리펜션**(031-886-9478, 금사면 상호리)

⚜ **주변관광지** **황학산 수목원, 세종대왕릉, 여성생활사박물관**

🚶 **여행포인트** **보물이 가득한 절 신륵사에서 보물찾기 시간을 가져보자.**

여주에 가면 꼭 들러봐야 하는 곳이 남한강 상류 봉미산 기슭에 자리 잡고 있는 신륵사인데 강과 어우러진 아름다운 풍경 속에 머물러 있다. 신륵사로 천천히 걸어가면서 남한강에서 불어오는 바람을 몸에 안고 양쪽 풍경을 온몸으로 느낄 수 있다. 그것은 신륵사를 찾은 사람들에게 주는 보너스와 같은 선물이다.

신륵사는 신라 진평왕 때 원효대사가 창건한 것으로 전하고 있는데, 원효대사의 꿈에 나타난 노인이 가르쳐준 연못이 있었다. 원효대사는 그 연못이 쉽게 메워지지 않자 7일 동안 기도를 드렸고 그러자 아홉 마리 용이 하늘로 승천했는데, 그 후에 이곳에 절을 지었다고 한다. 승려 나옹이 이곳에서 세상을 떠난 후 고려 우왕 2년(1376) 크게 중창된 유서 깊은 절이다.

이 절은 강가 암반 위에 벽돌로 쌓은 다층 전탑이 있어 고려 때부터 벽절이라고도 불렸다고 한다. 나옹화상이 이 절에서 입적했고, 그의 보제존자석종은 1379년 제작된 것으로 고려 말의 대표적 부도 양식을 띠고 있어 주목을 받고 있다. 석종 옆에 있는 석종비문은 목은 이색이 썼다.

신륵사는 역사가 깊고 규모도 크며, 사찰 주변의 경관도 뛰어나 많은 사람이 찾는 절이다. 경내엔 화려한 극락전을 비롯해 조사당 명부전, 다층석탑, 다층전탑, 석종, 대장각기비 등 보물로 지정된 문화재 8점을 보유하고 있다. 신륵사의 중요 문화재로는 보물 제180호인 조사당, 보물 제225호인 다층석탑, 보물 제226호인 다층전탑, 보물 제228호인 보제존자석종, 보물 제229호인 보제존자석종비, 보물 제230호인 대장각기비, 보물 제231호인 석등이 있으니 가히 보물이 가득한 절이라고 해도 과언을 아닐 것이다. 신륵사 앞으로 남한강이 흐른다. 사찰을 둘러보고 강가에서 여유롭게 식사를 즐기며 휴식을 취하자.

'신륵사' 로 부르게 된 유래

신륵사로 부르게 된 유래가 있는데 하나는 '미륵이, 굴레로 용마(龍馬)를 막았다' 해서 부르게 되었다는 설과, 다른 하나는 '고종 때 건넛마을에서 용마가 나타났는데 몹시 사나워 사람들이 붙잡을 수 없었는데, 이때 인당대사가 고삐를 잡자 말이 순해져 신력으로 말을 제압했다 하여 절 이름을 신륵사라고 했다' 고 전해진다.

16위 남양주 왈츠앤닥터만 커피박물관

🎪 **여행포인트**	엄마 · 아빠가 즐겨 마시는 커피를 직접 내리는 체험을 해보자.
📧 **주소**	경기 남양주시 조안면 삼봉리 272
📱 **문의**	031-576-0020
🖥 **홈페이지**	www.wndcof.com

🚗 **가는 길**
- **자가용** : 중부고속도로 만남의 광장–팔당IC–팔당대교 끝나는 지점에서 우회전–진중삼거리 10시 방향 좌회전–영화촬영소 팻말지나 강쪽으로 우회전–왈츠앤닥터만 커피박물관
- **대중교통** : 전철 2호선 강변역 4번 출구로 나와 버스 2000–1번(06:00~21:00, 배차간격 20분) 또는 1호선 청량리역 4번 출구로 나와 버스 167번(04:30~23:30, 배차간격 15분)–진중삼거리에서 하차–버스 56번(05:00~22:30, 배차간격 30분)으로 환승·남양주 영화촬영소 입구 하차–왈츠앤닥터만 커피박물관

🍴 **먹을거리**
- **왈츠앤닥터만**(양식, 031-576-0020, 왈츠앤닥터만 내)
- **삼봉푸줏간**(고기, 031-576-0233, 조안면 삼봉리)

🏠 **잠자리**
- **올리브펜션**(031-576-8800, 조안면 삼봉리)
- **저녁바람이 부드럽게**(031-576-0815, 조안면 능내리)

⚓ **주변관광지**   남양주 영화촬영소, 다산 유적지, 피아노 폭포

남양주종합촬영소 맞은편 좁은 길로 들어서면 북한강이 바라보이는 언덕에 레드와인 색깔로 옷을 입은 커피박물관이 보인다. 박물관에 도착하기 전부터 이미 커피향에 젖어드는 것 같은 느낌이 든다. 입장요금에 커피를 직접 로스팅하고 내려서 마실 수 있는 체험비까지 포함되어 있다.

박물관 안으로 들어가기 위해 계단을 오르면 그때부터 커피향을 느낄 수 있다. 이곳은 2006년 8월 개관한 우리나라 최초의 커피박물관으로 커피 제조의 전 과정을 살펴보고 체험할 수 있다.

신분증을 맡기고 디지털 전자 음성안내기를 빌려 안내를 받으며 박물관을 관람하면 된다. 커피박물관은 모두 다섯 개 전시관으로 이루어져 있으며 그중 커피 재배 온실에는 500여 그루의 커피나무가 자라고 있다. 떡잎부터 커피열매까지 커피나무 생장과정을 한눈에 볼 수 있다.

19세기 중동 지역에서 사용되었던 수동 그라인더를 비롯해 사막에서 사용했다는 300년 된 커피포트와 각양각색의 커피 관련품이 전시되어 있어 이곳을 찾는 사람들에게 커피의 모든 것을 알 수 있도록 도와준다. 나무통에는 자메이카, 케냐, 에티오피아 등 먼 이국에서 생산된 커피원두가 가득 담겨있다. 특히 커피를 사랑했던 브람스, 슈베르트, 카프카 등 유명 인사 18명 얼굴을 새겨넣은 동판이 눈길을 끈다. 베토벤 동판에는 '그의 유일한 사치품 중 하나인 유리로 된 커피추출기로 정확히 커피콩 60알로 커피를 끓여 아침식사를 대신했다' 는 설명이 붙어있다.

'커피 미디어 자료실' 에는 세계 각국의 다양한 커피잔과 커피 관련 서적과 영상자료 등이 전시돼 있다. 관람이 모두 끝난 뒤에는 커피 로스팅 체험을 해볼 수 있다.

커피 내리는 체험활동

박물관을 모두 둘러본 뒤 바리스타의 도움을 받아 생두를 볶고 갈아 커피를 내리는 체험을 한 후 직접 만든 커피를 마실 수 있다. 로스팅한 뒤 오래된 원두와 직접 볶은 원두를 내리는 것을 보여준다. 오래된 것은 별로 변화가 없는데 방금 볶은 원두는 물을 내리자 종이 필터 위에 놓인 커피가루가 꽃처럼 피어오른다.

17위 여주 목아박물관

여행포인트	불화 · 불상 · 동자상 · 석탑 등 다양한 불교 예술품을 직접 눈으로 확인해보자.	

여행포인트 불화 · 불상 · 동자상 · 석탑 등 다양한 불교 예술품을 직접 눈으로 확인해보자.

주소 경기 여주군 강천면 이호리 396-2

문의 031-885-9952

홈페이지 www.moka.or.kr

가는 길
- **자가용** : 경부고속도로-신갈JC-영동고속도로-여주IC-여주대학-하이마트-전용도로에서 우회전-이호대교-이호리 우회전-신륵사 방향으로 좌회전-목아박물관 방향으로 우회전-목아박물관
- **대중교통** : 서울고속버스터미널 여주행 버스(06:30~22:00, 배차간격 30분)-여주버스터미널에서 시내버스 61번(06:10~20:00, 배차간격 1시간)-목아박물관

먹을거리
- **걸구쟁이네**(한식, 031-885-9875, 강천면 이호리)
- **나루터매운탕**(민물매운탕, 031-885-1023, 강천면 이호리)

잠자리
- **대림관광농원**(031-885-9939, 강천면 도전리)
- **리버뷰**(031-885-0393, 여주읍 연양리)

주변관광지 황학산수목원, 신륵사, 명성왕후 생가

산사에서나 들을 수 있는 맑은 풍경소리가 울리는 여강 기슭. 목불(木佛)의 나무 향기 그윽한 이곳은 산중이 아니라 강가에 위치한 목아박물관이다. '나무에 싹이 튼다' 라는 뜻의 목아(木芽)는 목조각 장인인 박찬수 관장의 호다. 목아박물관은 박찬수 관장(무형문화재 제108호, 목조각장)이 수집한 6000여 점의 불교 관련 유물 및 조각품이 전시된 사립 전문 불교 박물관으로 1993년 6월 전통 목공예와 불교미술의 계승 발전을 위해 개관했다.

박찬수 관장은 어릴 때 암벽에 조각돼 있는 마애불에서 영감을 받아 조각 공부를 시작했고 1972년부터는 불교 목조각에 몰두해온 이 시대의 장인이다.

목아박물관은 한국의 전통 불교 조각 기법을 보존하고, 나아가 새로운 기법으로 계승 발전시키는 한편, 우수한 전통공예문화를 후세에 알리는 데 목적이 있다. 특히 불교와 관련된 문화유산과 현대의 불교 조각 작품들을 한자리에서 감상할 수 있게 함으로써 선인의 기술과 장인정신을 일깨우는 데 중점을 두고 있다.

전시관은 지하 1층, 지상 3층으로 불상·불화 등 유물, 동자상을 비롯한 불교 관련 목공예 작품들을 전시하고 있다. 야외 조각공원에는 미륵삼존대불, 비로자나불, 삼층석탑, 백의관음, 자모관음상 등이 자리 잡고 있다. 소장품 중에는 묘법연화경(보물 제1145호) 등 보물 3점이 있으며 불교 사찰에서 전해오던 많은 유물을 소장하고 있다.

동선을 생각하면 3층부터 관람하는 것이 좋다. 3층은 박 관장의 목조각 작품 세계를 보여주는 불교 목조각 전시실이다. 팔상도목각탱, 아미타삼존불좌상, 국보 제73호와 제83호 금동미륵보살상 모작, 목조약사 12신장상 등 박 관장이 40여 년간 조각한 작품 150여 점을 전시하고 있다. 2층은 불교 유물실로 우리나라는 물론 인도나 동남아 등 불교문화권의 불교 관련 유물이 500여 점이나 전시돼 있고 1층은 불교 회화실인데 기획전·특별전 등으로 다양하게 활용하는 공간이다.

예수상

종교 간의 갈등이 심각해지는데 이곳에는 예수상이 모셔져있다. 적색 벽돌로 첨성대를 본떠 세운 '하늘 교회' 안쪽에는 박찬수 관장이 조성한 예수상이 있다. 이 예수상은 종교 때문에 생겨나는 갈등과 분열 등을 버리고 서로 포용하자는 의미가 담겨있는 작품이다.

18위 가평 쁘띠프랑스

여행포인트	생텍쥐페리 작품관에서 「어린왕자」, 「야간비행」 등의 책에 관한 이야기를 나눠보자.	
주소	**경기 가평군 청평면 고성리 616**	
문의	**031-584-8200**	
홈페이지	**www.pfcamp.com**	
가는 길	• **자가용:** 올림픽대로 미사리 방향-경춘고속도로-화도IC-춘천·청평 방향-청평댐 입구-고성리 방향으로 10㎞-쁘띠프랑스 • **대중교통:** 동서울터미널 청평행 버스(06:35~22:05, 배차간격 30분)-청평버스터미널에서 고성리행 시내버스(06:30~19:30, 배차간격 1시간30분~2시간)-쁘띠프랑스	
먹을거리	• **비스트로**(레스토랑, 031-584-8200, 쁘띠프랑스 내) • **오성가든**(보쌈정식, 031-585-5501, 상면 행현리)	
잠자리	• **브띠프랑스**(031-584-8200, 쁘띠프랑스 내) • **청평밸리**(031-584-6463, 청평면 대성리)	
주변관광지	**아침고요수목원, 남이섬, 청평호반**	

청평댐 입구를 지나 고성리 쪽으로 10분쯤 달리다 보면 이국적인 풍경의 마을이 눈앞에 펼쳐진다. 이곳은 붉은 지붕과 흰 건물의 어우러짐이 지중해 연안의 전원 마을 같은 쁘띠프랑스(Petite France)다. 작은 프랑스라는 뜻이다. 호숫가 길을 따라 달리면 왼쪽 언덕에 전원마을 같은 아름다운 건축물이 보인다.

우리나라에도 외국문화마을이 몇 군데 있다. 남해군의 독일마을과 아메리칸 빌리지가 대표적인데 이곳 가평의 쁘띠프랑스도 그중 한 곳이다. 매표소를 지나 입구를 들어서면 길을 따라 어린왕자를 느낄 수 있는 조형물들이 보인다. 양, 뱀, 여우 그리고 어린왕자까지… 그것을 바라보노라면 마치 「어린왕자」 이야기 속으로 빨려들어가는 것 같다.

벽에는 어린왕자 이야기 장면들이 담긴 벽화가 그려져 있어 마을을 거닐면 마치 그 안에 있는 것처럼 느껴진다. 또한 마을 한가운데에는 프랑스를 대표하는 세계적인 작가 생텍쥐페리의 어린왕자 기념관이 자리 하고 있다.

기념관에는 그의 탄생과 죽음, 성장기와 가족 등에 관한 사진 및 패널이 전시돼 있다. 2층은 생텍쥐페리 작품관이다. 「어린왕자」와 「야간비행」 등 생텍쥐페리가 남긴 작품에 대한 다양한 해설, 관련 캐릭터 상품 등이 진열돼 있어 그곳을 찾는 관람객들에게 그를 이해할 수 있는 많은 정보를 준다.

마을에는 150년 된 프랑스 농가주택을 그대로 옮겨놓았는데 건물 안에는 100년 전의 침대와 의자, 욕조, 세면기 등도 전시돼 있어 마치 프랑스의 어느 농가에 들어와 있는 듯한 편안하면서도 목가적인 느낌을 들게 한다. 위로 올라가면 건물들이 있는데 이곳은 프랑스 건축물에 숙박시설을 갖춰 관람객이 머물면서 프랑스의 다양한 문화를 체험할 수 있도록 해놓았다.

쁘띠프랑스의 수탉!

쁘띠프랑스에 가면 어린왕자뿐만 아니라 수탉이 관람객들을 반기고 있다. 그곳의 갤러리에는 프랑스의 상징인 수탉과 여러 종류의 닭을 전시하고 있는데 프랑스는 고대부터 닭을 용맹의 상징으로 여겼다. 프랑스 월드컵 당시에도 수탉이 등장할 정도였다고 한다.

19위 용인 한국등잔박물관

여행포인트 전등이 없던 시절에는 어떻게 생활했을까? 등잔박물관에서 옛조상들의 생활모습을 상상해보자.

주소 경기 용인시 처인구 모현면 능원리 258-9

문의 031-334-0797

홈페이지 www.deungjan.or.kr

가는 길
- **자가용:** 경부고속도로-판교IC-분당 방향-능평2리-능골삼거리에서 우회전-300m지점에서 좌회전-한국등잔박물관
- **대중교통:** 양재역에서 버스 1500번(05:00~22:00, 배차간격 15분)-능골삼거리에서 하차 후 도보 20분

먹을거리
- **옛터**(한식, 031-339-6630, 처인구 모현면)
- **자작나무이야기**(양식, 031-332-3928, 양지면 대대리)

잠자리
- **산마루로담펜션**(031-336-2398, 이동면 묘봉리)
- **풀하우스펜션**(031-339-4248, 처인구 원삼면)

주변관광지 **마가미술관, 충렬서원, 정몽주 묘소**

70년대까지만 해도 우리 가정에서는 등잔으로 어둠을 밝혔다. 물론 도시에는 그 이전에 전기가 들어와 전등이나 형광등을 사용했지만 시골은 70년대 초까지는 등잔이나 초를 사용했다. 중년들은 점차 사라져가는 우리 생활용품이었던 등잔을 생각하면 절로 미소가 배어들고 청소년들은 신기한 물건으로 여기는 등잔. 등잔에 대한 모든 것을 전시하는 박물관이 용인시 모현면에 자리하고 있다.

마을 입구의 등잔 모양 이정표가 여행객들의 마음을 편하게 만들어준다. 안으로 걸어 들어가면 우리 삶의 모습을 지켜보다 역사의 뒤안길로 사라진 등잔이 한곳에 모여있는 모습을 볼 수 있다. 김동휘 선생이 40여 년간 틈틈이 모아온 자료들을 중심으로 1997년 9월 경기도 테마박물관으로 개관해 많은 관광객이 찾아와 옛 추억을 상기하고 미소짓곤 한다.

등잔박물관은 수원화성 성곽의 이미지를 따서 건축되었다. 성곽의 형태를 본뜬 회백색 건물은 횃불이나 등대처럼 보인다. 1층은 생활 속 등잔을 주제로 우리 조상들의 삶 속에서 등잔들이 어떻게 사용되었는가를 그 시대 민속품들과 함께 전시해 보고 느낄 수 있도록 했다. 부엌, 찬방, 사랑방, 안방 등에 있던 많은 자료를 전시해 우리 조상들의 숨결을 느낄 수 있도록 한다.

2층으로 올라가면 역사 속의 등잔과 아름다움 속의 등잔 그리고 특별기획실이 마련되어 있다. 시대별, 형태별, 재질별, 용도별 및 제작기법상의 대표적인 것들을 비교·감상할 수 있도록 전시해 관람객들의 이해를 돕고 있다. 뜰에는 등을 위시해 물확, 연자매 등 여러 가지 석물과 민속품들이 전시되어 있고 편안히 쉬어갈 공간도 마련되어 있다. 특히 아이들에게는 할머니, 할아버지들이 살았던 옛 생활 모습을 직접 눈으로 확인해 볼 수 있는 좋은 기회다.

정몽주 묘소

등잔박물관으로 가는 도중에 경기도기념물 제1호로 지정된 정몽주 묘가 있다. 정몽주가 고려 왕실을 지키려다가 개성 선죽교에서 타살된 뒤 1406년(태종 6년)에 풍덕군에 추장했던 묘소를 지금의 자리에 옮겨 부인 경주 이씨와 합장했다. 묘소는 단분으로 상석, 혼유석, 망주석, 문인석 등이 종전부터 있었고, 곡담과 둘레돌 등은 1970년에 추가 설치했으며 1980년에는 묘역의 민가 3채를 이전하고 신도비각, 재실 등 정화 사업을 실시했다.

포천 승진훈련장

여행포인트	**뉴스에서만 볼 수 있었던 탱크, 전차, 헬기 등의 훈련 모습을 직접 눈으로 익혀보자.**	
주소	**경기 포천시 산정리 승진훈련장**	
문의	**02-3669-3676**	
홈페이지	**www.go4peace.co.kr**	
가는 길	자가용이나 대중교통으로는 방문할 수 없고 미리 여행사를 통해 패키지 상품을 예약하고 단체 버스를 이용해야 한다.	
먹을거리	• **참나무쟁이**(한정식, 031-531-7970, 내촌면 내리) • **도토리묵마을**(한식, 031-542-6898, 소흘읍 고모리)	
잠자리	• **달빛연가**(031-536-3731, 일동면 화대리) • **하늘향기펜션**(011-338-8595, 일동면 화대리)	
주변관광지	**산정호수, 평강식물원**	

2010년 8월 4일 세계 최초로 일반인에게 육군 화력훈련이 공개되었다. 넓은 훈련장에서 펼쳐지는 기계화부대의 기동훈련과 헬기 사격훈련이 공개되면서 포천 승진훈련장이 새로운 관광지로 알려지기 시작했다.

군관민이 하나가 되어 군사훈련장을 새로운 관광자원으로 개발했고 국민에게는 군사훈련이 관광상품화 될 수 있는 사례를 보여주었다. 천안함 사건, 연평도 도발 등으로 긴장이 고조되고 있는 가운데 국민에게 승진훈련장에서의 훈련 모습을 공개함으로써 국민 안보의식 함양을 가져올 수 있고 또한 군에 대한 국민의 신뢰감 향상도 기대된다. 이뿐만 아니라 지역 자치단체인 포천시는 관광상품화된 훈련 모습 공개를 통해 많은 국민이 이곳을 방문하면서 근처 아트밸리, 산사원, 한가원, 허브아일랜드, 평강식물원 등과 연계관광 효과를 높였다.

이곳에서는 특별한 경우가 아니면 매주 수요일 전차·헬기·포병이 포함된 대대급 공지합동훈련을 공개한다. 1952년 7월 미군에 의해 설치된 이래 일반인의 안보견학을 위해 그 위용을 드러냈다. 훈련참관이 끝난 후에는 군장비 공개도 있는데 참가자들은 탱크를 배경으로 사진을 찍기도 하고 브리핑을 들으면서 군에 대한 신뢰감이 커지는 것을 느낄 수 있다.

이곳을 관람하려면 포천 출발 패키지(포천종합운동장 집합)와 서울 출발 패키지(시청역 8번 출구 출발)를 이용하는 방법이 있는데 훈련 공개 일정 등 자세한 내용은 홈페이지 공지사항을 확인해야 한다. 패키지로 운영되는데 아트밸리 관광도 포함되니 시간을 넉넉히 잡도록 하자.

포천 아트밸리

아트밸리는 1960년대 후반 주요 건축물에 사용하기 위해 화강암을 채석하던 곳을 그대로 놔둬 인근 주민들에게 불편을 주고 흉물로 남아있던 곳을 문화예술공간으로 재탄생시킨 곳이다. 호수에 비친 아름다운 풍경과 야외 조각품, 실내 미술작품 그리고 독특한 문화를 만나볼 수 있는 곳이다.

강원도

양구 박수근미술관

속초 설악산

속초 설

양구 박수근미술관

춘천 막국수 체험관 17

19

영월 한반도 지형

고성 통일전망대

고성 통일전망대
11

14
고성 왕곡마을

양양 낙산사 **2**

양양 하조대 **6**

양양 하조대

강릉 오죽헌과 선교장

강릉 오죽헌과 선교장
8

평창 대관령 양떼목장
1

16
평창 한국자생식물원

평창 대관령 양떼목장

정선 민둥산 억새꽃축제
10

삼척 죽서루
12

정선 함백산 만항재 **7**

18 삼척 대금굴

3 정선 레일바이크 체험

영월 한반도 지형

4 태백 매봉산 풍력발전단지

5

15

영월 법흥사 적멸보궁

13 삼척 신리 너와마을

20

태백 황지연못

삼척 신리 너와마을

영월 법흥사 적멸보궁

두근두근
강원2박3일코스

7번 국도를 따라 동해안 절경을 차창 밖으로 보며 달리는 여행,
양양에서 시작해 고성까지 강원 북부를 꼼꼼히 둘러보는 2박3일 여행코스.

1day

1 선림원지

선림원지는 강원도 양양군 서면 황이리 424번지 미천골 자연휴
양림 안에 있다. 미천골은 태백산맥 동편 오지로 원시자연 그대
로의 생태계가 잘 보존된 산림과 계곡에 휴양림이 조성되어 있
다. 강원도 향토음식인 곤드레밥을 꼭 먹어보자.

주소 | 강원도 양양군 서면 황이리 424
문의 | 033-670-2225

2 송천 떡마을

체험 예약이 필수다. 가족이 어우러져서 전통 떡 만들기 체험을
하면서 우리 떡에 대한 관심을 가지고 직접 만들어 먹는 즐거움
까지 함께 할 수 있다.

주소 | 강원 양양군 서면 송천리
문의 | 033-673-7020
체험예약 | http://songcheon.invil.org

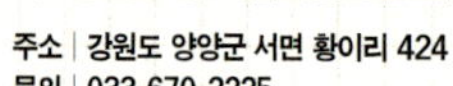

3 하조대해수욕장

송천 떡마을에서 우리 떡 만들기 체험을 한 다음에 30분 정도 구
룡령로와 44번 국도, 동해대로를 달려 하조대해수욕장에 닿는
다. 저녁식사는 하조대 어민들이 직접 운영하는 어촌계회센터가
있는데 한 가족이 가도 10만원이면 충분히 먹을 수 있다.

2day

1 하조대 일출

온 가족이 동해 하조대에서 동해바다로 떠오르는 장엄한 일출을 만나 뿌 듯한 하루를 열어보자. 겨울이면 오징어를 말리는 모습이 장관을 이룬다.

2 오산리 선사유적박물관

온 가족이 함께 여행하면서 선사시대의 삶을 유물과 전시물을 통해 살펴볼 수 있다. 이곳은 1977년 동해안 쌍호에서 발견된 선사시대 유적들을 전시 하기 위해 건립되었는데 토기 등 선사시대 유물을 전시하고 있다.

주소 | 강원 양양군 손양면 오산리 51　문의 | 033-671-2000
입장료 | 성인 1,000원, 청소년 500원, 어린이 300원　관람시간 | 09:00~18:00

3 낙산사

관동팔경의 하나로 잘 알려져진 곳. 경내에는 조선 세조 때 다시 세운 칠 층석탑을 비롯해 원통보전과 그것을 에워싸고 있는 담장 및 홍예문 등이 남아있는데 산불로 대부분의 전각은 소실되었다.

4 왕곡마을과 한옥 숙박체험

왕곡마을은 고려 말, 조선 초 이래 600년 세월을 정주해온 전통 있는 마을 이다. 마을 중앙의 개울을 따라 이어져 있는 마을 안길을 중심으로 가옥들 이 자연스럽게 자리 잡고 있다. 전통한옥 숙박체험은 사전예약을 해야 하 는데 인터넷으로 예약한 경우에도 방문 전에 전화로 확인해야 한다.

문의 | 033-631-2120　예약 | www.wanggok.kr

3day

1 고성 통일전망대

남한의 최동북단에 위치한 고성 통일전 망대는 조국의 분단현실을 실감할 수 있 는 국내 최대의 통일 교육장이다. 통일 안보공원에서 신고를 하고 안보교육을 받은 후에 통일전망대로 가면 된다.

입장료 | 대인 3,000원, 소인 1,500원
관람시간 | 09:00~17:30(7/15~8/20),
　　　　　09:00~15:50(11/1~2/28),
　　　　　09:00~16:20 (3/1~7/14,
　　　　　8/21~10/31)

2 화진포

통일전망대에서 다시 강원도 해안을 따라 내려오다가 화진포에 들러 여행의 마지막 으로 바다와 파도를 느껴보는 것도 좋다. 시간이 있다면 주변에 있는 화진포 해양 박물관에서 바닷속 세상을 경험해보자.

주소 | 강원 고성군 현내면 초도리 94-1
문의 | 033-682-7300
관람시간 | 09:00~18:00(하절기),
　　　　　09:00~17:00 (동절기)
입장료 | 성인 5,000원, 청소년 4,000원,
　　　　　어린이 3,000원

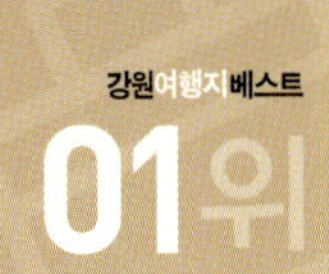

01위 평창 대관령 양떼목장

여행포인트	**이국적인 풍경 속의 양떼목장에서 직접 먹이를 주는 체험을 해보자.**	

주소 강원 평창군 대관령면 횡계3리 14-104

문의 033-335-1966

홈페이지 www.yangtte.co.kr

가는 길
- **자기용 :** 경부고속도로-호법IC-영동고속도로-횡계IC-용평리조트 방향으로 우회전-대관령마루길-양떼목장
- **대중교통 :** 동서울버스터미널 횡계행 버스(06:32~20:05, 배차간격 35분)-횡계버스터미널에서 택시로 20분

먹을거리
- **납작식당**(한식, 033-335-5477, 대관령면 횡계리)
- **삼청회관**(한식, 033-336-5610, 대관령면 수하리)

잠자리
- **용평레포빌**(033-336-8338, 대관령면 횡계리)
- **대관령펜션목장 오목골**(033-336-7456, 대관령면 횡계리)

주변관광지 대관령 삼양목장, 오대산국립공원, 한국자생식물원

양떼가 목장에서 노닐면서 풀을 뜯는 모습은 유럽에서나 만날 수 있으리란 생각이 드는데 우리나라에서도 유럽풍 풍경을 만날 수 있는 곳이 있다. 바로 평창 대관령 양떼목장이다. 우리나라의 유일한 양목장인 이곳은 사계절 내내 찾아가서 양떼를 만나면서 목가적인 풍경에 젖을 수 있다.

휴게소에서 출발해 안쪽으로 들어가면 입구가 나오는데 계절에 따라 중간 중간 야생화를 만날 수 있다. 한참 올라가면 드디어 양떼목장에 도착했다는 느낌이 들기 시작한다.

중간에 삼거리가 있고 좌측으로 난 산책로를 따라 언덕을 올라간다. 언덕에 오르면 바람이 불기 시작한다. 가끔 모자를 벗겨 가기도 하지만 온몸에 시원함이 감돌아 상쾌하다. 초록빛 봄이 돋아나는 양떼목장, 야생화와 어우러져 더 아름다운 여름빛 양떼목장, 가을을 품고 있는 아름다운 가을빛 양떼목장 그리고 눈이 내려 더 환상적인 분위기를 자아내는 양떼목장에 가면 즐거움이 가득해진다.

중간에 나무로 만든 초소와 같은 건물이 있는데 눈이 내릴 때 눈과 어우러진 모습이 보기에 참 좋다. 대한민국의 알프스라고 말하는 이곳. 가족 단위 혹은 연인끼리 찾아와 양떼를 바라보면서 이국적 정서에 젖어보면 어떨까. 주변 풍경과 풀을 뜯는 양떼의 모습은 참 평화롭다. 봄과 여름 그리고 가을에 만나는 야생화는 별책 부록과 같은 즐거운 시간을 선사한다.

주변을 한 바퀴 둘러본 후 양우리에 가면 양을 만날 수 있다. 겨울에는 방목을 할 수 없어 우리 안에 머물게 하는데 양의 모습을 가까이서 관찰할 수 있다. 양떼목장을 한 바퀴 도는 데는 40분 정도 걸린다.

시원하게 탁 트인 환상적인 산책로를 걷다보면 어느덧 일상의 잡다한 상념들은 저 멀리 사라지고, 스스로가 이미 대자연에 동화되어 가는 것을 느낄 수 있다.

건초 먹이주기 체험

양떼목장에 가면 건초를 먹이로 주는 체험을 할 수 있다. 이미 입장요금에 포함되어 있으니 작은 바구니에 담긴 건초를 양 가까이에 가서 내밀면 받아 먹는다. 이런 소소한 것들이 아이들에게는 소중한 체험이 된다. 중간에 매달린 소금 덩이를 핥는 모습을 보는 것도 놓치지 말아야 한다. 3~4월에는 양털을 깎는 모습도 볼 수 있다.

02위 양양 낙산사

여행포인트	**불타버린 낙산사 이야기를 들려주며 문화재 보호의 중요성을 알려주자.**	

여행포인트 불타버린 낙산사 이야기를 들려주며 문화재 보호의 중요성을 알려주자.

주소 강원 양양군 강현면 전진리 55

문의 033-672-2417

홈페이지 www.naksansa.or.kr

가는 길
- **자가용:** 경부고속도로-영동고속도로-만종IC-하조대IC-양양-낙산사
- **대중교통:** 서울고속버스터미널 양양행 버스(06:30~18:19, 배차간격 30~40분)-양양버스터미널에서 속초행 시내버스-낙산사

먹을거리
- **카페 라메블루**(카페, 033-671-3634, 강현면 주청리)
- **파도횟집**(생선회, 033-672-4700, 강현면 주청리)

잠자리 **설악 비치펜션**(033-672-9300, 강현면 전진리)

낙산사는 3대 관음기도도량 가운데 하나며, 관동팔경의 하나로 잘 알려져 있다. 경내에는 조선 세조 때 다시 세운 칠층석탑을 비롯해 원통보전과 그것을 에워싸고 있는 담장 및 홍예문 등이 남아있는데 2005년 일어난 큰 산불로 대부분의 전각이 소실되어 안타까움이 크다. 원통보전은 완전 소실되었으나 건칠관세음보살상은 안전한 곳에 봉안되었다. 칠층석탑은 원통보전 앞에

세워진 조선시대 석탑으로서 보물 제499호로 지정되어 있다. 낙산사에는 부처님 진신사리가 출현한 공중사리탑, 동양 최대의 해수관음상, 천수관음상 등 모든 관음상이 봉안된 보타전, 창건주 의상대사의 유물이 봉안된 의상기념관 등 성보문화재가 있다.

부속 건물로 의상대, 홍련암 등이 있고 이 일대가 사적 제495호로 지정되어 있다. 소나무를 주위에 품고 있는 의상대는 공사를 마치고 새로운 옷을 입고 있다. 낙산사를 지은 의상대사를 기념하기 위해 만든 정자인데, 원래 이곳은 의상이 낙산사를 지을 당시 머무르면서 참선했던 곳이다. 6각으로 만들어진 아담한 크기의 의상대는 낙산사에서 홍련암의 관음굴로 가는 길 해안 언덕에 있어 멋진 전망대 역할을 하고 있다. 이곳에서 바라보는 일출은 정말 아름다워 사진작가들의 일출 출사지로 인기가 있다.

의상대에서 홍련암으로 가는 길에서 바라보는 바닷가 모습과 멀리 배 한 척이 떠가는 모습은 평화로움을 느끼게 한다.

의상대사가 붉은 연꽃 위에 나타난 관음을 직접 보고, 대나무가 솟은 자리에 홍련암을 지었다는 설화가 전해 내려오고 있다.

낙산사 창건 설화

의상이 관음보살을 만나기 위해 낙산사 동쪽 벼랑에서 27일 동안 기도를 올렸으나 뜻을 이루지 못하고 바다에 투신하려 할 때 바닷가 굴 속에서 희미하게 관음보살이 나타났다. 그리고 여의주와 수정염주(水晶念珠)를 건네주면서 '나의 전신(前身)은 볼 수 없으나 산 위로 수백 걸음 올라가면 두 그루의 대나무가 있을 터이니 그곳으로 가보라'는 말을 남기고 사라졌는데 그곳이 바로 지금의 원통보전 자리라고 한다.

03위 정선 레일바이크 체험

	여행포인트	**온가족이 힘을 합쳐 레일바이크를 타고 다양한 풍경을 즐겨보자.**
	주소	**강원 정선군 여량면 구절리 290-4**
	문의	**033-563-8787**
	홈페이지	**www.railbike.co.kr**
	가는 길	• **자가용:** 경부고속도로-호법JC-영동고속도로-진부IC-평창-나전삼거리에서 우회전-정선읍-구절리 정선 레일바이크 • **대중교통:** 서울역에서 열차(06:35)-오송역(07:42)-제천역(10:06)-아우라지역-여량터미널에서 구절리행 마을버스
	먹을거리	**어름치 유혹 카페**(패스트푸드, 033-563-3787, 여량면 여량리)
	잠자리	**정선흙집풍경**(033-562-9160, 여량면 구절리)
	주변관광지	**백석폭포, 화암8경**

정선을 여행하면서 빼놓을 수 없는 것이 바로 정선 레일바이크 체험이다. 아우라지역에서 구절리역 간 폐선로를 이용해 레일바이크를 운행하는 것인데 인기가 있어 미리 예약하지 않으면 현지에서는 표를 구하기가 쉽지 않다.

레일바이크는 페달을 밟아 철로 위를 달리는 네 바퀴 자전거로, 유럽의 산악관광지에서 각광을 받고 있으며 철도(Rail)와 자전거의 약칭(bike)을 합친 말이다. 코레일 투어서비스가 운영하는 레일바이크는 2인용과 4인용이 있는데 가족 단위는 4인승을 탑승하면 좋고 연인끼리는 2인승을 이용하면 된다.

정선 레일바이크는 다양한 풍경을 제공한다. 터널과 강 그리고 산과 들판을 지나면서 많은 풍경을 만난다. 봄에는 핑크빛 세상 속에서 레일바이크를 타면서 함께 계절을 열어가고, 여름에는 초록빛 세상 속에서 땀을 흘리며 달리노라면 시원하게 다가오는 세상을 온몸에 안을 수 있다. 가을에는 주변의 아름다운 단풍에 몸을 맡기고, 겨울에는 눈을 맞으면서 레일바이크를 타는 색다른 체험을 할 수 있다.

정선 레일바이크 출발지인 구절리역에는 폐기차를 활용한 카페가 있어 커피도 마실 수 있다. 레일바이크는 하루에 5회 운행하는데 미리 인터넷 예약을 하는 것이 좋다. 레일바이크에 오르면 직원으로부터 간단한 조작방법과 유의사항 등을 듣고, 브레이크를 점검한 후 출발하게 된다. 일정한 간격을 두고 출발하게 되는데 앞뒤에 있는 레일바이크를 보면서 속도를 조절해야 한다. 레일의 중간쯤에서 터널을 세 번 지나게 되는데 터널 안에는 조명이 있어 어둡지 않다.

구절리~아우라지 구간은 총 7.2km인데 중간에 짧게 휴식을 취한다. 마지막 터널인 아리랑고개를 지나면 정선아리랑이 울려 퍼진다. 전 구간을 달려 도착지에 닿으면 풍경열차를 타고 출발지로 되돌아간다. 시원한 산바람을 맞으며 즐길 수 있는 레일바이크는 어느새 정선 최고의 관광상품이 되었다.

아우라지

아우라지는 강원도 정선군에 있는 지명으로 정선군 북면 여량5리에 자리를 잡고 있으며, 골지천과 송천이 합쳐져 한강의 본류를 이루는 곳이라고 한다. 아우라지는 화암8경에 포함되고 〈정선아리랑〉 유적지로도 유명하다. 강을 사이에 두고 사랑을 나누던 처녀 총각이 어느 날 갑자기 불어난 강물 때문에 서로 만나지 못하고 그리워한 데서 노래 가사가 생겨난 것으로 알려져 있다

강원여행지 베스트

04위

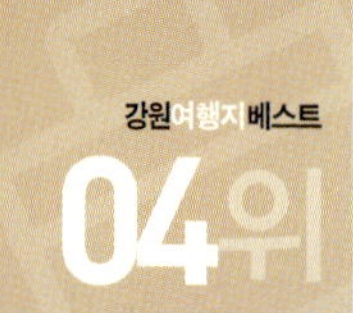

태백 매봉산 풍력발전단지

여행포인트 **친화경에너지인 풍력발전에 관한 설명을 해주자.**

주소 **강원 태백시 화전동**

문의 **033-550-2828**(태백관광안내소)

홈페이지 **http://tour.taebaek.go.kr**

가는 길
- **자가용:** 경부고속도로-호법IC-영동고속도로-중앙고속도로-제천IC-태백-황지교사거리-화전사거리에서 우회전-삼수령에서 좌회전-분수령목장-매봉산 풍력발전단지
- **대중교통:** 동서울버스터미널 태백행 버스(06:00~23:00, 배차간격 30분)-태백버스터미널에서 임계 · 하당행 시외버스(06:10~19:00, 1일 7회 운행)-삼수령에서 하차 후 도보 1시간-매봉산 풍력발전단지

먹을거리
- **태백서학한우촌**(한식, 033-553-0003, 황지동)
- **산골닭집**(한식, 033-581-8988, 소도동)

잠자리
- **태백산민박촌**(033-553-7440, 소도동)
- **백산한옥펜션**(033-554-4732, 소도동)

주변관광지 **태백산, 용연동굴, 검룡소, 황지연못**

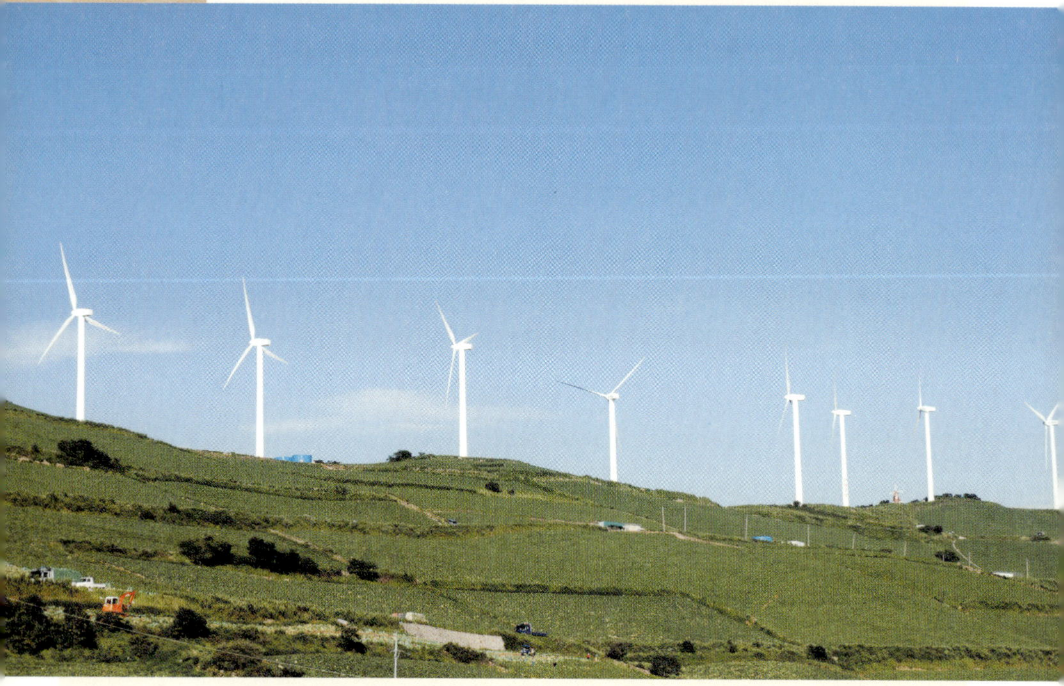

　강원도 여행은 늘 즐거움을 준다. 특히 여름에 태백 여행을 하다 보면 곳곳에서 고랭지 배추밭을 만날 수 있고 매봉산에서는 배추밭과 어우러진 멋진 모습을 볼 수 있다. 매봉산은 해발 1330m로 천의봉으로도 불리는 산으로 남한강과 낙동강의 근원이다. 태백산맥과 소백산맥의 분기점을 이루는 산이어서 그 의미가 깊다고 할 수 있다.

　태백에서 가는 길은 황지교사거리를 지나 화전사거리에서 우회전해 피재 정상의 삼수령에 닿으면 좌회전해 분수령목장을 지나 직진하면 된다. 올라가다보면 갈림길이 나오는데 여기서 '풍차 구경 가는 길' 이정표를 따라 오른쪽으로 가면 바로 배추밭 입구다. 걸을 사람은 이 부근에 차를 주차하고 한 바퀴 돌면 된다. 차를 타고 정상까지 갈 사람은 농로를 따라 계속 가면 된다. 정상부에 주차공간이 있다. 나올 때는 갔던 길을 따라 오다가 오른쪽 갈림길로 빠져 내려오면 된다. 중간에 전망대가 있다. 도로가 일방통행이라는 것도 알아야 한다.

　길을 따라 배추밭 사이를 지나고 언덕을 오르면 바람의 언덕이 있고 풍차 돌아가는 소리가 들린다. 파란 하늘과 풍력발전기 그리고 배추가 어우러져 참 멋진 풍경을 연출한다.

　매봉산 풍력발전단지는 2006년 정상 일원에 850kw급 풍력발전기 8기가 설치되었는데 국비 90억원과 시비 45억원 등 135억원이 투입되었다고 한다. 매봉산은 평균 풍속 초속 8.3m로 국내에서 가장 안정적이며 양질의 바람 조건을 보유해 풍력발전의 최적지로 평가받는다. 2008년에는 14억원의 수입이 발생했다고 하니 천혜의 자원이다.

　주의해야 할 것은 농부들이 힘들여 배추농사를 짓고 있으니 절대 배추를 훼손해서는 안 된다. 억지로 이곳에 자동차를 가지고 들어가려고 농민들과 언성을 높여서도 안 된다.

매봉산 야생화

여름 매봉산에는 야생화들이 서로 수군거리며 자신들의 아름다움을 뽐내고 있다. 정상에 있는 풍력발전기를 만나러 가기 위해 오르는 길 옆에는 하늘나리, 원추리, 곰취, 동자꽃, 잔대꽃, 구릿대, 층층이꽃, 솔나리, 빨간토끼풀, 어수리, 마타리 등 많은 꽃이 피어 자신들의 자태를 뽐낸다.

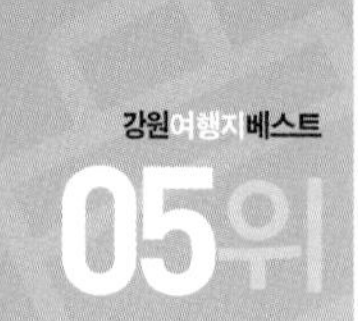

05위 영월 한반도 지형

🧍	**여행포인트**	**지도와 꼭닮은 한반도 지형을 직접 눈으로 확인해보자.**
📧	**주소**	**강원 영월군 한반도면 옹정리 산180**
📱	**문의**	**033-372-6001**(한반도면사무소)
🖥	**홈페이지**	**www.ywtour.com/kor**

🚗 **가는 길**
- **자가용:** 경부고속도로-신갈IC-영동고속도로-만종IC-중앙고속도로-제천IC-38번 국도-영월 IC-주천사거리-한반도 지형
- **대중교통:** 센트럴시티버스터미널 영월행 버스(07:00, 11:30, 13:30, 19:00)-영월버스터 미널에서 한반도행 버스(09:40, 13:30)-한반도 지형

🍴 **먹을거리**
- **한반도식당**(한식, 033-372-6030, 한반도면 신천리)
- **풍류관**(곤드레밥, 033-372-8851, 주천면 주천리)

🏠 **잠자리**
- **한반도리버펜션**(010-9010-2153, 한반도면 옹정리)
- **한반도다올펜션**(033-372-8658, 서면 옹정리)

♣ **주변관광지** **법흥사, 장릉, 별마로천문대**

인간은 인공적인 아름다움을 담고 있는 것보다는 자연 그대로의 아름다움을 간직한 모습을 만날 때 많은 감동을 받는다. 이런 곳이 영월에 있다는 사실이 놀라울 따름인데 바로 한반도 지형과 선돌이다.

한반도 지형은 강원도 영월군 한반도면 옹정리 선암마을 앞으로 흐르는 서강의 샛강인 평창강 끝에 자리 잡고 있는데, 삼면이 바다로 둘러싸인 한반도를 꼭 빼닮아 자연의 경이로움을 느끼게 한다.

평창강은 구부러진 형태로 주천강과 합쳐지기 전에 크게 휘몰아치면서 한반도를 닮은 특이한 구조의 절벽 지역을 만들어냈다. 동쪽으로 한반도의 백두대간을 연상시키는 산맥이 길게 이어져 있고 서쪽에는 넓은 모래사장이 있으며, 동쪽으로는 울릉도와 독도를 닮은 작은 바위도 있어 누가 봐도 영락없는 한반도 지형이다.

도로에서 산 안쪽으로 들어가는 길이 나 있고, 길을 따라 600m 정도 산 쪽으로 가면 글자 그대로 언덕에서 내려다보이는 한반도의 모습이 눈에 들어온다. 신의 솜씨로 만들어 놓은 한반도 지형을 볼 때 마다 자연의 위대함을 느낀다. 여름에 가면 전망대 부근에서 무궁화꽃을 볼 수 있다. 한반도와 잘 어울리는 무궁화를 보노라면 괜스레 기분이 좋아진다. 또한 봄과 여름에 이곳을 지나면 산에 피어난 야생화를 만날 수 있다. 잔대, 며느리밥풀, 원추리 그리고 이름 모를 우리의 꽃이 산에서 자라고 있다. 전망대를 내려오며 흐드러지게 핀 야생화와 함께 자연 그대로의 지형을 만끽해보자.

선돌

날골과 남애마을 사이에 높이 70m 정도 큰 바위가 서있는데, 이 바위를 선돌이라 한다.

일명 선돌을 신선암이라고도 부르는데 선돌은 푸른 강과 층암절벽이 어우러져 마치 한 폭의 그림을 보는 듯하다. 선암마을의 한반도 지형을 본 후 방절리 쪽으로 가면 선돌을 만날 수 있다. 선돌로 향하는 길에는 관람로가 만들어졌고 그곳에도 전망대가 있어 선돌을 잘 내려다볼 수 있다. 절벽과 입석 사이로 내려다보이는 강물은 마치 한 폭의 수채화를 담아놓은 것 같다.

선돌 아래 깊은 소(沼)에는 자라바위가 있는데 전설에 의하면 선돌 아랫동네 남애마을에 장수가 태어나 적과의 싸움에서 패하자 이곳에서 투신해 자라바위가 되었다고 한다. 누구나 이 선돌을 바라보며 소원을 빌면 한 가지씩 꼭 이루어진다는 설화가 전해지고 있다.

06위  양양 하조대

여행포인트	**하조대 일출을 배경으로 멋진 사진을 찍어보자.**	
주소	**강원 양양군 현북면 하광정리 산3**	
문의	**033-672-5647**	
홈페이지	**www.hajodae.org**	

가는 길
- **자가용** : 경부고속도로-영동고속도로-만종IC-중앙고속도로-하조대IC-하조대
- **대중교통** : 서울고속버스터미널 양양행 버스(06:45~23:45, 배차간격 30~40분)-양양버스터미널에서 강릉행 시외버스-하조대

먹을거리
- **하조대 어촌계회센터 5호집 철수네**(생선회, 033-672-3335, 현북면 하광정리)
- **하조대 막국수**(막국수, 044-672-0089, 현북면 하광정리)

잠자리
- **그리스펜션**(033-673-4613, 현북면 하광정리)
- **대명리조트솔비치**(033-673-8311, 손양면 오산리)

주변관광지
물치항, 낙산사, 선림원지

명승 제68호로 지정된 하조대에서 내려다보이는 암석해안은 무척이나 아름답다. 기암괴석과 바위섬들로 이루어져 있고 주위의 소나무 숲과 어우러져 절경을 이룬다.

하조대에 대한 두 가지 이야기가 전해온다. 하나는 고려말 하륜과 조준이 이곳에 은둔하며 새로운 왕조를 세우려는 혁명을 꾀했고 그들이 잠시 이곳에 은거했다고 하여 두 사람의 성을 따서 하조대(河趙臺)라고 불렀다는 설이다.

다른 하나는 한국판 로미오와 줄리엣의 이야기다. 신라 때 견원지간이던 지방호족인 하씨와 조씨 문중의 하랑 총각과 조당 처녀가 사랑을 했는데 이뤄질 수 없자 두 사람이 이곳 해안 절벽에서 몸을 던져 그렇게 불렀다는 이야기다. 그래서인지 하조대 부근 절벽에서 피는 해당화가 유난히 붉다.

정자는 조선 정종 때 세웠졌으나 현재는 바위에 새긴 하조대라는 글자만 남아 있으며, 근래에 와서 육각정이 건립되었다. 하조대에서 내려와 다시 왼쪽으로 가면 하조대 등대가 눈에 들어온다. 멀리서도 소나무 사이로 하얀 등대가 보인다. 등대를 향해 가다보면 하조대 아래 언덕과 바위가 어우러진 멋진 모습을 볼 수 있다. 바람이 강할 때는 파도가 높이 솟아올라 아름다운 모습을 더한다. 또한 하조대에서 바라보는 일출이 아름다워 사진작가들이 많이 몰려온다.

등대에서 바닷바람의 시원함을 맛본 후 하조대해수욕장 쪽으로 내려가다보면 해수욕장 왼쪽에 어촌계에서 운영하는 횟집이 있다. 번듯한 횟집은 아니지만 어촌계 회원들이 운영하는 횟집이라 착한 가격으로 맛있는 회를 즐길 수 있다.

횟집 앞에는 하조대해수욕장이 펼쳐져 있는데 1976년 개장해 1984년 시범 해수욕장이 되었다. 수심이 깊지 않고 경사가 완만해 해수욕장으로서 좋은 조건을 갖추고 있다. 특히 수심이 얕아 어린아이도 안전하게 물놀이를 즐길 수 있어 매년 많은 사람이 찾아온다.

하조대 출입시간

하조대는 군사지역에 포함되어 있다. 그래서 이곳에 들르는 시간은 제한이 있다. 해 뜨기 30분 전부터 출입이 가능하고 해가 진 후 30분 뒤에는 출입이 허가되지 않으니 미리 시간을 챙겨야 한다. 하조대 입구에 출입시간이 게시되어 있다.

정선 함백산 만항재

여행포인트	**다양한 야생화 이름대기를 하며 아이들과 자연 체험학습을 해보자.**
주소	**강원 정선군 고한읍 고한리**
문의	**033-592-5455**
홈페이지	**www.gogohan.go.kr**

가는 길
- **자가용:** 영동고속도로–중앙고속도로–제천IC–영월 방향–동막교차로–상갈래삼거리–만항재
- **대중교통:** 동서울버스터미널 고한행 버스(06:00~23:00, 배차간격 30분~1시간)–고한버스터미널에서 만항마을행 시내버스(09:50, 14:10, 19:00 1일 3회 운행)–만항재

***축제기간에는 셔틀버스를 운행한다.**

먹을거리
- **백산토종닭집**(닭요리, 033-591-5364, 고한읍 고한리)
- **윤가네한우마을**(한식, 033-592-2920, 고한읍 고한리)

잠자리
- **펜션달빛마을** (033-592-9694, 사북읍 직전리)
- **정선하이원펜션**(033-591-5977, 고한읍 고한리)

주변관광지 **정암사, 민둥산, 아우라지**

우리나라에 야생화를 볼 수 있는 곳이 많은데 그중에서도 만항재 야생화가 으뜸이다. 만항재는 우리나라에서 포장도로가 놓인 고개 가운데 가장 높은 고갯길로 알려져 있다. 해발 1330m나 되니 지리산 정령치(해발1172m)나 강원도 평창과 홍천의 경계선인 운두령(해발1089m) 보다도 높다.

우리나라 최대 야생화 군락지인 정선군 고한읍 함백산 일원에서 매년 7월 말부터 8월 초까지 함백산 야생화축제가 열린다. 안개가 끼는 날도 많지만 신비로운 모습의 함백산과 함께 야생화를 만날 수 있기에 전국 각지에서 사진작가들이 찾는 곳이다.

물론 봄부터 가을까지 야생화가 피어나지만 여름에 특히 많이 피어난다. 여름 만항재는 둥근이질풀, 동자꽃, 노루오줌, 말나리, 큰까치수영, 솔나물, 기린초, 물양지꽃, 잔대꽃, 꼬리풀, 파란여로, 마타리, 물레나물 등 야생화 천국이다.

가장 많이 피는 분홍빛 둥근이질풀을 보면서 살며시 그 색에 빨려 들어가는 것을 느낀다. 분홍빛 노루오줌도 그렇다. 혼자 피어있는 모습도 예쁘고 무리지어 솟아오른 모습도 보기에 좋다. 동자꽃은 주홍빛 색깔이 강하게 다가온다. 사실 깔끔한 동자꽃을 만나기가 쉽지 않은데 만항재에서는 많이 볼 수 있다.

말나리도 굉장히 많이 핀다. 독특한 주황색이 강렬하다. 꽃이 하늘로 향해 있으면 하늘말나리, 아래로 향해 있으면 말나리라고 한다. 기린초와 큰까치수영도 군락을 이루며 핀다. 자연 속에서 피어나 함차게 숨쉬는 야생화를 만날 수 있어 온가족이 함께 즐길 수 있는 훌륭한 자연 체험학습장이 된다.

만항마을 벽화

만항마을은 도로변 주택을 중심으로 벽화를 그리는 등 동화 속 야생화 마을로 꾸몄다.
이곳의 벽화 속에는 자연이 등장한다. 꽃도 있고 나비도 있고 말과 사람도 등장한다. 자연과 어우러지는 사람의 이야기가 가득한 만항마을의 벽화. 벽화로 새 단장된 주민들 집과 가게의 모습에서 새로운 즐거움에 젖는다.

08위 강릉 오죽헌과 선교장

여행포인트	율곡 이이 선생과 그의 어머니 신사임당에 관한 이야기를 나누자.	

주소 오죽헌 **강원도 강릉시 죽헌동 201**, 선교장 **강원 강릉시 운정동 431**

문의 **033-640-4457**(오죽헌), **033-648-5303**(선교장)

홈페이지 **www.ojukheon.or.kr**(오죽헌), **www.knsgj.net**(선교장)

가는 길
- **자가용:** 경부고속도로-영동고속도로-강릉TG-강릉터미널-속초 방향-강릉대학교-경포대 방면-오죽헌-선교장
- **대중교통:** 서울고속버스터미널 강릉행 버스(06:00~23:30, 배차간격 20~30분)-강릉터미널에서 버스 202번(배차간격 20분)-오죽헌-선교장

먹을거리
- **도담**(오리고기, 033-655-5205, 교동)
- **김원기할머니초당순두부**(두부요리, 033-655-9800, 운정동)

잠자리
- **만어레포츠칸펜션**(033-644-5399, 사천면)
- **펜션하슬라**(033-643-3303, 저동)

주변관광지 **경포대, 참소리박물관, 강릉임영관지**

　　강릉의 오죽헌과 선교장은
모두 조선시대 전통가옥의 멋
스러움을 간직하고 있는 곳이
다. 보물 제165호로 지정된 오
죽헌은 강릉시 죽헌동에 위치

한 조선시대 건물인데 이곳에서 율곡 이이가 태어났다. 율곡 이이의 어머니인 신
사임당은 뛰어난 여류 예술가였고 현모양처의 본보기가 되는 인물이며, 율곡 이이
는 퇴계 이황과 쌍벽을 이루는 조선시대 훌륭한 학자였다.

　　오죽헌은 조선시대 문신이었던 최치운이 지었는데 앞면 3칸이고 옆면 2칸이다.
지붕은 팔작지붕으로 왼쪽 2칸은 대청마루로 사용했고, 오른쪽 1칸은 온돌방으로
만들었다. 검은 대나무가 뒤뜰에 많이 있는데 바람이 불 때마다 향기가 전해지는
것 같다. 우리나라 주택 중에서 비교적 오래된 건물로 손꼽히며 율곡기념관, 문성
사, 자경문, 사주문 등과 신사임당의 글씨와 그림, 그리고 율곡 선생과 그 일가의
유품들이 전시되어 있다.

　　선교장은 강릉시 운정동에 위치한 99칸의 사대부가 상류 주택으로 개인 소유의
국가문화재이며 국가지정 중요 민속자료 제5호로 지정되어 있다. 선교장은 효령
대군의 11대손인 가선대부 무경 이내번에 의해 처음 지어졌고 증축되면서 오늘날
에 이르고 있다.

　　경포호가 지금의 두 배보다 넓었던 시절에는 선교장 앞까지 호수여서 배를 타
고 다녔는데 그래서 동리 이름이 ‘배다리 마을’이었고, 이 집 이름도 선교장(船橋莊)
이라고 했다고 한다. 선교장에 들어서면 맨 먼저 눈에 들어오는 것이 행랑채 바깥
마당에 조성된 연못과 그 연못 속에 네 개의 돌기둥을 내리고 서있는 활래정(活來亭)
이다. 손님 접대를 위한 다실까지 갖춘 마루와 온돌방이 물 위에 떠있어 시원한 정
자의 멋을 한껏 뽐낸다. 솟을대문을 들어서면 동쪽으로 안채, 서쪽으로 사랑채가
있는데 사랑채에 걸린 열화당(悅話堂)이라는 현판 또한 눈길을 끈다. 동별당과 서별
당이 있었는데 안채와 사랑채 사이에 위치해 서재와 서고로 쓰였다는 서별당은 현
재 남아있지 않고, 안채의 부엌과 ‘ㄱ’자형으로 연결되어 이 집 주인이 가족과 함
께 생활했다는 동별당만 남아있다.

속초 설악산

🚶 **여행포인트**　엄마 · 아빠의 수학여행지였던 설악산을 같이 오르며 학창시절 이야기를 함께 나누자.

📧 **주소**　**강원 속초시 설악동 43**

📱 **문의**　**033-636-7700**

🖥 **홈페이지**　**http://seorak.knps.or.kr**

🚗 **가는 길**
- **자가용:** 영동고속도로–만종IC–중앙고속도로–홍천 IC–44번 국도 속초 방향–한계삼거리에서 좌회전–학사평사거리에서 우회전–목우재교–설악산
- **대중교통:** 서울고속버스터미널 속초행 버스(06:30~23:30, 배차간격 30분~1시간)–속초 버스터미널에서 시내버스 7 · 7-1번(배차간격 15~20분)–설악산

🍴 **먹을거리**
- **수복식당**(한식, 033-636-7225, 설악동)
- **감자바우**(한식, 033-632-0734, 교동)

🏠 **잠자리**
- **설악산유스호스텔**(033-636-7115, 설악동)
- **설악산관광호텔**(033-636-7101, 설악동)

⚓ **주변관광지**　**비룡폭포, 울산바위**

국립공원 설악산은 기성세대에게는 추억이 깃든 수학여행 코스로 널리 알려져 있다. 그중에서 설악산 흔들바위와 신흥사는 난이도가 높지 않아 한 번은 다녀와야 하는 숙제처럼 우리들 생각 속에 머물기도 하는 곳이다.

설악산은 계절이 따로 없이 방문하기에 좋은 곳이다. 봄에는 설악산으로 들어가는 멋진 벚꽃터널이 아름답다. 여름에는 초록빛 세상에 물든 설악의 진면목을 만날 수 있으며, 가을은 오색단풍이 꽃처럼 피어나 이곳을 찾는 사람들의 마음을 빼앗는다. 겨울에는 멀리서부터 눈을 품은 설악의 모습이 한 폭의 동양화가 되어 나타나 마음을 풍요롭게 만든다.

설악산국립공원을 알리는 곰 조형물을 지나 오른쪽으로 보면 부도군이 보인다. 때만 맞으면 산에서 피어나는 안개가 수묵화처럼 다가와 번지는 신비로운 모습을 만날 수 있다. 신흥사 일주문을 지나면 통일대불이 오른쪽에 앉아있다.

곧장 앞으로 걸어가 다리를 건너면 신라 진덕여왕 6년(652년)에 자장율사가 창건한 신흥사가 보인다. 신흥사를 지나 다시 산길을 걸어가면 중간에 계곡을 만나게 되는데 시원한 물줄기가 흐르는 모습만 봐도 가슴이 펑 뚫리는 것 같다. 소공원에서 흔들바위까지는 1.8㎞ 정도인데 서두르지 않고 걸으면 1시간 정도 걸린다.

계조암은 대한불교 조계종 제3교구 본사인 신흥사의 암자다. 신라 때인 652년(진덕여왕 6년) 자장율사가 창건했다. 석굴 안에 봉안된 아미타불과 나반존자상은 영험력이 크다고 여겨져 기도객들의 발길이 끊이지 않는다.

흔들바위 앞에서 올려다보면 계조암 뒤로 펼쳐진 울산바위가 보이는데 정말 아름답다. 계조암에서 울산바위 아래까지는 가파른 등산로가 이어지는데 시간 여유가 있다면 울산바위 전망대까지 올라가보자. 힘겨운 등산의 피로를 잊을만큼 설악의 멋진 풍경과 동해 바다의 푸른 정경을 만날 수 있다.

흔들바위

계조암 문 앞에는 흔들바위가 있다. 흔들바위는 움직이는 돌이라서 한 사람의 힘이나 백 사람 힘으로도 흔들린다고 하는데 손바닥을 바위에 붙이고 밀어야 한다. 높은 데서 내려다보면 소가 누워있는 모습과 같아 와우암(臥牛岩)이라고도 한다.

정선 민둥산 억새꽃축제

여행포인트	**민둥산을 오르며 억새에 얽힌 이야기를 들려주자.**	

여행포인트 **민둥산을 오르며 억새에 얽힌 이야기를 들려주자.**

주소 **강원 정선군 남면 문곡3리**

문의 **033-591-9141**(민둥산억새꽃축제위원회)

홈페이지 **www.ariaritour.com**

가는 길
- **자가용:** 영동고속도로-중앙고속도로-제천IC-정선-사북방향 38번 국도-증산초교 앞
- **대중교통:** 동서울터미널 정선행 버스(07:10~18:55, 배차간격 1시간 20분~2시간 30분)-정선시외버스터미널에서 증산행 버스(문의: 정선시외버스터미널 033-563-9265)

먹을거리
- **민둥산식당**(한식, 033-591-5002, 남면 무릉리)
- **해돋이휴게소**(한식, 033-591-1877, 남면 무릉리)

잠자리
- **도원펜션**(010-9158-7307, 남면 무릉1리)
- **엘카지노호텔**(033-592-8222, 남면 무릉리)

주변관광지 **가리왕산, 아우라지 나루터, 화암약수**

가을이 오면 많은 사람이 억새를 만나러 산에 간다. 우리나라에서 억새로 유명한 산은 강원도 정선의 민둥산, 충남 보령·홍성의 오서산, 경기 포천·강원 철원의 명성산, 광주 광역시의 무등산, 영남 알프스(신불산·재약산)와 창녕의 화암산 등이 있는데 그중에서 정선의 민둥산을 최고라 말한다.

억새꽃을 보기 위해 9월 말부터 많은 사람이 찾아오고 10월에는 억새꽃축제까지 열려 북새통을 이룬다. 민둥산은 해발 800m에 있는 발구덕마을을 지나 남쪽 7부 능선에서 정상까지 억새가 이어지고 민둥산 정상 부근의 수십만 평에는 나무가 없고 온통 넓은 억새밭으로 이어진다. 다른 풀들은 거의 없고 억새만 펼쳐지며 사람 키보다 더 자라기도 한다. 물론 정해진 길을 따라 걸어가면서 바람에 물결치는 억새를 보면 바다에서 잔잔한 파도가 일렁이는 모습처럼 느껴진다.

민둥산에 억새가 많은 것은 산나물이 많이 나게 하려고 매년 한 번씩 불을 질렀기 때문이라고 한다. 믿기 힘들겠지만 억새에 얽힌 전설이 있다. 옛날에 하늘에서 말 한 마리가 내려와 마을을 여기저기 돌면서 주인을 찾아 보름 동안 산을 헤맸다고 하는데, 그 이후 나무가 자라지 않고 참억새만 자랐다고 한다.

민둥산 산행은 증산초등학교에서 시작하는 것이 일반적이다. 발구덕 마을에 이른 다음 등산로를 따라 오르면 되는데 이곳에서 주능선을 따라 정상에 도착한 후 억새를 즐긴 뒤 발구덕마을을 거쳐 증산마을로 하산하면 된다. 조금 쉬운 방법은 자동차로 발구덕마을 입구까지 간 후 산행을 시작하면 2시간30분 정도 걸린다. 가족들의 컨디션에 따라 코스를 조절하도록 하자. 운이 좋은 날에는 민둥산 정상에서 운해를 만나 또 다른 신비로움에 젖을 수 있다.

억새꽃축제 일정

민둥산 억새꽃은 보통 10월 초에 피어나기 시작해서 11월 초순까지 피는데 10월 하순이 절정이다. 바로 이 시기에 민둥산 억새꽃축제가 열리는데 이 아름다운 광경을 산을 사랑하는 사람들에게 알리고자 열리는 축제이니 10월에 가면 억새꽃과 함께 축제에 참여할 수 있다.

11위 고성 통일전망대

여행포인트	**전망대에 가서 실제 북한의 모습을 보고, 직접 갈 수 없는 분단의 현실을 느껴보자.**	

여행포인트 전망대에 가서 실제 북한의 모습을 보고, 직접 갈 수 없는 분단의 현실을 느껴보자.

주소 강원 고성군 현내면 마차진리 188

문의 033-682-0088

홈페이지 www.tongiltour.co.kr

가는 길
- **자가용:** 경춘고속도로-동홍천IC-인제-원통-민예단지삼거리에서 좌회전-백담사 입구-용대삼거리에서 진부령 방향-진부령-대대리검문소-거진-대진-통일안보공원-통일전망대
- **대중교통:** 서울고속버스터미널 속초행 버스(06:30~23:30, 배차간격 20~40분)-속초버스터미널에서 버스 1·1-1번-대진 종점에서 하차 후 도보 5분-통일안보공원-택시를 타고 전망대로 진입

먹을거리
- **등대횟집**(생선회, 033-631-2211, 토성면 아야진리)
- **성진식당**(한식, 033-682-1040, 거진읍 거진리)

잠자리
- **바다가보이는집**(033-635-6359, 죽왕면 문암진리)
- **페블비치펜션**(033-631-5403, 토성면 교암리)

주변관광지 왕곡마을, 화진포, 청간정

　파란 바다가 꿈틀거리는 동해안 국도 7호선을 따라 북쪽으로 올라가다 보면 고성 통일전망대에 도착하게 된다. 통일전망대에 가기 위해서는 통일안보공원에 먼저 들러야 한다. 통일안보공원은 통일전망대의 관문 격으로 1987년 국민 안보교육현장으로 활용하고자 세워졌다.

　통일의 의지를 다지고 망향과 분단의 설움을 다소나마 달랠 수 있는 기념비적 명소로 알려져 있다. 1998년부터 금강산 관광이 시작된 후 방문객이 많아졌지만 금강산 관광이 중단되어 수학여행을 온 학생들 이외에 민간인은 그리 많지 않다.

　공원에는 출입신고소, 주차장, 교육영화상영관, 매점, 식당 등을 갖추고 있는데 신고한 후에 입장료와 주차료를 내야 한다. 전망대는 동해안 최북단 강원도 고성군 현내면 명파리의 해발 70m 고지에 자리 잡고 있는데 금강산이 가깝게는 16㎞, 멀리는 25㎞ 정도여서 해금강 대부분의 지역이 한눈에 들어온다. 전망대에 가면 바로 건너편에 마주한 북한의 모습이 보인다. 조국의 분단현실을 실감할 수 있는 국내 최대의 통일교육장이다. 요즘같이 학교 교과위주 수업에만 몰두하는 자녀들에게 분단과 통일에 대한 의식을 심어줄 수 있는 유익한 장소다.

　육안으로도 해금강 주변 섬과 만물상(사자바위), 현종암, 사공암, 부처바위 등을 볼 수 있는데 망원경을 통해 보면 더 가까이 만날 수 있다. 아쉬운 것은 눈 앞에 보이는 아름다운 모습을 직접 가서 만나볼 수 없다는 것이다.

통일전망대 관람 절차

통일전망대에 가기 위해서는 통일안보공원에서 출입신고서를 작성해야 한다. 그런 후에 안보교육 차원으로 상영하는 영화를 보고 30분 간격으로 통일전망대로 이동해 민통선 검문소로 간다. 여기에서 출입신고서를 제출하고 민통선 차량 출입증을 교부받아 차량전면에 비치한다. 검문소를 지나 2~3분 정도 가면 통일전망대에 도착하고 자유롭게 관람할 수 있다. 돌아올 때 검문소에 차량출입증을 반납하면 된다.

12위 삼척 죽서루

여행포인트	바위 높이에 맞춰 세운 기둥을 보며 우리 조상들의 건축 지혜를 몸소 느껴보자.
주소	강원 삼척시 성내동 9-3
문의	**033-570-3670**(죽서루관리사무소)
홈페이지	**http://tour.samcheok.go.kr/main**

가는 길
- **자가용:** 영동고속도로-강릉JC-동해고속도로-동해IC-삼척-죽서루
- **대중교통:** 서울고속버스터미널 삼척행 버스(06:30~23:30, 배차간격 30분~1시간)-삼척 버스터미널에서 도보 10분

먹을거리
- **큰손숯불갈비**(갈비, 033-573-8808, 교동)
- **나원해장국**(해장국, 033-572-8523, 남양동)

잠자리
- **늘해랑펜션**(011-1789-5086, 마달동)
- **씨엔힐스**(010-2737-3164, 남양동)

주변관광지 **환선굴, 대금굴, 해신당공원**

삼척에 가면 볼 곳이 많다. 그중에서 주변 두타산의 푸른 숲과 어우러지고, 삼척시 서쪽을 흐르는 오십천이 내려다보이는 절벽 위의 죽서루는 멋을 가득 품고 있는 정자로, 예부터 관동팔경의 하나로 손꼽히는 경치를 가지고 있다.

대부분의 관동팔경이 바다를 배경으로 하고 있으나, 죽서루만은 내륙에 자리 잡고 있는 것이 특징이다. 1963년 보물 제213호로 지정된 죽서루는 삼척시 성내동에 있다. 남원 광한루처럼 죽서루의 '루(樓)'는 사방을 트고 마루를 한층 높여 지은 다락 형식의 집이라고 하는데 죽서루에 오르면 사방이 탁 트여 시원하게 느껴진다.

죽서루는 고려 충렬왕 1년(1275)에 이승휴 선생이 세웠다는 설이 있고, 그 뒤 조선 태종 3년(1403)에 삼척부 수령이던 김효손이 고쳐 세워 오늘에 이르고 있다고 한다. '죽서루'라는 이름은 누의 동쪽으로 죽장사라는 절과 이름난 기생 죽죽선녀의 집이 있어 그렇게 지었다고 한다. 지붕은 옆면에서 볼 때 여덟 팔(八)자 모양을 한 팔작지붕이고, 안마당의 절벽 쪽 단 위에 2층 누각이 세워져 있다. 아래층은 바위와 땅을 이용해 기단 형태로 만들어졌고, 위층에는 누마루가 놓여 이곳에서 풍류를 즐길 수 있었다.

죽서루의 기둥을 보면 참 특이하다. 바위 높이에 맞춰 각각 세웠는데 우리 조상들의 자연친화적인 공법에 절로 고개가 숙여진다. 죽서루 밑의 깎아지른 절벽 아래 오십천이 흐르면서 옹벽을 만들어 놓아 바다 못지않은 절경을 이룬다. 바람이 자는 가을이나 봄에는 흐르는 강물에 투영된 죽서루 모습이 참 아름답다.

죽서루 근처에는 '송강 정철 가사의 터'라는 팔각형으로 된 표지석이 서있다. 가사문학의 대가인 정철이 그의 「관동별곡」에서 죽서루를 노래해 이곳에 표지석이 서게 되었다. 비석에는 송강 정철의 생애와 문학에 관한 내용이 담겨있다. 고전 문학에 관심이 있는 여행자라면 놓치지 말고 확인 해보자.

용문바위

죽서루에서 내려오면 바위가 있는데 바로 용문바위다. 이 바위는 죽서루 동쪽에 있는데 가운데 직경 60㎝에 달하는 커다란 구멍이 뚫려 있다. 이 구멍은 신라 제30대 문무왕이 호국용이 되어 동해바다를 지키다가 어느 날 삼척의 오십천에 뛰어들 때 뚫고 지나간 흔적이라는 설이 있다.

13위 태백 황지연못

여행포인트	황지연못에 전해 내려오는 황부자 이야기를 들려주자.
주소	강원 태백시 황지동 25-4
문의	033-550-2081
홈페이지	http://tour.taebaek.go.kr

가는 길
- **자가용:** 영동고속도로-동해-삼척-태백-황지교사거리-시내 방향-농협 앞에서 좌회전-황지연못
- **대중교통:** 동서울버스터미널 태백행 버스(06:00~23:00, 배차간격 30분)-태백버스터미널에서 시내버스 11·20·30·31번-황지근린공원

먹을거리
- **태백서학한우촌**(고기, 033-553-0003, 황지동)
- **산골닭집**(닭백숙, 033-581-8988, 문곡소도동)

잠자리
- **아늑한돌집민박**(033-553-3432, 소도동)
- **하늘다음펜션**(033-554-0007, 황지동)

주변관광지 용연동굴, 추전역, 구문소

태백은 한때 인구 30만이 넘는 큰 탄광도시였는데 지금은 7만도 되지 않는 작은 도시로 변했다. 탄광이 많았던 시절에는 희망의 도시였지만 지금은 한 페이지의 역사 속 이야기로만 남았다. 2000년대 들어 태백시는 관광도시, 휴양도시의 새 이름으로 발돋움하고 있다. 강원도 여행을 시작한다고 할 때 많은 사람이 강릉이나 속초를 생각할 것이다. 하지만 강원도 내륙의 보물 태백을 만나보면 새로운 생각을 하게 될 것이다. 특히 한여름 태백은 다른 지역보다 기온이 5도 정도는 낮기 때문에 내륙의 피서지로 적당하다.

그중 한 곳으로 뜨거운 여름날 태백시 황지동에 위치한 황지연못에 가면 정말 시원하다는 것을 느낄 수 있다.

황지연못은 시내 중심에 있어 관광객들이 즐겨 찾는 것은 물론 현지주민들의 쉼터가 되고 있다. 낙동강 1300리의 발원지로, 태백시를 둘러싼 태백산·함백산·백병산·매봉산 등의 줄기를 타고 땅속으로 스며들었던 물이 모여 연못을 이룬 것이다. 시내를 흘러 구문소를 지난 뒤 경상도를 거쳐 부산광역시 을숙도에서 남해로 유입된다.

경상도의 젖줄인 낙동강의 발원지가 강원도 태백의 작은 연못이라니 신기한 일이 아닐 수 없다. 황지연못은 둘레가 100m 정도인 상지(上池), 둘레 50m 정도의 중지(中池)와 둘레 30m 정도의 하지(下池)로 구분되며 하루 약 500톤의 물이 용출되어 상수도 취수원으로 이용되기도 한다. 상지는 마당늪이라 하고, 중지는 방깐늪, 하지는 통시늪이라 부르며 그 밖에 굴뚝소가 있다. 마당늪 속에 바위절벽이 있고 그 절벽 밑에 커다란 구멍이 있어 그곳에서 물이 솟아 나오는데 그 수굴 속에 용이 살고 있다는 설도 전해진다.

황지연못 전설

옛날에 황부자가 지금의 황지연못에 살았다고 한다. 황부자는 매우 인색해 노승에게 쇠똥을 시주한 일도 있었다. 어느날 며느리가 쌀을 시주했는데 노승은 며느리에게 '뒤를 돌아보면 큰일이 난다'고 말했다. 노승이 삼척 쪽으로 가는데 며느리도 따라나섰다. 그러나 얼마 안 가 며느리는 뒤를 돌아보게 되었는데 황부자의 집이 땅속으로 가라앉았다. 그곳엔 물이 차게 되었는데 그 집터가 지금의 황지연못이 되었다고 한다.

14위 고성 왕곡마을

🧑 **여행포인트**	**고려 말부터 형성된 왕곡마을에서 강원도 서민들의 가옥구조를 직접 살펴보자.**
📇 **주소**	**강원 고성군 죽왕면 오봉리**
📞 **문의**	**033-631-2120**(왕곡마을 보존회)
🖥 **홈페이지**	**www.wanggok.kr**

🚗 **가는 길**
- **자가용:** 경춘고속도로–동홍천IC–속초 방향–한계교차로–미시령로–동해대로–송지호해수욕장–고성왕곡마을
- **대중교통:** 서울고속버스터미널 속초행 버스(06:30~23:30, 배차간격 30분~1시간)–속초 버스터미널에서 간성행 시내버스 1·1-1번–오봉리 버스정류장에서 하차 후 도보 30분–왕곡마을

🍴 **먹을거리**
- **수성반점**(짬뽕, 033-632-7375, 죽왕면 공현진리)
- **별미여행**(한정식, 033-636-5111, 토성면 인흥리)

🏠 **잠자리**
- **파인로그펜션**(033-632-6363, 토성면 인흥리)
- **왕곡마을한옥**(033-631-2120, 죽왕면 오봉리)

⚓ **주변관광지** **청간정, 화진포, 진부령미술관**

전국에 많은 민속마을이 있는데 그중 한번 가보면 자꾸 가고 싶은 곳이 있으니 바로 고성의 왕곡마을이다. 입구에 들어서면 분지 형태의 마을 모습이 보인다. 도로에서 바라보면 정말 편안한 농촌 모습이 펼쳐져있는 것을 알 수 있다. 왕곡마을은 한국전쟁과 근래 고성 지역에서 발생했던 대형 산불 때도 전혀 화를 입지 않았다고 한다.

왕곡마을의 형성은 고려 말로 거슬러 올라가야 한다. 고려 말 두문동 72현 중 한 분인 양근 함씨 함부열이 이성계의 조선 건국에 반대해 간성으로 낙향, 은거한 데서 연유한다. 그의 손자 함영근이 이곳 왕곡마을에 정착한 후 후손들이 대대로 이곳에서 생활해 왔다.

또한 19세기 전후에 건립된 북방식 전통한옥과 초가집 군락이 원형을 유지한 채 잘 보존되어 왔기에 전통민속마을로서의 역사적·학술적 가치를 인정받고 있다. 2000년 1월 중요민속자료 제235호로 지정됐다.

마을 중앙의 개울을 따라 이어지는 마을 안길을 중심으로 가옥들이 자연스럽게 자리 잡고 있으며, 왕곡마을의 가옥구조는 안방, 도장방, 사랑방, 마루, 부엌이 한 건물 내에 있으며 부엌에 가축우리가 붙어있는 겹집구조다. 대부분 가옥의 본체는 부엌에 가축우리가 붙어 전체적으로 ㄱ자 형의 독특한 평면 형식이다. 안방과 도장방, 사랑방, 마루와 부엌을 나란히 배치하고 부엌에 외양간을 덧붙여 겨울이 춥고 긴 산간지방에서의 생활에 편리하도록 했다.

이 마을에는 기와집이 20여 채, 초가가 30여 채 있다. 전국에서 유일하게 초가집이 밀집되어 보존되고 있는 곳이다. 다양한 형태의 항아리굴뚝은 집집마다 개성과 멋을 보여주는데 이는 한국전통의 자연스러움과 아름다움이 조화된 특징이라 할 수 있다. 왕곡마을의 가옥은 대문이 없는 개방적 구조다.

초가지붕이 상투를 틀다

왕곡마을의 작은 창고는 보면 볼수록 웃음이 지어진다. 초가지붕에 상투를 튼 모습인데 처음 보는 광경이다. 민속마을 중에서 가장 자연스러운 모습이고 때가 묻지 않은 숨어있는 보물이라 할 수 있다. 이곳에서 전통한옥 숙박체험을 할 수 있는데 홈페이지(www.wanggok.kr)에서 확인할 수 있다.

삼척 신리 너와마을

여행포인트	**너와집의 구조를 살펴보면서 조상들의 지혜에 대해 이야기를 나눠보자.**	

여행포인트   **너와집의 구조를 살펴보면서 조상들의 지혜에 대해 이야기를 나눠보자.**

주소   **강원 삼척시 도계읍 신리**

문의   033-552-1659

홈페이지   **http://neowa.invil.org**

가는 길
- **자가용:** 경부고속도로-호법IC-영동고속도로-동해-삼척-태백-강원랜드 방향 427번 지방도-너와마을
- **대중교통:** 동서울버스터미널 태백행 버스(06:00~23:00, 배차간격 30분)-태백버스터미널에서 호산행 버스(13:00, 15:45, 19:00)-통리-너와마을

먹을거리
- **육백산신토불이**(한식, 033-541-5563, 도계읍 황조리)
- **신리마을회**(한식, 033-552-5967, 도계읍 신리)

잠자리
- **너와민박**(033-552-1659, 도계읍 신리)
- **산목련펜션**(033-553-3229, 도계읍 신리)

주변관광지   **임원해수욕장, 해신당공원, 맹방명사십리**

우리나라의 옛집 형태는 주로 초가집과 기와집이었는데 강원도 지방에서는 너와집을 어렵지 않게 볼 수 있었다. 지금은 사라지고 있어 아쉬움이 크지만 태백에서 삼척으로 넘어가는 강원도 삼척군 도계읍 신리에 너와마을이 있다. 형태는 고유의 너와집과 같고 내부는 현대식으로 지어 놓은 펜션이다. 너와집은 샛집이나 귀틀집처럼 산간지대 주민들이나 화전민들이 짓고 사는 집이었는데 너와 원료로 쓰인 붉은소나무가 사라지면서 자취를 찾아보기가 쉽지 않아졌다.

신리마을 입구에서 너와집 펜션의 외부 모습을 본 후, 5분 정도 달리면 중요민속자료 제33호로 지정되어 보존되고 있는 너와집에 닿게 된다. 너와집의 지붕을 쳐다보면 볏짚도 기와도 아닌 나무 조각이 얹혀있는 것을 볼 수 있다. 신리 일대의 화전민이 산업화와 현대화로 삶의 터전을 잃게 되어 떠나면서 너와집도 대부분 사라졌으나 150년 된 가옥 두 채가 남아있다.

강원도에서는 너와집을 느에집 또는 능에집이라고도 부른다. 너와는 200년 이상 자란 붉은소나무 토막을 쐐기를 박아 쳐서 잘라낸 널쪽으로 크기는 일정하지 않으나 가로 20~30cm, 세로 40~60cm이며 두께는 4~5cm로 기와처럼 지붕에 얹고 바람에 날아가지 않도록 무거운 돌이나 통나무로 눌러 놓았다.

너와를 지붕에 덮을 때는 용마루 쪽에서부터 끝을 조금씩 물려 나가며 판판한 나무를 30cm쯤 너비로 가로놓고 이를 의지해 잔나무를 촘촘하게 붙여 천장으로 삼는다. 아궁이에 불을 지피면 굴뚝으로 빠지지 못한 연기가 너와 사이로 나와 불이 난 것처럼 보인다. 바로 이것이 삶의 지혜다. 너와 틈새 때문에 환기가 되고, 비가 내리면 나무가 늘어나고 습기를 먹어 방수 기능을 하며, 겨울에 눈이 내려 지붕이 얼어붙으면 단열 작용을 한다. 너와집의 특징은 평면구조에서 찾아볼 수 있다. 사각의 공간에 방, 부엌, 외양간이 붙어있는 밭 전(田)자 모양인데 직접 만나보면 더 실감할 수 있다. 아이들과 함께 강원도 지방의 전통 가옥을 직접 눈으로 확인 해보자.

신리마을 체험

신리마을에서는 여러 가지 체험활동을 할 수 있다. 두부 만들기와 나물밥 짓기 등 음식체험뿐 아니라 너와 쪼개기, 굴피 액자 만들기, 경운기 관광 등 다른 곳에서는 할 수 없는 다양한 체험 프로그램이 운영되니 홈페이지에서 확인하고 신청하면 된다.

16위 평창 한국자생식물원

여행포인트	우리 땅에서만 자라는 식물들을 보고 관찰일기를 써보자.	
주소	강원 평창군 대관령면 병내리 405-2	
문의	033-332-7069	
홈페이지	www.kbotanic.co.kr	
가는 길	• **자가용** : 영동고속도로–진부IC–오대산 월정사 방향–식물원 • **대중교통** : 동서울터미널 진부행 버스(06:32~20:05, 배차간격 30분)–진부버스터미널에서 오대산·월정사행 버스–식물원	
먹을거리	• **산들산채식당**(한식, 033-333-7198, 진부면 간평리) • **유정식당**(한식, 033-332-6818, 진부면 동산리)	
잠자리	• **숲속의 요정**(033-336-2225, 봉평면 무이리) • **가마골농박**(033-333-6333, 평창읍 대하리)	
주변관광지	**양떼목장, 이효석문학관, 무이예술관**	

요즘 우리나라 어느 곳에 가도 식물원이나 수목원이 있어 꽃과 나무 그리고 잘 가꿔진 정원이나 공원을 보는 것이 그리 어렵지 않다. 그중 한국자생식물원은 우리나라에 자생하는 식물을 중심으로 수집·전시하고 있어 우리 꽃과 식물에 관심이 많은 사람들에게 큰 즐거움을 준다.

한국자생식물원은 강원도 평창군 대관령면 병내리에 있는데 우리 고유의 나무와 꽃으로만 조성된 우리나라 최초의 자생식물원이다. 오대산 국립공원 일대의 지역적인 특성과 빼어난 자연환경을 이용해 일반 대중에게 보다 친근한 식물원으로 식물종 보존은 물론 아이들이 자연과 더불어 살아갈 수 있는 지혜를 배우는 교육의 장으로 활용하고자 설립되었다.

중북부 지방에 위치하다 보니 남부지방보다 개화가 늦어 남부지방에서 꽃을 보지 못한 사람들이 때맞춰 이곳을 찾기도 한다.

자생식물에 대한 일반적인 인식이 부족한 것은 사실이다. 산과 들에 널려 있는 꽃을 모아 우리 산과 들에서 점차 사라져 가는 식물을 보존하고 가꾸는 일을 하는 곳이 바로 이곳이다. 몰지각한 사람들로 말미암아 천연기념물까지 마구 채취되어 멸종위기에 처하게 되는 경우도 있다. 2002년 산림청 지정 1호로 등록된 이곳은 10여 년 동안 일반에게 개방되어 잊혀져 가는 꽃과 식물을 만나볼 수 있게 해 주었다.

흔히 다른 식물원에서 볼 수 있는 장미나 튤립, 백합 등은 볼 수 없지만 우리 고유의 꽃인 벌개미취, 할미꽃, 동자꽃, 개별꽃, 참나리 등 우리 정서에 맞는 우리 꽃들을 볼 수 있다.

한국자생식물원 관람

사실 거의 모든 식물원이나 수목원은 정해진 관람 코스를 가진 경우가 많다. 하지만 이곳은 지정된 코스는 없지만 실내 전시장의 영상관에서 영상을 통해 식물원의 일반 사항을 접하고 안내에 따라 실내 전시장과 재배단지 그리고 생태식물원을 순서대로 돌아보면 된다.

17위 춘천 막국수 체험관

여행포인트	강원도 향토음식 막국수를 직접 만들어보자.	
주소	강원 춘천시 신북읍 산천리 342-1	
문의	033-250-4134	
홈페이지	www.makguksumuseum.com	

가는 길
- **자가용:** 서울 춘천간고속도로-중앙고속도로-석사사거리-박물관삼거리-신북로-막국수 체험관
- **대중교통:** 동서울버스터미널에서 춘천행 버스(06:00~24:00, 배차간격 10~30분)-춘천시외버스터미널에서 시내버스 15 · 16 · 19번-막국수 체험관

먹을거리
- **가미닭갈비**(막국수 · 닭갈비, 033-261-3773, 동내면 학곡리)
- **복천 닭갈비**(막국수 · 닭갈비, 033-255-2770, 조양동)

잠자리
- **리버웍**(033-262-9601, 남산면 강촌리)
- **춘천베어스관광호텔**(033-256-2525, 삼천동)

주변관광지 소양댐, 청평사, 춘천인형극장

강원도 여행을 하면 막국수와 닭갈비를 먹을 수 있는 기회가 많다. 이제는 강원도를 대표하는 별미가 되어 여행객들에게 먹는 즐거움을 선사한다. 이러한 즐거움을 더 많은 사람에게 알리고자 막국수를 주제로 한 테마체험박물관이 2006년 8월 춘천시 신북읍 산천리에 문을 열었다. 이곳에서는 막국수를 직접 만들어 볼 수 있는데 약 40분이 걸린다. 요금은 춘천막국수 체험관에 문의하기 바란다. 이 체험실에서는 막국수를 뽑는 과정을 체험할 수 있고, 시식장에서는 본인이 만든 막국수를 바로 먹을 수 있다.

이곳은 지하 1층·지상 2층 규모다. 1층에는 전시실과 관리실이 있고, 2층에는 체험실·교육실·시식장·주방 등이 있다. 현관을 통과해 전시실로 들어가면 거대한 맷돌이 가루를 생산해내는 모습이 보인다. 메밀밭 실물과 메밀의 효능분석, 가공식품, 그리고 막국수 전통 조리과정 등을 자세히 볼 수 있고 다양한 메밀제품 등을 볼 수 있다.

옛날에는 농촌에서 메밀을 많이 재배했지만 지금은 강원도 등 일부 지역에서 재배한다. 메밀의 원산지는 중국이라고 하는데 중국에서 우리나라로 언제 처음 들여왔는지 정확한 기록이 없으나 고려 고종 때(1236~1251)「향약구급방」에 기재된 것이 최초 기록이라고 한다.

부여에 가면 부소산성이 있는데 663년 백제와 일본 연합군이 신라와 당나라 연합군과 백마강에서 싸워 대패를 당하고 백제 수도인 부소산성이 불타버렸는데 폐허가 된 산성에서 탄화한 메밀이 발견되었다고 하니 이미 5세기 전에 전파되어 우리나라에서도 재배되었다고 추측한다. 주로 함경도 지방에서 많이 재배하다가 강원도로 내려왔다. 이제는 강원도 지역 특산물이 되어 강원도를 대표하는 먹을거리로 많은 사람들의 사랑을 받고 있다.

막국수 어떻게 먹나요?

메밀을 이용한 막국수에는 종류가 다양하다 재료의 구성 및 조리방법에 따라 분류하면 보통막국수, 온면막국수, 비빔막국수, 쟁반막국수, 메밀쌀막국수, 콩물막국수, 꿩막국수 등이 있는데 보통 우리들은 보통 막국수를 먹는다. 찬 육수를 막국수에 붓거나 약간 넣어 비벼먹는 막국수가 사람들이 즐겨 찾는 일반 막국수이다. 육수 없이 양념으로만 비벼도 나중에 물김치 등으로 만든 찬 육수를 따라 마시는 경우도 이 보통막국수의 범주에 속한다.

18위 삼척 대금굴

여행포인트	자연 교과서에 나오는 막대형 종류석, 동굴진주, 동굴방패 등을 직접 눈으로 확인해보자.
주소	강원 삼척시 신기면 대이리 189
문의	033-541-9266
홈페이지	http://samcheok.mainticket.co.kr

가는 길
- **자가용 :** 영동고속도로-강릉IC→동해고속도로-동해IC-7번 국도 삼척 방향-단봉삼거리에서 우회전-미로-신기-대금굴
- **대중교통 :** 서울고속버스터미널 삼척행 버스(06:30~23:30, 배차간격 30분~1시간)-삼척 버스터미널에서 환선굴행 버스(06:10~18:50, 1일 6회 운행, 배차간격 약 2시간)-대금굴

먹을거리
- **관음굴식당**(한식, 033-541-1624, 신기면 대이리)
- **영흥식당**(한식, 033-541-9682, 신기면 고무릉리)

잠자리
- **형제민박**(033-541-1640, 신기면 대이리)
- **삼척펠리스호텔**(033-575-7000, 정하동)

주변관광지 **환선굴, 민물고기전시관, 해양레일바이크**

삼척은 동굴의 고장이라고 할 만큼 천연동굴이 많다. 그중 대금굴은 천연기념물 제178호 대이리 동굴지대에 위치한 동굴이다. 이곳은 약 5억3000만 년 전 하부 고생대의 퇴적암류인 조선누층군의 풍촌층과 대기층의 암석이 분포된 지역인데, 열대 바다 속에 퇴적된 지형이 지각변동으로 현재 위치에 이르게 되었고 오랜 세월 침식되어 동굴이 형성되었다고 한다.

대금굴은 입구가 외부에 노출되지 않아 인위적으로 발굴 작업을 진행했다. 2003년 2월 처음 발견되었고, 2006년 6월 '대금굴(大金窟)'이라고 이름 짓고, 2007년 6월 일반인들에게 개방돼 현재에 이르고 있다.

동굴 내부에는 종유석 등 동굴 생성물이 잘 발달되어 있는데 안으로 들어가는 입구가 없어 사람들 손길이 닿지 않아 관광자원으로서 가치가 아주 높다. 지하에는 근원지를 알 수 없는 많은 양의 동굴수가 흐르고 여러 개의 크고 작은 폭포와 동굴호수가 있어 더 아름다운 풍경을 만들어내고 있다.

동굴 주변에는 주변 환경과 조화를 이루는 생태공원이 조성되어 있고, 국내 최초 모노레일을 타고 인공 동굴 내부 140m 지점까지 들어가는 이색적인 체험을 할 수 있다. 가이드의 안내를 받으며 광장에서 잠시 모여 설명을 듣고 폭포를 만나게 되는데 정말 아름답다. 안으로 들어가면서 각양각색의 막대형 종류석, 동굴진주, 동굴방패, 기형 종류석, 곡석 등 다양한 종류의 동굴 생성물이 분포한다. 중간 중간 호수도 있는데 물이 그지없이 맑다.

여름철 장마가 들면 이곳은 공개하지 않는데 물이 길을 가로막기 때문이라고 한다. 대금굴은 개인적인 관람은 되지 않고 가이드를 따라서만 움직여야 한다. 대한민국에 이런 좋은 동굴이 있었나 할 정도로 경관이 뛰어나다. 아직 손을 타지 않은 모습이어서 동굴의 진짜 모습을 관람하기에 좋다. 자연 교과서에나 볼법한 신기한 모습의 동굴을 보면 감탄사가 절로 나온다.

대금굴 관람 예약하기

삼척시 대금굴 홈페이지에서 관람 예약을 한 후 예약한 시간보다 30분 정도 일찍 도착해야 한다. 하루 18회에 걸쳐 1회 40명씩 출발하는데 관람시간은 08:30~17:00로 30분 간격으로 출발한다. 모노레일을 타고 동굴 광장에 도착해 가이드의 안내에 따라 관람하면 된다.

19위 양구 박수근미술관

여행포인트	미술작품을 관람하면서 서민화가 박수근 그림의 특징에 대해 이야기해보자.	
주소	**강원 양구군 양구읍 정림리 131-1**	
문의	**033-480-2655**	
홈페이지	**www.parksookeun.or.kr**	

가는 길
- **자가용:** 경춘고속도로-중앙고속도로-소양강댐 방향-송청삼거리-박수근미술관
- **대중교통:** 동서울버스터미널 양구행 버스(06:30~19:30, 배차간격 30분~1시간)-양구시 외버스터미널에서 미술관행 시내버스(1일 9회 운행)-박수근미술관

먹을거리
- **광치막국수**(막국수, 033-481-4095, 남면 가오작2리)
- **시골밥상**(한식, 033-482-4004, 양구읍 중리)

잠자리 **곽골약수펜션**(033-482-6832, 동면 임당리)

　박수근 화가의 고향인 강원도 양구군에는 박수근 선생의 생가 터에 200여 평 규모로 건립된 군립 박수근미술관이 있다. 박수근 작가의 예술과 삶을 기리는 동시에 양구 지역 대표 문화공간으로 설립된 곳이다. 기념전시실은 20여 평의 공간에 서민 박수근 화가의 삶을 담아놓은 공간이다. 안경과 연적 등 선생의 손때가 묻어나는 물품과 사진, 편지, 메모, 스크랩북, 그리고 그의 아이들을 위해 그렸던 동화책 등이 전시되어 있는데 그의 삶과 인간적 면모를 살필 수 있는 자료들이 가득하다.

　박수근미술관 기획전시실에서는 봄·가을 정기기획전 외에 청소년 대상 전시, 순회전 등 매년 다채로운 전시회가 열린다. 또한 수장고는 항온 항습 시설이 완벽하게 구비되어 박수근 화가의 작품과 국내 작가들의 기증 작품들을 소장하고 이를 기획·전시한다. 박수근 화가는 열두 살 때 밀레의 〈만종〉을 본 후 깊은 감명을 받아 밀레와 같은 화가가 되기 위해 기도했다고 한다.

　그는 보통사람, 즉 서민의 삶을 소재로 인간의 선함과 진실함을 그리면서 삶을 살아간 화가다. 박수근 화가는 복잡하지 않은 단순한 형상화와 선묘를 사용해 표현하고자 하는 대상의 본질을 한국적인 아름다움으로 표현했다. 그는 우리 민족이 살아가는 모습을 고운 시선으로 담아낸 서민화가이고 20세기 가장 한국적이고 대표적인 화가라 할 수 있다. 수많은 그림을 그린 박수근 화가는 1965년 5월 세상을 떠났다. 그가 살아있는 동안에는 그의 작품을 사는 사람이 적었고 그것은 곤궁한 삶을 살아가게 만들었다. 그러나 그가 세상을 떠난 후 박수근 화가의 그림을 좋아하고 많은 사람들이 관심을 가지게 되었다. 이제는 한국을 대표하는 작가로 기억되고 있다.

박수근 묘소

박수근미술관에서 나와 산으로 올라가는 계단을 따라 잠시 올라가면 길가에 작은 비가 하나 세워져있고 좀 더 오르면 합장묘가 있다. '우리의 화가 박수근 선생과 그의 아내 김복순 여사가 여기 고이 잠들어 계시다' 라는 글귀가 적혀있다. 소박한 그의 묘소에서 그의 모습을 만난 후 잠시 쉬고 내려오는 길에 그의 느낌이 전해지는 것을 느낄 수 있다.

강원여행지베스트

20위

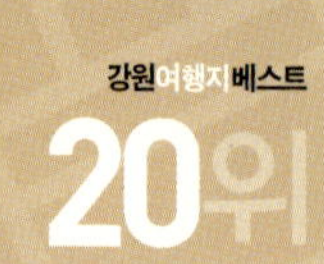

영월 법흥사 적멸보궁

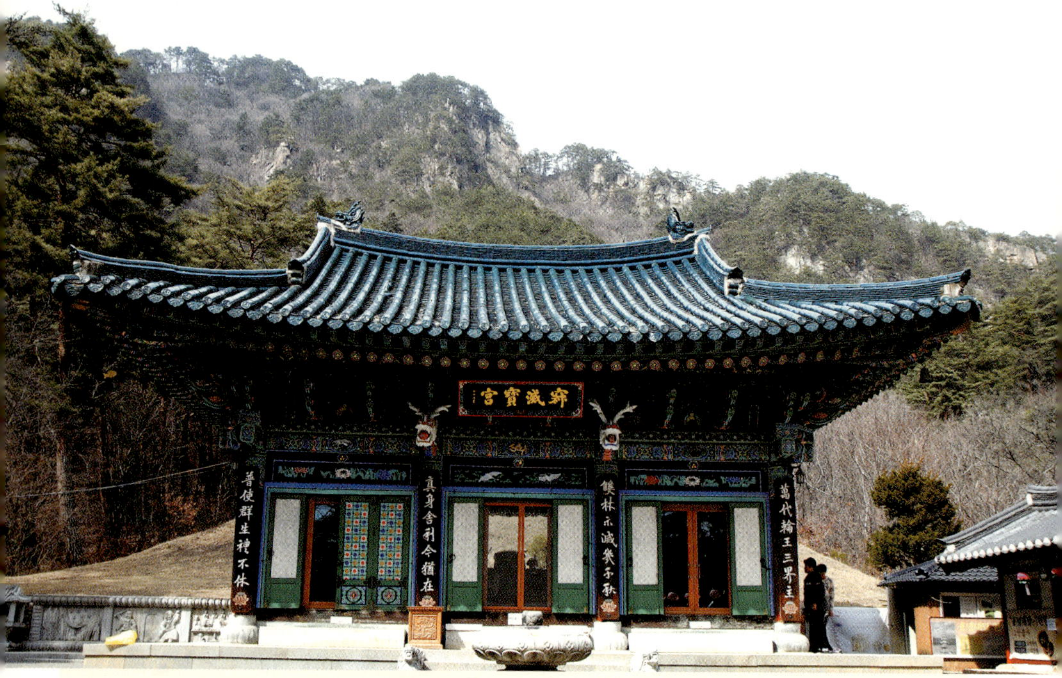

여행포인트 **아이들에게 적멸보궁의 의미를 설명해주자.**

주소 **강원 영월군 수주면 법흥리 422-1**

문의 **033-374-9177**

홈페이지 **www.bubheungsa.or.kr**

가는 길
- **자가용:** 영동고속도로-중앙고속도로-남원주IC-신림IC-영월 방향으로 우회전-황둔-주천-법흥계곡-법흥사
- **대중교통:** 서울고속버스터미널 원주행 버스(06:00~22:40, 배차간격 10~30분)-원주버스터미널에서 주천행 버스(1일 7회)-주천에서 법흥사행 버스(06:20, 10:40, 14:20, 18:10)-법흥사

먹을거리
- **동강다슬기**(한식, 033-374-2821, 영월읍 덕포리)
- **법흥식당**(한식, 033-374-8127, 수주면 법흥리)

잠자리
- **황토와통나무별장**(033-374-2615, 수주면 법흥리)
- **동강유토피아**(033-375-4002, 영월읍 삼옥리)

부근 관광지 **선돌, 선암마을, 청령포**

신라 때 자장이 중국 오대산에 가서 문수보살을 친견하고 부처님 가사와 사리를 받아 와 우리나라의 가장 수승한 땅에 사리를 봉안하고 적멸보궁을 세웠다. 경남 양산 통도사, 강원도 설악산 봉정암, 오대산 상원사, 영월 사자산 법흥사와 태백산 정암사 총 5곳이다. 이로써 이곳을 5대 적멸보궁이라 통칭한다고 한다.

법흥사는 산세가 불교의 상징 동물인 사자를 닮은 사자산의 모든 지혈이 한 곳에 모이는 자리에 지어졌으며, 불교의 상징 꽃인 연꽃처럼 생긴 연화봉에 부처님 진신사리를 모셨다고 해서 붙여진 이름이다.

이 절은 강원도 영월군 수주면 법흥리 사자산 남쪽 기슭에 자리하고 있다. 신라 선덕여왕 12년(643) 자장율사가 중국 종남산 운제사에 모셔져 있는 문수보살의 석상 앞에서 7일간 정진기도 끝에 문수보살을 친견하고 문수보살로부터 부처님의 진신사리와 가사·발우 등을 받아 사자산(연화봉)에 불사리를 봉안하고 흥녕사라 개창한 불보 사찰이다.

법흥사도 새로 지은 건물이 점점 많아지고 있고 현재도 중건 중인 건물도 있다. 사실 옛것을 좋아하지만 강요할 수는 없는 것이 요즘의 현실이다.

법흥사에서 적멸보궁으로 이어지는 소나무 숲길을 걸으면 마음이 편해진다. 현재 법흥사의 유적으로는 옛 흥녕선원의 위세를 짐작하게 하는 3개 석탑과 1개 수호석불좌상, 자장율사가 수도하던 토굴, 적멸보궁, 강원도 유형 문화재 제73호 사리탑, 보물 제612호 흥녕사 징효대사 보인탑, 강원도 유형문화재 제72호 징효대사 부도, 강원도 지정 기념물 제6호 흥녕선원지가 있다. 여유롭게 경내를 산책하며 차례차례 둘러보도록 하자.

적멸보궁

'적멸보궁'이란 '온갖 번뇌망상이 적멸한 보배로운 궁'이란 뜻이다. 자장율사에 의해 우리나라에 적멸보궁이 들어섰다. 자장율사는 선덕여왕 5년에 중국 오대산에 가서 태화지(太和池)에 있는 문수석상 앞에서 간절한 기도 끝에 문수보살을 친견하고 선덕여왕 12년(서기 643)에 부처님 사리 백(100)과와 부처님께서 입으시던 가사 한 벌을 당나라로부터 가져와 오대산 일대를 다니며 기도를 계속했다. 오대산 월정사와 상원사, 설악산 봉정암, 사자산 법흥사, 태백산 정암사 등이 창건된 것은 이런 인연에 의해서였고, 이 사찰들에 적멸보궁이 들어서 5대 적멸보궁이 되었다.

충북

충북여행지베스트

진천 종박물관

진천 보탑사

충주 탄금

15

5

충주 리쿼리움 술박물

진천 종박물관 16

13 진천 농다리

9

진천 보탑사

청주 수암골

14 청주 고인쇄박물관

4 청주 수암골

보은 법주사 1

10 청원 청남대

6

보은 삼년산성

청원 청남대

옥천 정지용문학관

8

11

옥천성당

옥천성당

단양 온달관광지

제천 의림지 

단양 도담삼봉

제천 청풍문화재단지  단양 온달관광지

단양 도담삼봉 

보은 법주사

보은 삼년산성

7

영동 반야사

동 반야사

두근두근 충북 1박 2일 코스

풍성한 볼거리와 즐길거리가 가득한 충북여행.
역사의 고장 충주, 아름다운 절경을 보유한 단양을 두루 둘러보는 꽉 찬 1박 2일.

1day

1 충주 탄금대

우륵이 망국의 한을 달래며 가야금을 타면서 제자들에게 노래와 가야금, 춤을 가르쳤던 곳, 임진왜란 때 신립 장군이 순절한 곳이기도 하다.

2 충주 중앙탑

중원문화의 중심지인 충주의 상징이 되고 있는 충주 탑평리 칠층석탑은 국보 제6호로 현재 남아있는 신라의 석탑 중 제일 높은 탑이다.

3 충주 리쿼리움 술박물관

모든 술의 역사와 문화를 통합적으로 전시한 술박물관으로 술문화를 이해하는 데 많은 도움을 주는 곳. 충주술박물관은 중앙탑에서 걸어서 5분 거리에 있는데 공원 안에 있어 접근도 편리하다.

관람시간 | 10:00~18:00(3~10월), 10:00~18:00(11~2월)
휴관일 | 1월 1일, 설날연휴, 추석연휴, 매주 목요일
입장료 | 대인 4,000원, 소인 3,000원

4 충주호 유람선 체험

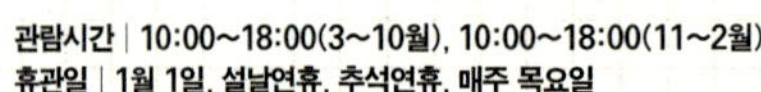

단양으로 향하는 길에 장회나루를 만나게 되는데 이곳에서 잠시 유람선을 타고 충주호를 돌아보아도 좋다. 청풍까지 왕복하는 데 1시간 정도 소요되는데 육지 속의 바다와 같은 넓은 호수에서 비경을 감상할 수 있는 시간이 된다.

운행시간 | 일몰 전까지 수시운행
운항료 | 대인 12,000원, 소인 6,000원 인터넷 예약시 승선요금 할인
예약 홈페이지 | www.betaja.com/index.html

1 고수동굴

대부분 석회석 지질로 이루어진 단양의 지하 깊숙한 곳에 인간의 손이 미처 닿지 않은 미지의 석회동굴이 수십 개씩 자리하고 있다. 특히 천연기념물 제256호로 지정된 고수동굴은 환상적인 세상을 열어준다.

관람시간 | 09:00~17:30(하절기), 09:00~17:00(동절기)
입장료 | 어른 5,000원, 청소년 3,000원, 어린이 2,000원

2 도담삼봉

남한강의 맑고 푸른 물이 유유히 흐르는 그 한가운데 솟은 세 개의 봉우리. 도담삼봉은 일찍이 조선 개국공신이었던 정도전의 유년 시절을 함께해준 훌륭한 벗이자 퇴계 이황 선생의 시심(詩心)을 흔들어놓은 명승지이기도 하다.

3 석문

누군가 조각을 해놓은 듯 자연의 솜씨라고는 믿기 어려울 정도로 조형미가 돋보이는 석문 주변에 울창한 수풀이 있어 더 멋있는 풍경을 자아낸다.

4 사인암

단양을 관광할 때 빼놓을 수 없는 곳이 있으니 바로 사인암이다. 하늘 높이 치솟은 기암괴석이 빼어난 절경을 자랑한다. 사인암 아래로 계곡이 있어 여름에는 가족단위 여행객들이 많이 찾는다.

01위 보은 법주사

🧭 여행포인트	**수많은 국보와 보물을 가지고 있는 법주사에서 보물찾기 게임을 해보자.**
📋 주소	**충북 보은군 내속리면 사내리 209**
📱 문의	**043-543-3615**
🖥 홈페이지	**www.beopjusa.or.kr**
🚗 가는 길	• **자가용:** 경부고속도로-청원JC-청원 · 상주고속도로-속리산IC-법주사 • **대중교통:** 서울고속버스터미널 청주행 버스(05:40~24:00, 배차간격 10~30분)-청주버스터미널에서 속리산행 버스(06:50~20:40, 배차간격 20분~1시간)-법주사
🍴 먹을거리	• **명동식당**(대추정식, 043-543-1136, 속리산면 사내리) • **약초식당**(한식, 043-543-0433, 속리산면 사내리)
🏠 잠자리	• **항아리펜션민박**(043-542-0356, 속리산면 사내리) • **속리산관광호텔**(043-542-5285, 속리산면 사내리)
⚓ 주변관광지	**속리산 문장대, 삼년산성, 선병국 가옥**

‘충청북도’를 생각하면 속리산이 떠오르고 ‘속리산’ 하면 바로 ‘법주사’가 생각난다. 보은의 얼굴 역할을 하는 법주사는 속리산 자락에 있다. 신라 진흥왕 14년(553) 인도에서 공부하고 돌아온 승려 의신이 처음 지은 절인데, 절의 이름은 ‘부처님의 법이 머문다’는 뜻으로 창건 이래로 여러 차례 중건과 중수를 거쳐 지금에 이르고 있다.

속리산은 대한불교 조계종 제5교구 본사이고 충북 보은군 내속리면 사내리 209번지에 있다. 경내에는 대웅보전(大雄寶殿)을 중심으로 용화전, 원통보전, 명부전, 능인전, 조사각, 진영각, 삼성각 등 여덟 개의 전각과 일주문, 금강문, 사천왕문, 종고루, 부도전 등 다섯 개 부속건축물, 그리고 선원, 강원, 염불원 등 3개 원과 염화당, 용화당, 미륵당, 웅주전, 사리각, 종무소를 포함한 10여 개의 요사채 등 도합 30여 동의 건물이 있으니 큰 사찰임에 틀림없다.

법주사 대웅보전은 한국 삼대 불전의 하나로 신라 진흥왕 14년(553)에 처음 지었고, 혜공왕 12년(776) 진표율사가 다시 지었으나 임진왜란 때 불타버린 후 1624년(인조2)에 벽암대사가 다시 지어 오늘에 이르고 있다. 법주사 천왕문을 들어서면 오른쪽으로 국보 제64호로 지정된 석연지(石蓮池)가 보인다. 석연지는 돌로 만든 작은 연못으로, 물을 담아 연꽃을 띄워 두었다고 한다.

국보 제5호인 법주사쌍사자석등은 대웅전과 팔상전 사이에 있는 통일신라시대 석등으로, 사자를 조각한 유물 가운데 가장 오래되었으며 매우 특수한 형태를 하고 있다. 법주사 철확은 보물 제1413호로 지정되어 있는데 통일신라시대 철제솥이다. 법주사 석조는 충북 유형문화재 제70호로 지정되어 있는데 돌로 만든 물 저장 용기다.

법주사 마애여래의좌상은 보물 제216호로 지정되어 있는데 높이가 약 6m나 되는 큼직한 바위에 돋을새김으로 조각되어 있다. 법주사에서 반드시 봐야 할 것은 법주사 팔상전이다.

법주사 팔상전

국보 제55호로 지정된 법주사 팔상전은 지금까지 남아있는 우리나라 탑 중에서 가장 높은 건축물이며 유일한 오층 목조탑으로 벽면에 부처의 일생을 8장면으로 구분해 그린 팔상도(八相圖)가 있어 팔상전이라 이름 붙였다.

제천 의림지

여행포인트	삼한시대 인공 저수지인 의림지를 돌아보며 선사시대 농업에 대해 알아보자.
주소	충북 제천시 모산동 241
문의	043-641-5146
홈페이지	http://tour.okjc.net
가는 길	• **자가용 :** 경부고속도로-영동고속도로-중앙고속도로-제천IC-제천시내-의림지 • **대중교통 :** 청량리역 제천행 무궁화호 열차(1일 17회)-제천역에서 시내버스 31번(수시운행)-의림지
먹을거리	• **두부마을**(두부요리, 043-652-8383, 모산동) • **호반식당**(한식, 043-644-7632, 모산동)
잠자리	• **문바위가든민박**(043-653-3456, 봉양읍) • **제천관광호텔**(043-643-4111, 명동)
주변관광지	**청풍문화재단지, 팔영루, 월악산**

충북 제천에 가면 제일 먼저 생각나는 곳이 의림지다. 의림지는 제천시 모산동에 있는 삼한시대 인공 저수지다. 둘레는 약 1.8㎞이고 수심은 8~11m이다. 의림지는 1976년 충청북도 기념물 제11호로 지정되었다가 2006년 12월 명승 제20호로 변경되었다.

의림지는 전북 김제의 벽골제와 경남 밀양의 수산제와 함께 삼한시대 3대 수리 시설로 조성연대는 확실하지 않으나 삼한시대부터 있었던 것으로 알려져 있다. 신라 진흥왕 때 우륵이 개울을 막아 둑을 쌓았다는 이야기가 전하고 있고, 700년 뒤 이곳에 온 현감 박의림이 견고하게 다시 쌓은 것이라고도 한다. 세조 때 정인지가 3도의 병력 1500여 명을 동원해 공사를 시행했다는 기록 등이 있다. 그리고 1972년에는 홍수로 서쪽 둑이 무너졌으나 고쳐 지었다.

의림지 주변은 사시사철 많은 사람이 찾는다. 저수지로서도 아름답지만 그곳의 제림과 어우러진 소나무 숲이 있고 경관도 아름다워 이곳을 찾는 시민들과 관광객들의 휴식처가 되고 있다.

물이 많지 않은 이 고장에서 의림지 방죽 아래쪽 청전동 주민들의 농사는 의림지 물에 많이 의존하고 있다. 주변에 영호정과 경호루가 있으니 쉬엄쉬엄 걸으며 아름다운 풍경에 빠져보자. 가족과 함께 여유로운 시간을 보낼 수 있다. 그리고 이곳에는 연자암, 용바위 등도 있어 역사 속 이야기도 한아름 풀어낼 수 있다.

의림지에 오면 저수지 모습만 살펴보지 말고 주변 제림을 돌아보면서 아름다운 풍광에 젖어보는 것도 좋다.

제림(堤林)

의림지의 제림은 의림지 제방 위에 조성된 소나무와 버드나무 숲이다. 오랜 시간을 품고 있는 나무들의 주종은 수백 년 묵은 소나무, 버드나무, 전나무, 은행나무, 벚나무 등이다. 이 모든 것들이 함께 어우러져 아름다운 경관을 자아낸다. 주변에 있는 정자에 올라 바라보는 소나무 숲의 경관도 아름답다.

03위 단양 도담삼봉

여행포인트	**퇴계 이황마저 반한 최고의 절경을 직접 눈으로 확인해보자.**	
주소	**충북 단양군 매포읍 하괴리 84-1**	
문의	**단양군청 043-420-3035**	
홈페이지	**http://tour.dy21.net/tour/main**	

- **자가용:** 경부고속도로-영동고속도로-중앙고속도로-북단양IC-단양-도담삼봉
- **대중교통:** 동서울버스터미널 단양행 버스(06:59~18:00, 배차간격 1시간)-단양버스터미널에서 도담삼봉행 시내버스-도담삼봉

먹을거리
- **돌집식당**(마늘쌈정식, 043-423-4949, 단양읍 별곡리)
- **오학식당**(묵밥, 043-422-3313, 단양읍 상진리)

잠자리
- **펜션어울림**(043-422-0806, 가곡면 사평리)
- **가곡여울**(043-421-5510, 가곡면 대대리)

주변관광지 옥순봉, 사인암, 온달동굴

충청북도 단양에 가면 제일 먼저 생각나는 곳이 바로 도담삼봉이다. 단양팔경 중에서도 제1경으로 손꼽히는 도담삼봉은 조선 개국공신인 정도전의 유년 시절을 함께한 훌륭한 벗이자 퇴계 이황 선생의 시심을 흔들어 놓은 명승지이다. 도담상봉은 원래 강원도 정선군에 있던 삼봉산이 홍수 때 떠내려와 지금의 모습이 되었다고 한다.

도담삼봉은 남한강 상류 한가운데에 3개 기암으로 이루어진 섬을 말한다. 푸른 강물 가운데에 우뚝 선 기암괴석이 모두 남쪽으로 비스듬히 기울어져 있다. 이 때문에 남한강 푸른 물결을 비단 삼아 두르고 있는 도담삼봉이 더욱 신비로우면서 고혹적으로 보인다. 도담삼봉은 당당한 풍채가 돋보이는 남편봉을 중심으로 아담한 모양새의 처봉과 첩봉이 양옆을 지키고 있는데 남편봉은 삼도정이라 불리는 육각정자를 멋들어지게 쓰고 있어 더욱 그윽한 운치를 자아낸다. 충주댐 완성으로 약 1/3이 물에 잠기게 되었지만 오히려 댐과 함께 그 아름다움을 즐기려는 사람들이 연중 찾아오는 관광지로 변했다.

도담삼봉이 가장 아름답게 다가오는 시간은 여명 때다. 어둠이 물러나고 새 하루가 돋아날 때쯤 붉은 기운이 하늘에 가득하고 해가 떠오를 때면 정적에 휩싸인 도담삼봉도 어둠을 벗기 시작한다. 이 시간에는 유람선도 운항하지 않으니 물결이 고요해 도담삼봉이 투영된 남한강의 모습도 만날 수 있다. 어느 각도에서 사진을 찍어도 아름다운 모습으로 담아낼 수 있는 순간이 바로 이 시간이다.

도담삼봉에서는 자연의 아름다움을 감상하는 즐거움과 함께 또 다른 볼거리가 있는데 바로 노래반주에 맞춰 춤을 추는 음악분수대다. 누구라도 원하는 곡을 선택해 멋지게 노래를 부르면 거기에 맞춰 물줄기가 이리저리 춤을 추니 즐거운 경험이 된다. 이곳에서 멈추지 말고 계단을 따라 언덕을 넘어서면 볼 수 있는 석문(石門)을 놓치지 말자.

석문(石門)

석문은 남한강변에 높이 수십 척의 돌기둥이 좌우로 마주 보고 서 있는 위에 돌다리가 걸려 있어 무지개 형상을 하고 있다. 자연의 솜씨라고는 믿기 어려울 정도로 조형미가 돋보이는 석문은 울창한 수풀로 한껏 치장하고 멋들어진 풍경 속에 녹아들어 있다. 석문을 통해 만나는 남한강의 평화스런 모습은 잠시 발걸음을 멈추게 한다.

04위 청주 수암골

여행포인트	〈제빵왕 김탁구〉〈카인과 아벨〉 등 드라마 촬영지를 배경으로 멋진 사진을 찍어보자.	

여행포인트   〈제빵왕 김탁구〉〈카인과 아벨〉 등 드라마 촬영지를 배경으로 멋진 사진을 찍어보자.

주소   충북 청주시 상당구 수동 1

문의   043-200-2232(청주시 문화관광과)

홈페이지   www.cjcity.net

가는 길
- **자가용**: 경부고속도로-청주IC-사창사거리-봉명사거리-우암사거리-수암로-성공길-수암골
- **대중교통**: 서울고속버스터미널 청주행 버스(05:40~24:00, 배차간격 10~30분)-청주버스터미널에서 버스 111 · 112번-수암골

먹을거리
- **놀부보쌈**(보쌈정식, 043-250-3356, 상당구 서문동)
- **길성이백숙**(한식, 043-296-7777, 상당구 용정동)

잠자리
- **명암파크호텔**(043-257-7451, 상당구 명암동)
- **라마다호텔**(043-290-1000, 상당구 율량동)

TV드라마 〈제빵왕 김탁구〉로 유명해진 수암골에는 많은 사람이 찾아온다. 수암골 초입 길가에 있는 팔봉제과점이 바로 〈제빵왕 김탁구〉 촬영지다. 빵집 안으로 들어가면 〈제빵왕 김탁구〉 포스터도 보이고 실제로 빵을 팔기도 한다. 수암골에는 〈제빵왕 김탁구〉에 출연한 주요 배우들의 사진과 안내판 등이 설치돼 있어 이곳을 찾은 사람들의 이해를 돕는다. 이 드라마의 최고 시청률이 50%를 넘어 우리나라 드라마 역사상 보기 드문 일이라고 하니 그 여파로 많은 관광객이 이곳에 들러 드라마 속 장면을 회상하곤 한다.

세트장은 기존에 있던 'W갤러리' 공간 일부로 만들었다고 한다. W갤러리는 청주의 토박이로 청주대 공예디자인과를 졸업한 공예가인 박소연 관장이 개관한 갤러리다. 갤러리 이름인 'W'는 갤러리가 위치한 청주 명산인 우암산의 영문 이니셜이다. 이곳을 돌아보면 드라마가 우리 생활에 얼마나 큰 영향을 미치는가를 알 수 있었다.

〈제빵왕 김탁구〉 촬영지 팔봉제과점을 지나 마을로 들어가면 드라마 〈카인과 아벨〉 촬영지도 있다. 판잣집과 좁은 골목길로 유명한 청주의 대표적 달동네인 수암골은 2007년 청주 지역 예술가·대학생 등이 '추억의 골목여행'을 주제로 다양한 벽화를 그리는 공공예술프로젝트 사업을 거치며 '벽화 마을'로 탄생했다.

골목여행은 팔봉제과점에서 시작된다. 골목 입구에는 구멍가게가 있고 주민들이 운영하는 쉼터가 있어 간식을 먹을 수 있다. 위로 올라가면서 추억여행이 시작된다. 벽에 그려진 벽화는 여지없이 우리들에게 옛 기억을 떠오르게 한다. 벽도 바닥도 그림으로 가득하다. 계단도 화장실도 다시 태어나 사람들의 발걸음을 멈추게 한다. 배추가 담긴 화분에도 그림이 어우러지면서 이곳을 찾는 사람들의 얼굴에 웃음을 찾아준다. 벽화를 배경으로 추억이 담긴 사진을 남기자.

벽화마을 관람 에티켓

전국에는 많은 벽화마을이 있고 또 벽화마을은 주민들이 거주하는 곳이다. 그러니 주민들이 불편을 겪을 수도 있다. 시끄러운 소리로 농담을 하면서 돌아다니거나 집 안까지 쳐들어가 사진을 찍는 경우가 있다고 한다. 무엇보다도 예의를 지켜야 한다. 밤에는 가급적 관람하지 않는 것이 좋다.

05위 충주 리쿼리움 술박물관

🚶 여행포인트	**아빠가 가끔 마시고 들어오는 술은 대체 어떻게 만드는 걸까? 그 해답을 풀 수 있다.**	

여행포인트 아빠가 가끔 마시고 들어오는 술은 대체 어떻게 만드는 걸까? 그 해답을 풀 수 있다.

주소 충북 충주시 가금면 탑평리

문의 043-855-7333

홈페이지 www.liquorium.com

가는 길
- **자가용:** 경부고속도로-영동고속도로-중부내륙고속도로-북충주IC-충주·가금 방향으로 우회전-입석삼거리에서 우회전-갈동사거리에서 좌회전-중앙탑공원-리쿼리움 술박물관
- **대중교통:** 동서울버스터미널 충주행 버스(08:00~23:00, 배차간격 20분~2시간)-충주버스터미널에서 가금행 시내버스-리쿼리움 술박물관(문의: 충주교통 043-845-5176)

먹을거리
- **나루터가든**(한식, 043-855-5900, 가금면)
- **운정식당**(한식, 043-847-2820, 문화동)

잠자리
- **남한강황토펜션**(043-855-9909, 소태면 복탄리)
- **레이크사이드펜션**(070-7750-2372, 종민동)

주변관광지 중앙탑, 탄금대

충주에 가면 세계에서 유일하다는 술 종합박물관인 리쿼리움이 있다. 리쿼리움(Liquorium)은 liquor(술)와 rium(전시장소)의 합성어로 술박물관을 의미한다.

충주시 탄금호반 옆 중앙탑공원에 자리 잡은 술박물관은 국보 제6호인 중앙탑이 바로 눈앞에 있고 주변에 뛰어난 경관을 가지고 있다. 호반에서 카누를 타는 사람들의 모습도 볼 수 있다.

넓은 주차장과 잔디와 소나무, 초가집 한 채가 어우러져 아름답다. 박물관은 700여 평의 대지에 건평 300여 평으로 관람객들이 쉽게 살펴볼 수 있도록 동선을 배치했다. 세계 각국 술의 향기와 문화, 술에 관한 예절을 체험 할수 있는 곳이다. 이곳을 개관한 관장과 근무하는 사람들도 우리나라 술 제조회사인 오비맥주와 오비씨그램에서 근무한 경력이 있다고 한다.

기원전 2000여 년 전의 이집트 벽화를 재현한 그림 설명과 와인관, 오크통관, 동양주관, 증류주관, 맥주관, 음주문화관, 음주체험관으로 나뉘어 있는데 전 세계에서 수집하고 어렵게 구한 술, 만드는 장비와 소품들이 많이 전시되어 있다. 3500여 가지 술과 그 외 관련 자료와 3400여 소품을 소장하고 있는 술 종합박물관답게 술에 관한 온갖 자료가 망라되어 있다.

조선시대에 나라가 가난해 쌀로 술을 제조하는 것을 금지하자 민간에서 비밀리에 만들어 대물림되어 내려왔는데 관에 적발되면 술이 아니고 약으로 먹는다고 하여 약주(藥酒)라고 했다는 얘기를 들으면서 머리가 끄덕여졌다.

술의 정의와 세계 각국에서 수집하고 모은 귀한 와인들, 위스키, 보드카, 테킬라, 진, 술잔의 종류, 주전자, 유리잔 잡는 법, 술 예절, 음주 문화 등을 체계적으로 공부할 수 있는 곳이다. 한 마디로 술에 대한 모든 궁금증을 해결할 수 있는 곳이다. 한국 전통주관을 살펴보면서 우리 술에 대해 알아보는 것도 좋다.

한국전통주관

한국전통주관에는 지방마다 전승된 유명한 술이 전시되어 있다. 문배주, 이강주, 안동소주, 청명주 등이 전식되어 있고 중국과 일본 술도 전시되어 발길을 붙잡는다. 개인의 주량에 맞게 적당하게 마시는 습관이 인생의 윤활유 역할을 하고 약주도 될 수 있다.

06위 보은 삼년산성

🚶 **여행포인트** : **산성을 둘러보며 축성 과정에 대해 이야기해주자.**

주소 : 충북 보은군 보은읍 어암리 산1-1

문의 : 043-540-3393

홈페이지 : www.tourboeun.go.kr/boeun.tour

가는 길
- **자가용:** 경부고속도로-청원JC-청원 · 상주고속도로-속리산IC-상장교차로에서 좌회전-누청 삼거리에서 좌회전-삼년산성
- **대중교통:** 동서울버스터미널 보은행 버스(07:30~18:30, 배차간격 40분~1시간)-보은버스터미널에서 어암행 시내버스-삼년산성

먹을거리
- **이원식당**(한식, 043-543-1781, 보은읍 이평리)
- **삼년산성송어장**(송어요리, 043-543-0291, 보은읍 대야리)

잠자리
- **항아리펜션민박**(043-542-0356, 속리산면 사내리)
- **구병산화이트캐슬펜션**(043-543-1944, 속리산면 구병리)

주변관광지 : **법주사, 순조대왕태실, 선병국 가옥**

삼년산성은 보은읍에서 2km쯤 떨어진 보은읍 어암리 오정산에 있는 산성으로 주차장에서 길을 따라 십 분 정도 걸어서 올라가면 도착한다.

삼국시대의 격전지였던 충청북도에는 곳곳에 산성이 많은 편이다. 이 산성은 신라의 삼국 통일에 중요

한 거점 구실을 했다. 그 후 고려시대 때는 왕건이 918년에 공격을 시도했지만 함락되지 않았다. 조선시대 때는 임진왜란의 중요한 군사요충지였다.

삼년산성 내에는 우물터와 연못터가 있고 주위 암벽에는 글이 새겨져 있다. 이곳에서는 삼국시대부터 조선시대에 이르는 토기조각과 각종 유물이 발견되었는데 이를 통해 삼년산성의 역사적 가치를 증명할 수 있었다. 삼년산성은 사적 제 235호로 지정되어 있다. 신라 자비왕 13년(470년)에 축성을 하였고, 소지왕 8년(486)에 고쳐 세웠다고 한다. 가장 높은 곳은 13m, 폭은 8~10m이다. 삼년산성의 성벽의 높이는 지형에 따라 다르다. 성의 둘레의 길이는 약 1700m다. 성벽은 납작한 돌을 이용해 한 층은 가로 쌓기를 하고, 한 층은 세로 쌓기를 한 전형적인 협축공법(夾築工法)으로 축성되었다. 흙과 모래를 섞지 않고 내부까지 견고하게 구축하였다. 성벽을 따라서 걷노라면 삼년산성을 축성하는 모습이 눈에 스치듯 지나간다. 무너진 성벽 틈 사이로 드나드는 듯한 옛 전쟁의 모습이 드라마 속의 한 장면처럼 떠오르기도 한다.

온가족이 함께 성벽을 따라 걸으면서 조상들의 지혜와 역사를 느껴보자. 삼년산성의 축성과정과 이곳이 가지는 의의를 자녀들에게 전해준다면 아이들에게도 멋진 역사 공부의 현장이 될 것이다.

놓치지 마세요!

왜 삼년산성일까요?

삼국시대에는 보은을 삼년군, 삼년산군으로 불렀기 때문에 삼년산성으로 불린 듯하나, 「삼국사기」에는 성을 쌓는 데 삼 년이 걸렸기 때문에 삼년산성이라 부른다고 기록되어 있다.

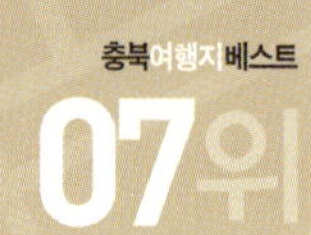

07위 영동 반야사

여행포인트	반야사 뒷산에서 호랑이를 찾아보자. 힌트! 진짜 호랑이는 아니다.
주소	충북 영동군 황간면 우매리 151-1
문의	043-742-4199
홈페이지	www.banyasa.com
가는 길	• **자가용:** 경부고속도로-황간IC-황간교-반야사 • **대중교통:** 동서울버스터미널 영동행 버스(08:00, 10:00, 14:00, 15:10, 18:00)-영동버스터미널에서 황간행 버스(수시운행)-황간버스터미널-독점삼거리에서 내려 택시-반야사
먹을거리	• **황간식당**(한식, 043-742-4327, 황간면 마산리) • **숲속식당**(한식, 043-742-8118, 황간면 우매리)
잠자리	• **달이머무는집**(043-742-4347, 황간면 원촌리) • **계곡위언덕펜션**(010-8526-5393, 상촌면 울한리)
주변관광지	영국사, 난계국악박물관, 물한계곡

충북 영동의 지장산 아래에 반야사가 있는데 버스가 들어가지 못할 정도로 길이 좁지만 오히려 그것이 더 행복한 시간을 만들어준다. 개울을 따라 걸어올라가면서 자연과 벗할 수 있는 시간이 더 소중하게 느껴지기 때문이다.

10분쯤 걸어가니 반야사 절 마당에 닿는다. 반야사는 영동군 황간면 우매리 지장산 자락에 있는 사찰로 대한불교 조계종 제5교구 본사인 법주사 말사다. 반야사는 720년(신라 성덕왕 19년) 의상의 십대제자 중 한 명인 상원이 창건했다고 한다. 일설에는 원효가 창건했다는 말도 있다. 반야(般若)는 바로 문수보살을 상징하는데 이 일대가 문수보살이 머무르는 곳으로 알려져 절 이름을 반야사라 했다. 그러나 이 절이 들어선 지장산이 백화산이라고도 불리므로 관세음보살이 머문다는 설도 있다. 세조는 속리산 복천사에서 9일 동안 법회에 참석한 뒤 신미 등의 청으로 이 절에 들러 새로 지은 대웅전에 참배했다고 한다.

세조가 이 절에 들렀을 때 설화가 다음과 같이 전해온다. 세조가 대웅전에 참배하자 문수동자가 나타나더니, 세조를 절 뒤쪽에 있는 망경대 영천으로 인도한 후 목욕을 하라고 권했다. 세조가 목욕을 시작하자 문수동자는 왕의 불심이 지극하므로 부처의 자비가 따를 것이라는 말을 남기고 사자를 타고 사라졌다고 한다.

반야사는 1993년 대웅전을 중창한 뒤 요사를 세워 오늘에 이르고 있다. 건물로는 대웅전과 극락전·산신각·백화루 등이 있다. 이 중 극락전은 1993년까지 대웅전으로 쓰이던 건물로 1975년 중수했다. 대웅전은 1993년에 지어진 정면 3칸, 측면 3칸의 팔작지붕 건물로, 내부에 석가모니불을 본존으로 하고 문수보살과 보현보살을 협시불로 한 삼존불이 모셔져 있고 불상 뒤에는 영산회상도와 신중탱화·감로탱화가 있다.

반야사 유물로는 보물 제1371호로 지정된 반야사 삼층석탑이 있는데 신라 양식을 계승한 고려 초기의 석탑으로 추정된다. 본래 석촌계곡 위로 1km 떨어진 탑벌에 있는 것을 1950년 지금의 자리로 옮겨 복원했다고 한다.

반야사 호랑이

반야사에서 호랑이를 찾아보라는 숙제가 있다. 아무리 절 마당을 돌아보아도 호랑이는 보이지 않는데 눈길을 옆 산으로 돌리니 바로 그곳에 호랑이 한 마리가 반야사를 내려다보고 있다. 나무가 없는 부분에 자연스럽게 호랑이 한 마리가 노닐고 있는 모습이 보인다.

08위 옥천 정지용 문학관

	여행포인트	낭송실에서 아이들과 정지용 시인의 시 한 편을 소리내어 낭송해보자.
	주소	**충북 옥천군 옥천읍 하계리 39**
	문의	**043-733-6078**
	홈페이지	**www.jiyong.or.kr**
	가는 길	• **자가용:** 경부고속도로-옥천IC-문정삼거리-구읍삼거리-정지용 문학관 • **대중교통:** 서울역에서 옥천행 무궁화호 열차(1일 16회)-옥천역-시내버스-구읍삼거리-정지용문학관(문의: 옥천 시내버스 043-732-7700)
	먹을거리	• **대박집**(생선국수, 043-733-5788, 옥천읍 죽향리) • **마당넓은집**(비빔밥, 043-733-6350, 옥천읍 죽향리)
	잠자리	• **옥천호텔**(043-731-2435, 옥천읍 금구리) • **장령산자연휴양림**(043-733-9615, 군서면 금산리)
	주변관광지	**육영수 여사 생가, 용암사 일출, 멋진 신세계**

충북 문학기행 일번지로 알려진 옥천의 정지용 생가와 문학관은 일반 관람객이 많이 찾는 곳이다. 경부고속도로 옥천IC에서 나와 구읍사거리, 그리고 수북 방향으로 가다 청석교를 건너면 '향수'를 새겨 놓은 시비와 생가 안내판을 만날 수 있다. 이곳이 정지용 생가인데 생가 앞 청석교 아래는 여전히 '향수'의 서두를 장식한 실개천이 흐르고 있다. 자동차를 정지용 문학관 주차장에 주차시키니 눈에 들어오는 것이 시인 정지용의 상(像)이다. 그곳에 정지용 생가가 있다. 이른 봄에 가면 산수유꽃이 피어 방문객들을 반긴다.

정지용 시인은 충북 옥천에서 출생했고 서울 휘문고등보통학교를 거쳐, 일본 도시샤 대학 영문과를 졸업했다. 귀국 후 모교의 교사, 8·15광복 후 이화여자전문 교수와 경향신문사 편집국장을 지냈다. 독실한 가톨릭 신자로 순수 시인이었으나 광복 후 좌익 문학단체에 관계하다 전향해 보도연맹에 가입했으며, 6·25전쟁 때 북한군에 끌려간 후 사망했다.

그의 작품으로는 시 '향수' '압천' '이른 봄 아침' '바다' 등과, 「정지용 시집」이 있다. 전시실 입구엔 밀랍으로 만들어진 정지용 시인이 의자에 앉아있는데 관람객들이 함께 사진을 찍을 수 있도록 배려한 것이다. 전시실에는 그의 일생과 그의 작품 그리고 작품이 실린 문예지 등이 전시되어 있다. 특히 작은 문학행사까지 함께 할 수 있는 공간까지 만들어 놓아 문학인들에게 좋은 장소라는 생각이 들었다.

근처의 정지용 생가는 1996년 원형대로 복원되어 문학관 개관과 더불어 그의 삶을 느낄 수 있는 공간이 되고 있다. 생가에는 두개의 사립문이 있다. 하나면 족할 것을 두개씩이나 문을 낸 뜻은 방문객의 동선을 고려하고 번잡함을 피하기 위해 그랬는지는 모르겠다. 충북 옥천의 구읍에서 장계관광지를 잇는 아트벨트 30리 길인 멋진 신세계를 걸으면서 정지용 시인의 향수에 젖어보자.

시낭송을 해봐요

정지용 문학관에 가면 정지용의 시를 헤드폰을 통해 들을 수 있고 낭송실에서는 누구라도 그의 시 낭송이 가능하다. 시인이 아니고 시낭송가가 아니더라도 그의 시 한 편을 낭송해보는 것도 또 다른 묘미가 아닐 수 없다.

09위 진천 보탑사

여행포인트	**다양한 야생화를 직접 보고 관찰일기를 써보자.**	

여행포인트   **다양한 야생화를 직접 보고 관찰일기를 써보자.**

주소   **충북 진천군 진천읍 연곡리 483**

문의   **043-533-0206**

홈페이지   **www.botapsa.com**

가는 길
- **자가용:** 중부고속도로-진천IC-안골삼거리에서 좌회전-신성사거리에서 우회전-성석사거리에서 직진-군청사거리에서 우회전-사석삼거리에서 우회전-보탑사삼거리 가운뎃길-보탑사
- **대중교통:** 동서울터미널 진천행 버스(06:30~20:30, 배차간격 20~30분)-진천버스터미널에서 연곡리행 버스(07:00, 09:50, 14:40, 18:40)-보탑사

먹을거리
- **할머니집**(한식, 043-536-7891, 이월면 신계리)
- **풍경소리**(한식, 043-533-8245, 진천읍 상계리)

잠자리
- **진천관광개발(주)호텔**(043-533-0010, 진천읍 읍내리)
- **별빛고운언덕펜션**(043-536-6114, 이월면 신계리)

주변관광지   **종박물관, 길상사, 배티성지**

　천안에서 병천을 지나 진천으로 가다 보탑사삼거리에서 연곡리 쪽으로 난 길을 따라 달리면 보탑사로 향하는 좁은 길이 나타난다. 5분 정도 달리면 주차장에 도착한다. 봄에는 연초록빛 세상이, 여름에 가면 주차장 근처의 연밭에서 피어나는 연꽃이 반겨준다.

　보탑사는 진천읍 연곡리에 자리하는데 최근 지은 절이라는 느낌이 안 들 정도로 고즈넉함을 품고 있다. 1991년 고건축 문화재팀이 이곳을 답사하고 신영훈 문화재 전문위원의 감독 아래 1992년 5월 보탑사를 건축했으며 1층에는 심주를 중심으로 사방불을 모시고 2층에는 경전을, 3층에는 미륵삼존불을 모셨다.

　보탑사라 이름한 이유는 법화경 견보탑품에 의한다. 석가모니 부처님의 법문을 다보여래께서 증명하고 찬탄하기 위해 칠보탑이 솟아오르는 것을 보여주셨다고 한다. 그에 미치지는 못하지만 보배탑을 세움으로써 모든 사람의 가슴에 부처님의 가르침을 심어주어 자비심이 가득차고 행복해지기를 바라는 뜻에서 보탑사라고 이름 지었다.

　주차장에 내려 바로 보이는 다리를 넘어 잠시 올라가면 바로 보탑사다. 아래에서 올려다보면 벌써부터 예쁜 절 건물이 눈에 들어온다. 계단을 오르며 범종각이 보이는데 예쁘게 지어졌다는 생각이 바로 든다. 계단을 다 오르면 눈앞에 놀라운 모습이 펼쳐진다. 우뚝 솟은 건물이 시야를 압도한다.

　1층은 금당으로 심주를 중심으로 석가여래, 비로자나불, 아미타불, 약사여래를 모신 보탑사 본당이고 2층은 법보전으로 불, 법, 승 삼보 중 법보, 즉 석가세존의 가르침인 경전을 봉안하는 법당이며 3층은 미륵전으로 석가세존께서 열반에 드신 뒤 부처님이 안 계신 세상이 계속되다 이 땅에 오시어 새로운 정법시대를 여실 미래불인 미륵불을 모시는 법당이라고 한다. 경내에 핀 야생화를 보며 천천히 둘러보자.

보탑사 야생화

보탑사에는 사시사철 꽃이 피어난다. 어지간한 식물원보다 더 많은 꽃이 있고 잘 가꿔졌다고 말하면 과언일지 몰라도 이곳을 찾는 사람들은 언제 가도 아름다운 꽃을 만날 수 있다. 우리 야생화부터 허브식물 그리고 원예종까지 다양하게 절 마당의 빈 곳에 심어져 있어 방문객들에게 큰 즐거움을 주고 이를 통해 마음을 두 번 씻어낼 수 있다는 생각이 든다.

10위 청원 청남대

여행포인트	**대통령 별장을 둘러보며 역대 대통령들의 발자취를 느껴보자.**
주소	**충북 청원군 문의면 청남대길 646**
문의	**043-220-6412**
홈페이지	**http://chnam.cb21.net**

가는 길
- **자가용:** 경부고속도로-청원 · 상주고속도로-문의IC-청남대매표소
- **대중교통:** 서울고속버스터미널 청주행 버스(05:40~24:00, 배차간격 10~30분)-청주버스터미널에서 시내버스 311번-문의에서 하차, 택시 이용

먹을거리
- **대청호가든**(민물 매운탕, 043-297-7171, 문의면 문산리)
- **다다오2**(카페, 043-294-5567, 문의면 미천리)

잠자리
- **청남대민박집**(010-5113-7094, 문의면 남계리)
- **청남대모텔**(043-297-6652, 문의면 미천리)

주변관광지
문의문화재단지, 대청댐, 상수허브랜드

대통령 별장으로 사람들의 발길을 허락하지 않았던 청남대가 2003년 주민들 품으로 돌아와 관람객들을 맞고 있다. 승용차를 가지고 가면 호반 주차장에 무료로 주차시키고 매표소에서 표를 산 다음 셔틀버스를 타고 청남대로 가면 되는데 셔틀버스는 수시로 운행된다.

청남대는 1980년 대청댐 준공식 때 당시 전두환 대통령이 주변을 돌아보다 지금의 청남대 위치에서 대청호를 보면서 주변경관이 매우 뛰어나다고 한 말이 시발점이 되었다. 당시 비서실장 이하 주변에서 챙기며 급속히 추진돼 1983년 12월 완공되었으며 그때부터 대통령 별장으로 활용되었다.

청남대 모습은 베일에 싸여 있다가 1999년 7월 1일 사진이 처음 공개되었다. 청남대는 20년간 다섯 명의 대통령이 휴식을 취하며 국정을 구상했던 역사 현장으로 공개된 이후 많은 사람이 찾는 관광명소로 바뀌었다.

청남대 주변의 오염되지 않은 빼어난 경관과 청정함이 그곳을 찾는 사람들에게 청량감을 준다. 역대 대통령들의 숨결을 느낄 수 있는 본관, 대통령 광장, 오각정, 골프장, 양어장, 초가정 등을 관람할 수 있고, 대통령 생활상을 체험하는 역사문화관, 옥상 쉼터인 하늘정원 그리고 대청호반을 따라 거닐 수 있는 호반산책로가 있다. 골프장 앞길에는 청남대에 다녀갔던 전직 대통령 5명의 포토존 조형물이 설치되어 있다. 산책하는 전두환, 골프하는 노태우, 조깅하는 김영삼, 독서하는 김대중, 자전거 타는 노무현 전 대통령 조형물인데 인기 조형물이 되어 그곳에서 사진을 찍은 사람이 많다.

한참 앞으로 가면 대통령 광장에 닿는다. 이승만, 윤보선, 박정희, 최규하, 전두환, 노태우, 김영삼, 김대중, 노무현 등 전직 대통령 9명의 실물 크기 청동상이 나란히 서 있다. '미래의 대통령' 이라는 곳이 있는데 부모들이 그곳에서 아이들의 사진을 담기에 바쁘다.

호반산책로

청남대에도 걷기길이 있는데 바로 호반산책로다. 대청호와 맞닿은 길을 따라 걷노라면 시원한 바람이 함께하고 아름다운 경치가 다가온다. 꽃피는 봄이 오면 산책로 옆에는 각종 야생화가 피어나 발걸음을 가볍게 한다. 이뿐만 아니라 산책로에서 바라보이는 대청호의 푸른 물빛과 아름다운 풍경과 함께할 수 있으니 좋다.

11위 옥천성당

	여행포인트	거의 남아있지 않은 40~50년대 근대건축물을 직접 눈으로 확인해보자.
	주소	**충북 옥천군 옥천읍 삼양리 158-2**
	문의	**043-731-9981**
	홈페이지	**http://tour.oc.go.kr**

가는 길
- **자가용:** 경부고속도로-옥천IC-옥천군청방면 우회전-옥천군청-옥천성당
- **대중교통:** 서울역에서 옥천행 무궁화호 열차(1일 16회)-옥천역에서 시내버스를 타고 옥천 문화원 앞 하차-옥천성당(문의: 옥천 시내버스 043-732-7700)

먹을거리
- **대박집**(생선국수, 043-733-5788, 옥천읍 죽향리)
- **옥천묵집**(묵요리, 043-732-7947, 옥천읍 하계리)

잠자리
- **강변하얀집**(043-732-3181, 군북면 이평리)
- **장령산자연휴양림**(043-733-9615, 군서면 금산리)

주변관광지 용암사, 정지용 문학관, 장계관광지

　길을 가다 어렵지 않게 만날 수 있는 건물을 발견하고 미소를 지을 수 있다면 여행자의 마음속에 새로운 기억이 되어 남을 수 있다. 바로 옥천을 여행하다 시내에서 만날 수 있는 성당이 있으니 옥천성당이다. 옥천성당은 옥천군청 바로 아래에 있어 자동차를 군청 주차장에 주차하고 걸어서 갈 수 있어 편리하다.

　요즈음 우리나라의 많은 성당이 등록문화재로 관리되고 있다. 그덕에 많은 사람이 찾아와 건물 자체와 성단 안의 성스러운 모습에 감탄한다. 서울 명동성당뿐만 아니라 전주 전동성당, 공세리성당, 합덕성당 등은 천주교 신자들의 성지순례뿐만 아니라 일반인들이 자주 찾는 여행 코스에 포함된다.

　옥천성당은 1955년 건립되었는데 문화재청 등록문화재 제7호로 지정되긴 했지만 겉모습이 빼어나게 아름답지는 않다. 여느 시골 교회나 성당과 다를 바 없으나 참 포근한 느낌이 든다.　등록문화재로 지정된 이유도 우리 근대건축 역사상 40~50년대 부실하게 지어진 콘크리트 건축물 중 드물게 남아있기 때문이다. 2000년 KBS에서 선정한 '아름다운 소리 100선'에 들어갈 정도로 그윽하고 아름다운 종소리는 옥천 사람들에게는 이미 유명하다.

　이 건물은 메리놀외방전 교회 미국인 사제들이 건립한 성당으로 초기에는 장방형의 강당형 평면구성이었으나 1991년 성당 뒷면 벽을 철거하고 트랜셉트와 제단 앱스부를 증축하면서 십자형으로 바뀌었다.

　정면은 2층 높이의 박공형 메스에 현관홀을 두었다. 박공지붕형으로 처리한 중앙현관과 양옆의 박공지붕으로 이어진 현관에 반원형 아치를 틀었는데 중앙아치 폭이 양쪽 아치보다 두 배 넓다. 성스러움이 가득한 옥천성당에 가면 자연스럽게 경건한 마음이 든다.

누구든지 기도하라

여행을 하는 사람들도 각자의 종교가 있다. 하지만 종교를 뛰어넘는 여행은 더 멋질 수 있다. 기독교인이라도 산사에서 잠시 부처님 말씀 들으면서 다도를 함께하고 불교인이라 해도 성당이나 교회에 갔을 때 머리 숙여 기도할 수 있을 것이다. 이 삼양성당에 들어가면 누구든지 기도를 해보라. 분명 영혼의 맑은 음성이 들릴 것이다.

단양 온달관광지

여행포인트	여러 사극의 배경이 되었던 온달관광지를 둘러보며 드라마 속 주인공처럼 사진을 찍어보자.
주소	**충북 단양군 영춘면 하리 147**
문의	**043-423-8820**
홈페이지	**http://tour.dy21.net/tour/main**
가는 길	• **자가용:** 경부고속도로-신갈JC-영동고속도로-만종JC-중앙고속도로-북단양IC-단양-온달관광지
	• **대중교통:** 동서울버스터미널 구인사행 버스(06:59~18:00, 배차간격 1시간)-구인사버스터미널에서 영춘행 버스-온달관광지
먹을거리	• **복천가든**(도토리묵밥 정식, 043-423-7206, 영춘면 남천리)
	• **고구려식당**(한식, 043-421-9720, 영춘면 하리)
잠자리	• **연개소문펜션**(070-8841-9930, 영춘면 남천리)
	• **온달과평강**(043-423-0686, 영춘면 남천리)
주변관광지	**옥순봉, 사인암, 도담삼봉**

단양에는 수려한 산과 강이 아름다운 경치를 이뤄 이곳을 찾는 사람들의 입을 다물지 못하게 한다. 남한강 옆길을 달리며 단양에서 영춘면으로 가는 길은 강가의 기암절벽이 시선을 붙잡아 맨다. 영춘면으로 들어서는 길목에서 구인사 쪽으로 향하다보면 민속촌에 온 것 같은 느낌이 드는데 바로 온달관광지다.

이곳은 고구려 온달 장군과 평강 공주의 전설을 테마로 한 온달전시관을 비롯해 온달산성, 온달동굴 등이 있는 관광명소다. 입구에 들어서면 드라마 세트장이 눈길을 끈다. 이곳에서는 SBS드라마 〈연개소문〉과 MBC드라마 〈태왕사신기〉, KBS의 〈바람의 나라〉와 〈천추태후〉를 촬영했다. 안내선을 따라 안으로 들어서면 여기저기 드라마에 등장했던 인물들의 사진이 배치되어 있어 드라마의 한 장면을 보는 듯한 착각이 든다. 특히 드라마 촬영 당시 사용된 의상이나 소품들을 감상하는 것도 재미있는데 그저 소품이라기보다 역사적으로 그 이상의 가치를 느낄 수 있는 것도 많다.

이곳에서는 중국풍의 정원 등 다른 곳에선 찾아보기 힘든 볼거리를 제공한다. 고풍스러운 붉은 등이 매달린 복도를 지나면 멋진 연못이 나오고, 휘어진 다리를 건너 잘 가꿔진 정원까지 거닐다보면 드라마 주인공이 된 듯한 느낌이 든다. 세트장을 돌아다니면서 구경하다보면 온달산성으로 오르는 입구에 닿는다. 972m의 온달산성은 한강을 차지하기 위한 고구려와 신라의 격전지이면서 바보 온달과 평강 공주의 전설이 시작된 곳이다. 이곳에 들렀다면 온달동굴도 꼭 들어가봐야 한다.

매년 10월 중순에는 단양읍, 영춘면 일대의 온달관광지에서 단양온달문화축제가 열린다. 단양군에서는 영춘면 일대의 온달 관련 유적과 설화, 전설을 바탕으로 온달 장군이 신라군과 일대 격전을 치렀던 온달산성, 온달동굴, 〈연개소문〉, 〈태왕사신기〉, 〈일지매〉 촬영장소로 유명했던 온달오픈세트장 등에서 매년 축제를 개최하고 있는데 이때 방문하면 온달 장군과 평강 공주가 되어 이곳을 거닐면서 시간을 보낼 수 있다.

온달동굴

온달산성이 있는 성산 지하에 온달동굴이 있는데 약 4억5000만 년 전부터 생성되어 온 것으로 보이는 석회암 천연동굴이다. 주굴과 지굴의 길이가 760m로 오랫동안 동굴 안을 오가던 바람이 밀려들어 동굴 밖에서 볼 수 없는 아름다운 모습을 만날 수 있다.

13위 진천 농다리

여행포인트	**순수하게 돌로만 지어진 농다리의 건축 방법을 이야기 해주자.**	

여행포인트　순수하게 돌로만 지어진 농다리의 건축 방법을 이야기 해주자.

주소　충북 진천군 문백면 구곡리

문의　**043-539-3333**(진천군청)

홈페이지　www.jincheon.go.kr/open_content/main.do

가는 길
- **자가용 :** 중부고속도로-진천IC에서 좌회전-21번 국도-성석사거리에서 좌회전-지석마을 지나 우회전-농다리
- **대중교통 :** 동서울터미널 진천행 버스(06:30~20:30, 배차간격 20~30분)-진천버스터미널 나와 문백 방향 시내버스(06:20~19:30, 1일 9회 운행)-농다리

먹을거리
- **농다리천년사랑**(한식, 043-536-9100, 문백면 구곡리)
- **방원가든**(한식, 043-532-6770, 초평면 화산리)

잠자리
- **진천관광개발(주)호텔**(043-533-0010, 진천읍 읍내리)
- **안골관광농원**(043-532-0405, 백곡면 석현리)

주변관광지　**보탑사, 베티성지, 만뢰산자연생태공원**

충북 유형문화재 제28호인 진천 농다리는 진천군 문백면 구곡리 세금천에 자리하고 있다. 밟으면 움직이고 잡아당기는 돌이 있어 '농다리'라 부른다고 한다. 한자 이름도 '얽다' 또는 '지네'의 뜻을 지닌 籠橋(농교)인데, 이 농다리는 언뜻 보아 거대한 지네가 몸을 슬쩍 퉁기며 물을 건너는 듯한 형상을 하고 있다. 지금은 거의 모든 다리가 시멘트와 철근을 사용해 건설되는데 진천의 농다리는 순수하게 돌을 사용해 만들었다.

고려 때 축조되었다고 전해지는 농다리는 길이가 100m가 넘었다고 하는데 지금은 길이 93.6m, 폭 3.6m, 두께 1.2m이고 교각 사이 폭은 80㎝ 정도다. 농다리는 먼저 넓은 돌로 강바닥에 기초를 만들고 그 위에 작은 바위를 촘촘히 쌓아 작은 바위가 서로 물리게 해서 교각을 설치했는데 이렇게 지혜롭게 만든 교각은 그 자체의 무게로 천년의 세월을 버틸 정도로 강했다. 그리고 그 위에 사람들이 다닐 수 있도록 넓고 평평한 상판을 연결해 다리를 놓았다.

앞에서 언급했듯이 멀리서 보면 다리가 지네처럼 꾸불거리는 모습이다. 원래는 28칸의 마디 모양이 있었는데 지금은 25칸만 남아있다. 돌을 쌓아올릴 때는 석회 등을 바르지 않았고, 폭이 1m도 되지 않았지만 홍수 등 자연재해에 의해 떠내려가지 않고 그 자리에 버티고 있다. 옛날에는 어른도 서서 다리 밑을 통과할 만큼 높았다고 하나 지금은 하천 바닥이 높아져 원래 모습을 확인하기 어렵다.

이 아름다운 다리를 건너노라면 누구라도 정말 조상들의 다리 축조기술이 뛰어나다는 생각이 든다. 온가족이 농다리를 건너며 조상들이 다리를 축조했을 때의 모습을 상상해보자. 기중기도 없던 고려시대 오직 사람의 힘으로 돌을 가져와 만들었을 모습에 절로 감탄이 나온다.

농다리축제

제천군에서는 보통 8월에 농다리축제를 여는데 소중한 농다리를 널리 알리고 조상들이 물려준 문화유산 보존의 중요성을 일깨우기 위한 축제다. 주요 행사로는 농다리기원제 · 농다리점등식 · 농다리백일장 · 소두머니 용신놀이 · 농다리 모형 만들기 · 워터서바이벌 · 농다리 놓기 재연 · 농다리가요제 · 농다리장사씨름대회 · 축하공연 등이 진행되나 매년 사정에 따라 행사내용이 변하기도 한다.

14위 청주 고인쇄박물관

여행포인트		아직 반환받지 못한 직지에 대한 이야기를 나눠보자.
주소		충북 청주시 흥덕구 운천동 866
문의		043-200-4511
홈페이지		http://jikjiworld.cjcity.net
가는 길		• **자가용**: 경부고속도로-청주IC-사창사거리-봉명사거리-흥덕로-박물관
		• **대중교통**: 서울고속버스터미널 청주행 버스(05:40~24:00, 배차간격 10~30분)-청주버스터미널에서 시내버스 831 · 831-1번-고인쇄박물관
먹을거리		• **경북집**(한식, 043-211-9200, 봉명동)
		• **애플비패밀리레스토랑**(양식, 043-285-0808, 산남동)
잠자리		• **갤러리관광호텔**(043-267-1121, 봉명동)
		• **백제관광호텔**(043-236-7979, 가경동)
주변관광지		**상당산성, 국립청주박물관, 세계문자의 거리**

청주 고인쇄박물관을 생각하면 '직지'라는 단어가 먼저 떠오른다. 원래 명칭은 '백운화상초록불조직지심체요절(白雲和尙抄錄佛祖直指心體要節)'인데 줄여서 '불조직지심체요절' '직지심체요절' '직지심체' '직지' 등으로 부르기도 한다.

현존하는 세계에서 가장 오래된 금속활자본인 「직지」는 흥덕사에서 1377년 간행되었으며, 독일의 금속활자 인쇄본인 구텐베르크 성서보다 78년이나 앞서 간행되었다. 직지의 간행 장소인 청주 흥덕사도 청주대학교박물관팀에 의해 발굴되어 지금의 흥덕구 운천동 866번지임이 확인되었다. 이를 계기로 흥덕사가 학계에서 인정을 받았으며, 1992년에는 흥덕사 터 정비와 함께 청주 고인쇄박물관을 개관했다. 고인쇄박물관은 지하 1층, 지상 3층이고 전시실 면적은 1610㎡이다. 신라시대 및 고려·조선시대의 목판본·금속활자본·목활자본 등 고서와 흥덕사지 출토 유물, 인쇄기구 등 650여 점이 전시되어 있어 우리 인쇄문화를 바로 아는 데 많은 도움을 준다.

청주에 가면 '직지'라는 단어를 자주 만날 수 있다. 청주가 직지의 고장이라는 자긍심을 가지고 직지를 문화유산으로 보존하고 알리자는 취지로 다양한 홍보 활동이 전개되고 있다. 청주시에서는 2000년 직지를 세계에 알리기 위해 '2000청주인쇄출판박람회'를 개최했다. 뿐만 아니라 2001년에는 유네스코 세계기록유산에 「직지」를 등재시켜 세계적으로 가치를 인정받게 되었다.

안타까운 것은 「직지」는 한국의 박물관에 보관되어 있는 것이 아니라 현재 프랑스 국립도서관에 소장되어 있다. 많은 노력을 기울여 어서 빨리 이곳 청주 고인쇄박물관에 반환되어 우리 국민들이 최초 금속활자본의 위대함을 직접 느낄 수 있어야 한다. 박물관을 돌아본 후에 바로 옆에 있는 흥덕사 터를 돌아보는 것을 빼먹지 말자. 주변의 경관도 좋아 가을에 가면 멋진 단풍도 만나볼 수 있다.

흥덕사 터

흥덕사 터는 청주 운천동에 있는 통일신라시대 절터로, 1985년 발굴조사 때 금당 등 여러 건물이 있었던 건물 터가 확인되었고 '흥덕사'라고 새겨진 쇠북 조각이 나와 절의 이름이 흥덕사였음을 알 수 있다. 흥덕사는 통일신라시대에 지어져 고려 후기까지 그 명맥을 유지했던 것으로 보인다.

15위 충주 탄금대

🧭 **여행포인트** 가야금 소리가 들리는 듯한 탄금대에서 신라 악성 우륵에 대한 이야기를 해보자.

📧 **주소** **충북 충주시 칠금동 산1-1**

📱 **문의** **043-850-5114**(충주시청)

🖥 **홈페이지** **http://cj100.net/tour/main**

🚐 **가는 길**
- **자가용:** 중부고속도로-영동고속도로-중부내륙고속도로-북충주IC-가금 방향 42번 지방도-탄금대
- **대중교통:** 동서울버스터미널 충주행 버스(08:00~23:00, 배차간격 20분~2시간)-충주버스터미널에서 가금행 버스 400번-탄금대(문의: 충주교통 043-845-5176)

🍴 **먹을거리**
- **충주우렁이쌈밥**(우렁이 쌈밥정식, 043-843-3599, 칠금동)
- **고향마을**(한식, 043-851-4343, 용산동)

🏠 **잠자리**
- **하늘정원**(043-842-6789, 동량면 하천리)

⚓ **주변관광지** **중앙탑, 충주박물관, 리쿼리움 술박물관**

충주에 가면 꼭 들러봐야 하는 곳이 있다. 바로 명승 제42호로 지정된 탄금대다. 탄금대는 원래 대문산이라 부르던 야산이었다. 이곳은 기암절벽을 휘감아 돌며 아름답게 흐르는 남한강과 울창한 소나무숲이 어우러진 경치가 보는 이의 발길을 붙잡는다. 그중 탄금대는 남한강과 달천강이 합류하는 지점에 있다. 공원에는 많은 조각이 있어 사람들에게 아름다운 경치뿐만 아니라 또 다른 즐거움을 주고 있다.

'탄금대'라는 이름의 유래는 신라 진흥왕 때 우리나라 3대 악성 중 한 사람인 우륵이 가야금을 연주하던 곳에서 나왔다. 삼국사기에 의하면 우륵은 가야국 가실왕 때 사람인데 나라가 어지러워지자 가야금을 가지고 신라에 귀화했다. 진흥왕이 우륵을 충주에 살게 하면서 신라 청년을 뽑아 악(樂)을 배우게 했는데 우륵은 각기 춤과 노래와 가야금을 가르쳤다. 그가 이곳에 터를 잡아 풍류를 즐기며 커다란 바위에 앉아 가야금을 타니, 그 미묘한 소리에 사람들이 모여 마을을 이루었다고 한다. 이런 이유로 이곳을 탄금대라 불렀다.

탄금대 아래쪽으로 절벽을 이루며 솟아있는 바위들을 열두대라고 부르는데 이곳 또한 전해오는 이야기가 있다. 신립 장군은 활의 명수였는데 적군을 향해 무수한 활을 쏘아대는 신립 장군의 활이 열로 인해 제 구실을 하지 못하자 12번이나 절벽을 오르내리며 활에 물을 적셔 열을 식힌 곳이라는 의미로 열두대라 부른다고 한다. 하지만 전세가 불리해 패하게 되자 신립은 강에 투신자살했다. 신립 장군의 충절을 온 몸으로 느낄 수 있는 장소다.

또한 열두대 부근을 금휴포라고 부르는데 이는 우륵이 제자들과 가야금을 타다 피곤해지면 휴식을 취하던 곳이라는 뜻이라 하여 붙여진 이름이다. 충주 지방의 절경인 탄금대 지명에 얽힌 다양한 이야기를 나누며 아이들과 둘러볼 수 있는 관광 명소다.

감자꽃 노래비

탄금대에는 충주 출신 권태응 시인의 '감자꽃' 노래비가 있다. 이곳에 가서 노래비를 만나 감자꽃을 낭송해보는 것도 남다른 즐거움이 된다.
자주꽃 핀 건 / 자주 감자
파보나 마나 / 자주 감자
하얀꽃 핀 건 / 하얀 감자
파보나 마나 / 하얀 감자

16위 진천 종박물관

여행포인트	**쉽게 해볼 수 없었던 타종을 해보자.**
주소	**충북 진천군 진천읍 장관리 710**
문의	**043-539-3627**
홈페이지	**http://jincheon.go.kr/bell**

가는 길
- **자가용:** 중부고속도로 –진천IC–성석사거리에서 우회전–벽암사거리에서 좌회전–백곡저수지 방향 직진–장관교 지나 좌회전–종박물관
- **대중교통:** 동서울버스터미널 진천행 버스(06:30~20:30, 배차간격 20~30분)–진천버스터미널에서 백곡 방향 시내버스–종박물관(문의: 진천교통 043-533-1501)

먹을거리
- **충청회관**(한정식, 043-532-9996, 진천읍 읍내리)
- **수누리뼈다귀해장국**(해장국, 043-535-8839, 진천읍 읍내리)

잠자리
- **진천관광호텔**(043-533-0010, 진천읍 읍내리)
- **해피하우스**(043-536-3377, 이월면 신계리)

주변관광지 **김유신 탄생지 및 태실, 길상사, 베티성지**

전 세계를 통틀어 종이 없는 나라는 없을 것이다. 특히 우리나라는 알림의 방법 중 하나로 옛날부터 종을 사용해 왔는데 절이나 학교 등 우리들 삶 속에서 각기 다른 역할을 했다. 우리나라에 많은 특수 박물관이 있는데 진천의 종박물관도 그중 하나다.

진천 종박물관에 들어서면 왠지 모를 떨림을 느낀다. 그것은 은은한 종소리처럼 다가와 온몸을 감아돈다. 진천 종박물관은 우리나라 종에 관한 연구, 수집, 전시, 보존은 물론 기획전시, 교육 및 다양한 활동 등을 통해 세계적으로 그 가치를 인정받은 한국 종의 예술적 가치와 우수성을 알리고자 2005년 9월 개관했다.

박물관 입구 모양도 종의 형태다. 유리로 만들었기에 그리 쉽지 않은 작업이었을 텐데 밖에서 보아도 균형을 이루며 전체적인 아름다움을 자랑한다. 알고 보니 충청북도 건축상을 받은 작품이었다.

절에 갔을 때 거의 모든 사찰의 범종각 앞에 세워진 '종을 치지 마시오' 라는 경고 문구가 우리들 발걸음을 막는 경우가 많다. 그러나 진천 종박물관에는 그런 문구가 없다. 누구나 이 박물관에 오면 종을 칠 수 있다. 온가족이 함께 타종 체험을 해보자.

1전시실로 들어가는 입구에서 만나는 에밀레종 모형. 한국 종을 대표하는 성덕대왕신종 모형과 함께 종을 완성한 후 거푸집을 떼어내는 형상을 띠로 둘러 종의 탄생 과정을 알려준다.

이곳에는 우리나라의 다양한 종들이 전시되어 있다. 우리나라 종뿐만 아니라 다른 나라 종도 있다. 다른 민족들에게도 종소리가 신호가 되어 의사를 전달하는 한 방편이 되기도 했을 것이다. 이곳에 전시된 종을 통해 우리나라뿐만 아니라 전 세계 문화 양식에 대한 공부를 할 수 있다.

진천 농다리

농다리는 충북 진천군 문백면 구곡리의 굴티마을 앞에 있다. 멀리서 얼핏 보면 마치 돌무더기처럼 보이는데 반듯한 교각을 세우고 돌을 깎아 만든 다리가 아니라 투박한 돌의 모습을 그대로 이용해 다리를 쌓았다. 겉모습은 허술해 보이지만 큰 돌을 쌓고 그 사이에 작은 돌을 끼워 넣어 천 년을 버텨왔다.

17위 제천 청풍문화재단지

여행포인트	청풍랜드에서 다양한 수상스포츠를 직접 체험해보자.	
주소	충북 제천시 청풍면 물태리 6-20	
문의	043-641-4301	
홈페이지	http://tour.okjc.net	

가는 길

- **자가용:** 경부고속도로-영동고속도로-중앙고속도로-남제천IC-82번 국지도(금성 경유)-청풍문화재단지
- **대중교통:** 서울고속버스터미널 제천행 버스(06:30~21:30, 배차간격 40분)-제천버스터미널 나와 동양증권 앞에서 900번대 버스-청풍문화재단지

먹을거리

- **느티나무횟집**(송어비빔회, 043-647-0089, 청풍면 물태리)
- **청풍호가든**(민물매운탕, 043-652-5446, 청풍면 물태리)

잠자리

- **드림레이크관광펜션**(648-6380, 청풍면 북진리)
- **이른아침호숫가**(043-643-8677, 청풍면 북진리)

주변관광지 팔영루, 월악산, 배론성지

제천에 가면 볼거리가 많은데 그중 청풍호반은 인공과 자연이 어우러진 멋진 관광지다. 정부의 4대강유역 종합개발계획의 일환으로 충주 다목적댐 공사가 1985년 10월에 준공되기까지 수몰지역에 머물고 있던 문화유산을 1983년부터 3년에 걸쳐 1만6000평 부지에 원형대로 이전 복원했고 1985년 개장했다. 원래 자리를 지킬 수 없는 것은 아쉽지만 문화재들을 물속에 머물게 하지 않고 전시 공간을 찾아 청풍문화재단지를 조성한 것은 그래도 다행이다.

충주 다목적댐 건설로 형성된 충주호 물길이 뱃길로는 130리가 되는데 그중 청풍호반이 가장 아름답고 볼거리가 많으며 풍경이 뛰어난 곳이다. 내륙의 바다처럼 넓고 맑은 물이 이곳을 지나는 사람들에게 큰 즐거움을 준다.

주차장에서 청풍문화재단지로 들어가면 마치 작은 민속촌을 만나는 것 같다. 청풍문화재단지를 중심으로 봉황이 호수 위를 나는 형상을 한 비봉산과 금수산 풍경은 편안함과 포근함을 느끼게 하니 정말 절경이라 말하지 않을 수 없다.

이곳은 어른들뿐만 아니라 학생들에게 역사의 산교육장으로 이용되면서 소풍이나 수학여행을 오거나, 가족 단위 관광객이 많이 찾아오는 곳이 되었다. 근래에 8만5000평 규모로 확대 개발되었고 제천시의 대표적 문화관광지로 자리매김하고 있다.

이곳에는 한벽루와 석조여래입상 등 보물이 2점이나 있고 팔영루, 금남루, 금병헌, 응청각, 청풍향교, 고가 4동 등 지방유형문화재가 9점이나 된다. 이뿐만 아니라 지석묘, 문인석, 비석 등 42점과 생활유물 2000여 점이 보관되어 옛 남한강 상류 지역의 역사와 문화를 조명해 볼 수 있는 곳이 되었다. 청풍문화재단지 건너편에는 청풍랜드가 조성되어 있으니 이곳에서 즐길 수 있는 수상스포츠를 꼭 경험해보자.

청풍랜드

청풍문화재단지 건너편에 있는 청풍랜드는 제천시 청풍면 일대에 건립되어 2002년 개장되었는데 천혜의 자연자원을 이용해 수상스포츠를 즐길 수 있는 시설이 설치되어 있다. 62m의 번지점프대, 국내 최초로 설치된 이젝션시트, 청풍호수를 향해 반원을 그리며 창공을 나는 빅스윙이 인기다. 또한 162m를 치솟는 장엄한 수경분수와 인공폭포 등 볼거리와 즐길거리가 많은데 청풍랜드는 한겨울(12~2월)엔 휴장하니 홈페이지(www.bigbungee.com/)를 참고하면 된다.

충남여행지베스트

당진 왜목마을

5 당진 왜목마을

안면도 꽃지해수욕장
할미 · 할아비 바위

14 태안 신두리 사구 · 두웅 습지

9 태안 천리포수목원

4 서산 해미읍성

13 서산 마애여래삼존불

12 예산 수덕사

18 예산 추사

16 예당

20 태안 별주부 마을

11 안면도 꽃지해수욕장 할미 · 할아비 바위

보령 머드축제

보령 머드축제

1

청양 장곡사 **22**

청양 청장호 출렁다리
부여 무량사 **19**

2

부여 궁남지 연꽃

서천 철새도래지

15

서천 철새도래지

부여 궁남지 연꽃

아산 외암리 민속마을

아산 세계꽃식물원

(8) 아산 외암리 민속마을

천안독립기념관 (23)

아산 세계꽃식물원

(7)

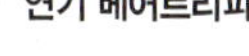

연기 베어트리파크

(17) 공주 마곡사

(6)

(10)

연기 베어트리파크

공주 영평사

(21)

논산 관촉사

논산 관촉사

두근두근 충남 2박 3일 코스

자연을 온몸으로 느끼는 충남 중서부 여행.

추사고택에서 배워보는 서예부터 갯벌에서 조개 캐기 체험까지 아이들과 함께 다양한 체험이 가능한 여행.

1day

1. 신두리 사구와 두웅습지

우리나라 최고의 사구지대. 해안사구의 독특한 생태계 덕분에 통보리사초, 갯완두 등 희귀식물들을 관찰할 수 있다. 신두리 사구에서 마을로 난 길을 따라 5분 정도 가면 두웅습지가 있는데 2007년 12월 람사르습지로 지정, 등록되어 보호되고 있다.

2. 천리포수목원

태안군 소원면에 자리 잡은 천리포수목원은 귀화한 푸른 눈의 한국인인 민병갈에 의해 1979년 설립된 한국 최초의 민간 수목원이다. 4월 말이 절정을 이루는데 다양한 세계의 목련을 만나볼 수 있다.

개장시간 | 09:00~17:00(4~9월), 09:00~16:00(10~3월)
입장료 | 성인 7,000원, 청소년 4,000원 어린이 3,000원 (주말 및 공휴일은 1,000원 추가)

3. 별주부 마을의 독살 및 갯벌 체험

아이들과 특별한 체험을 할 수 있는 마을. 원시어업의 한 형태인 독살체험과 갯벌에서 조개를 캐는 체험을 할 수 있다.

체험료 | 갯벌체험 5,000원, 독살체험 전화문의 요망

4. 꽃지해수욕장 일몰

꽃지해수욕장의 할미·할아비 바위를 배경으로 하는 일몰은 정말 아름답다. 바위 사이로 떨어지는 해를 만나는 것은 황홀한 경험이 된다. 안면도 자연휴양림이나 부근의 펜션에 숙소를 정하면 되는데 주말이나 연말엔 예약이 필수다.

2day

태안에서 서산 보원사지까지는 1시간 20분이 걸린다. 태안에서 예산 쪽으로 향하다 홍성IC에서 서해안고속도로에 올라 서산IC에서 운산 방면으로 간다. 고풍저수지 앞에서 우회전해 10분 정도 가면 보원사지에 닿는다.

1 보원사지 · 마애삼존불상

보원사지는 사적 제316호로 백제 양식에 통일신라를 거쳐 고려시대 때 가장 융성했던 절터이다. 이곳에서 아래로 5분 정도 내려오면 서산 마애삼존불상이 있는데 국보 제84호로 우리나라에서 발견된 마애불 중 가장 뛰어난 작품으로 '백제의 미소'로 불린다.

2 개심사

가야산의 중심 사찰로 충남 4대 사찰 중 하나며 백제 의자왕 14년에 창건되었는데 대웅전, 영상회괘불탱, 명부전, 심검당 등 문화재가 있다.

3 해미읍성

사적 제116호로 조선시대 충청도 지역의 군사방어를 담당했던 병영성으로 매월 2 · 4주째 일요일 전통 난장공연 및 활쏘기, 옛날복식체험, 연날리기 등 다양한 프로그램이 상설로 운영된다.

4 수덕사

백제 위덕왕 때 고승 지명이 처음 세운 것으로 추정되는 수덕사 대웅전은 국내에 현존하는 목조건물 가운데 봉정사 극락전과 영주 부석사 무량수전 다음으로 오래된 건축물로서 국보 제49호로 지정되어 있다.

3day

1 추사고택

조선 후기의 대표적인 실학자이며 서예가인 추사 김정희의 고택이다. 주변에 추사기념관이 있어 추사의 삶과 문학을 살펴볼 수 있다.

개장시간 | 09:00~18:00(3~10월),
        09:00~ 17:00(11~2월)
입장료 | 어른 500원, 청소년 300원, 어린이 200원

2 예당저수지와 의좋은 형제 공원

인공 저수지로는 우리나라에서 가장 크다는 예당저수지는 육지 속의 바다와 같다. 조각공원이 있고 산책로가 조성되어 있어 가족끼리 산책을 하기에 좋다. 여행의 마지막을 여유롭게 장식하자.

충남여행지베스트 01위

보령 머드축제

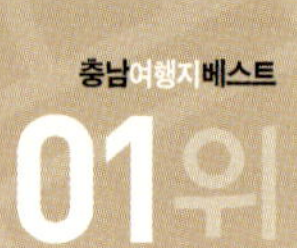

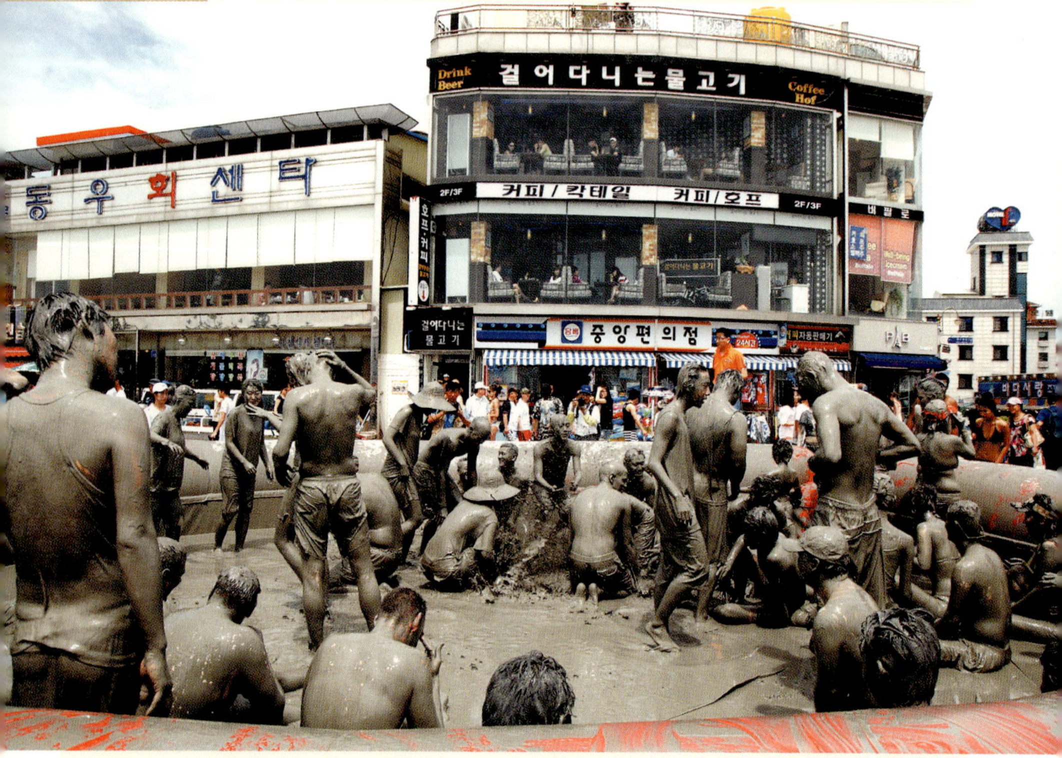

여행포인트	**머드탕, 머드씨름대회, 머드슬라이딩, 인간마네킹 등 다양한 머드 체험행사를 즐겨보자.**
주소	**충남 보령시 신흑동**
문의	**041-930-3820**(보령시 관광과)
홈페이지	**www.daechonbeach.or.kr**
가는 길	• **자가용:** 서해안고속도로-보령IC-대천해수욕장 방향으로 직진(10분 정도)-대천해수욕장 • **대중교통:** 동서울버스터미널 보령행 버스(06:40~19:30, 배차간격 40분~1시간 30분)-보령버스터미널에서 시내버스 7번(수시운행)-대천해수욕장
먹을거리	• **다포횟집**(생선회, 041-931-3111, 신흑동) • **등바루**(한식, 041-931-0192, 신흑동)
잠자리	• **한화콘도**(041-931-5500, 신흑동) • **환상의바다리조트**(041-931-1111, 신흑동)
주변관광지	**무창포해수욕장, 석탄박물관, 성주사지**

태양이 끓어오르는 7월 중순이 되면 대천 바닷가에는 전국에서 몰려온 관광객뿐만 아니라 전 세계에서 관광을 온 외국인들도 함께 어우러지는 머드축제가 열린다. 1996년 7월 대천해수욕장 인근은 청정지역으로 양질의

바다 진흙이 있어 이것을 가공해 머드팩 외에 16종의 화장품을 개발했다. 보령에서 생산된 머드화장품은 인체에 유익한 원적외선이 다량 방출되고, 외국에서 생산된 제품에 비해 게르마늄, 미네랄, 벤토나이트 성분 함량이 높아 피부미용에 좋은 효과가 있음이 한국표준과학연구원 등 국내 유수 연구기관으로부터 입증되었다.

1998년부터 보령 머드의 우수성을 널리 알리고 상품화에 성공한 '보령 머드 화장품'과 대천해수욕장을 비롯한 보령 지역 관광명소를 홍보하려고 보령 머드축제를 개최하고 있다.

축제 기간에는 청정갯벌에서 진흙을 채취해 각종 불순물을 제거하는 가공과정을 거쳐 생산된 머드를 이용한 머드 마사지와 머드 체험행사가 운영되고 있다. 각종 공연 및 사진 전시회 등도 열려 보고 느끼는 시간도 가질 수 있다.

그밖에 머드체험행사에는 대형머드탕, 머드씨름대회, 머드슬라이딩, 머드교도소, 인간마네킹 등 매년 종목을 조금씩 바꿔가면서 관광객을 위한 다양한 프로그램과 연계행사를 개최해 관광객에게 볼거리와 즐길거리를 제공한다.

실속파들을 위한 여행 팁

대천해수욕장은 머드축제 기간뿐만 아니라 일년 내내 사람들이 몰려온다. 숙박업소가 많지만 성수기에는 숙박비가 만만치 않은데 해수욕장 안쪽 솔밭에 텐트를 치고 머물면 숙박비를 아낄 수 있다. 화장실 및 수도시설도 잘되어 있다. 또한 해수욕장에서 자동차로 5분 거리에 있는 대천어항에 가면 저렴하게 생선회를 먹을 수 있다. 또한 대천해수욕장이나 대천어항 방파제에서 일몰을 보는 것도 큰 즐거움을 준다.

02위

부여 궁남지 연꽃

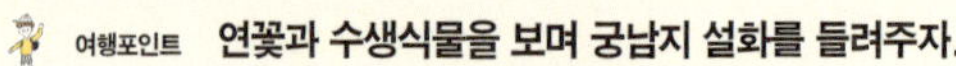

여행포인트	연꽃과 수생식물을 보며 궁남지 설화를 들려주자.
주소	**충남 부여군 부여읍 동남리 117**
문의	**041-830-2921~2922(부여군청 문화관광과)**
홈페이지	**http://buyeotour.net**
가는 길	• **자가용:** 경부고속도로-천안 · 논산고속도로-대전 · 당진고속도로-공주 · 서천고속도로-부여 IC-부여읍-궁남지 • **대중교통:** 서울남부버스터미널 부여행 버스(06:30~19:20, 수시운행)-부여버스터미널에서 택시 이용
먹을거리	• **백제향**(연꽃밥, 041-837-0110, 부여읍 동남리) • **구드레돌쌈밥**(쌈밥, 041-836-0463, 부여읍 구아리)
잠자리	• **롯데부여리조트**(041-939-1000, 규암면 합정리) • **백제관광호텔**(041-835-0870, 부여읍 쌍복리)
주변관광지	**국립부여박물관, 정음사지, 낙화암**

7월이 되면 부여 궁남지는 연꽃 향기에 잠식된다. 사적 제135호로 지정된 궁남지 주변의 연밭에는 헤아릴 수 없이 많은 연꽃이 피어나 이곳을 찾은 사람들에게 향기로움을 선물한다.

궁남지는 부여군청에서 1km 정도 떨어진 부여군 부여읍 동남리(東南里)에 있으며, 동쪽에는 초석(礎石)이 남아있다. 주변에서 옛 기와가 나와 이곳의 역사성을 찾아볼 수 있다. 또 부근에는 대리석을 3단으로 쌓아올린 팔각형의 우물이 있다.

궁남지는 백제 무왕의 출생설화와도 관계가 있다. 무왕의 부왕인 법왕(法王)의 시녀였던 여인이 못가에서 홀로 살다 용신(龍神)과 통해 아들을 얻었는데, 그 아이가 신라 진평왕의 셋째 딸인 선화공주와 결혼한 서동이라고 한다. 아들이 없던 법왕의 뒤를 이은 무왕이 바로 이 서동이라는 것인데 이러한 설화는 이곳이 별궁 터였고 궁남지가 백제왕과 깊은 관계가 있는 별궁의 연못이었음을 추측하게 한다.

「일본서기(日本書紀)」에서는 궁남지의 조경 기술이 일본에 건너가 일본 조경의 원류(源流)가 되었다고 하며 궁남지는 백제의 정원을 연구하는 데 중요한 자료가 된다.

궁남지 근처의 연밭에는 6월부터 연꽃이 피기 시작하는데 7월 하순이면 절정을 맞는다. 같은 시기에 축제도 열리는데 각종 공연과 전시회, 체험활동은 연꽃에 대한 이해를 바르게 하도록 돕고 연꽃을 즐길 수 있다. 궁남지에는 각종 색깔의 연꽃이 피어나 아름다운 풍경을 자아낸다. 백련과 홍련뿐만 아니라 황련도 곱게 피어나고 크기가 작은 연들과 외국의 연들까지 우리나라에서 연꽃이 가장 다양하게 피는 곳 중 하나다. 이뿐만 아니라 이곳은 수련도 곱게 피어나는데 노랗고 붉은 수련을 볼 수 있다.

궁남지의 또 다른 즐거움

궁남지는 7월 말부터 잎을 뚫고 피어나는 가시연과 노랗게 피어나는 외개연이나 물양귀비 등 다양한 수생식물이 있어 즐거움을 더해 준다. 그리고 여름철에 이곳에서 번식하는 논병아리를 만날 수 있다. 사진을 담는 시기는 축제가 시작되기 바로 전이 좋은데 7월 중순쯤이 된다.

03위 청양 청장호 출렁다리

주소	**충남 청양군 정산면 천장리**	
문의	**041-940-2442**	
홈페이지	**http://tour.cheongyang.go.kr**(청양 관광)	

- 가는 길
  - **자가용:** 서해안고속도로–당진JC–대전 · 당진고속도로–신양IC–청양–36번 국도–칠갑산휴게소–천장호 출렁다리
  - **대중교통:** 센트럴시티버스터미널 청양행 버스(07:20~19:40, 1일 6회 운행)–청양버스터미널에서 칠갑산 순환버스–천장호 출렁다리(문의: 청양교통 041-942-2788)

- 먹을거리
  - **바닷물손두부**(산채비빔밥, 041-943-6617, 대치면 대치리)
  - **두메산골**(버섯전골, 041-943-9080, 대치면 대치리)

- 잠자리
  - **칠갑산호텔샬레**(041-942-2000, 대치면 광대리)
  - **칠갑산자연휴양림**(041-940-2841, 청양읍 송방리)

- 주변관광지 **칠갑산, 장곡사, 칠갑산 천문대 스타파크**

- 여행포인트 **출렁다리를 건너며 아이와 담력을 키워보자.**

한 예능 프로그램에 방영된 이후 출렁다리를 찾아오는 사람들이 많이 늘어났다. '충남의 알프스'라 불리는 칠갑산. 청양에서 공주 방면의 칠갑산휴게소 이르기 전, 오른쪽으로 내려가면 칠갑산 천장호가 자리잡고 있고, 그 앞에 주차장이 있다. 주차장에서 아래로 내려가면 천장호가 한눈에 들어온다. 칠갑산의 아름다운 풍경이 관광객을 매료시키기에 충분하다.

수면 위로 드리운 산자락을 걷는 것도 참 좋다. 작은 공원을 거닐며 칠갑산 천장호의 호흡소리를 함께하면서 언덕길을 내려가면 출렁다리가 누워있는 모습을 볼 수 있다. 천장호 출렁다리는 2009년 7월 28일 개통됐고 물 위에 떠있는 듯하다. 총 길이는 207m이고 폭은 1.5m다. 이름 그대로 다리를 걸으면 출렁거리는 것을 즐길 수 있는데 다리 중심은 30~50cm 정도 출렁거린다.

천장호 다리는 국내에서 제일 긴 출렁다리이고 일본 오이타현 고공현수교에 이어 동양 2위의 출렁다리라고 한다. 출렁다리는 청양을 상징하는 높이 16m의 고추 모양 주탑을 통과한 후 천장호를 가로지르며 건너편 칠갑산으로 이어진다. 출렁다리를 걸으면서 천장호와 주변의 아름다운 칠갑산 모습도 즐길 수 있다.

다리를 건너면 산자락에 거대한 용과 호랑이 조형물이 설치되어 있고 이곳에서 칠갑산 등산로(천장로)와 연결된다. 칠갑산을 찾는 관광객들에게 아슬아슬한 즐거움을 선사하고 칠갑산 산행으로 이어져 탄성을 자아나게 한다.

청장호 출렁다리에서 시작되는 칠갑산 산행은 충남의 알프스를 느끼게 해주는데 부족함이 없다.

칠갑산 산행

천장호 출렁다리가 등산의 시발점이 될 수 있다. 칠갑산은 해발 561m 높이로 크고 작은 봉우리와 계곡을 지닌 명산으로 자연경관이 수려하고 참나무 등 울창한 활엽수림과 수십 년생 소나무가 등산로 주변에 도열해 등산객을 맞아준다. 칠갑산으로 오르는 등산로가 잘 정비돼 있어 남녀노소, 초보자 할 것 없이 편안하게 산행할 수 있다. 주요 명소로는 아흔 아홉 골, 칠갑산장, 장승공원, 천장호, 장곡사, 정혜사 등이 있다. 천장호에서 시작되는 천장로는 정상까지 3.7㎞인데 성인들이 오르는 데 1시간30분 정도 걸린다. 다시 하산해 천장호까지 돌아온다 해도 3시간이면 넉넉하니 천장호 출렁다리를 건넌 후에 등산도 겸한다면 칠갑산을 더 알 수 있는 기회가 될 것이다.

04위 서산 해미읍성

여행포인트	**해미읍성의 축성과정을 이야기해주며 둘러보자.**	
주소	**충남 서산시 해미면 읍내리**	
문의	**041-660-2540(해미읍성관리사무소)**	
홈페이지	**www.seosantour.net/cnt/main.do**	
가는 길	• **자가용:** 서해안고속도로-해미IC-해미면 소재지 방향으로 5분-해미읍성	
	• **대중교통:** 동서울버스터미널 서산행 버스(07:20, 10:25, 14:30, 18:10)-서산버스터미널에서 운산·해미 방향 시내버스-용현리(문의: 서령운수 041-669-0551, www.srbus.com)	
먹을거리	• **영성각**(짬뽕, 041-688-2047, 해미면 읍내리)	
	• **읍성뚝배기**(곰탕, 041-688-2101, 해미면 읍내리)	
잠자리	• **백제의미소펜션**(041-663-0890, 운산면 고풍리)	
	• **용현자연휴양림**(041-664-1978, 운산면 용현리)	
주변관광지	**문수사, 개심사, 서산 마애여래삼존불**	

고창읍성, 낙안읍성과 더불어 우리나라 3대 읍성에 속하는 서산 해미읍성은 사적 제116호로 지정되어 있고, 해발 130m의 북동쪽 낮은 구릉에 넓은 평지를 품고 축조된 성이다. 성벽의 아랫부분에는 커다란 석재를, 위로 올라갈수록 크기가 작은 석재를 사용해 쌓았다.

고려 말부터 왜구가 해안지방에 침입해 막대한 피해를 입혀 이를 제압하기 위해 1414년(태종 14) 덕산(德山)에서 충청도병마절도사영이 옮겨온 곳으로, 청주로 이전한 1651년(효종 2)까지 군사적 거점이 되었다. 1491년(성종 22)에 축조되어 서해안 방어를 맡았던 곳이다. 그 후 병마절도사영이 청주로 이전했고, 해미현 관아가 이 성으로 옮겨졌으며 내포지방 군사권을 행사하던 곳으로 선조 12년(1578) 충무공 이순신이 병사영 군관으로 부임해 10개월간 근무했던 곳이기도 하다.

해미읍성의 총길이는 1800m이고 성벽 높이는 5m, 총 넓이는 5만 9000여 평이고 성벽 밖에 2m 깊이 해자를 팠다. 성문은 동·서·남·북 4곳에 있는데 네모지게 잘 다듬은 무사석(武砂石)으로 쌓았으며, 주 출입구인 남문은 아치 모양의 홍예문으로 이루어져 있다. 매월 2·4째주 일요일에는 전통 난장공연, 활쏘기, 연날리기 등 다양한 프로그램이 운영된다.

종교적으로는 3000여 명의 천주교 신자가 처형당한 천주교 순교 성지 중 한 곳이다. 1880년경까지 천주교 박해 때 내포지방 신도들을 체포해 1000여 명의 신도를 이곳에서 처형했다고 한다. 그때 죄인을 매달고 고문하던 호야나무가 옥사 옆에 있으며 죄인을 자리개질 쳐서 죽였던 자리개돌을 가져다 성지에 놓았다. 매년 6월 문화축제가 열리니 이 시기에 맞춰 가면 다양한 체험도 할 수 있다.

여숫골 천주교 순교성지

해미읍성을 나와 자동차로 5분도 못 가 해미성당이 있고 그 안에 여숫골 천주교 순교성지가 있다. 여숫골은 1866년부터 1882년 사이 천주교 박해 때 1000여 명의 신자를 생매장한 곳으로 천주교인들의 순례가 끊이지 않는 곳이다.

그 당시 천주교인이 너무 많아 처형하기 힘들자 해미천에 큰 구덩이를 파고 모두 생매장했다고 하니 그 잔인함을 생각하면 머리가 아파 온다. 해미천 옆에는 박해 당시 생매장 당한 무명 순교자의 넋을 기리기 위해 건립된 16m 높이의 순교탑이 있으며 생매장 시 천주교도의 죽음에 앞서 예수마리아를 부르며 기도하는 소리를 예수머리로 잘못 알아들은 주민들이 이를 '여숫골'이라고 불렀다고 한다.

05위 당진 왜목마을

🧭 여행포인트		동해안이 아닌 서해안의 일출을 온가족이 함께 맞이해보자.
📇 주소		충남 당진군 석문면 교로2리
📱 문의		당진군청 041-350-4791~5
🖥 홈페이지		www.waemok.org/index.htm

🚗 **가는 길**

- **자가용:** 서해안고속도로-송악IC-부곡·고대공단-현대제철-38번 국도 종점에서 우회전-석문방조제-큰마섬교차로삼거리에서 우회전-장고항 교차로사거리에서 직진-왜목터널 통과-왜목마을
- **대중교통:** 센트럴시티버스터미널 당진행 버스(06:00~21:55, 배차간격 30분)-당진버스터미널도비도행 버스(06:30~17:30, 배차간격 1시간)-왜목마을

🍶 **먹을거리**

- **바다횟집**(생선회, 041-352-8232, 왜목마을)
- **바다사랑횟집**(생선회, 041-353-4183, 왜목마을)

🏠 **잠자리**

- **하늘빛바다펜션**(041-353-7667, 석문면 교로리)
- **썬라이즈호텔**(041-353-3790, 석문면 교로리)

♨ **주변관광지** 석문방조제, 바다공원, 필경사

많은 사람이 동해에서만 일출을 만날 수 있다고 생각하는데 당진 왜목마을은 서해안이지만 일출을 볼 수 있는 곳이다. 매년 해돋이축제가 열리는 왜목마을은 충청남도의 가장 북쪽에 자리 잡고 있으며 리아스식 해안의 특이한 지형 덕분에 육지가 북쪽으로 돌출돼 있어 서해안인데도 바다에서 떠오르는 해와 바다로 지는 해를 모두 볼 수 있다.

좀 더 멋진 일출을 보려면 석문산(79.4m) 정상에 올라야 한다. 장고항 용무치와 경기도 화성군 국화도 사이로 떠오르는 해돋이는 가히 환상적이라 말할 수 있다. 왜목마을은 동해에서 해가 뜬 뒤 5분 만에 해가 떠오른다.

동해 일출이 장엄하고 화려하다면 서해 왜목마을 일출은 일순간에 바다가 강한 황토빛으로 변하면서 소박하면서도 아름다운 분위기를 자아낸다. 왜목마을 일몰은 활활 타오르던 태양이 서서히 빛을 감추면서 바다와 하늘이 만나 검붉게 물들이며 한 폭의 그림처럼 다가온다. 특히 왜목마을은 일출과 일몰을 볼 수 있는 날이 1년 중 반은 된다.

왜목마을에서 일출을 보기 위해 연말에 많은 사람이 몰려들기 때문에 차가 막힌다. 자칫 도로 위에서 어정쩡한 일출을 볼 수밖에 없을 때도 있다. 1월 1일 일출을 보려면 전날 출발해 왜목마을 펜션 등 숙소에 미리 도착해 자리를 잡는 것이 좋다. 연말이 되면 펜션이나 모텔 등 숙박업소는 특별요금을 적용해 숙소 요금이 천정부지로 오른다. 그러나 새로운 한 해의 시작을 축하하며 떠오르는 일출을 바라보며 한 해의 바람을 담아보는 것도 좋은 경험이 될 것이다. 남들과 똑같은 동해안의 일출이 아닌 서쪽에서 바라보는 일출은 보는이로 하여금 색다른 기분을 들게한다. 특별한 경험을 원한다면 왜목마을로 떠나보자.

왜목마을 일출사진 담기

사진에서 흔히 볼 수 있는 왜목마을 일출사진은 겨울에 찍은 것이 많다. 왜목마을에서는 해변에서 바라볼 때 용무치부터 국화도 사이를 6등분해 시기별로 위치가 바뀌는데 해변에서 보았을 때 6, 7월 용무치 위부터 12, 1월 국화도 위까지 일출을 볼 수 있으니 상황에 따라 일출 사진을 찍어보자.

06위 연기 베어트리파크

주소	**충남 연기군 전동면 송성리 8-5**	
문의	**041-866-7766**	
홈페이지	**www.beartreepark.com**	
가는 길	• **자가용:** 경부고속도로-천안IC-천안 · 논산고속도로-남천안IC-송성리-베어트리 파크	
	• **대중교통:** 서울역에서 전의행 열차(1일 6회))-전의역에서 택시로 5분	
먹을거리	• **정담**(한식, 041-866-5533, 서면 고복리)	
	• **청송가든**(한식, 041-862-3077, 전동면 청소리)	
잠자리	• **로뎀힐**(041-866-0832, 서면 고복리)	
	• **청벽비발디하우스**(041-881-7755, 장기면 금암리)	
주변관광지	**비암사, 고복저수지, 교과서박물관**	
여행포인트	**반달곰과 산책, 아기 꽃사슴에게 우유주기 등 다양한 동물체험을 놓치지 말자.**	

식물원에 갈 때 그곳에 동물원이 함께 있었으면 하고, 또 반대로 동물원에 갈 때 그곳에 식물원이 있었으면 하는데 이런 생각에 딱 맞는 곳이 있으니 바로 충남 연기에 있는 베어트리파크다. 베어트리파크는 이재연 전 LG그룹 고문 부부가 45년간 꾸민 개인정원으로 2009년 5월부터 일반에 개방돼 많은 사람의 발길이 이어지고 있다. 또한 MBC 수목드라마 〈마이프린세스〉의 첫 황실 입성 장면이 이곳에서 촬영되는 등 새로운 드라마 촬영지로 명성을 얻고 있다.

베어트리파크는 식물원과 동물원을 겸하고 있어 더 즐거운 곳이 될 수 있다. 일상생활 속에서 받은 스트레스를 벗고 아름다운 정원에서 신선한 풍경을 만나 즐거운 시간을 가지기에 좋은 곳이다.

이곳에는 동물도 꽤 많다. 반달곰 150여 마리를 비롯해 엘크, 공작, 사슴, 금계와 은계 등이 이곳을 지키고 있어 아이들뿐만 아니라 어른들까지 마냥 즐거워한다. 또한 비단잉어도 수천 마리나 되는데 떼 지어 노니는 모습을 보노라면 이곳이 천국이라는 생각이 든다. 또한 이곳에는 1만 그루가 넘는 향나무가 식재되어 있는데 수령이 40~50년부터 150년 사이라고 한다.

약 500여 평의 만경비원은 이곳에서 가장 볼 만한 곳으로 인도네시아에서 들여온 나무화석을 배치하고 분재와 꽃, 나무를 적당하게 식재해 가꾸고 있어 아름답기 그지없다.

베어트리파크에서는 자연스러운 아름다움이 있다. 온가족이 함께 천천히 걸으며 다양한 꽃의 향연에 빠져보자.

베어트리파크에서의 신나는 체험

베어트리파크에서는 신나는 동물체험이나 압화체험 등을 할 수 있다. 물론 체험활동은 부정기적으로 이뤄지고 있는데 체험활동에 대한 자세한 내용은 홈페이지를 참조하면 된다. 봄에는 반달곰과 산책하고, 아기 꽃사슴에게 우유를 주는 동물체험 프로그램이 있는데 어린아이들이 특히 좋아한다. 겨울에도 압화 만들기 체험이 진행되니 이곳에서의 체험은 또 다른 즐거움으로 다가온다.

07위 아산 세계꽃식물원

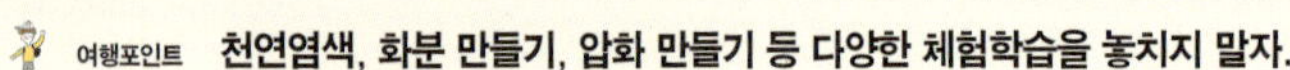

🧑 **여행포인트**		**천연염색, 화분 만들기, 압화 만들기 등 다양한 체험학습을 놓치지 말자.**
📇 **주소**		**충남 아산시 도고면 봉농리 576**
📱 **문의**		**041-544-0746**
🖥 **홈페이지**		**www.asangarden.com**

🚗 **가는 길**
- **자가용:** 경부고속도로-천안IC-21번 국도 예산 방향-천안 · 아산역-21번 국도 자동차전용도로-순천향대학교-도고온천 입구-세계꽃식물원
- **대중교통:** 용산역 도고온천행 무궁화호 열차(1일 9회 운행)-도고온천역에서 시내버스 401번(1일 17회)-세계꽃식물원

🍴 **먹을거리**
- **꽃비빔밥집**(세계꽃식물원 내)
- **초정식당**(해장국, 041-542-0359, 도고면 기곡리)

🏠 **잠자리**
- **파라다이스호텔**(041-542-6031, 도고면 가곡리)
- **도고로얄호텔**(041-543-5511, 도고면 기곡리)

⚓ **주변관광지**   **예산 추사고택, 아산 외암리 민속마을, 아산 봉곡사**

세계꽃식물원에 가면 일년 내내 세계 각국의 꽃을 볼 수 있다. 충남 아산시 고도면에 위치한 이곳은 2004년 3월 문을 연 이래 국내 최대 규모인 8000여 평의 유리온실에 꽃을 전시해 놓았다.

한겨울에도 동백꽃을 볼 수 있는 국내 유일의 동백관 외에, 연중 20여 가지 테마 꽃을 선보이는데 종류는 수선화, 튤립, 아마릴리스, 베고니아, 카라, 수생식물, 칼라디움, 다알리아, 백합, 국화 등이다.

특히 삭막한 겨울에 꽃을 볼 수 있다는 것이 이 식물원의 큰 장점이다. 실외는 영하의 날씨지만 실내는 따뜻하고, 각종 꽃향기들이 코를 찌른다. 자연 속에서 흔히 보기 어려운 각종 꽃들과 함께 계절에 앞선 꽃을 볼 수 있다. 이곳은 아름다운 꽃사진을 찍으려는 사람들로 연중 붐빈다. 이곳에 갈 때는 카메라를 꼭 챙기는 것이 좋다.

꽃을 본다는 것은 자연스럽게 마음의 문을 연다는 것을 의미한다. 식물원을 관람하면서 단순히 걷기운동을 하는 것보다는 명찰에 새겨진 꽃의 이름을 익히며 천천히 둘러보는 것은 어떨까. 식물원 방문하기 전에 홈페이지에서 미리 정보를 접하고 가는 것도 좋다.

봄에는 튤립과 수선화 축제가 열리며, 식물원 내에 있는 식당에서는 향긋한 꽃비빔밥까지 먹을 수 있다.

온가족이 예쁜 꽃을 배경으로 사진을 남겨보자.

세계꽃식물원에서의 각종 체험

꽃을 이용한 천연염색(손수건 염색), 예쁜 꽃화분 만들기, 압화 만들기 등 체험학습을 할 수 있다. 또한 이곳을 방문한 방문자에게는 작은 화분 하나를 선물로 주는데 그것은 또 다른 즐거움이 된다. 꽃이 보고 싶다면 언제든지 이곳으로 달려가서 세계 꽃향기 속에 잠겨보는 것도 좋다. 그리고 이곳에선 꽃비빔밥을 먹을 수 있는데 세계꽃식물원에서의 마지막 체험으로 향기까지 입안에 담아갈 수 있다.

08위 아산 외암리 민속마을

여행포인트	물레방아, 연자방아, 디딜방아 등 이제는 만날 수 없는 것들을 마을 곳곳에서 찾아보자.	
주소	충남 아산시 송악면 외암리 84	
문의	041-541-0848	
홈페이지	www.oeammaul.co.kr	

- **가는 길**
  - **자가용:** 경부고속도로-천안IC-21번 국도-신도리코 앞 사거리-읍내동사거리-39번 국도- 송악외곽도로-외암민속마을
  - **대중교통:** 센트럴시티버스터미널 아산행 버스(06:30~21:30, 배차간격 30분)-아산버스터미널에서 강당골행 시내버스(06:20~20:50, 배차간격 20분)-외암리민속마을

- **먹을거리**
  - **외암리시골밥상**(한식, 041-543-0414, 송악면 강당리)
  - **형제식당**(두부요리, 041-541-9876, 송악면 역촌리)

- **숙박**
  - **산새들펜션**(041-543-3887, 송악면 강당리)
  - **외암리민속마을민박**(041-541-0848, 송악면 외암리)

- **주변관광지** 봉곡사, 맹사성 고택, 민속박물관

　전형적인 시골마을의 정감을 느낄 수 있는 곳. 담쟁이가 곳곳에 걸린 돌담길과 초가집 담장에 올라앉은 하얀 박이 늦가을 풍취를 한껏 느끼게 한다. 외암리 민속마을은 우리나라 전통마을 모습을 가장 완벽하게 간직하고 있다.

　충남 아산시 송악면 외암리 민속마을에는 500년 전에 정착한 예안 이씨 일가가 주류를 이루어 살아오고 있다. 광덕산 아래 자리 잡고 있는 이 마을은 문중에 걸출한 인물이 많아 큰 집이 건축되기 시작했고, 지금도 옛 정취를 품은 집이 많다. 상업화되고 있는 다른 민속마을과 달리 이곳에서는 전형적인 농촌마을의 정감을 느낄 수 있다. 돌담길과 초가집 담에 담쟁이가 엎혀있어 가을에는 붉은 덩굴의 멋스러움을 느낄 수 있다. 봄에는 야생화가 피어나고 살구꽃과 앵두꽃이 멋스러움을 더하고, 여름에는 밤꽃이 피어 마을을 걷는 사람들 코끝을 간질인다. 가을에는 하얀 박과 익어가는 호박이 더욱더 가을답게 해준다. 겨울에 눈이 내리면 평화로운 마을이 마치 수채화에 들어앉은 것 같은 느낌이 든다.

　이 마을은 주민들이 거주하고 있어 사람 사는 이야기까지 담아낼 수 있고 떡메치기, 다듬이 체험, 전통혼례 체험 등과 마을 주민들이 만든 고유 음식을 맛볼 수 있다. 이끼가 낀 돌담을 돌아서 마을을 걸어가면 마을의 역사를 짐작할 수 있는데 돌담 너머로 뜰 안과 길가에 심어 놓은 과일나무, 마을 입구의 장승을 비롯해 옛 조상들의 생활상을 엿볼 수 있는 물레방아, 연자방아, 디딜방아 등을 통해 시간여행도 할 수 있다. 10월엔 짚풀 문화제가 열리는데 관람객들이 직접 참여할 수 있는 코너도 많아 가족 단위 여행지로 적합하다.

외암리 돌담길

외암리 민속마을에는 단아하게 정리된 돌담길이 예스러움을 더해준다. 이곳의 돌담은 막돌을 크기에 맞게 쌓았는데 오히려 더 멋스럽다. 마을 큰길로 들어서면서부터 집집마다 작은 돌담이 끊김 없이 연결되어 마을을 돌고 돈다. 돌담을 따라 걷다보면 언제 시간이 흘러갔는지 알 수 없을 정도로 시간이 빨리 흐른다.

09위 태안 천리포수목원

여행포인트	목련 나무의 갖가지 색깔과 모양에 따른 이름들을 알아보자.	
주소	충남 태안군 소원면 의항리 875	
문의	041-672-9982	
홈페이지	www.chollipo.org	

가는 길
- **자가용:** 서해안고속도로-서산IC-서산-태안-만리포해수욕장-천리포수목원
- **대중교통:** 서울남부버스터미널 태안행 버스(06:40~20:00, 배차간격 30~40분)-태안버스터미널(문의: 태안버스터미널 041-675-6672, www.taeanbus.co.kr)

먹을거리
- **천리포횟집**(생선회, 041-672-9170, 소원면 의항리)
- **돌섬횟집**(생선회, 041-672-9540, 소원면 모항리)

잠자리
- **천리포수목원게스트 하우스**(www.chollipo.org, 041-672-9985)
- **노을 그리고 바다**(041-672-9115, 태안군 소원면 의항리)

주변관광지 천리포해수욕장, 만리포해수욕장, 신두리 해안사구

천리포수목원은 1979년 설립된 우리나라 최초의 민간 수목원으로 통역장교였던 민병갈(미국명 Carl Ferris Miller) 개인의 기금 출연으로 조성되고 운영되어 왔다. 민병갈 씨는 1979년 귀화했고 2002년 사망했다.

1962년 구입한 6000여 평의 토지를 기반으로 1970년부터 계속 부지를 확장하면서 민병갈 원장이 일생을 바쳐 일궈낸 '서해안의 푸른 보석'이 되었다. 식물원에서는 다른 나라와 국내 여러 곳에서 현지 기후와 토양에 적응할 수 있는 식물들을 지속적으로 수집, 체계적으로 관리해 지금은 1만3200여 종의 식물이 살고 있는 세계적 식물원이 되었다.

중점 수종은 목련속 약 400종, 감탕나무속 370종을 비롯해 침엽수 종류와 매자나무속, 진달래속, 참나무속, 단풍나무속, 분꽃나무속, 녹나무과 등이다. 특히 봄에 피어나는 목련의 아름다움은 환상적이다.

천리포수목원은 30여 년 만에 기적처럼 세계수목협회가 지정하는 '세계의 아름다운 수목원'이 됐는데 세계에서 12번째, 아시아에서는 처음이다. 이곳은 다른 수목원과 비교해 다른 점이 많다. 우선 이곳은 인위적이기보다는 자연친화적인 수목원이다. 있는 그대로의 자연을 이용해 나무를 심고 가꾸고 있어 언덕에 올라가 걷노라면 스스로가 자연인이 된 것 같은 착각을 느낀다.

환상적인 분위기를 자아내는 천리포수목원의 목련

천리포수목원은 봄이 조금 느리다. 다른 지역에서 목련이 질 때쯤 이곳에선 목련꽃이 피기 시작한다. 천리포수목원에 500여 종의 목련이 있다고 한다. 목련은 4월을 대표하는 나무꽃인데 탐스럽게 피는 꽃이 크고 향기도 좋아 예부터 널리 사랑받아왔다. 빨간색 목련과 노란색 목련에 대해서 생각 할 수 있을까? 천리포수목원에 가면 백목련과 자목련은 물론이고 꽃잎이 별빛처럼 여러 갈래로 퍼진 별목련과 분홍색, 빨간색, 노란색 목련까지 다 볼 수 있다. 4월 중순부터 피기 시작한 흰목련이 바람에 날려 발밑을 하얗게 덮을 무렵 붉은 빛 목련들이 뒤를 이어 피었다 지고 마지막으로 노란 목련이 핀다.
천리포수목원 연못 주위에는 여러 종류의 목련이 피어있다. '불칸'이라는 빨간 목련과 '빅 버서'라는 분홍 목련을 보면 봄날에 만나는 싱그러운 바람과 같다. 목련을 바라보면서 시선을 떼지 못한 채 걸음을 옮기다 풀밭에 내리는 봄 햇살을 만나 아찔해지는 느낌이 든다.

공주 영평사

여행포인트	매년 10월에 열리는 구절초축제에 참여해보자.
주소	충남 공주군 장기면 신학리 441
문의	041-857-1854
홈페이지	www.youngpyungsa.org

- **가는 길**
  - **자가용:** 경부고속도로–천안 · 논산고속도로–동공주IC–장기 · 산학리–영평사
  - **대중교통:** 서울고속버스터미널 공주행 버스(06:05~23:05, 배차간격 40분)–공주버스터미널에서 12 · 3번 시내버스–장기정류소에서 하차–장기농협 앞에서 승합차 수시운행(문의: 승합차 010-7317-9995)

- **먹을거리**
  - **고마마루돌쌈밥**(쌈밥, 041-857-9999, 금성동)
  - **고향칼국수**(해물칼국수, 041-853-9566, 금흥동)

- **잠자리**
  - **공주한옥마을**(041-840-2763, 웅진동)
  - **풀하우스**(070-7749-7950, 장기면 금암리)

- **주변관광지** **공산성, 석장리 박물관, 국립공주박물관**

영평사는 공주군 장기면 장군산 자락에 위치한 대한불교 조계종 제6교구 마곡사 말사다. 고즈넉한 멋은 덜하지만 여섯 동의 문화재급 전통건물과 세 동의 토굴을 갖춘 대한민국 전통사찰 제78호 수행도량이다.

영평사는 1987년 중창 불사를 시작한 이후 다양한 프로그램과 조직을 통해 불교 포교에 앞장서고 있다. 영평사 대전포교원을 개설해 불교교양대학을 운영하고 있으며, 템플스테이로 일반인들에게 사찰 체험 기회를 제공한다.

영평사에는 일주문, 대웅보전, 삼성각, 적묵당, 삼명선원, 설선당 등이 있으며 세 동의 토굴이 있다. 영평사에서는 영평식품을 운영하는데 모든 원자재를 우리 것만 사용해 각종 장류(된장, 간장, 고추장, 청국장)와 죽염을 제조하며 전통방식만 고집해 제품을 생산·판매하고 있다.

영평사는 계절 없이 꽃이 피어난다. 봄에는 매발톱, 할미꽃, 진달래, 철쭉, 금낭화, 제비꽃 등이 피어난다. 여름에는 옥잠화, 수국, 나리꽃 등 야생화와 6월 중순부터 8월 중순까지는 연밭에서 연꽃이 피어나며, 가을에는 토종 구절초꽃이 피어나는데 영평사와 장군산에는 하얀 눈이 내린 것 같은 느낌이 들 정도로 꽃이 피어 많은 사람이 찾아온다. 또한 봄부터 가을까지 수련이 피어나 이곳을 찾는 사람들에게 즐거움을 준다.

영평사 구절초축제

매년 10월에는 영평사 구절초축제가 열리는데 영평사로 향하는 마을길부터 구절초가 나그네를 반긴다. 축제기간에는 각종 공연뿐만 아니라 천연비누 만들기, 알밤 줍기 등 많은 체험활동에도 참여 할 수 있다. 또한 향기로운 구절초차를 시음할 수도 있고 점심시간에는 국수 공양의 즐거움까지 나눌 수 있다. 이곳에서는 구절초차와 전통 장류를 생산, 판매한다. 영평사 구절초축제는 매년 날짜가 바뀌니 영평사 홈페이지를 참고하면 된다.

11위 안면도 꽃지해수욕장 할미·할아비 바위

여행포인트	아름다운 일몰을 감상하며 할미·할아비 바위의 전설을 들려주자.
주소	충남 태안군 안면읍 승언리
문의	041-670-2544(태안군 문화관광과)
홈페이지	www.anmyon.net/tour_2006

가는 길
- **자가용:** 서해안고속도로-홍성IC-서산 A·B방조제-원청삼거리(안면도 방향)-백사장사거리에서 우회전-해안도로-꽃지해수욕장
- **대중교통:** 서울남부버스터미널 태안행 버스(06:40~20:00, 배차간격 30~40분)-태안버스터미널에서 영목행 시내버스(배차간격 30분~1시간)-꽃지해수욕장(문의: 태안버스터미널 041-675-6672, www.taeanbus.co.kr)

먹을거리
- **항구수산**(생선회, 041-674-5271, 안면읍 승언리)
- **안면도송정꽃게집**(꽃게요리, 041-673-2666, 안면읍 승언리)

잠자리
- **에버그린펜션**(041-674-0366, 안면읍 승언리)
- **안면도자연휴양림**(041-674-5019, 안면읍 승언리)

주변관광지 **안면암, 패총박물관**

명승 제69호 안면도 꽃지 할미·할아비 바위는 바닷물이 들어오면 바다 위의 섬이 되고 바닷물이 나가면 육지와 연결되어 다양한 모습을 제공한다. 이뿐만 아니라 꽃지해수욕장의 모래 사구, 바다 등과 어우러져 바위 뒤로 넘어가는 해넘이 모습이 뛰어나 서해안 낙조 감상의 일번지다. 또한 매년 12월 31일 해넘이축제를 하는데 매년 조금씩 다르지만 공연, 떡국 나누기, 연날리기, 달집태우기 등 행사를 하면서 한 해를 마무리 한다.

꽃지해수욕장은 여름철에 해수욕을 하기 위해 많은 사람이 찾아오는데 방파제를 막아 모래가 예전 같지는 않다. 해수욕장 바로 옆에서 꽃박람회가 열려 전국적으로 널리 알려지면서 많은 사람이 찾아온다. 해수욕 외에도 희귀한 꽃을 구경할 수 있고 일몰 경관도 아름다워 다양한 즐거움을 제공하는 곳이다.

해수욕장 우측에 커다란 망부석인 할미 바위와 할아비 바위가 있고, 방파제와 포구가 있어 경관이 좋다. 망부석 사이의 낙조가 일품으로 전국에서 사진작가들이 할미·할아비 바위를 배경으로 일몰을 담기 위해 몰려든다. 사진 포인트는 방포와 꽃다리를 연결하는 다리 위, 다리에서 뒤쪽으로 물러난 방파제 끝 부분, 그리고 방파제 아래 백사장 등이다.

해수욕장 근처에는 해산물과 각종 회를 파는 맛집이 많으니 일목 광경을 바라보며 가족들과 분위기 있는 저녁 식사를 즐겨보자.

할미·할아비 바위 전설

해수욕장 앞에 있는 할미바위와 할아비바위는 다음과 같은 전설을 품고 있다. 신라 42대 흥덕왕(826~836년) 때 장보고는 청해(완도)에 진을 설치한 뒤 서해안의 중심지인 안면도(건승포)에는 전략적 전진기지를 두었고 이곳의 책임자로 '승언'이라는 장군을 파견했다.

그에게는 '미도'라는 아름다운 부인이 있었는데 금실이 너무 좋았고 그들의 사랑은 날로 깊어만 갔다. 그러던 어느 날 급히 군선을 이끌고 북쪽으로 진격하라는 명령이 떨어졌고 기약도 없는 작별인사를 나눈 뒤 출정했다. 몇 달 동안 소식이 없자 초조해진 미도 부인은 바닷가 높은 바위에 올라가 남편이 돌아오기를 기다렸으나 장군은 돌아오지 않았고 미도 부인은 수십 년을 기다리다 마침내 이 바위 위에서 죽고 말았다. 그 뒤 사람들은 이 바위를 할미바위라 불렀는데 어느 날 갑자기 폭풍우가 휘몰아치고 천둥소리가 하늘을 깨는 듯하더니 할미바위 앞에 큰 바위가 우뚝 솟아올랐다. 그후로 사람들은 이 바위를 할아비바위라 부르게 되었다는 안타까운 전설이 내려온다.

12위 예산 수덕사

여행포인트		최고의 불교 전문미술관인 '수덕사 선 미술관'을 빼놓지 말고 관람하자.
주소		충남 예산군 덕산면 사천리
문의		041-337-6565
홈페이지		www.sudeoksa.com

가는 길
- **자가용:** 서해안고속도로-서해대교-해미IC-수덕사
- **대중교통:** 서울남부버스터미널 예산행 버스(07:00, 12:00, 15:00, 19:30)-예산버스터미널에서 수덕사 방향 시내버스(문의: 예산버스터미널 041-333-2921)

먹을거리
- **수덕골미락**(산채정식, 337-0606, 덕산면 사천리)
- **중앙식당**(산채정식, 041-337-6677, 덕산면 사천리)

잠자리
- **하늘채펜션**(070-8248-8202, 덕산면 대치리)
- **숲속의정원**(041-338-3678, 덕산면 시량리)

주변관광지 충의사, 덕산온천, 추사고택

예산군 덕산면 덕숭산 자락에 자리 잡고 있는 수덕사는 국보 제49호로 지정된 대웅전이 대표적인 건물이다. 수덕사 대웅전은 고려 충렬왕 34년(1308)에 지은 목조 건물로 우리나라에서 지어진 시기를 정확하게 알 수 있는 가장 오래된 문화재다. 백제시대의 특징인 유려한 곡선을 가져 매우 중요한 문화재로 평가받고 있다.

수덕사 대웅전은 앞면 3칸과 옆면 4칸 크기이고, 지붕은 옆면에서 볼 때 인(人)자 모양의 맞배지붕이다. 지붕 처마를 받치기 위해 장식해 짜맞춘 구조가 기둥 위에만 있는 주심포 양식이다. 건물 옆면의 장식적인 요소가 매우 아름답다. 또한 수덕사에는 보물 제1263호인 수덕사 괘불, 삼층석탑 등도 있다.

수덕사 일주문을 지나 잠시 올라가면 왼쪽에 수덕여관이 있는데 이응로 화백이 1944년 구입해 6·25전쟁 때 피난처로 사용했다. 수덕여관 앞 바위에 새긴 조각은 동백림사건으로 귀국했을 때, 문자적 추상화로 표현한 작품으로 새로운 느낌을 준다.

수덕사를 돌아볼 때 대웅전만 다녀가지 말고 주변의 견성암 등을 돌아보고 덕숭산에 오르면서 정혜사나 만공탑을 돌아보는 것도 좋다. 수덕사를 돌아본 후 덕숭산 정상까지는 왕복 3시간이면 된다.

수덕사 선 미술관

수덕사로 오르는 길 왼쪽 이응로 화백이 작품 활동을 했던 수덕여관 옆에 410㎡ 규모 단층으로 '수덕사 선(禪) 미술관'이 2010년 봄에 개관했다. 불교 최초의 전문미술관으로 태어난 수덕사 선 미술관은 수덕사에 갈 때 꼭 들러보는 것이 좋다.

미술관 건물은 수덕사 대웅전을 닮은 맞배집 형식의 지붕을 형상화한 것이 특징이다. 미술관 내부에는 이응로 화백의 호를 딴 '고암전시실'과 2008년 입적한 수덕사 방장 원담스님의 법호를 딴 '원담전시실'이 있다.

고암 전시실은 이응로 화백의 후손과 제자, 지인들이 기증한 작품 15점과 수덕여관 수리 때 발견한 습작이 전시되고 있다. 원담전시실은 원담스님이 그렸던 달마도와 서예작품 등을 선보인다.

13위 서산 마애여래삼존불

여행포인트	'백제의 미소' 라 불리는 우리나라에서 가장 오래된 마애불을 직접 확인해보자.	

여행포인트 '백제의 미소' 라 불리는 우리나라에서 가장 오래된 마애불을 직접 확인해보자.

주소 충남 서산시 운산면 용현리 2-10

문의 041-660-2499(서산시 문화관광과)

홈페이지 www.seosantour.net/cnt/main.do

가는 길
- **자가용:** 서해안고속도로-해미IC-서문삼거리 운산 방향으로 우회전-숙용벌삼거리에서 예산 방향-고풍저수지-서산 마애여래삼존불
- **대중교통:** 동서울버스터미널 서산행 버스(07:20, 10:25, 14:30, 18:10)-서산버스터미널 운산 · 해미 방향 버스-용현리(문의: 서령운수 041-669-0551, www.srbus.com)

먹을거리
- **용현집**(어죽, 매운탕, 041-663-4090, 운산면 용현리)
- **청솔가든**(한식, 041-669-6717, 운산면 용현리)

잠자리
- **백제의미소펜션**(041-663-0890, 운산면 고풍리)
- **용현자연휴양림**(041-664-1978, 운산면 용현리)

주변관광지 해미읍성, 개심사

서산시 운산면 용현리 계곡에 위치한 바위에는 서산 마애여래삼존불이 조각되었다. 이는 백제 후기에 조성되었는데 우리나라에서 가장 오래된 마애불로 국보 84호로 지정되어 있다. 나무 보호각이 있었으나 백화 현상 등으로 관리가 어렵게 되어 철거해 지금은 그 모습을 볼 수 없다.

다리를 건너 나무 데크를 걸은 후 잠시 오르막길을 올라가면 관리사무소가 나오고 왼쪽에는 불이문(不二門)이 보인다. 다시 그곳을 지나 잠시 올라가면 바위에 새겨진 서산 마애여래삼존불을 만날 수 있다.

거대한 여래입상을 중심으로 오른쪽에는 보살입상, 왼쪽에는 반가사유상이 조각되어 있다. 여래입상은 백발 머리의 모습, 풍만한 면상이 특징이며 두꺼운 법의(法衣)가 발등까지 덮여있다. 마애여래삼존불을 천천히 바라보면 얼굴에 은은한 미소가 배어 있는 것을 알 수 있다. 바라보는 사람 또한 그 미소에 물들어 자신도 모르게 입술에 미소가 번지는 것을 느낄 수 있다. 신비롭게 다가오는 이 미소를 흔히 '백제의 미소' 라고 부른다. 이 마애불은 암벽을 조금 파고 들어가 불상을 조각한 형태다.

서산 마애여래삼존불에서 내려와 용현자연휴양림 쪽으로 자동차로 5분쯤 올라가면 오른쪽으로 넓은 절터가 있다. 바로 보원사 터인데 옛 보원사의 창건연대와 소멸 시기는 기록된 문헌이 없어 정확히 알 수는 없으나 예부터 전하는 이야기와 출토된 유물로 보아 백제시대 창건된 사찰로 추정되고 있다. 법인국사보승탑비에 이곳에 승려 천여 명이 머물렀다는 기록이 있는 것으로 보아 당시에는 매우 큰 절이었음을 짐작할 수 있다.

주차장에서 안쪽으로 들어가면서 보물 제103호인 당간지주가 있고, 그 옆에는 보물 제102호인 석조가 누워있다. 작은 개울을 건너면 중심지에 보물 제104호인 오층석탑이 자리 잡고 있고, 산 아래에는 보물 제105호인 법인국사보승탑, 보물 제106호인 법인국사보승탑비 등이 있다.

14위 태안 신두리 사구·두웅 습지

여행포인트	**통보리사초, 갯매꽃, 갯완두 등 이름도 듣기 힘든 희귀식물들을 직접 관찰해보자.**	
주소	**충남 태안군 원북면 신두리**	
문의	**041-670-2767**(태안군 문화관광과)	
홈페이지	**www.taean.go.kr/html/kr/tour**	
가는 길	• **자가용** : 서해안고속도로-서산IC-태안-신두리해수욕장-신두리 사구 • **대중교통** : 서울남부터미널 태안행 버스(06:40~20:00, 배차간격 30~40분)-태안버스터미널에서 원북행 시내버스(08:55, 13:20, 17:50)-신두리 사구(문의: 태안버스터미널 041-675-6672, www.taeanbus.co.kr)	
먹을거리	• **원북박속낙지탕**(낙지, 041-672-4540, 원북면 반계리)	
잠자리	• **바다여행 펜션**(041-675-1366, 원북면 신두리) • **하늘과 바다사이 리조트**(041-674-6666, 원북면 신두리)	
주변관광지	**천리포수목원, 만리포해수욕장, 학암포해수욕장**	

충남 태안군 신두리해수욕장에 위치하고 있는 신두리 사구는 우리나라 최고의 사구지대로 사막처럼 펼쳐져 넓은 모래벌판으로 이루어져 있다. 이곳은 빙하기 이후 약 만 오천 년 전부터 형성 되었을 것이라 추정된다. 강한 바람에 모래가 해안가로 운반되면서 오랜 세월을 거쳐 모래언덕이 되었다.

이곳에는 해안사구만이 가지는 독특한 생태계가 조성되어 있다. 전국 최대의 해당화 군락지, 통보리사초, 모래지치, 갯완두, 갯매꽃 등 희귀식물들이 분포하고 있으며, 표범장지뱀, 종다리, 맹꽁이, 쇠똥구리, 금개구리 등이 서식하고 있는 생태의 보고다.

신두리 사구에는 안개가 많이 낀다. 해무가 가득한 날, 신두리해수욕장은 환상 속 세계라는 착각이 들 정도다. 태안 기름유출 사고 때 몸살을 앓았던 이곳은 옛 모습을 되찾아 이제 많은 사람들이 찾아온다.

신두리 사구도 가족 여행지로 좋은 곳이다. 바다와 모래언덕 그리고 생태 관광이라는 면에서 교육적인 효과가 크다. 아이들과 함께 사구를 산책하며 희귀식물들을 관찰하고, 모래 사구에 대한 이해의 폭을 넓혀준다면 산교육의 장이 될 것이다.

이곳은 일 년 내 방문하기에 좋은 곳이지만 해당화가 피어나는 봄에 가면 아름다운 해당화와 바다를 보면서 더 큰 즐거움을 맛 볼 수 있다. 신두리 사구에 올라 사막과 같은 모래언덕을 살펴 본 후에 두웅 습지로 가서 람사르 습지를 만나볼 것을 권한다.

두웅 습지

신두리 해안사구에서 1.7㎞ 정도 떨어진 곳에 두웅 습지가 있다. 두웅 습지는 원북면 신두리에 자리하고 있는데 2007년 람사르 습지로 지정된 우리나라에선 보기 드문 사구 배후습지다. 두웅 습지는 산에서 내려온 물이 모래언덕에 막혀 바다로 흘러가지 못하고 고여 형성된 것이다. 습지 전체 면적은 1만 9696평으로 습지 가운데에 수심 2.5m가량의 호수가 있다. 물가를 따라 나무 관람로가 설치돼 있어 연못을 산책하면서 살펴볼 수 있는데 여름에는 수련이 아름답게 피어난다. 이곳에는 보호종인 금개구리·무자치 등 다양한 생물이 살고 있다.

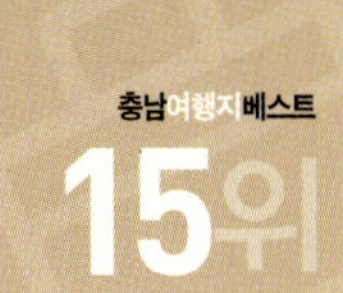

15위 서천 철새도래지

🧑	여행포인트	도시에서는 보기 힘든 철새를 직접 눈으로 관찰해보자.
📧	주소	**충남 서천군 마서면 도삼리 59**
📱	문의	**서천군청 041-950-4256**
💻	홈페이지	**http://tour.seocheon.go.kr**
🚗	가는 길	• **자가용:** 서해안고속도로-공주 · 서천고속도로-동서천IC 삼거리에서 우회전-장항 방향 직진-금강하구 강변도로-금강하구사거리에서 좌회전-하구공원
		• **대중교통:** 용산역 장항행 새마을호 · 무궁화 열차(1일 16회)-장항역에서 택시 이용
🍴	먹을거리	• **벌떼 해물칼국수**(해물칼국수, 041-956-2177, 마서면 도삼리)
		• **소금항아리**(돌솥밥, 041-951-1020. 마서면 도삼리)
🏠	잠자리	• **희리산자연휴양림**(041-953-9981, 종천면 산천리)
		• **월화성**(041-952-6152, 마서면 도삼리)
⚓	주변관광지	**신성리 갈대밭, 한산모시관, 희리산휴양림**

　가을이 깊어가면 금강하구언에는 많은 철새가 날아와 장관을 연출한다. 1990년 서천과 군산을 잊는 금강하구언이 완성되면서 주변 갈대숲에 겨울철새들이 찾아오게 되었다. 이제는 우포, 주남저수기, 천수만 등과 함께 국내 최대의 철새도래지로 알려져있다. 가창오리, 청둥오리, 혹부리오리, 기러기, 재갈매기, 검은머리갈매기, 검은머리물떼새 등 각종 희귀 철새들의 모습을 볼 수 있다. 특히 가창오리 국무는 장관을 이루며, 이를 보기 위해 많은 탐조객이 찾는다. 근처에는 철새조망대가 있어 금강 일대의 철새를 자세히 관찰할 수도 있다.

　조류생태전시관도 있는데, 그중 영상상영관(버드시네마)에서는 새의 생태를 담은 애니메이션 및 다큐영상이 상영된다. 금강에 찾아오는 봄, 여름, 가을, 겨울 철새를 대형 디오라마를 통해 만나볼 수 있다. 또한 버스 디스커버리룸은 철새의 이동 경로, 나는 방법, 몸의 구조, 날개 형태, 깃털의 구조 등 주제별로 학습하도록 꾸며 놓았다.

　겨울철에는 서천군에서 철새축제도 열리는데, 조류독감이 발생하면 취소되는 경우도 있으니 가기 전에 참고해야 한다. 그러나 조류생태전시관 관람 등의 일반 행사는 열린다. 날씨가 좋은 날이면 수십 명의 사진작가가 가창오리의 군무를 기다리면서 포진하고 있는 모습을 볼 수 있다.

　금강하구언에서는 군산 쪽 산에서 떠오르는 일출 모습도 볼 수 있는데 이것은 보너스다. 금강하구언에서 금강변을 따라 들판을 달리면 신성리 갈대밭을 만날 수 있다.

놓치지 마세요!

신성리 갈대밭

금강하구언에서 금강변을 따라 들판을 달려 화양면을 지나고 한산면으로 가서 다시 금강으로 달리면 신성리 갈대밭과 마주할 수 있다. 이곳에서 2000년 박찬욱 감독의 〈공동경비구역 JSA〉를 촬영했다. 주인공 이병헌과 송강호, 신하균 등이 남과 북의 군인으로 대치하며 만나는 장면이 바로 신성리 갈대밭이다. 이외에도 드라마 〈자이언트〉를 비롯해 〈추노〉 〈이산〉 등이 이곳을 배경으로 촬영되었다. 갈대가 바람에 흔들리며 내는 사각거리는 소리는 갈대 숲에서만 느낄 수 있는 음악이다.

16위 예당저수지

여행포인트	아이와 함께 낚시대가 움직이길 기다리며 오순도순 이야기를 나눠보자.	
주소	**충남 예산군 대흥면, 응봉면**	
문의	**041-339-8283(예산군청 관광과)**	
홈페이지	**www.yesan.go.kr/culture**	

가는 길
- **자가용:** 경부고속도로-천안IC-21번 국도-3번 군도-예당저수지
- **대중교통:** ① 서울남부버스터미널 예산행 버스(07:00, 12:00, 15:00, 19:30)-예산버스터미널에서 시내버스(06:30~18:25, 1일 11회)-예당저수지
  ② 용산역 예산행 새마을호 · 무궁화 열차(1일 16회)-예산역에서 시내버스-예당저수지

먹을거리
- **양어장가든**(매운탕, 041-335-4853, 대흥면 하탄방리)
- **산마루가든**(어죽, 041-334-9235, 대흥면 노동리)

잠자리
- **예당양천 펜션**(041-335-5071, 응봉면 후사리)
- **봉수산자연휴양림**(041-339-8936, 대흥면 상중리)

주변관광지 쌍지암, 의좋은 형제 공원, 〈산넘어 남촌에는〉 촬영지

'강태공 훈련소'로 통하는 예당저수지는 예산군 및 당진군에 걸친 넓은 평야에 관개하기 위해 1963년 준공되었다. 예당저수지는 겨울철 얼음낚시뿐만 아니라 초봄부터 가을까지 낚시를 할 수 있는데 붕어, 잉어를

비롯해 뱀장어, 가물치, 동자개 등 민물고기 대부분이 서식하고 있다.

예당저수지가 너무 넓어 예산 사람들은 이곳을 '예당바다'라고 부른다. 예당조각공원에서는 많은 조각작품을 만날 수 있고, 주차장 뒤로 야외 음악당이 있어 각종 음악회 등 공연이 이어지고, 산책로를 따라 걸으면서 예당저수지를 즐길 수도 있다.

예당저수지 주변에는 어죽집이 많은데 민물매운탕과 어죽을 즐길 수 있고 가까운 광시에서 맛있는 한우를 즐길 수 있다. 대흥 의좋은 형제공원과 〈산 넘어 남촌에는〉 촬영지는 또 다른 볼거리를 제공한다.

예당저수지에서의 일몰 또한 멋진 모습으로 다가오는데 수문에서 왼쪽으로 200m 정도 가면 어죽집이 있고, 이곳에서 물속에 서있는 황금나무를 볼 수 있는데 함께 보는 일몰이 참 아름답다. 봄에는 전국낚시대회를 열어 전국에서 강태공들이 몰려든다. 이뿐만 아니라 봄에 피어나는 초록빛 세상은 아름다운 모습을 자아낸다. 그리고 늦은 가을에는 물안개가 피어올라 주위 풍경과 어우러지면서 환상적인 분위기를 만들어준다.

슬로시티 예산

2009년 중부권 최초로 슬로시티로 지정된 환경의 보고이기도 한 예산의 응봉과 대흥이 바로 예당저수지와 접해 있다. 예산군은 2009년 9월 4일 이탈리아에서 열린 국제슬로시티연맹회장단회의에서 국내 6번째, 세계 121번째로 슬로시티에 가입되었다. 예당저수지와 생태공원이 자연 생태적 매력을 주고 있으며 슬로푸드로는 예산 특산물인 예당 붕어찜과 민물어죽, 지역 특산품으로는 껍질째 먹는 황토밭 예산사과를 자랑한다. 주변인 광시면 대리에는 황새마을이 조성되기 시작했는데 이 마을 근처의 쌍지암 또한 가볼 만한 곳이다.

17위 공주 마곡사

주소	충남 공주시 사곡면 운암리 567	
문의	041-841-6221	
홈페이지	www.magoksa.or.kr	
가는 길	**자가용:** 경부고속도로-천안IC-천안 · 논산고속도로-정안IC-604번 지방도-마곡사	
	대중교통: 서울고속버스터미널 공주행 버스(06:05~23:05, 배차간격 40분)-공주버스터미널에서 마곡사행 시내버스(07:00~19:50, 배차간격 1시간)	
먹을거리	**태화식당**(산채정식, 041-841-8020, 사곡면 운암리)	
	귀빈식당(산채비빔밥, 041-841-8027, 사곡면 운암리)	
잠자리	**장승마을펜션**(041-841-5220, 사곡면 운암리)	
	첼로모텔(041-841-7977, 사곡면 운암리)	
주변관광지	**석장리 박물관, 공주박물관, 공산성**	
여행포인트	**아이에게 김구 선생과 마곡사에 얽힌 사연을 들려주자.**	

공주시 사곡면 태화산 자락에 자리 잡은 마곡사의 물과 산의 형세는 태극형이라고 한다. 예부터 「택리지」와 「정감록」 등에는 전란을 피할 수 있는 십승지지(十勝之地) 중 한 곳으로 꼽히고 있는데 사계절 내내 방문하기에 좋은 사찰이다.

봄에는 연초록 행렬이 반겨주고 가을에는 아름다운 단풍이 사람들의 발길을 붙잡는다. 마곡사는 신라 선덕여왕 9년(640년)에 자장이 창건했고, 고려 명종 때(1172년) 보조국사가 중수하고 범일이 재건했다. 현재는 보물 제801호인 대웅보전, 보물 제802호인 대광보전, 보물 제800호인 영산전, 사천왕문, 해탈문, 보물 제799호인 오층석탑 등 유물이 있다. 이 밖에 지방유형문화재 제62호인 범종, 괘불 1폭, 목패, 세조가 타던 연, 지방유형문화재 제20호인 청동향로가 있다. '마곡사'란 명칭은 신라 보철화상이 설법 전도할 때 모인 신도가 삼밭의 삼대 같다고 하여 마곡사라는 이름을 가졌다고 한다.

마곡사는 70여 개의 말사를 관장하고 있다. '춘마곡추갑사(春麻谷秋甲寺)'라는 말이 있을 정도로 봄 경치가 뛰어나다. 해탈교 아래에는 잉어가 노닐고 절집 마당에 있는 감나무에 감이 익어가면 은행나무에 매달린 은행잎의 노란 세상이 속세의 번뇌를 말끔히 잊게 해준다. 이곳에서 템플스테이를 통해 진정한 자아를 찾아볼 수도 있으니 시간적 여유가 된다면 도전해보자.

마곡사와 김구의 인연

마곡사는 김구(金九, 1876~1949)와 인연이 깊다. 김구는 대한제국 때 명성황후 시해에 가담한 일본인 장교 스치다 조스케를 황해도 안악군 치하포 나루에서 죽인 뒤 붙잡혀 인천형무소에서 옥살이를 하다가 탈옥해 마곡사에서 승려로 가장해 살았다. 우리나라가 일제의 사슬에서 벗어난 후 마곡사에 들린 김구가 조국의 광복을 기리는 향나무를 대광보전 마당에 심었다고 한다. 나무 옆에 '김구는 위명(僞名)이요 법명은 원종(圓宗)이다'라고 쓴 푯말이 있다. 실제 김구 선생은 이곳 마곡사 백련암에서 출가해 3년 동안 스님 생활을 했다.

예산 추사고택

여행포인트	추사체를 잠깐이나마 따라 해볼 수 있는 체험활동에 참여해보자.
주소	충남 예산군 신암면 용궁리
문의	041-339-8283(예산군청 관광과)
홈페이지	www.yesan.go.kr/culture

가는 길
- **자가용:** 서해안고속도로-서해대교-송악IC-32번 국도-5번 군도-7번 군도-추사고택
- **대중교통:** ① 서울남부터미널 예산행 버스(07:00, 12:00, 15:00, 19:30)-예산버스터미널에서 예림·조림행 시내버스(07:50~21:05, 1일 12회)-추사고택 ② 용산역 예산행 새마을호·무궁화 열차(1일 16회)-예산역에서 예림·조림행 시내버스-추사고택

먹을거리
- **소복갈비**(갈비, 041-335-2401, 예산읍 예산리)
- **삽교 할머니곱창**(곱창구이, 041-338-2641, 삽교읍 두리)

잠자리
- **세심천온천호텔**(041-338-9000, 삽교읍 신리)
- **예당양천 펜션**(041-335-5071, 응봉면 후사리)

주변관광지 충의사, 덕산온천, 수덕사

예산의 추사고택을 가다 보면 사과 과수원이 많이 있다. 또한 고택이 들어선 곳이 얕은 둔덕으로 둘러싸여 편안한 느낌이 든다. '추사체'와 '세한도'라는 말을 들으면 금세 추사 김정희를 생각하게 되는데 바로 그가 태어난 곳이 예산군 신암면 용궁리이고 그곳에 추사고택이 있다.

솟을대문을 통과해 안으로 들어가면 안채, 사랑채, 문간채, 사당채를 만날 수 있다. 안채에는 여섯 칸 대청과 두 칸의 안방, 건넌방이 있고 부엌과 안대문, 협문 광 등을 갖춘 'ㅁ'자형 가옥이다. 안방과 건넌방에는 각각 툇마루가 있고 부엌 천장은 다락으로 되어 있으며 안방과 건넌방 사이에 대청이 있는 그리 흔하지 않은 구조다. 빼곡히 둘러싸인 집 구조에 답답할 것 같으나, 곳곳에서 선인의 지혜를 발견할 수 있다. 그중 하나는 답답함을 없애기 위해 밖으로 나가는 입구에 큰 창문을 만들어 마당 가운데로 햇살을 맞이한 것이다. 고개를 돌려 좀 더 집을 살펴보면 남쪽에 사랑채가 한 칸, 동쪽엔 두 칸의 온돌방이 있고 나머지는 모두 대청과 마루로 되어 있다. 추사고택에서 왼쪽으로 가면 추사 묘가 있는데 아늑하게 자리 잡아 명성에 비해 소탈하다.

추사고택 왼쪽에는 2008년에 건립된 추사기념관이 자리 잡고 있는데 추사 김정희 선생의 위대한 업적을 조명하고 작품들을 체계적으로 보존 전시해 추사 선생의 면모와 그 위상을 재정립하기 위해 건립되었다. 이곳에는 추사의 탄생부터 추사체 완성에 이르기까지 선생의 일대기를 볼 수 있는 상설전시관을 비롯해 기획전시실, 다목적영상실, 추사기념관을 방문하는 어린이와 학생들이 직접 참여해 배울 수 있는 다목적 체험실 등이 갖춰져 있다. 다양한 체험을 통해 추사 김정희의 업적을 돌아보자.

천연기념물 백송

추사고택에서 화순옹주 정려문을 뒤로하고 가다보면 아늑하게 자리 잡은 묘소를 발견할 수 있다. 이 묘소는 추사의 고조부 김흥경의 묘로 바로 앞에 추사가 25세에 아버지 김노경을 따라 청나라 연경(북경)에 다녀오면서 가져온 씨를 심어 자라난 백송이 있다. 천연기념물 제106호로 지정되어 있다. 원래 세 가지로 갈린 수형이었는데 두 가지는 고사하고 현재 한 가지만 남았는데 외과적인 수술을 해 관리되고 있다.

부여 무량사

여행포인트	**사찰 곳곳에 깃든 생육신 김시습의 자취를 찾아보자.**	

여행포인트 사찰 곳곳에 깃든 생육신 김시습의 자취를 찾아보자.

주소 충남 부여군 외산면 만수리

문의 041-836-5066

홈페이지 www.muryangsa.or.kr

가는 길
- **자가용:** 경부고속도로-천안·논산고속도로-서논산IC-부여-무량사
- **대중교통:** 서울남부버스터미널 부여행 버스(06:30~19:20, 수시운행)-부여버스터미널 외산행 농어촌버스-외산에서 하차 후 도보 10분-무량사(문의: 부여여객 041-834-6092)

먹을거리
- **은혜식당**(버섯전골, 041-836-5186, 외산면 만수리)
- **광명식당**(한식, 041-836-5176, 외산면 만수리)

잠자리
- **만수산자연휴양림**(041-830-2348, 외산면 삼산리)
- **롯데부여리조트**(041-939-1000, 규암면 합정리)

　부여 하면 생각나는 사찰이 바로 무량사다. 무량사는 충남 부여군 만수산 남쪽 기슭에 자리 잡고 있는 사찰로 신라시대에 창건해 여러 차례 중수했으나 자세한 시기는 알 수 없다.

　무량사 주차장에서 상가지역을 지나 일주문을 통과하다보면 기둥이 자연 그대로 사용된 것을 알 수 있다. 일주문 위로 올라가 다리를 건너면 왼쪽에 김시습 시비가 있고 그 앞에는 작은 돌을 쌓아올린 탑들이 있다. 다시 길로 나와 천왕문으로 가면 아름다운 숲길을 만나 마음이 시원해진다. 천왕문(天王門)은 절의 입구에 세운다. 지국천·증장천·광목천·다문천의 사왕천을 각각 맡아 수호하는 네 신을 모셨는데 불법을 수호하고 밖에서 오는 사마를 막으려고 세웠다고 한다.

　잠시 위로 올라가면 절 문앞에 지방문화재인 거대한 당간지주가 있다. 무량사 극락전은 보물 제356호로 지정된 조선 중기 건물로 2층 불전(佛殿)으로 건축되어 있는데 내부는 상·하층 구분 없어 한 층처럼 느껴진다.

　극락전 내에는 거대한 좌불(坐佛)이 안치되어 있고, 극락전 앞에는 보물 제233호인 석등과 보물 제185호인 오층석탑 등이 있다. 석등과 오층석탑을 보고 있으니 역사의 숨결이 느껴진다. 오른쪽에는 범종각이 있다. 금방이라도 청아한 종소리가 울려 퍼질 듯하다. 무량사 입구의 상가에는 이곳엔 음식점 몇 군데가 있고 특산물 판매점도 서너 군데 있다. 이곳은 표고버섯이 유명한데 그 향기가 그윽하고 맛이 일품이다. 이곳에서는 도토리묵을 만들 때 표고버섯을 넣어 색다른 맛을 느낄 수 있으니 별미를 놓치지 말자.

김시습과 무량사

생육신(生六臣)의 한 사람인 매월당(梅月堂) 김시습이 수양대군의 왕위찬탈에 통분해 책을 태워버리고 중이 되어 방랑하다 무량사에 머물게 되었고 이곳 무량사에서 세상을 떠났다. 경내에는 보물 제1497호인 김시습 초상이 있고 주변에 김시습의 부도가 있다. 조선시대를 풍미한 문학가이며 사상가였던 김시습은 우리나라 최초의 소설인 「금오신화」를 남겼으며 15권이 넘는 한시를 남겼다.

20위 태안 별주부 마을

🧍 **여행포인트**	독살을 이용해 물고기를 잡는 원시 어업을 직접 체험해보자.	

여행포인트 독살을 이용해 물고기를 잡는 원시 어업을 직접 체험해보자.

주소 충남 태안군 남면 원청리

문의 041-670-2767(태안군 문화관광과), 011-494-4307(체험활동신청)

홈페이지 www.byuljubu.com/byuljubu.asp

가는 길
- **자가용:** 서해안고속도로-금천IC-홍성IC-갈산교차로에서 29번 국도-해미 · 안면도 방향-안면도 · 남다리 방향으로 좌회전-원청삼거리에서 우회전-별주부마을
- **대중교통:** 서울남부버스터미널 태안행 버스(06:40~20:00, 배차간격 30~40분)-태안버스터미널에서 영목행 시내버스(배차간격 30분~1시간)-별주부마을(문의: 태안버스터미널 041-675-6672, www.taeanbus.co.kr)

먹을거리
- **별주부가든**(한식, 041-673-1369, 남면 원청리)
- **맷골식당**(한식, 041-674-7474, 남면 원청리)

잠자리
- **안면도자연휴양림**(041-674-5019, 안면읍 승언리)
- **청포대화이트캐슬**(041-675-0833, 남면 원청리)

주변관광지 청산수목원, 몽산포해수욕장, 꽃지해수욕장

　　태안군 청포대해수욕장의 별주부 마을
에 가면 원시 어업인 독살로 고기를 잡는
체험을 할 수 있다. 독살은 원시 어업의 모
습을 그대로 간직한 형태로 돌로 담을 쌓아
썰물 때 미처 빠져나가지 못한 물고기를 건
지는 것으로 석방렴(石防簾)이라고도 한다.

독살은 조수간만 차가 심한 서해안에서는 드물지 않은 어구였지만 지금은 현대적
인 어업에 밀려 거의 없어진 상태라고 한다.

　　매년 한여름에는 별주부마을에서 축제가 열리며 원시 어업인 독살 체험으로 물
고기를 잡을 수 있다. 사실 그 안에서 잡히는 물고기는 많지 않지만 요즘은 체험학
습으로 인기가 있다고 한다.

　　독살 고기잡이는 음력 2월 하순부터 시작되어 가을까지 계속되는데 숭어, 껄떡,
돔, 전어, 바닷게 등이 잡힌다. 지금도
주민이 독살을 이용해 고기잡이를 하
고 있지만 어획량은 예전만 못하고 체
험활동으로 그곳을 찾는 관광객들에게
즐거운 놀이의 장을 만들어준다. 체험
비를 내면 체험에 필요한 도구는 현장
에서 제공되며 독살 안 물고기를 전부
잡아가는 형태다. 물이 빠지면 그물이
나 족대로 물고기를 잡거나 맨손으로
도 물고기를 잡을 수 있다. 지대가 높은
위쪽은 낮게 쌓고 아래는 높게 쌓아 물
고기가 밖으로 나가지 못하고 물만 나
가도록 해놓았다. 지금 남아있는 독살
은 높이가 대개 1~2m 정도라고 한다.
독살 체험비는 변동이 잦으니 전화 문
의 후 이용하도록 하자.

별주부전 설화 유래지

청포대해수욕장에 가면 바다를 향해 좌측으로 바위
섬 하나가 보이는데 이 섬을 자라바위 혹은 덕바위
라고 부른다. 청포대해수욕장이 위치한 곳이 별주부
마을이다. 설화소설 「별주부전」의 유래지로 알려진
곳으로 농촌관광마을로 집중 개발되고 있다.
마을 입구의 아름드리 해송 숲에는 자라가 토끼의
간을 구하기 위해 육지에 첫발을 디뎠다는 용새골
이 있다. 민박집과 펜션으로 탈바꿈한 그림 같은 마
을엔 토끼가 '간을 떼어 청산녹수 맑은 샘에 씻어
감추어 놓고 왔다'는 묘샘을 비롯해 궁앞, 안궁 등
별주부전에 등장하는 지명이 주민들의 입을 통해
구전되고 있다.

논산 관촉사

| | 여행포인트 | **관촉사의 설화를 알아보며 은진미륵을 관찰해보자.** |

여행포인트 관촉사의 설화를 알아보며 은진미륵을 관찰해보자.

주소 충남 논산시 관촉동 254

문의 041-736-5700

홈페이지 http://tour.nonsan.go.kr/nshome

가는 길
- **자가용** : 경부고속도로-천안 · 논산고속도로-서논산IC-논산오거리-대전 방향-건양대 방향-관촉로-관촉사
- **대중교통** : ① 서울남부터미널 논산행 버스(06:55~18:00, 배차간격 1~3시간)-논산버스터미널에서 건양대 · 가야곡 방향 버스-관촉사 ② 용산역 여수행 새마을호 · 무궁화 열차(1일 32회)-논산역-건양대 · 가야곡 방향 시내버스-관촉사(문의: 덕성여객 041-733-1553)

먹을거리
- **돌체회관**(한식, 041-732-3422, 관촉동)
- **송락촌**(한식, 041-732-1391, 관촉동)

잠자리
- **미륵모텔**(041-735-1804, 관촉동)

주변관광지 탑정저수지, 개태사, 쌍계사

관촉사는 대한불교 조계종 제6교구 본사인 마곡사의 말사로 충청남도 논산시 관촉동 반야산에 자리하고 있다. 관촉사는 국내에서 가장 큰 불상 중 하나인 은진미륵이 있는 절로 유명하며 논산을 대표하는 절이다.

968년(광종 19) 승려 혜명에 의해 조성된 석조미륵보살입상의 백호에서 발한 빛이 세상을 비추고 중국의 명승 지안대사가 그 빛을 찾아와 예불하면서 그 빛이 마치 촛불과 같다고 하여, 절 이름을 관촉사라 했다.

사찰 내에 흔히 은진미륵이라고 부르는 보물 제218호인 고려 초기의 석조미륵보살입상이 서있는데 높이가 18.2m로 거대한 불상이다. 이 불상은 크기 때문에 위압감을 주는데 그 위압감은 얼굴과 손이 신체의 다른 부분에 비해 크게 표현되어 더욱 강조되어 있다.

그리고 관촉사 앞뜰의 큰 석불 앞에 사각 석등이 있는데 보물 제232호 지정된 관촉사 석등이다. 이 석등은 고려시대 석등으로 불을 밝혀두는 화사석(火舍石)을 중심으로 아래에는 3단의 받침돌을 쌓고, 위로는 지붕돌과 머리장식을 얹었다.

또한 충청남도 유형문화재 제53호인 관촉사 배례석, 충청남도 유형문화재 제79호인 관촉사 석문 등 문화재가 있다.

관촉사 입구에 있는 마을에 일주문이 세워져 있으며 천왕문이 매표소와 인접해 있다. 석문을 통과해 경내에 들어오면 최근 조영된 미륵전, 대웅보전, 명곡루 등 건물이 있으며 산 사면을 따라 산신, 칠성, 독성이 모셔져있는 삼성각이 자리하고 있다. 그리고 돌리기만 하면 경전을 읽은 것과 같은 공덕을 쌓을 수 있다고 하는 윤장대도 있다.

관촉사 앞 연밭의 연꽃

여름에 가는 관촉사 여행은 더 즐겁다. 관촉사 앞에 있는 연밭에는 수많은 연꽃이 피어 오가는 사람들의 발길을 붙잡는다. 특히 백련이 더 많은데 수줍은 듯 피어나는 연꽃을 보노라면 마음도 하얗고 붉게 물든다.

22위 청양 장곡사

🧍 여행포인트	우리나라 유일의 대웅전이 둘인 사찰을 직접 눈으로 확인해보자.	

여행포인트 우리나라 유일의 대웅전이 둘인 사찰을 직접 눈으로 확인해보자.

주소 충남 청양군 대치면 장곡리 15

문의 041-942-6769

홈페이지 http://tour.cheongyang.go.kr

가는 길
- **자가용:** 서해안고속도로-광천IC-614번 지방도 청양 방향-29번 국도-청양-36번 국도 칠갑산 방향-장곡사
- **대중교통:** 동서울버스터미널 청양행 버스(09:30, 13:00,18:30)-청양버스터미널에서 지천행 시내버스-장곡사(문의: 청양교통 041-942-2788, 2799)

먹을거리
- **맛있는집**(두부요리, 041-943-8007, 대치면 장곡리)
- **꽃피는산골**(한식, 041-943-6127, 대치면 장곡리)

잠자리
- **호텔칠갑산샬레**(041-942-2000, 대치면 대치리)
- **칠갑산자연휴양림**(041-940-2841, 대치면 광대리)

주변관광지 칠갑산, 천장호 출렁다리, 칠갑산 천문대 스타파크

장곡사 가는 길은 늘 여유롭게 다가온다. 칠갑산을 오르면서 중간에 들르거나 장곡사를 보기 위해 칠갑산을 올라야 한다. 장곡사는 대한불교조계종 제6교구 본사인 마곡사 말사로 칠갑산 자락에

자리 잡은 사찰이다. 850년(통일신라 문성왕 12) 보조선사 체징(體澄)이 창건한 후 오랜 세월을 거치는 동안 중건·보수되었다고 하나 자세한 절의 내력은 전해지지 않는다.

장곡사는 우리나라에서 대웅전이 두 개 있는 유일한 사찰로 유명하다. 작은 언덕 위와 아래에 자리 잡고 있는데 각각 '상대웅전'과 '하대웅전'이라고 부른다. 상대웅전은 고려말에 건축된 것으로 동남향으로 앉아있으며, 하대웅전은 조선 중기에 건축된 것으로 서남향이다.

장곡사에는 국보 제58호인 철조약사여래좌상부석조대좌, 보물 제162인 장곡사 상대웅전, 보물 제181호인 장곡사 하대웅전 등의 문화재가 있다. 그리고 코끼리 가죽으로 만들었다는 큰북과 길이 7m, 폭 1m의 비자나무로 만든 밥통을 볼 수 있는데 이 밥통의 크기로 보아 옛날에는 절의 규모가 상당했음을 짐작할 수 있다. 보물로 지정되어 있는 두 건축물 모두 맞배지붕에 다포집으로 꾸며져 있고 상대웅전 바닥에는 나무가 아닌 벽돌이 깔려 있다. 대웅전 옆을 지날 때 바람에 흔들리는 풍경소리를 들을 수 있는데 그 소리를 들을 때마다 마음이 씻겨 나가는 것 같다.

칠갑산 장승공원

장곡사를 돌아본 후 다시 청양 쪽으로 자동차로 2~3분 내려오면 칠갑산 장승공원이 있다. 전국에서 가장 큰 11.5m 높이의 천하대장군과 지하여장군을 비롯해 청양마을장승, 시대별장승, 창작장승, 외국장승 및 전국 각처의 300여 기 장승이 재현되어 있으며 전국을 대표하는 각종 장승을 재현해 놓았다. 이 장승공원의 관람 포인트는 장승의 표정이다. 장승은 그 시대의 사회성, 정치성과 그 시대 서민들의 애환과 해악을 품고 있는데, 장승의 표정을 통해 그 시대의 사회상을 엿볼 수 있다.

23위 천안 독립기념관

여행포인트	독립운동에 대한 이야기를 함께 나누며 우리 아이에게 제대로 된 역사의식을 심어주자.	
주소	천안시 동남구 목천읍 삼방로 95	
문의	041-557-0114	
홈페이지	www.independence.or.kr	

가는 길
- **자가용**: 경부고속도로-목천IC-독립기념관
- **대중교통**: 서울역 천안행 KTX · 새마을호 열차(수시운행)-천안역에서 시내버스 400번-독립기념관

먹을거리
- **돼지네순대**(순대, 041-564-1077, 병천면 병천리)
- **병천토종순대**(순대, 041-564-1490, 병천면 병천리)

잠자리
- **하얀집**(041-567-1683, 목천읍 덕전리)
- **여울목펜션**(041-567-6745, 목천읍 석천리)

주변관광지 **상록리조트, 천안삼거리공원, 각원사**

1982년 일본의 역사교과서 왜곡 사건이 일어나자 온 국민이 분노했고 이것이 계기가 되어 국내외에서 성금을 모금하게 되었다. 이를 바탕으로 천안시 동남구 목천읍 흑성산 아래 온 국민의 정성을 모아 독립기념관이 건립되었고 1987년 8월 15일 개관했다.

2008년부터 무료개방하면서 새로운 변화를 맞이했고, 2010년에는 누적 방문객 수가 4000만 명이 넘었으니 국민 모두가 한 번은 다녀간 셈이다. 또한 독립기념관은 2010년 10월 총 5년간의 전시품 교체공사를 끝내고 새 옷을 갈아입어 국민에게 새로운 모습으로 다가왔다.

독립기념관 정문을 들어서면 높이 51m의 대형 조형물인 겨레의 탑을 만나게 되고, 겨레의 탑을 지나면 겨레의 큰 마당이 있다. 이곳에서 음악회를 비롯한 각종 기념행사가 열린다. 좌우로 펼쳐진 마당에서 펄럭이는 태극기 장관을 볼 수 있는데 순간적으로 가슴이 뭉클해진다.

겨레의 큰 마당이 끝나는 곳에 독립기념관의 상징인 겨레의 집이 있는데 수덕사 대웅전을 본떠 설계한 건물로 동양 최대 규모다. 제1전시관에선 선사시대부터 조선 후기까지의 문화유산과 외세 침략을 슬기롭게 극복한 선조들의 역사를, 제2전시관엔 일본 제국주의 침략상과 한국인의 고난의 역사를, 제3전시관은 '민중의 소리' 코너가 눈길을 끌고, 제4전시관에선 3·1운동 발생 당시 국내외 움직임과 함께 각종 선언서 제작과 낭독 장면, 태극기를 제작하던 목각판을 볼 수 있다. 또한 5전시관은 나라를 되찾기 위한 독립군을 비롯한 의열항쟁이 주를 이루고, 제6전시관에선 독립을 위한 각계각층의 사회운동과 대한민국임시정부 수립, 광복까지의 주요 활동을 볼 수 있다. 또한 7전시관은 체험활동을 할 수 있다.

유관순 열사 유적지

독립기념관에서 병천 방향으로 9㎞ 정도 가면 유관순 열사 유적지가 있다. 유관순 열사는 1902년 병천면 용두리에서 태어나 이화학당에 재학 중 3·1 독립만세운동이 일어나자 귀향해 1919년 4월 1일 아우내 만세운동을 주도하다가 공주감옥에 수감되었다. 1919년 8월에 서대문형무소로 이감돼 1920년 9월 28일 옥중에서 순국했다. 열사를 추모하고 정신을 후세에 전하기 위해 1969년 추모각을 건립하고 1972년부터 매년 순국일에 유관순 열사 추모제를 거행하고 있다.

경북 대구

영주 부석사

2 영주 부석사

11 문경새재

8 예천 회룡포

15 예천 삼강주막

18 상주 자전거박물관

예천 회룡포

상주 자전거박물관

대구 올레길

16

성주 가야산 야생화 식물원

19

대구 수목원과 수성못 **12**

경산 팔공산 갓바위 **13**

14 청도 와인터널

성주 가야산 야생화 식물원

청도 와인터널

봉화 청량사

안동 병산서원

청송 주산지

경주 불국사와 석굴암

경주 문무대왕릉과 감은사지

두근두근 경북 1박 2일 코스

우리의 전통 문화를 몸소 체험할 수 있는 경북 내륙 여행.

안동 하회마을부터 청송 송소고택까지. 둘째 날 만나는 빼어난 자연경관은 1박2일의 끝을 장식한다.

1day

1 봉정사

'봉황이 앉은 자리' 라 해서 봉정사라 했다는 전설이 전해져 내려오는 사찰. 극락전은 우리나라에서 가장 오래된 목조 건축물이다.

2 병산서원

서애 류성룡의 학문과 업적을 기리기 위한 곳이다. 이른 봄에 찾아가면 매화향기가 진하게 다가와 옛 향기를 함께 느낄 수 있고 여름에는 앞 강물에서 시원한 시간을 가질 수 있다.

3 하회마을

하회마을은 우리 민족의 민속적인 전통과 우리 건축물을 잘 보존한 풍산 류씨의 집성촌이다. 우리의 민속과 조상들의 삶을 느낄 수 있는 민속마을로 온가족이 함께 가면 교육적 효과가 크다.

관람시간 | 09:00~19:00(하절기), 09:00~18:00(동절기)
입장료 | 성인 2,000원, 청소년 1,000원, 어린이 700원

4 송소고택

조선후기 상류층 주택의 특징을 잘 간직하고 있는 송소고택은 숙박체험도 가능하다. 우리 조상들의 옛집과 그 생활을 직접 체험해볼 수 있는 기회다.

숙박문의 | 054-874-655
숙박요금 | 10만~15만원(방에 따라 다름)

1 주산지

영화 〈봄, 여름, 가을, 겨울 그리고 봄〉 촬영지로 봄이나 가을의 모습이 특히 아름다워 사진작가들의 단골 출사지다. 주산지는 물에 잠겨 자생하고 있는 왕버들이 유명한데 봄과 가을에 물안개 피어오르는 날 만나면 환상적인 분위기를 자아낸다.

2 주왕산

암벽으로 둘러싸인 산들이 병풍처럼 이어져 빼어난 아름다움을 자랑하는 명소. 주왕산에는 주왕의 딸 백련공주의 이름을 딴 백련암, 높이 솟아오른 급수대, 청학과 백학이 둥지를 틀고 살았다는 학소대와 주왕과 마장군이 격전을 치렀다는 기암 등 많은 볼거리가 있다.

입장료 | 성인 2,800원, 청소년 1,000원, 어린이 600원

3 주왕산 트레킹

트레킹 코스는 상의주차장에서 출발해 대전사를 거쳐 제1폭포와 제3폭포를 지나 내원동에서 잠시 머물다가 다시 돌아오는 코스로 소요시간은 4시간 정도 걸린다. 트레킹을 마친 후 달기약수터로 가서 닭요리를 먹고 안동과 청송 여행을 마무리하면 좋다.

3 달기약수터

청송읍 부곡리에 자리 잡은 달기약수터는 탄산, 철 성분 등이 함유되어 있어 위장병과 피부병에 효능이 있다고 한다. 철종 때 금부도사를 지낸 권성하 선생이 낙향하여 청송읍 부곡동에서 공사를 하던 중에 바위틈에서 소리를 내면서 솟아오르는 물을 발견한 것이 약수터의 시작이다. 달기약수를 마시면 위가 편안해져 위장이 약한 사람들이 많이 찾는다. 옛 지명이 부내면 달기동이어서 달기약수터라 불리게 되었다고 한다.

청송 주산지

여행포인트	**단풍 드는 가을의 주산지를 배경으로 멋진 사진을 찍어보자.**	
주소	**경북 청송군 부동면 이전리**	
문의	**054-873-0101**(청송군 문화관광과)	
홈페이지	**http://tour.cs.go.kr/main**	

가는 길
- **자가용:** 경부고속도로-영동고속도로-중앙고속도로-서안동IC-안동대교차로-영천 방향-청송교차로-청운삼거리-이천사거리-주산지
- **대중교통:** 동서울버스터미널 주왕산행 버스(06:30~16:40, 배차간격 2시간)-주왕산버스터미널에서 이전리행 시내버스-주산지(문의: 청송군청 054-870-6252)

먹을거리
- **주왕산향촌식당**(닭요리, 054-873-0202, 부동면 이전리)
- **수달래식당음식점**(한식, 054-873-9933, 부동면 상의리)

잠자리
- **부자되는민박**(054-873-6162, 부동면 상의리)
- **부산민박**(054-873-6161, 부동면 상의리)

주변관광지
주왕산, 송소고택, 얼음골

주산지는 조선조 숙종 46년에 착공해 이듬해 10월 경종 원년에 준공했다고 한다. 면적은 6000여 평 남짓한데 넓지 않으면서도 아담하게 느껴진다. 이 물을 이용해 약 60가구가 농사를 짓고 있다. 주산지에 가면 주왕산 연봉에서 뻗친 울창한 숲으로 둘러싸여 마치 별세계에 온 듯하다.

경북 청송 하면 제일 먼저 생각나는 곳이 바로 주산지다. 아무리 가물어도 바닥을 드러낸 적이 없다고 한다. 그리 크지 않지만 많은 사람의 가슴을 설레게 하는 것은 바로 주산지만의 특별함이 있기 때문이다. 주차장에서 주산지로 가는 길은 비포장도로다. 봄과 여름에 주산지로 오르는 길 옆에는 줄딸기, 양지꽃, 제비꽃 등 적지 않은 야생화가 피어나 이곳을 찾는 사람들의 발걸음을 가볍게 한다. 입구에서 10분쯤 올라가면 주산지 둑이 눈에 들어온다. 봄에 가면 주산지 주변의 산에는 초록물감이 풀어져있고 저수지에 투영된 초록빛 세상이 마음을 사로잡는다.

호수 속에 자생하는 약 150년생 능수버들과 왕버들 30수는 울창한 수림과 함께 아늑한 분위기를 자아낸다. 이곳에서부터 계곡을 따라 별바위까지 이르는 등산로 또한 매우 운치 있는 경관을 자랑하고 있다.

잠시 위쪽으로 가면 주산지 둑 옆에 서있는 작은 비석 하나를 발견할 수 있다. 주산지 축조에 관한 내용이 새겨져있는데 축조 당시 유공자들의 이름과 공사기간에 관한 기록이 담겨있다.

주산지는 영화 〈봄 여름 가을 겨울 그리고 봄〉의 촬영지이기도 하다. 김기덕 감독의 이 영화는 수도사 승려를 다룬 작품으로, 산사에 기거하는 동자승이 노승이 될 때까지 시간을 사계절에 비유해 그렸다. 영화 상영 이후 더 많은 사람이 찾고 있는데 주왕산에 온 사람들의 발길이 이곳으로 이어진다. 주산지의 멋진 풍경을 눈에 담고 주왕산으로 발길을 옮겨보자. 주산지에서 느꼈던 여운이 등산하는 내내 계속된다.

주산지는 언제 가장 아름다울까?

주산지는 사계절 아름답지만 가을에 단풍이 들고 물안개 피어오르는 날 보는 것이 가장 아름답다고 한다. 단풍이 꽃처럼 피어나고 온도 차에 의해 물안개가 자욱하게 퍼지면 환상의 세계가 펼쳐지면서 또 다른 세계를 열어간다. 이때 전국에서 사진작가들이 몰려든다.

02위 영주 부석사

| | 여행포인트 | 우리나라 목조 건물의 최고봉이 무량수전의 아름다움을 직접 느껴보자. |

여행포인트 우리나라 목조 건물의 최고봉이 무량수전의 아름다움을 직접 느껴보자.

주소 경북 영주시 부석면 북지리 148

문의 054-633-3464

홈페이지 www.pusoksa.org

가는 길
- **자가용:** 중부고속도로-영동고속도로-중앙고속도로-풍기IC-부석사
- **대중교통:** 동서울버스터미널 영주행 버스(06:15~21:45, 배차간격 30분)-영주버스터미널에서 진우·풍기행 버스-부석사

먹을거리
- **무량수**(한식, 054-634-6770, 부석면 북지리)
- **평화식당**(한식, 054-633-3014, 부석면 북지리)

잠자리
- **부석사가는길에**(054-634-0747, 부석면 북지리)
- **삼락정사**(054-637-2434, 단산면 좌석리)

주변관광지 소수서원, 선비촌, 소백산국립공원

의상과 선묘의 설화가 남아있는 부석사는 무량수전의 배흘림기둥으로 널리 알려져 많은 사람이 찾는 명소가 되었다. 매표소에서 표를 산 후 일주문을 지나 위로 올라가면 부석사 당간지주가 나온다. 부석사 당간지주는 보물 제255호로 지정되어 있고 부석사 창건 당시 세워진 신라시대 석조 유물이다. 앞으로 올라가면 천왕문이 있다. 부석사의 특징 중 하나는 돌계단이 많다는 것인데 오르는 일이 그리 만만하지 않다. 천왕문을 지나 위로 올라가면 양쪽에 삼층석탑이 보인다. 다시 위로 올라가면 범종루가 있는데 목어와 법고가 있다.

무량수전 쪽으로 올라가면서 안양루를 만난다. 2단으로 쌓은 높은 석축 위에 세워진 정면 3칸·측면 2칸 규모의 겹처마 팔작지붕 건물이다. 누 밑을 통과해 무량수전으로 들어서게 되는데 앞에서 보면 2층 누각이지만, 무량수전 쪽에서 보면 단층 전각처럼 보인다. 안양루를 지나면 드디어 우리나라 목조 건물 중 가장 아름다운 건물로 손꼽히는 부석사 무량수전이 보인다. 국보 제18호인 무량수전 배흘림기둥은 우리나라 목조 기술의 진수를 보여준다. 안양루에서 무량수전으로 오르다 보면 왼쪽으로 약간 비켜선 곳에 국보 제17호인 석등이 있는데 통일신라시대를 대표하는 아름다운 석등이다.

무량수전에서 오른쪽으로 올라가면 먼저 보물 249호인 삼층석탑이 보인다. 석탑은 법당 앞에 건립하는 것이 일반적인데 이 석탑은 오른쪽 언덕에 세운 것이 이채롭다. 산길을 올라가면 오른쪽으로 국보 19호인 조사당이 있다. 다시 길을 내려와 산길을 따라 왼쪽으로 가면 자인당과 응진전이 있다. 부석사에서 만나는 일몰이 인상적이다. 특히 멀리 보이는 소백산을 바라보면서 수묵화처럼 다가오는 풍경은 두고두고 기억에 남는다.

부석사 설화

부석사는 신라 문무왕 16년(676년)에 의상대사가 창건했는데, 창건설화가 전해진다. 불교공부를 하러 등주에 도착해 어느 집에 머물게 되는데 그 집의 딸 선묘가 그를 사모해 청혼했으나 그녀를 감화시켜 보리심을 받게 하니 영원한 제자가 되어 그를 돕겠다고 한다. 의상이 귀국할 때 법복과 집기 등을 상자에 넣어 의상의 배에 던지고 선묘는 바다에 몸을 던져 용이 되어 의상의 배를 옹호한다. 봉황산에 이르렀을 때 용이 바위로 변해 도둑의 무리를 몰아내고 절을 창건할 수 있도록 도왔는데 무량수전 뒤에 부석이라고 쓰인 바위가 있다.

03위 경주 불국사와 석굴암

🧑 **여행포인트** 말해 무엇 하리, 온가족이 함께 둘러보는 것만으로도 현장체험학습이 된다.

📧 **주소** **경북 경주시 진현동 15**

📱 **문의** **054-746-9913**

🖥 **홈페이지** **www.bulguksa.or.kr**

🚗 **가는 길**
- **자가용:** 경부고속도로-영동고속도로-중부내륙고속도로-경부고속도로-경주IC-불국사
- **대중교통:** 서울역 동대구행 KTX 열차(05:30~22:00, 수시운행)-동대구역 경주행 열차로 환승-경주역에서 10 · 11번 버스-불국사

🍴 **먹을거리**
- **고색창연**(갈비, 054-748-0952, 경주시 마동)
- **장독대**(한식, 054-777-5557, 경주시 마동)

🏠 **잠자리**
- **펜션솔둥지**(054-743-5556, 경주시 진현동)
- **풍차펜션**(054-741-6469, 경주시 하동)

⚓ **주변관광지 : 양동마을, 국립경주박물관, 분황사**

사람들에게 우리나라에서 제일 먼저 생각나는 사찰를 들라면 '불국사'를 꼽을 것이다. 대한불교 조계종 제11교구 본사 불국사는 한국불교를 대표하는 사찰이며 1995년 12월 석굴암과 함께 세계문화유산으로 공동 등록되었다. 불국사는 또한 외국인들이 가장 많이 찾는 사찰이며 계절에 관계없이 찾는 특급 관광지가 되고 있다. 또한 우리나라 학생이라면 한번쯤 경주로 수학여행을 가고 불국사에 꼭 들르게 된다. 다만 가족끼리 여행을 간다면 수학여행 시즌만은 피해 가자.

토함산 서쪽 중턱의 경사진 곳에 자리한 불국사는 751년 신라 경덕왕 때 김대성이 창건해 774년 신라 혜공왕 때 완공했다. 불국사는 심오한 불교사상과 천재 예술가의 혼이 독특한 형태로 표현되어 세계적으로 우수성을 인정받는 기념비적 예술작품이다.

불국사의 건축구조를 살펴보면 크게 두 개 구역으로 나뉜다. 대웅전을 중심으로 백운교, 운교, 범영루, 자하문, 자경루, 석가탑과 다보탑, 무설전 등이 있는 구역과 극락전을 중심으로 칠보교, 연화교, 안양문 등이 있는 구역으로 구분된다.

불국사에는 많은 문화재가 있다. 극락전의 주불인 금동아미타 부처님은 국보 제27호, 비로전의 금동 비로자나 부처님은 국보 제26호, 청운교·백운교는 국보 제23호인 석조물인데 그 정교함에 놀랄 뿐이다. 또한 국보 제22호인 연화교와 칠보교는 대웅전 서쪽에 위치한 극락전 영역으로 오르는 석조계단이다. 석가탑은 국보 제21호로 지정된 삼국시대 석탑으로 불국사 대웅전 앞의 다른 석탑인 다보탑과는 달리 당시의 전통적인 석탑 양식을 취하고 있다. 다보탑은 국보 제20호로 지정된 통일신라시대의 대표적 석탑이다. 석가모니 부처님의 설법을 찬탄하는 다보 부처님을 상징하는 탑이다. 불국사에서 토함산 쪽으로 오르면 굽이굽이 길을 지나 석굴암 주차장에 닿는다.

석굴암

석굴암 주차장에서 일주문을 통과해 산길을 걷는 것은 참 좋다. 산길을 걸으면서 이야기를 나누다보면 금세 석굴암에 닿는 것을 느낄 수 있다. 석굴암은 토함산에 통일신라시대에 세워진 대표적인 석굴 사찰이다. 신라인들의 신앙과 염원, 뛰어난 건축미, 성숙한 조각기법 등을 보여주는 석굴암은 국보 제24호 지정되었으며, 불국사와 함께 유네스코 세계문화유산으로도 지정된 소중한 문화유산이다.

04위 안동 병산서원

여행포인트	옛 조상들이 공부하던 서원의 모습을 찬찬히 둘러보자.
주소	경북 안동시 풍천면 병산리 30
문의	054-858-5929
홈페이지	www.byeongsan.net
가는 길	• **자가용:** 중부고속도로-영동고속도로-중앙고속도로-서안동IC-예천 방향-하회마을-병산서원 방향으로 좌회전-병산서원 • **대중교통:** 동서울버스터미널 안동행 버스(06:00~23:00, 배차간격 20~40분)-안동시외버스터미널에서 버스 46번(10:30, 14:50)-병산서원
먹을거리	• **하동고택하회맛집**(한식, 054-853-3776, 풍천면 하회리) • **병산민속식당**(한식, 054-853-2589, 풍천면 병산리)
잠자리	• **강변민박**(054-853-2566, 풍천면 병산리) • **안동호텔**(054-858-1166, 삼산동)
주변관광지	하회마을, 봉정사, 하회세계탈박물관

안동에서 하회마을 쪽으로 향하다가 낙동강을 따라 난 길을 올라가며 펼쳐지는 풍경은 보기만 해도 마음이 편안하다. 중간에 갑자기 포장도로가 끝나 당황하기도 하지만 이 자체가 세상에 덜 물들었다고 생각된다. 비포장도로를 10분 정도 지나면 병산서원이 눈에 들어온다. 이곳은 빼어난 자연경관이 병풍을 둘러친 듯해 '병산'이라 불리기 시작했다고 한다. 주변엔 화산을 등지고 앞으로 낙동강이 백사장과 함께 굽이쳐 흘러 강변의 맑은 물빛이 인상적이다.

병산서원은 조선시대의 대표적 유교 건축물로 류성룡과 그의 셋째아들 류진을 배향한 서원이다. 류성룡 선생이 제자들을 가르치던 곳으로 류성룡 선생의 문집을 비롯해 각종 문헌 1000여 종 3000여 권의 책이 소장되어 있다. 선생이 돌아가신 후 서원 안에 사당(존덕사)을 세우고 위패를 모서 선생의 학덕을 이어받고 추모하며 향사(제사)를 올리던 서원인데 이 제사는 지금도 이어지고 있다.

봄에 가면 병산서원 입구 정원에는 매화와 산수유가 꽃을 피워 봄의 싱그러움을 한껏 느낄 수 있다. 이곳은 그리 많은 사람이 찾지는 않지만 가족 단위의 관람객들이 역사의 발자취를 따라 고즈넉한 시간을 보낸다. 입구에 들어서면 만대루가 눈에 들어온다. 이곳에서는 주변경관을 한눈에 조망할 수 있으며, 입교당에서는 자연과 조화된 병산서원의 미(美)를 더욱 느낄 수 있다. 이른 봄에 가면 매화 향기가 병산서원 전체를 휘감는다.

이 곳 지리에 얽힌 이야기가 있다. 병산서원은 앞의 병산이 너무 높고 급하여 강물은 빨리 흐르고, 땅의 기운이 계속 떠밀려 내려가므로 이런 터는 재물이 쌓일 틈이 없어 살림집 입지로는 부적합하나 교육시설로는 안성맞춤이라고 한다. 인적이 드물어 학문수양에 방해되지 않으며 경관이 뛰어나 서원의 규율과 공부로 인한 스트레스를 풀 수 있어 다른 서원과 다르다고 할 수 있다.

병산서원의 건물

입교당은 제자가 스승의 가르침을 받는 강학당, 한마디로 수업을 받던 교실이라고 한다. 장판각은 서원에서 펴낸 책을 인쇄할 때 쓰이는 목판을 보관하던 곳이고, 전사청은 위패가 모셔진 존덕사의 오른편에 위치해 존덕사에서 쓰일 제물을 준비하던 곳이다. 만대루는 유생들이 행사 때 한자리에 모였던 대강당으로 병산서원에서 가장 알려진 건물로서 건축과 조형미에서 그 가치를 인정받는 건물이라고 한다.

05위 경주 안압지와 첨성대

	여행포인트	교과서에 등장하는 다양한 유적지를 직접 눈으로 확인해보자.
	주소	경북 경주시 인왕동
	문의	054-772-4041(경주시 사적 공원 관리소)
	홈페이지	http://guide.gyeongju.go.kr/deploy

가는 길
- **자가용:** 경부고속도로-영동고속도로-중부내륙고속도로-경부고속도로-경주IC-안압지
- **대중교통:** 서울역 동대구행 KTX 열차(05:30~22:00, 수시운행)-동대구역 경주행 열차로 환승-경주역에서 시내버스 11번-안압지(문의: 금아버스그룹 054-742-2691)

먹을거리
- **한우리가든**(한식, 054-771-9999, 보문동)
- **이풍녀구로쌈밥**(쌈밥, 054-749-0600, 황남동)

잠자리
- **하늘터밭펜션**(054-742-4002, 내남면 안심리)
- **세븐하프펜션**(054-741-6454, 천북면 물천리)

주변관광지 불국사, 분황사, 천마총

부여에 궁남지가 있다면 경주에는 안압지가 있다. 안압지는 신라 왕궁 터 월성 동북편 구황들에 자리 잡고 있다. 안압지는 삼국통일의 완성을 앞둔 문무왕이 당과의 전쟁을 치르면서 궁궐 안에 조성한 연못이다. 나중에는 나라의 경사나 귀한 손님을 맞아 잔치를 베풀기도 했다. 「삼국사기」에는 궁 안에 연못을 파고 산을 만들어 화초를 심고 진기한 새와 짐승을 길렀다는 기록이 남아있다. 신라가 망한 뒤 세월이 흐르면서 못에 갈대가 자라고 기러기와 오리들이 날아드니 조선조 묵객들이 안압지라 불러 지금에 이르고 있다.

이곳은 70년대 초반까지만 해도 경주시민이 멱을 감고 낚시도 하고 겨울이면 썰매와 스케이트를 타던 추억의 유원지였는데 1974년 경주관광종합개발계획으로 준설공사를 하면서 신라시대의 유물 3만여 점이 출토되었다. 그 후부터 지금까지 경주를 대표하는 관광지로 자리 잡았다. 4700여 평의 못 가운데에는 세 개의 섬이 있어 바다의 섬을 생각나도록 한다. 특히 직선과 곡선의 아름다움이 눈에 띄는데 누각이 있는 서쪽과 남쪽 호안은 직선, 동쪽과 북쪽 호안은 숨바꼭질하는 듯한 곡선으로 조성되어 절묘한 조화를 이루고 있다.

안압지는 밤에도 개방된다. 안압지의 야경은 아름다워 밤에 찾는 관람객도 많다. 사진작가들은 안압지와 인근의 첨성대 야경을 담기 위해 낮보다 밤에 더 많이 찾는다. 또한 안압지의 야외 상설 공연장에서는 특히 수준 높은 공연이 이뤄져 생동감 넘치는 시간을 제공한다. 안압지에서 조금만 걸으면 신라시대 최고의 과학적 건축물인 첨성대를 만날 수 있다.

과학 그 자체의 첨성대

경주를 대표하는 국보 중 하나다. 국보 제31호인 첨성대는 별의 운행을 관측하기 위해 쌓은 천문대다. 동양에서 가장 오래된 천문대라고 알려져 있다. 별 관측의 목적 중 하나는 나라의 길흉을 점치는 것이고 다른 하나는 역법(曆法)을 만들기 위해 일월오성(日月五星)의 운행을 관측하기 위함이라고 한다. 첨성대는 선덕여왕 때 건축되었다. 네모형의 받침대 위에 큰 벽돌처럼 다듬은 화강암을 위로 올라가면서 점차 허리가 가는 원형으로 쌓아올려 외향으로도 아름다움을 더해준다. 맨 위에는 사각형의 틀을 두 겹으로 올렸고 그 위에 여러 가지 천문 관측기구를 놓고 별의 운행을 관측한 것으로 추측된다.

첨성대는 사방 어디에서 보나 같은 모습을 하고 있어 그 자체만으로도 해시계의 역할을 하기도 한다. 밤에 만나는 첨성대는 쏘아올리는 빛으로 인해 더 아름다운 모습을 보여준다.

포항 대보 해맞이 광장

🧑 여행포인트	**아이들과 일출을 보며 새해 소원을 빌어보자.**	

주소   **경북 포항시 남구 호미곶면 대보리**

문의   **054-270-2114**(포항시 문화관광과)

가는 길
- **자가용** : 경부고속도로-영동고속도로-중부내륙고속도로-경부고속도로-익산·포항고속도로-포항IC-구룡포 방향-구룡포읍-대보 방면-호미곶
- **대중교통** : 서울고속버스터미널 포항행 버스(06:30~23:30, 배차간격 30분)-포항버스터미널에서 좌석버스 200번-구룡포 호미곶행 버스(07:00~19:50, 배차간격 40분~1시간)-해맞이광장

먹을거리
- **평남식당**(한식, 054-247-9124, 죽도시장 3길)
- **호미곶회식당**(생선회, 054-284-2855, 호미곶면 대보리)

잠자리
- **호미곶해오름민박**(054-284-9790, 호미곶면 대보리)
- **발렌타인호텔**(054-251-1600, 북구 두호동)

주변관광지   **국립 등대박물관, 오어사, 보경사**

매년 연초가 되면 많은 사람이 새해 첫날의 해돋이를 만나기 위해 동해로 간다. 그중에서 호미곶의 일출은 널리 알려져 연말연시에 이곳은 북새통을 이룬다. 상생의 손 사이로 떠오르는 태양은 가히 아름다움의 극치라고 생각된다.

호미곶은 새로운 문화가 꿈틀거린다. 2000년 1월 1일부터 시작된 한민족 해맞이 축전이 그것이다. 2000년 새천년 한민족 해맞이 축전, 2002년 전국 최대 규모의 축구공 제작, 2004년 만 명 떡국 만들기 체험행사, 2006년 독일 월드컵 성공을 기원하는 초대형 태극기 제작 등 다양한 해맞이 이벤트를 실시해 관광객들을 맞이했다.

호미곶 해맞이 광장에는 다양한 조형물들이 어우러져 미술에 문외한인 사람도 관심을 갖고 바라보게 된다. 상생의 손, 성화대, 천년의 눈동자, 연오랑 세오녀상 등이 있다. 특히 상생의 손은 육지에 왼손이, 바다에 오른손이 설치되어 있는데 새천년을 맞아 모든 국민이 서로 도우며 지역적 · 계층적 갈등을 해소하고 화합하자는 취지에서 만든 포항시의 대표적 조형물이다.

왼손 앞에는 태양과 상생을 상징하는 성화대가 있다. 천년의 눈동자는 햇빛채화기로 적외선을 열로 변환시킨다. 천년의 눈동자 안의 불씨함에는 변산반도에서 채화한 '20세기의 마지막 불씨', 남태평양 피지에서 채화한 '지구의 불씨', 독도에서 채화한 '즈믄해의 불씨', 호미곶에서 채화한 '새천년 시작의 불씨'를 합한 '영원의 불씨'가 보관되어 있다. 새해 첫날 해맞이 관광객을 대접하기 위해 2만 명분의 떡국을 동시에 끓일 수 있는 거대한 가마솥도 이색적이다. 진입로의 유채꽃 단지는 매년 봄 유채꽃이 활짝 피어 방문객들에게 웃음을 준다. 그리고 호미곶의 세찬 해풍을 이용하는 풍력발전기도 여행객의 발걸음을 붙잡는다. 꼭 새해의 일출이 아니어도 다양한 볼거리가 있으니 가족끼리 즐거운 시간을 보낼 수 있다. 또한 잊지 말고 옆에 있는 국립 등대박물관도 방문해 보자.

국립 등대박물관

광장 바로 옆에 국립 등대박물관이 있는데, 등대원 생활관, 운항 체험실, 등대 유물관, 등대 과학관, 해양수산관, 수상전시관, 야외전시관, 테마공원 등 다양한 볼거리를 갖춰 둘러보면 등대에 관한 모든 것을 알 수 있다.

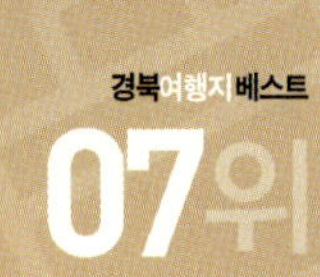

07위 경주 문무대왕릉과 감은사지

여행포인트	**삼국을 통일한 문무왕에 대한 이야기를 들려주자.**	

여행포인트　삼국을 통일한 문무왕에 대한 이야기를 들려주자.

주소　경북 경주시 양북면 봉길리

문의　054-779-6078

홈페이지　http://guide.gyeongju.go.kr

가는 길
- **자가용:** 경부고속도로-영동고속도로-중부내륙고속도로-경부고속도로-경주IC-감포 방향-어일삼거리-대본삼거리-문무대왕릉
- **대중교통:** 서울고속버스터미널 경주행 버스(06:10~23:55, 배차간격 1시간)-경주버스터미널 양남행 시외버스(08:00, 16:10)-문무대왕릉(문의: 금아버스그룹 054-742-2691)

먹을거리
- **구희회타운**(생선회, 054-771-8651, 양북면 봉길리)

잠자리
- **동해야펜션**(054-771-8190, 양북면 봉길리)
- **토함산자연휴양림**(054-772-1254, 양북면 장항리)

주변관광지　이견대, 장항리사지 서오층석탑, 분황사 모전석탑

감포 앞바다에 가면 많은 갈매기가 있다. 해수욕장에서 똑바로 바라보면 갈매기 배설물로 인해 하얀 무늬를 가진 바위가 눈에 들어오는데 동해안 일출지로 유명한 문무대왕릉이다. 특히 연초에는 이곳에서 일출 축제까지 열려 많은 사람이 감포 문무대왕릉 앞바다에서 솟아오르는 해를 만나기 위해 찾아온다. 이곳은 일반 관광객뿐만 아니라 사진작가들의 단골 촬영지다. 특히 겨울철 물안개가 피는 날엔 갈매기와 함께 환상적인 일출 사진을 찍을 수 있다.

문무대왕은 신라 20대 왕으로 태종무열왕과 문명왕후의 맏아들로 태어났고, 이름은 법민이다. 그는 진덕여왕 때 왕명으로 김춘추와 당나라에 사신으로 파견되었고 외교 활동을 벌여 당고종으로 부터 대부경이라는 벼슬을 받았다. 아버지 김춘추가 왕위에 오르자 왕태자에 봉해졌다. 660년 신라·당나라 연합군이 백제를 공격할 때 김유신과 함께 싸워 백제를 멸망시켰고, 당나라와 연합해 고구려를 공격할 때 아버지 태종무열왕이 세상을 떠나자 신라로 돌아와 왕이 되었다. 왕위에 오른 후 고구려를 통합하고 한반도를 침략한 당나라를 몰아내 삼국 통일을 이룩한 왕으로서 죽어서는 바다의 왕이 되어 나라를 지키겠다는 유언을 남겨 경주 감포 봉길리 앞바다에 수중릉을 만들었다고 한다. 그의 아들 신문왕은 수중릉에서 멀지 않은 동해 근처에 감은사를 세워 법당 아래 동해를 향한 배수로를 만들어 용이 된 문무왕이 왕래할 수 있도록 설계했다.

수중왕릉은 자연 바위를 이용해 만들었는데 안에는 동서남북으로 인공수로를 만들었다. 바닷물이 동쪽에서 들어와 서쪽으로 나가게 만들어 항상 잔잔하게 했다. 수면 아래에 남북으로 길게 놓인 넓적한 거북 모양 돌이 덮여있는데 그 안에 문무왕의 유골이 매장되어 있을 것이라 추측된다. 멀지 않은 곳에 감은사지가 있으니 함께 보는 것이 좋다.

감은사지

감은사지는 통일신라시대의 절터로, 신문왕이 부왕인 문무왕의 명복을 기원하기 위해 건립했다. 감은사지에는 국보 제112호로 지정된 석조 삼층 쌍탑이 남아있는데 두 탑 모두 신문왕 2년에 건립되었다. 화강암 이중기단 위에 세워진 방형(方形) 중층(中層) 탑으로 동서 양 탑이 같은 규모와 구조를 보인다. 일몰이 참 아름답다.

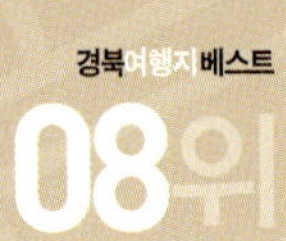

08위 예천 회룡포

여행포인트	산과 강이 절묘한 조화를 이루는 회룡포 지형에 대한 이야기를 해주자.	
주소	**경북 예천군 용궁면 향석리**	
문의	**054-653-6696**	
홈페이지	**http://dragon.invil.org**	

가는 길
- **자가용:** 경부고속도로-영동고속도로-중부내륙고속도로-점촌 · 함창IC-예천-용궁면-회룡포
- **대중교통:** 동서울버스터미널 용궁행 버스(06:40~20:30, 배차간격 1시간)-용궁버스정류소-회룡포마을 (문의: 용궁버스정류소 054-653-6265)

먹을거리
- **단골식당**(순대, 054-653-6126, 용궁면 읍부리)
- **오부자네왕순대**(순대, 054-653-5885, 용궁면 읍부리)

잠자리
- **회룡포여울마을**(054-655-7120, 용궁면 향석리)
- **회룡포쉼터**(054-655-9143, 용궁면 대은리)

주변관광지 **삼강주막, 장안사, 비룡산**

자연이 만들어낸 아름다운 광경을 보면 감탄사가 절로 나온다. 예천의 회룡포는 산과 강의 절묘한 만남으로 그려내는 풍경이 가히 한 폭의 그림과 같다. 인기리에 방영되었던 드라마 〈가을동화〉 초기장면이 바로 회룡포와 예천군 용궁면 소재

지였는데 그 이후로 더 많은 사람이 찾아오는 명소가 되었다.

회룡포마을의 진면목인 물돌이 회룡포를 보려면 마을을 지나 비룡산에 있는 장안사를 따라 전망대에 올라야 한다.

비룡산은 숲 속 등산로를 통해 그리 어렵지 않게 오를 수 있고 원산성, 봉수대 등 역사의 흔적을 만날 수 있어 산책과 등산코스로 적합하다. 회룡포 전망대에 오르기 위해서는 통일신라시대의 운명선사가 세운 천년 고찰 장안사를 지나야 하는데 고즈넉한 절집에서 잠시 머물며 쉬었다가 다시 발길을 옮겨도 좋다.

장안사에서 10분 정도 계단과 비탈길을 오르면 회룡포 전망대에 닿는다. 이곳에 오르면 회룡포마을의 절경이 한눈에 들여다보인다. 누군가 강 속의 섬처럼 다가오는 회룡포를 두고 '한 삽만 뜨면 섬이 되어버릴 것 같다'고 말했는데 정말 그 말이 현실처럼 다가온다. 둥근 원을 그리면서 돌아가는 물줄기 속에 둥글게 머물고 있는 회룡포마을. 전문 사진작가가 아니라 해도 누구든지 카메라에 이 장면을 담는다. 산과 들 그리고 강이 만나 어우러지는 모습은 오케스트라의 연주처럼 아름답게 다가온다.

조선시대 마지막 주막 삼강주막

낙동강, 내성천, 금천을 삼강이라고 하는데 삼강나루터에서 만난다. 삼강나루터는 경남 김해에서 올라오는 소금배가 경북 안동 하회마을까지 가는 길목이었고, 선비들이 과거를 보려고 문경새재를 넘어 서울로 가기 위해서는 꼭 지나쳐 가야 하는 곳이었다. 그 옛날 이곳 삼강어귀에는 나루가 있어 뱃사공의 노 젓는 소리가 끊이지 않았고 허기진 배를 채워주는 주막이 몇 군데 있었다고 하는데 지금은 이곳 한 곳만 남았다. 회룡포에 들렀다면 꼭 들러 막걸리 한잔으로 목을 축이고 가는 것이 좋다.

09위 경주 양동마을

여행포인트	한옥과 초가집을 보며 옛날 선조들이 살았던 주거생활을 간접 체험해보자.	
주소	경북 경주시 강동면 양동리 94	
문의	054-779-6123	
홈페이지	http://yangdong.invil.org	

- **가는 길**
  - **자가용:** 중앙고속도로-금회IC-경부고속도로-도동IC-대구 · 포항고속도로-대련IC-28번 국도 강동 방향-양동리-양동마을 입구 주차장
  - **대중교통:** 서울역 동대구행 KTX 열차(05:30~22:00, 수시운행)-동대구역 경주행 열차로 환승-경주역에서 시내버스 200~208번-양동마을 입구(문의: 금아버스그룹 054-742-2691)

- **먹을거리**
  - **우향다옥**(한식, 054-762-8096, 강동면 양동리)
  - **초원식당**(한식, 054-762-4436, 강동면 양동리)

- **잠자리**
  - **향단부속채**(010-7676-3414, 강동면 양동리)
  - **휴휴산방숙박**(054-763-0521, 강동면 양동리)

- **주변관광지** **안압지, 정혜사지 십삼층석탑**

요즘 전국적으로 많은 민속마을이 조성되고 있는데 그중 경주 양동마을은 잘 정돈된 모습이 교과서적이다. 마을 입구를 지나 초등학교 옆 공간에 주차하고 마을길로 들어서면 마을 앞으로 흐르는 개울과 도로가 잘 정비된 전형적인 농촌마을을 만나게 된다.

경상북도 경주시 강동면 양동리 설창산 기슭에 자리 잡고 있는 경주 양동마을은 마을 전체가 중요민속자료 제189호로 지정되어 있다. 2010년 7월에는 유네스코 지정 세계문화유산으로 등재되어 더 높은 문화적 가치를 가지게 되었다. 이 마을은 월성 손씨와 여강 이씨에 의해 형성되었다. 조선시대 양반마을의 전통이 잘 보존되어 있으며 전국에 많은 전통 민속마을이 있으나 마을의 규모, 보존상태, 문화재의 수와 전통성, 그리고 아름다운 자연환경과 때 묻지 않은 향토성 등에서 어느 곳보다 훌륭하고 볼거리가 많아 1933년 영국의 찰스 왕세자도 이곳을 방문했다. 하회마을이나 낙안읍성에서 보았던 상업성은 거의 느끼지 못한다. 물론 상업지구가 있었지만 주민들이 사는 부분과 분리되어 있다. 100여 채 이상의 기와집과 초가집, 노비들이 살던 가람집 등 150여 채의 집이 숲과 나무 그리고 실개천과 어우러져 이곳을 방문하는 사람들에게 향수를 불러일으킨다. 신분의 차이가 있었기에 양반가옥은 높은 지대에 위치하고 낮은 지대에는 하인들의 주택이 양반가옥을 에워싸고 있다.

거의 모든 가옥에 사람들이 살고 있는데 초가집과 기와집에서 느낄 수 있는 여유로움이 느껴진다. 양동 민속마을은 조선시대 신분제도와 건축의 관계를 잘 보여주는 역사의 현장이 되고 있다. 또한 잘 보존된 덕분에 영화 〈음란서생〉 〈취화선〉 등이 양동마을에서 촬영되었다.

양동마을의 문화재

양동마을은 다른 민속마을보다 문화재가 많다. 국보 제283호 통감속편, 보물 제411호 무첨당, 보물 제412호 향단, 보물 제442호 관가정, 보물 제1216호 손소영정을 비롯해 서백당(중요민속자료 제23호) 등 중요민속자료 12점과, 손소 선생 분재기(경북유형문화재 제14호) 등도 지정문화재 7점이 있으니 가히 보물이 가득한 마을이라고 말할 수 있다. 이곳에는 전통적인 것도 있지만 현대적인 건축물도 있다. 바로 양동교회인데 처음에는 교회인지 몰랐지만 자세히 보니 교회였다. 특이한 건물이라고 생각하면서 양동마을을 가슴 가득 채우고 그곳을 떠났다.

봉화 청량사

여행포인트 청량산 입구에 있는 농경문화전시관에 들러 아이들과 옛 농경문화를 체험해보자.

주소 경북 봉화군 명호면 북곡리 247

문의 054-672-1446

홈페이지 www.cheongryangsa.org

가는 길
- **자가용:** 경부고속도로-영동고속도로-중앙고속도로-풍기IC-영주-봉화삼거리에서 태백 방향 좌회전-제일주유소 앞에서 봉성 방향으로 우회전-봉성-청량산매표소
- **대중교통:** 동서울버스터미널 봉화행 버스(07:40~18:10, 배차간격 2시간)-봉화버스터미널 북곡행 버스(06:20, 09:20, 13:30, 17:40)-청량사

먹을거리
- **산마을식당**(한식, 054-674-0990, 명호면 북곡리)
- **바람이소리를만나면**(찻집, 054-673-6389, 명호면 북곡리)

잠자리
- **들꽃피는펜션**(017-331-1477, 명호면 북곡리)
- **펜션하늬바람**(054-672-4750, 석포면 대현리)

부근 관광지 청옥산휴양림, 청량산 박물관, 봉화향교

몇 년 전에 상영된 영화 〈워낭소리〉의 첫 부분에 최노인이 소를 위해 기도를 드리는 장면에 등장해 더 많은 사람이 찾게 되었다는 청량사. 길 옆 주차장에 자동차를 주차하고 산길로 오르는 길은 꽤나 가파르다. 하지만 오르면서 이내 기분이 들뜨는 것을 느낄 수 있다. 꽃이 피어나지 않는 겨울을 제외하고는 산길에서 만나는 야생화가 많고 푹푹 쏟아지는 솔향과 숲 속에서 들려오는 바람소리는 어느덧 세상 속 근심걱정을 내려놓게 한다. 산길을 따라 30분 정도 가면 청량사에 닿는다. 청량사에 닿기 바로 전에 멀리 바라보이는 기암괴석은 장가계의 축소판이 아닐까 하는 생각이 들 정도로 아름답다.

뾰족한 열두 봉우리가 어우러져 여행객의 눈길을 잡는다. 그 연화봉 기슭 한가운데 연꽃처럼 둘러쳐진 꽃술 자리에 자리 잡은 청량사는 신라 문무왕 3년(663)에 원효대사가 창건했다고 전해지며 송광사 16국사의 끝 스님인 법장 고봉선사(1351~1426)에 의해 중창된 천년 고찰이다.

창건 당시에는 승당 등 33개 부속 건물을 갖추었던 대사찰로 봉우리마다 자리 잡은 암자에서는 스님들의 독경소리가 청량산을 가득 메웠다고 한다. 하지만 조선시대 억불정책으로 주자학자들에 의해 절은 피폐하게 되었다. 현재는 청량사, 응진전, 선불장, 범종각, 산신각, 안심당, 심검당과 일주문만이 남아있다.

청량사 법당인 유리보전은 창건연대가 오래되고 짜임새 있는 건축물로 경상북도 유형문화재 제47호로 지정되어 있다. 청량산 최고봉인 의상봉은 화엄종의 시조인 의상대사가 입산수도한 곳이어서 의상봉이라 불린다고 한다. 이곳을 비롯해 보살봉, 연화봉, 축융봉 등 12개 암봉이 있고 어풍대, 밀성대, 풍혈대, 학소대, 금강대 등 12개 대와 8개 굴과 4개 약수터가 있어 더 아름다운 모습을 보여주고 있다. 이곳을 돌아본 후 청량산 박물관에 가 보는 것도 좋다.

청량산

청량사가 자리 잡고 있는 870m의 청량산은 태백산맥의 줄기인 중앙산맥에 솟아있는데 낙동강이 산 아래로 흘러 아름다운 풍경을 품고 있다. 1982년 도립공원으로 지정되어 경상북도의 대표적인 관광지가 되었는데 장인봉을 비롯해 외장인봉 등 열두 봉우리가 연꽃잎처럼 청량사를 둘러싸고 있어 더 멋진 풍경을 담아낸다. 산의 봉우리마다 어풍대 등 대(臺)가 있어 주위 풍경을 더 아름답게 해준다.

문경새재

여행포인트	**드라마 촬영지를 배경으로 멋진 사진을 찍어보자.**	
주소	**문경시 문경읍 상초리 288-1**	
문의	**054-571-0709**	
홈페이지	**http://tour.gbmg.go.kr**	

가는 길
- **자가용 :** 경부고속도로-영동고속도로-중부내륙고속도로-점촌 · 함창IC-문경-문경새재
- **대중교통 :** 동서울버스터미널 문경행 버스(06:30~20:00, 배차간격 50분~1시간)-문경 버스터미널에서 시내버스-문경새재(문의: 문경버스 054-553-2231)

먹을거리
- **새재할매집**(한식,054-571-5600, 문경읍 상초리)
- **금강산가든**(한식, 054-571-7200, 문경읍 하리)

잠자리
- **이둔펜션**(054-572-3340, 문경읍 고요리)
- **예인과샘터**(054-571-1961, 문경읍 요성리)

주변관광지 **철로자전거, 석탄박물관, 도자기전시관**

옛날 영남에 살던 선비들이 한양에 과거를 보러 오가던 길이 있으니 바로 문경 새재다. 지금은 큰 도로가 나서 추억 속에 머물고 있지만 옛스러운 모습이 가득해 관광지로서 한몫하고 있다. 문경새재에 진입하는 입구 오른편에는 선비상이 소나무 숲에 세워져 있는데 선비로 살았던 우리 조상의 모습을 볼 수 있다. 잠시 안으로 올라가면 새재비가 있고 더 올라가니 문경새재 장승공원이 있어 발길을 잠시 붙든다.

다시 앞으로 가면 관광단지가 눈에 들어온다. 주차를 하고 5분쯤 위로 올라가 입장권을 끊고 들어가면 바로 우측에 문경새재 박물관이 있다. 입구에 문경새재 유래가 간단하게 적힌 안내판이 있다. 백두대간의 조령산 마루를 넘는 이 고개는 예부터 한강과 낙동강 유역을 잇는 영남대로상의 가장 높고 험한 고개로 사회 문화 경제의 유통과 국방 요충지였다.

임진왜란이 일어난 뒤에 이곳에 주흘관, 조곡관, 조령관 등의 관문을 설치해 국방의 요새로 삼았는데, 사적 제147호로 지정이 되어 있고 1981년 도립공원으로 지정되어 전국에서 관람객들과 등산객들이 찾아오고 있다.

잠시 올라가니 제1문인 주흘문이 있는데 성벽에 꽂힌 깃발이 바람에 펄럭이는 모습을 볼 수 있다. 더 올라가면 왼쪽으로 KBS 드라마 촬영장이 있는데 KBS가 2000년 특별기획 대하드라마 제작을 위해 설치한 것으로 문경새재 제1관문 뒤 용사골에 있다. 2만여 평의 부지에 고려와 백제의 궁 2동과 기와집과 초가집 등 80여 동이 들어선 국내 최초의 고려촌이며 세계에서 다섯손가락 안에 드는 야외 촬영장이라고 한다.

그동안 〈태조왕건〉〈제국의 아침〉〈무인시대〉 등을 촬영했다. 왕궁안에는 왕의 의자에 앉아 사진을 찍을 수 있도록 해 놓았다.

문경새재 옛길박물관

문경새재로 가는 길에 있는 문경새재 박물관은 문경지역 선조들의 문화유산을 수집, 보존, 전시, 연구하고 후세를 위한 산교육장으로 활용하며 지역 문화 창달에 기여하고자 문경시가 운영하는 공립박물관이다. 밖에서 보아도 수려한 건축물이 눈에 들어오고 뜰에는 항아리를 늘어놓거나 조형물을 만들어놓아 친근한 멋을 보여준다. 박물관 왼쪽에는 연자방아가 있는데 소와 사람을 조각으로 만들어 놓아 이해를 돕는다.

12위 대구 수목원과 수성못

여행포인트	**꽃과 나무들**의 이름을 대며 아이들에게 자연을 알게 해주자.
주소	**대구시 달서구 화암로 342**
문의	**053-640-4100**
홈페이지	**www.daegu.go.kr/Forestry**

- **자가용:** 경부고속도로-중부내륙고속도로-서대구IC-상인사거리-달서대로-화암로-대구수목원
- **대중교통:** 서울고속버스터미널 서대구행 버스(06:00~23:55, 배차간격 15~25분)-서대구버스터미널에서 시내버스 726번-대구수목원

먹을거리
- **동인동찜갈비**(찜갈비, 053-639-7847, 달서구 상인동)
- **오심숙이화로구이**(한식, 053-644-8850, 달서구 상인동)

잠자리
- **엘디스리젠트호텔**(053-253-7711, 중구 동산동)
- **대구그랜드호텔**(053-742-0001, 수성구 범어동)

주변관광지
월곡역사박물관, 화원동산

대구시 달서구 대곡동에 위치한 대구수목원은 1500여 종의 20만여 수목이 있어 대구시민뿐만 아니라 이곳을 방문하는 사람들에게 즐거움을 주고 있다. 대구수목원 조성과정을 보면 놀랍다. 꽃과 나무들로 둘러싸인 이곳은 5년 동안 대구시의 생활쓰레기 410만 톤을 매립한 곳이다. 아름답게 서있는 수목들 아래에 쓰레기가 있다고는 생각지도 못할 일이다. 쓰레기매립장은 인근 주민들에게 골칫덩어리였는데 대구시에서 환경문제를 해결하기 위한 새로운 모델로 수목원을 만들었다.

식물원은 봄부터 가을 그리고 겨울에도 많은 볼거리를 제공한다. 이른 봄에 만나는 복수초부터 노루귀와 할미꽃 그리고 수선화 등을 비롯해 여름과 가을로 넘어가면서 많은 꽃과 열매들을 만날 수 있다. 가을이 오면 수목원 관리건물 정면에 국화가 탐스럽게 피는데 소담스런 국화를 많이 만나볼 수 있다.

이곳은 잘 닦인 산책로를 따라 식물들을 구경하기에 참 좋다. 이곳에서는 가끔 소풍 나온 유치원생들과 초등학생들이 자연해설사의 설명을 들으며 메모하는 모습을 볼 수 있는데 어린이들에게 자연을 알게 하는 코스가 있어 참 좋다. 커다란 유리로 지어진 실내식물원 안에는 선인장 등 열대 식물들이 심어져 있고 다른 한쪽의 사각 실내 식물원에는 이곳에서 기르고 손질한 난과 각종 분재가 각각의 우아한 자태를 뽐내고 있었다.

대구수목원은 21개 구역으로 나뉘어 있는데 전국에 서식하는 야생초가 모여 있는 '야생초화원', 수생식물들을 모아놓은 '습지원', 천연염색을 할 수 있는 식물들을 모아놓은 '염료식물원', 향기가 나는 식물이 있는 '방향식물원', 모양과 크기가 다양한 괴석과 수목, 야생화를 배치해 놓은 '괴석원' 등 온가족이 함께 즐길 수 있는 곳이 많다.

대구수목원에서 30분 거리에 있는 수성못에서 잠시 쉬면서 피로를 풀어도 좋다.

수성못

수성구 두산동에 위치한 수성못은 대구시민들에게 추억과 낭만의 공간이다. 수성못은 1925년 일제강점기에 농업용수 공급용으로 조성된 인공 못으로 1980년대 후반부터 인근 지산 · 범물동 택지개발이 본격화되면서 농업용수 공급이 필요 없게 되자 수변 휴식공간으로 활용되어 많은 사람이 찾는데 영상음악분수는 5월부터 10월까지 매일 2회 야간 공연을 하며 이색적인 볼거리를 제공한다.

13위 경산 팔공산 갓바위

여행포인트	**아이와 함께 이루고 싶은 소원을 빌어보자.**	

여행포인트 아이와 함께 이루고 싶은 소원을 빌어보자.

주소 경북 경산시 와촌면 대한리 산35

문의 선본사 053-851-1869

홈페이지 www.seonbonsa.org

가는 길
- **자가용 :** 경부고속도로-김천-금호IC-도동IC-청룡와촌IC-신안삼거리에서 우회전-관음휴게소-일주문-갓바위
- **대중교통 :** 서울역 동대구행 KTX-동대구역 앞 육교 아래에서 버스 401번-갓바위

먹을거리
- **포도밭식당**(한식, 053-984-8667, 동구 진인동)
- **강촌식당**(한식, 053-853-4422, 와촌면 김학리)

잠자리
- **갓바위관광농원**(053-853-9956, 와촌면 신한리)
- **당연**(053-814-0640, 동구 용수동)

주변관광지 경산시립박물관, 부적리 고분군, 영남대 박물관

한 가지 소원은 이뤄진다는 팔공산 갓바위에는 일년 내내 사람들의 발길이 끊이지 않는다. 보물 제431호로 지정된 관봉 석조여래좌상을 갓바위라고 부르는데 경산시 와촌면 대한리 팔공산의 남쪽 봉우리 관봉 정상에 자리 잡고 있다. 팔공산 갓바위에 가면 많은 사람이 학업, 취업, 건강, 득남 등 일상적인 기도를 드린다.

갓바위는 통일신라시대 석불좌상으로 높이가 5.3m에 이르는데 머리에 마치 갓 같은 판석이 올려져있어 갓바위라고도 부른다. 갓바위 부처님께 마음을 다해 기도하고 원하면 한 가지는 꼭 이루어준다는 영험 많은 부처님으로 알려져 많은 관광객과 기도를 하는 사람들의 발길이 끊이지 않고 있다.

수능을 앞둔 매년 10월에 단풍으로 곱게 물들어가는 팔공산 자락에서 대학 수능시험 합격과 소원 성취를 기원하는 모습은 모정을 담은 아름다운 그림으로 다가온다.

갓바위 부처님을 보면 얼굴은 둥글고 풍만하며 탄력이 있지만, 눈꼬리가 약간 치켜 올라가 자비로운 미소보다는 근엄한 표정을 읽을 수 있다. 부처님의 귀는 어깨까지 길게 내려와 있고 목에는 세 줄의 주름인 삼도가 표시되어 신비롭기까지 하다.

불상 뒷면에는 암벽이 병풍처럼 둘러쳐져 광배 구실을 하고 있으나 바위하고는 떨어져 존재하고 있다. 얼굴은 풍만하지만 경직되어 있고, 옷 주름은 형식화되어 있다. 갓바위의 신체는 탄력성이 없어 8세기 불상과 구별되어 9세기 불상의 특징을 보여준다.

팔공산은 여름에는 울창한 숲과 시원한 계곡이 있어 피서지로 많은 사람이 찾고 가을에는 단풍을 만나기 위해 사람들이 찾아온다. 그리고 팔공산 올레길을 걸으면서 도심을 벗어나 대자연 속에서 휴식을 취하는 것도 큰 즐거움이 된다.

갓바위축제

매년 10월 중 2~3일간 경산시 와촌면 대한리의 갓바위 일원에서 개최되는 축제다. 경축식, 토속음식축제, 입시소원기도법회, 소원기원제, 갓바위 참배 퀴즈대회 등 다양한 행사가 이곳을 찾은 사람들과 하나가 되어 열린다.

14위 청도 와인터널

여행포인트 **아이들과 와인이 만들어지는 과정에 대해 이야기해보자.**

주소 **경북 청도군 화양읍 송금리 252-2**

문의 **054-371-1904**

홈페이지 **www.gamwine.com**

가는 길
- **자가용:** 경부고속도로-동대구JC-수성IC-청도IC-청도읍 송금리-와인터널
- **대중교통:** 서울역 동대구행 KTX-동대구역 청도행으로 환승-청도역-청도버스터미널 송금리행 버스(07:00~20:20, 배차간격 1~2시간)-와인터널

먹을거리
- **한재미나리사랑가든**(054-371-7031, 청도읍 평양리)
- **토담**(054-372-4114, 운문면 오진리)

잠자리
- **하얀민들레펜션**(054-372-8833, 운문면 신원리)
- **오크팰리스펜션**(054-373-0280, 각북면 남산리)

주변관광지 **청도올레길, 용암온천, 청도소싸움축제**

감의 고장 청도는 감을 이용한 와인 개발로 '감와인' 시대를 열고 있다. 청도 시외버스터미널에서 택시로 10분만 가면 중간에 마을이 나타나고 마을길을 지나면 주차장에 닿는다. 다시 그곳에서 몇 분만 걸어가면 와인터널에 도착한다. 마을길을 지나면서 여기저기에서 감나무를 만날 수 있고 감나무에 열린 붉은 감이 기분을 참 좋게 만든다.

와인터널로 사용되는 터널은 1904년 대한제국 말기에 경부선 철도용으로 뚫린 것이다. 터널까지 오르는 길의 경사가 심해 1905년 개통된 옛 경부선 증기기관차가 오르지 못해 사용하지 못했던 것을 정비해 2006년 3월 개장했다. 입구에는 아직 철로가 조금 남아있어 흔적을 보여준다. 문을 통과하면 벽면에 촘촘히 벽돌을 쌓아올려 만든 1km 길이 터널을 만난다. 이곳에 수천개의 와인이 저장되어 있다. 내부 온도가 연중 13~15도로 매우 시원하다. 이 온도는 와인이 숙성되기에 가장 적합한 수준이라고 한다.

청도의 감은 씨가 없고 납작한 반시다. 모양이 쟁반처럼 생겨 반시라 부르는 이 감은 크기가 크고 수분이 많으며 당도가 높은 것이 특징이다. 하지만 수분이 많은 이곳의 감은 저장성이 낮다. 때문에 사람들은 감식초를 만들어 팔았고 그것을 와인으로 만들게 되었다고 한다.

와인을 본격적으로 출시한 2006년 2월 중순경부터는 일반인들에게도 터널을 개방했다. 감 자체에 탄닌 성분이 풍부해 화이트와인이면서 레드와인이 가진 묵직한 맛을 동시에 지닌 감와인 홍보를 위해서다.

이곳에 보관 중인 감와인은 100% 감즙으로 만든 것으로, 산업자원부 지역특화산업으로 선정돼 3년간의 연구개발 끝에 완성됐다. 터널 입구 쉼터공간에서 감와인 시음은 물론 상품을 구입해 마실 수 있다.

대적사

와인터널을 나와 왼쪽으로 산길을 따라 잠시 올라가면 고즈넉한 대적사가 눈에 들어온다. 돌계단을 따라 경내에 들어가면 경북 청도군 화양읍 송금리 256번지 대적사에 있는 보물 제836호 극락전을 만나게 된다. 대적사는 조선 숙종 15년(1689) 성해대사가 건물을 세우고 불상을 모시면서 비로소 절 모습을 갖추게 되었다고 한다. 조선 중기 이후 다시 지은 것으로 보이는 극락전은 불교도의 이상향인 극락정토를 표현하고 있는 법당이다.

15위 예천 삼강주막

여행포인트	**조선시대 많은 사람이 즐겨찾던 주막 체험을 해보자.**	

주소　　경북 예천군 풍양면 삼강리 219

문의　　054-655-3132

홈페이지　　www.3gang.co.kr/main

가는 길
- **자가용:** 경부고속도로–영동고속도로–중부내륙고속도로–점촌 · 함창IC–3번 국도–윤직교차로에서 우회전–존도 1교 근처 산양 방향으로 우회전–불암사거리에서 우회전–59번 국도 낙동 방향–삼강교–삼강주막
- **대중교통:** 동서울버스터미널 점촌행 버스(06:30~23:30, 배차간격 30분)–점촌버스터미널에서 달지행 버스(06:20, 07:40, 09:05, 10:50, 12:30, 14:10, 15:50, 17:35, 19:00)–달지리 종점에서 하차–삼강교–삼강주막

먹을거리
- **삼강주막**(한식, 054-655-3132, 풍양면 삼강리)
- **단골식당**(한식, 054-653-6126, 용궁면 읍부리)

잠자리
- **문곡포밀레펜션**(010-4191-3418, 상리면 고항리)
- **회룡포쉼터**(054-655-9143, 용궁면 대은리)

부근 관광지　　**회룡포, 초간정, 용문사**

59번 국도를 따라가다 보면 예천군 풍양면 삼강리에 조선시대 마지막 주막인 삼강주막이 자리 잡고 있다. 큰 도로를 벗어나 굴다리를 통과하면 이미 조선시대로 타임머신을 타고 들어가게 된다. 안으로 들어가면 넓은 주차장이 보이고 우측에 조선시대 마지막 주막인 삼강주막이 보인다.

삼강은 태백산에서 발원한 내성천, 안동댐을 지나온 낙동강과 죽월산의 금천을 말하는데 세 강이 이곳 삼강나루터에서 만난다. 먼 옛날 삼강나루터는 김해에서 올라오는 소금배가 안동 하회마을까지 가는 길목이었다. 또한 영남의 선비들이 과거를 보기 위해 문경새재를 넘어 서울로 가기 위해서는 꼭 거쳐야 하는 곳이었다. 옛날 이곳 삼강 어귀에는 나루가 있어 뱃사공의 노 젓는 소리가 끊이지 않았고 허기진 배를 채워주는 주막이 몇 군데 있었다고 하는데 지금은 한 곳만 남아있다.

삼강나루 주막은 나루에 모여드는 여행객들에게 허기를 면하게 해주었고, 전국을 떠돌던 보부상들의 숙식처로, 때로는 시인묵객들이 머물면서 시간을 낚는 주막이 되기도 했다. 당시는 사공 숙소와 보부상 숙소가 있었다고 한다. 장날이면 나룻배가 30여 회 오르내릴 만큼 분주했고 밤이면 처음 만나는 사람들이 모여 막걸리 한잔에 어우러지는 곳이 바로 이 주막이었다.

1934년 대홍수로 건물이 떠내려갔으나 마을 사람들의 증언과 고증을 바탕으로 2008년 복원했다. 삼강마을은 청주 정씨 집성촌으로 정씨들이 살고 있는데, 나루 주막의 유옥연 할머니가 유일한 외성이었다고 한다. 할머니는 다른 사람이 하던 것을 50년 전부터 물려받아 주막을 꾸려왔는데 2005년 세상을 떠났고 군에서 정비해 관광객들을 맞고 있다. 막걸리축제가 7월 말에 열리는데 그 기간에는 이 일대가 사람들로 더욱 북적인다.

주막체험

2005년 이곳을 지켰던 유옥연 할머니가 돌아가시면서 그 맥이 끊겼는데 마을 사람들이 삼강주막을 다시 살려 영업을 하는데 '주모 한 상'이라는 이름으로 1만2000원을 받고 있다. 메뉴는 배추전, 두부김치, 도토리묵과 막걸리 한 주전자다. 세 명이 배불리 먹을 수 있으니 네 명이 가도 3000원 하는 손칼국수 두 그릇만 시키면 배불리 먹을 수 있다. 이곳에서는 민박도 가능하고 인절미도 직접 만들어 가격이 저렴하면서도 맛이 좋다. 마당에 재래식 화장실이 있으나 견본이고 주차장 한쪽에 깨끗하게 지어놓아 쾌적한 환경을 조성했다.

대구 올레길

여행포인트	올레길은 제주에만 있는게 아니다. 대구 올레길을 온가족이 함께 걸어보자.
주소	대구시 수성구 수성동 4가 1174
문의	053-985-8030(대구올레길센터)
홈페이지	http://dgcn.org/index.html
가는 길	• **자가용:** 경부고속도로-영동고속도로-중부내륙고속도로-경부고속도로-북대구IC-큰고개5거리-아양루(1코스 출발지) • **대중교통:** 서울역 동대구행 KTX-동대구역 전철 아양루역-아양루(1코스 출발지)
먹을거리	• **할매식당**(한식, 053-752-4309, 동대구 역전시장) • **동대구돼지석쇠우동**(한식, 053-743-9110, 동구 신천4동)
잠자리	• **호텔제이스**(053-756-6601, 동구 신천4동) • **대구그랜드호텔**(053-742-0001, 수정구 범어동)
주변관광지	갓바위, 팔공산, 수성못

　　대구 올레길은 대구녹색소비자연맹에서 시작했다. 제주올레를 만든 서명숙 제주올레 이사장이 대구에 강연을 와 '로열티도, 보증금도 없이 공짜로 분양해주겠다. 대신 조건이 하나 있다. 이름에 걸맞은 길을 내달라' 라고 흔쾌히 승낙해 그것이 기폭제가 되어 대구올레가 문을 열게 되었다. 2010년 10월 현재 대구올레 2개 코스, 팔공산 9개 코스가 개발되었다.

　　대구녹색소비자연맹의 노력으로 2008년 9월에 대구올레 1코스 '금호숲길' 이 탄생하게 되었고, 8~9㎞ 정도며 걷는 데 3시간 30분 정도 걸린다. 아양루에서 출발해 금호강 둑길을 지나 금호강과 남천 갈림길을 거쳐 신매역에 닿는다.

　　대구올레 2코스는 측백수림 가는 길로 불로동 고분군 공영주차장에서 출발해 고분군을 한 바퀴를 돌고 불로전통시장을 지나고 불로천과 오솔길, 성불사를 거쳐 도동측백수림에 닿게 된다. 2008년 10월 개장했는데 4~5㎞ 정도고 소요시간은 2시간 정도 걸린다.

　　대구올레 팔공산 코스는 9개 코스가 개발됐다. 1코스는 북지장사 가는 길로 2009년 6월 개장했는데 왕복코스로 약 3㎞며 1시간30분 정도 걸린다. 2코스는 한실골 가는 길로 2009년 7월 개장했고 7~8㎞ 정도며 소요시간은 3시간 내외다. 3코스는 부인사 도보길로 2009년 8월 개장했고 6~7㎞로 걷는 데 2시간30분 정도 걸린다. 4코스는 평광동 왕건길로 2009년 9월 개장했고 6~7㎞로 걷는 데 2시간 30분 정도, 5코스는 거북마을 가는 길로 2009년 10월 개장했고 7~8㎞이고 소요시간은 3시간 내외다. 6코스는 단산지 가는 길로 2010년 4월 개장했고 6~7㎞이며 걷는 데 2시간30분 정도 걸린다. 7코스는 폭포골 가는 길로 2010년 7월 개장했고 7~8㎞이며 3시간 정도 걸린다. 8코스는 수태지 계곡길로 2010년 8월 개장했고 7~8㎞이며 3시간 정도 걸린다. 9코스는 야산 넘어 수태골 가는 길로 2010년 9월 개장되었으며 9~10㎞로 걷는 데 4시간 정도다. 각자의 컨디션에 맞춰 코스를 선택해 여유로운 산책을 즐겨보자.

17위 안동 봉정사

여행포인트	제일 오래된 목조 건물인 봉정사 극락전을 직접 눈으로 확인하자.
주소	경북 안동시 서후면 태장리 901
문의	054-853-4181
홈페이지	www.bongjeongsa.org

가는 길
- **자가용:** 중부고속도로-영동고속도로-중앙고속도로-제천 방향-서안동IC-안동 방향-봉정사
- **대중교통:** 동서울버스터미널 안동행 버스(06:00~23:00, 배차간격 20~40분)-안동시외버스터미널에서 시내버스 51번(06:10~19:00, 1일 7회 운행)-봉정사

먹을거리
- **토담**(오리구이, 054-843-3206, 서후면 태장리)
- **별천궁**(한식, 054-857-4168, 서후면 태장리)

잠자리
- **천등산산장휴게소**(054-857-2722, 서후면 태장리)
- **안동파크호텔**(054-853-1501, 운흥동)

주변관광지 하회마을, 병산서원, 하회세계탈박물관

봉정사로 가는 길은 주변의 산과 들이 어우러져 매우 평온하다. 봉정사 주차장에 차를 대고 명옥대를 지나 언덕을 오르다보면 일주문이 나타난다. 일주문을 이곳에 세운 까닭은 봉정사로 오르는 길이 급한 경사를 이루다가 이곳에서 평지를 이루기 때문이라고 하니 일리가 있다.

대웅전으로 들어가지 않고 잠시 우측으로 가서 비탈진 길을 올라가면 영산암이 눈에 들어온다. 출입문인 우화루 밑을 지나 암자 안마당에 닿는다. 들어가는 문도 좋지만 눈앞에 펼쳐지는 모습이 참 아름답다. 고건축의 미학을 전혀 모르는 사람이라도 한옥의 아름다움과 다양한 표정을 담고 있는 마당의 멋스러운 모습 속으로 빨려들어간다.

마당 가장자리에 자그마한 동산을 만들어 기암괴석을 옮겨놓고 그 위에 멋스럽게 휘어진 고목인 향나무와 관상수를 비롯해 계절을 다투며 다양하게 피어나는 꽃나무들이 조화를 이루고 있다. 또한 각 건물에는 툇마루와 누마루 등이 설치되어 끊어질 듯 이어져있다.

영산암을 내려와 대웅전으로 향하면서 고즈넉함을 느낀다. 봉정사는 경상북도 안동시에 있는 대한불교 조계종 제16교구 본사인 고운사의 말사로 신라 문무왕 12년(672)에 의상이 창건했다고 한다. 6·25 전쟁으로 대부분의 자료가 소실되어 창건 이후 사찰 역사는 전하지 않는다. 봉정사 극락전은 국보 제15호로 1972년 해체하고 복원하는 공사를 진행할 때 상량문에서 고려시대 공민왕 12년인 1363년에 극락전을 중수했다는 기록이 발견되었다. 이런 사실이 발견되어 봉정사 극락전이 현존하는 우리나라 최고 목조건물로 인정받게 되었다. 극락전 삼층석탑은 극락전 정면에 있는 고려시대 중엽에 조성된 탑으로 경상북도 유형문화재 제182호로 지정되어 있다. 보물 제449호로 지정된 고금당은 극락전 앞 서쪽에 세워져있고, 보물 제448호인 화엄강당은 스님들이 교학을 공부하는 곳으로 온돌방 구조를 갖추고 있다.

명옥대

봉정사에서 일주문 쪽으로 향하다보면 명옥대를 볼 수 있다. 명옥대는 1986년 경상북도 문화재자료 제174호로 지정되었는데 이황이 후학들에게 학문을 가르치던 장소를 기념하기 위해 1665년 사림에서 건립했다고 한다.

18위 상주 자전거박물관

여행포인트	**아이와 자전거에 얽힌 이야기를 함께 나누자.**
주소	**경북 상주시 도남동 산3-4**
문의	**054-534-4973**
홈페이지	**www.sangju.go.kr/tour**

- **가는 길**
  - **자가용:** 경부고속도로-당진 · 상주고속도로-남상주IC-상주 방향·복교동삼거리-외답삼거리-경천로-용마로-자전거박물관
  - **대중교통:** 동서울버스터미널 상주행 버스(06:00~23:00, 배차간격 30분)-상주버스터미널에서 경천대행 버스(1일 5회)-경천대-자전거박물관(문의: 상주버스터미널 054-534-8250)

- **먹을거리**
  - **수라간**(한식, 054-535-8890, 남성동)
  - **농우마실**(한식, 054-536-0377, 무양동)

- **잠자리**
  - **상주관광호텔**(054-530-5000, 서성동)
  - **솔향기펜션**(054-533-1033, 화북면)

- **주변관광지** **상주예술촌, 경천대**

전국 어딜 가든 자전거를 탄 사람들을 볼 수 있다. 출퇴근이나 운동을 위해 자전거를 타는 사람이 많은데 시간과 건강을 동시에 챙길 수 있다. 우리나라도 자전거 도로가 많이 생겨 시민들이 시원스럽게 자전거를 타고 가는 모습이 보인다. 산 좋고 물 좋은 상주에 도착하면 도시 곳곳을 달리는 색색의 자전거가 눈에 들어와 자전거의 고장이라는 것을 알 수 있다. 상주 하면 흰쌀과 누에 그리고 하얗게 당분이 내린 곶감이 있어 이를 삼백이라 했는데 이제는 자전거가 하나 더 추가되어 상주의 힘을 길러주고 있다.

상주 시내를 조금 벗어나면 곶감 마을로 유명한 남장동과 남장사로 이어지는 길이 나온다. 그 길모퉁이로 들어서면 자전거 바퀴 모양을 한 건물이 보인다. 이곳이 자전거박물관이다. 단층 건물인 박물관 안으로 들어가면 여기저기 자전거들이 있다. 이 세상에 한 대밖에 없는 앤티크 자전거부터 현대인들이 소장한 최신 자전거까지 자전거의 모든 것이 전시되어 있어 자전거에 관심이 많은 아이들의 흥미를 끈다.

유독 눈에 띄는 자전가가 있는데 바로 '드라이지네' 라는 자전거로 1810년대 독일의 칼 바론 폰 드라이스가 발명한 자전거다. 처음 이륜차 원리를 적용해 실용화했다는데 목마에 바퀴를 달아 이륜차로 만든 것이 자전거의 시초라는 설이 유력하다고 한다.

다시 앞으로 나가자 이번에는 P.미쇼형 자전거가 눈에 띄었다. 영국에서 본세이커라 불린 이 미쇼형은 최초로 대량생산되어 세계 곳곳에 팔려 나갔다.

우리나라에서 자전거가 언제 처음으로 사용되었는지는 확실히 알 수 없지만 개화기였을 것이라고 추측된다. 일설에 의하면, 고희성이 1896년 자전거를 타고 다닌 것이 처음이라고 하고, 같은 해 서재필 박사가 독립문 신축현장에 갈 때 처음으로 탔다고 전해지기도 한다.

우리들의 추억의 자전거

우리들이 타고 다녔던 자전거도 있어 정겹게 다가온다. 우편배달부의 자전거, 막걸리 배달부의 짐자전거 그리고 출퇴근 시 사용했던 자전거, 어린아이들이 타는 삼발이 자전거, 그리고 산악자전거와 경기용 자전거까지 다양한 자전거를 볼 수 있다.

19위 성주 가야산 야생화식물원

여행포인트	**우리나라에서 피는 야생화를 보고 관찰일기를 써보자.**	
주소	**경북 성주군 수륜면 49 가야산식물원길**	
문의	**054-931-1264**	
홈페이지	**www.gayasan.go.kr/index.jsp**	
가는 길	• **자가용:** 경부고속도로-왜관IC-성주-수륜면-야생화식물원	
	• **대중교통:** 서울남부버스터미널 성주행 버스(10:08~16:45, 1일 5회 운행)-성주버스터미널에서 백운동행 버스-백운동에서 하차 후 도보 10분-야생화식물원	
먹을거리	• **향원식당**(산채정식, 055-932-7575, 가야면 치인리)	
	• **가야산해인사홍도식당**(한식, 055-932-7368, 가야면 치인리)	
잠자리	• **해인사관광호텔**(055-933-2000, 가야면 치인리)	
	• **시실리황토펜션**(054-932-1133, 수륜면 백운리)	
주변관광지	**해인사, 법수사지 삼층석탑, 바람흔적 미술관**	

우리나라에 야생화 전문 식물원이 많지 않은데 성주 가야산에 야생화 전문 식물원이 있다. 성주군에서 조성한 국내 유일의 군립 식물원으로 야생화를 주제로 한 전문 식물원인 '성주 가야산 야생화식물원'에서는 우리나라 야생화를 만나는 새로운 경험을 하게 된다.

이 식물원은 총 580여 종의 나무와 야생화를 식재해 야생화 자원보전과 자연학습, 학술연구발전 및 가야산 자생식물 보호에 기여하기 위한 야생화 문화공간이다. 또한 많은 사람에게 가야산의 아름다운 야생화를 보여주고 있다.

안내데스크를 지나 안으로 들어가 만나게 되는 전시관에는 야생화와 나무이야기, 황조롱이 생태, 열두 달 식물이야기와 가야산의 주요 야생화 및 사계가 전시되어 있어 둘러만 보아도 자연스럽게 공부할 수 있다. 할미꽃의 전설이 담긴 영상물을 상시 상영하며 성주군의 주요 관광지와 역사를 소개한 성주이야기, 야생화 드라이플라워, 화석이야기, 숲속이야기, 곤충이야기를 관람하면서 자연 속으로 들어갈 수 있다.

온실 안으로 들어가면 문주란, 생달나무, 새우난초 등 117종 8000여 본의 나무와 야생화들로 꾸며져 있다. 온실은 수생식물원, 식용식물원, 향기식물원, 관상식물원, 양치식물원, 약용식물원의 여섯 가지 테마로 구성되어 있으며 사계절 내내 향기로운 꽃들을 감상할 수 있다.

야외전시원은 야생화학습원, 관목원, 국화원, 숙근초원, 가야산 자생식물원 다섯 가지 테마로 구성되어 있는데 식물 이름과 설명이 자세히 적혀 있어 학습효과를 높일 수 있다. 매년 5월에는 야생화축제가 열린다.

도시에서는 볼 수 없는 다양한 꽃들을 직접 눈으로 확인할 수 있는 기회다. 야생화 식물원을 벗어나 성주 쪽으로 가다 보면 법수사지 삼층석탑이 있는데 잠시 들러보는 것이 좋다.

법수사지 삼층석탑

가야산 야생화식물원에서 성주 쪽으로 가다 보면 우측에 자리 잡고 있는 보물 제1656호로 승격된 법수사지 삼층석탑을 만날 수 있다. 신라 애장왕(哀莊王) 3년(802)에 창건된 사찰인 법수사에 조성된 석탑으로, 사찰은 폐사(廢寺)되고 석탑만 남아있고 여름에는 그 앞에 연꽃이 피어있어 아름다움을 더한다.

경남 부산 울산

합천 해인사
산청 남사예담촌
4
합천 해인사
22 산청 남사예담촌
진주 진주성
진주 진주성
15
남해 가천 다랭이마을
남해 독일마을
남해 가천 다랭이마을
5
3
11
남해 보리암

창녕 화왕산 억새꽃

진해 벚꽃

양산 통도사

부산 자갈치시장

거제 바람의 언덕

두근두근
경남 2박 3일 코스

원없이 바다를 둘러보는 일정

통영과 한산도, 우리나라 제2의 도시 부산까지 바다 내음 한껏 맡고오는 2박 3일

1day

1 동피랑마을

동피랑이란 '동쪽에 있는 비탈' 이란 뜻의 통영 사투리다. 이 산 동네는 가난하고 힘없는 이들이 사는 동네였다. 동피랑 마을이 재개발 구역으로 지정되어 마을이 없어질 뻔했으나 마을 벽에 벽화를 그리면서 전국적인 명소로 떠올랐다.

2 해저터널

바다의 도시 통영은 바다를 통과하도록 만든 해저터널이 있다. 통영의 해저터널은 동양 최초의 바다 밑 터널로 더 유명하다.

3 한산도

한려수도 중에서도 그 중심부에 자리 잡은 한산도는 아름다운 자연경관뿐만 아니라 이순신 장군의 우국충절이 살아있는 섬이기에 우리들은 더 깊은 생각을 하게 되는 것이다.

통영여객터미널에서 여객선을 타고 20분 남짓 가는 동안 주변에 미륵도, 거제도 등 큰 섬을 비롯해 화도, 서좌도, 송도, 추봉도 등 작은 섬들을 만난다.

문의 | 유성해운 055-645-3329
운항시간 | 07:00부터 1시간 간격

4 제승당

제승당은 충무공 이순신 장군께서 왜적을 크게 무찌른 수군의 본영으로 제해권을 장악하고 국난을 극복한 한산대첩의 유서 깊은 사적지다. 그 안에는 노량해전도와 거북선과 무기류가 전시되어 있다.

2day

아침을 먹고 일찍 떠날 채비를 하자.

고속도로를 이용해 넉넉히 2시간이면 우리나라 제 2의 도시 부산에 닿는다.

1 해운대해수욕장

우리나라에서 가장 유명한 해수욕장 중 하나. 고운 모래 덕에 많은 사람이 찾는다. 부산에 가면 누구나 가야 할 명소다. 이제는 여름만이 아니라 사계절 내내 사람들이 찾는 관광명소로 자리 잡았다.

2 동백섬

섬의 형태가 다리미를 닮았다 하여 '다리미섬' 이라고도 불린다. 예전에는 독립된 섬이었으나 오랜 세월에 걸친 퇴적작용으로 육지화되었다. 꽃피는 동백섬이라는 말이 있듯이 봄, 여름에는 꽃이 만발한다.

3 부산 아쿠아리움

바닷속 세계를 직접 보고 느낄 수 있는 곳으로 세계적 규모의 해저 테마 수족관이다. 계절별로 다양한 특별전과 이벤트가 열려 지루할 틈이 없다. 어린이 교육 프로그램도 마련되어 있다.

입장료 | 대인 18,000원, 청소년 16,000원, 어린이 13,000원
관람시간 | 10:00~19:00(월~목요일), 10:00~21:00(금~일요일, 공휴일)

3day 1 2

자갈치시장

부산의 정을 온몸으로 느낄 수 있는 곳. 아침에 방문하면 싱싱한 수산물과 바쁜 상인들의 모습을 직접 볼 수 있다. 시장 아지매들의 활기가 보는 이의 기분을 좋게 하는 곳이다. 싱싱한 회를 직접 떠서 바로 먹을 수 있다.

보수동 헌책방 골목

자갈치시장을 나와 조금만 걸으면 도착할 수 있다. 자갈치시장의 활기찬 모습과는 반대로 조용한 분위기가 감도는 곳이다. 인터넷으로는 살 수 없는 오래되고 가치 있는 책들을 찾는 재미가 쏠쏠하다.

01위 거제 바람의 언덕

🚶	여행포인트	**거센 바람을 맞으며 뛰어난 풍경을 함께 감상하자.**
	주소	**경남 거제시 남부면 갈곶리**
	문의	**055-639-3399**(거제시 관광안내소)
	홈페이지	**http://tour.geoje.go.kr**
🚗	가는 길	• **자가용:** 경부고속도로-대전 · 통영고속도로-통영IC-14번 국도-거제-바람의 언덕 • **대중교통:** 서울남부버스터미널 고현행 버스(06:40~24:00, 배차간격 30분~1시간)-고현 시외버스터미널에서 도장포행 시내버스-바람의 언덕
	먹을거리	• **천년송횟집**(생선회, 055-632-6210, 남부면 갈곶리) • **신선대횟집**(생선회, 055-632-8789, 남부면 갈곶리)
	잠자리	• **오션뷰펜션**(055-682-4400, 일운면 소동리) • **바람애펜션**(055-634-0123, 남부면 갈곶리)
	주변관광지	**해금강, 신선대, 소매물도**

요즘 '바람의 언덕'이라는 말을 많이 사용한다. 매봉산에도, 안반덕에도 그리고 평화누리공원에도 바람의 언덕이 있다. 글자 그대로 바람이 많이 부는 언덕이라고 생각하면 된다. 누가 뭐라 해도 거제도 바람의 언덕에 오르면 왜 이런 이름을 붙였는지 온몸으로 느낄 수 있다.

경남 거제시 남부면 도장포마을에 위치한 바람의 언덕에 오르면 일년 내내 바람이 불어온다. 도장포 선착장에서 만나는 생선 비린내가 정겹게 다가오는데 그곳에서 고깃배를 만나 펄떡이는 바다를 느껴보는 것도 좋다.

선착장에서 나무계단을 따라 바람의 언덕으로 올라간다. 모자를 쓰고 가는 경우 단단히 동여매야 한다. 잘못하면 바람에 모자가 날아가기 때문이다. 계단을 따라 잠시 오르면 바람의 언덕에 올라가게 된다.

TV드라마 〈이브의 화원〉 〈회전목마〉의 촬영지로 알려지면서 많은 관광객이 찾게 되었고 '바람의 언덕'이란 이름을 얻게 되었다.

오른쪽 나무계단의 종점 아래로 내려가는 길이 있다. 그 길을 따라 가면 작은 언덕이 있다. 언덕을 따라 걸으면서 주변의 아름다운 풍경에 빠져든다. 초록빛 등대에 부딪치는 물보라를 보면서 바람이 정말 세게 불어온다는 것을 느낄 수 있다.

다시 올라가면 2009년 만든 풍차를 만나게 되는데 언덕 위에 있어 아름다운 풍경을 연출한다. 풍차를 돌아본 후 바로 옆에 있는 동백나무를 만날 수 있다. 동백꽃 피는 4월에 가면 붉게 물든 바람의 언덕을 만날 수 있다.

동백나무 군락

'바람의 언덕'에는 오랜 세월 해풍을 맞으며 뿌리를 내린 수령 높은 동백나무 군락이 있다. 봄에 바람의 언덕에 오르면 덤으로 붉은 빛으로 피어나는 동백꽃을 만날 수 있다. 나무에는 인간의 주름을 담은 듯한 상처도 있고 수피가 삶의 흔적으로 다가온다. 모든 꽃이 몸을 사리는 겨울에도 피어나는 동백꽃을 볼 수 있는데 당당하게 핏빛 꽃망울을 펼치는 모습을 보면서 마음도 뜨거워진다.

02위 통영 소매물도

	여행포인트	모세의 기적처럼 길이 열리는 등대섬을 놓치지 말고 꼭 가보자.
	주소	경남 통영시 한산면 매죽리 소매물도
	문의	055-650-4681(통영시 관광과)
	홈페이지	www.utour.go.kr/main
	가는 길	• **자가용:** 경부고속도로-대전IC-통영 · 대전고속도로-통영IC-통영시내-통영여객선터미널-소매물도 • **대중교통:** 서울남부버스터미널 통영행 버스(06:40~23:30, 배차간격 40분~1시간)-통영버스터미널에서 시내버스-통영여객선터미널에서 소매물도행 승선(07:00, 11:00, 14:10)-소매물도 (문의: 통영여객터미널 055-645-3717)
	먹을거리	• **소매물도펜션**(한식, 010-4809-5377, 매죽리 소매물도) • **쿠크다스식당**(한식, 055-649-5775, 매죽리 소매물도)
	잠자리	**소매물도펜션**(010-8845-5377, 매죽리 소매물도)
	주변관광지	**대매물도, 비진도**

　남해에 떠있는 환상적인 섬 소매물도에 가는 뱃길은 통영이나 거제도에서 시작된다. 여객선터미널을 떠나면 남해바다의 크고 작은 섬들을 만난다. 소매물도 가는 길에 만나는 섬들을 보면 경이롭다는 생각이 든다. 해가 늦게 뜨는 계절인 겨울에 일찍 소매물도에 가는 배를 타면 배에서 일출을 만나는 기쁨을 누릴 수도 있다. 통영항을 떠나 1시간 조금 넘게 달리다보면 선착장에 닿는다. 섬 입구에 안내도가 자리 잡아 등대섬에 가는 데 많은 도움을 준다. 안내도를 따라 언덕에 올라가면 산행이 시작된다. 민박집의 모습이 보이고 펜션도 눈에 들어온다. 언덕에 오르면 폐교가 보인다. 선착장에서 산으로 올라가 길을 가다보면 이정표가 눈에 들어오는데 선착장에서 등대까지는 약 2㎞다. 망태봉을 오른 후 바라다보이는 세상이 평화롭다.

　등대섬으로 내려가는 길은 가파르다. 물론 계단이 있으니 그리 어렵지는 않다. 한참 내려가면 병풍바위가 반겨준다. 환상적인 풍경이다. 이쯤에서 넋을 잃고 바라보게 된다. 등대섬으로 가기 위해서는 물때를 미리 알아보아야 한다. 계단을 내려가 건너편 등대섬으로 가는 길이 열리길 기다리면 된다. 모세의 기적처럼 열린 길을 따라 건너는 데는 2분도 안 걸린다.

　물길을 건너 언덕 위로 올라가는 길이 눈에 들어온다. 잠시 눈길을 소매물도 쪽으로 던지면 그곳에 공룡이 한 마리 꿈틀거리는 모습이 보인다. 이제는 바위가 되어 남해 소매물도를 지키고 있는 그 웅장함이 놀랍다. 위로 올라가면 우측에 등대원들의 숙소가 보인다. 바람은 높이 올라갈수록 더 강해진다. 가만히 서있기도 힘들 지경이다. 잠시 위로 올라가면 등대를 만나게 된다. 다시 선착장으로 돌아가는 길에 여유롭게 바다에 떠있는 섬들을 바라보는 것도 좋다.

소매물도 가는 길과 물때 알아보기

소매물도에 가는 방법은 통영항에서는 매물도 페리호가 하루 3~4회 출발하는데 변할 수 있으니 (주)섬사랑(055-645-3717)에 문의해보는 것이 좋다. 거제도에서는 남부면 저구 여객선터미널에서 하루 5회 출발하는데 매물도해운(055-633-0051)으로 문의한 후에 출발하는 것이 좋고, 소매물도에 가기 위해서는 물때를 알아야 하는데 YTN 홈페이지(날씨 - 바다여행 - 바다 갈라짐 - 소매물도)를 이용하면 편리하다. 반드시 배 시간을 확인하고 출발해야 한다.

선착장에서 등대섬까지는 약 2㎞이고 왕복 2시간~3시간 정도면 된다.

03위 남해 가천 다랭이마을

여행포인트	**다랭이논을 직접 눈으로 확인해보자.**	
주소	**경남 남해군 남면 홍현리 947**	
문의	**055-862-8601**(남해군 문화관광과)	
홈페이지	**http://tour.namhae.go.kr/main**	

가는 길
- **자가용:** 경부고속도로-천안·논산고속도로-호남고속도로-익산·포항고속도로-남해고속도로-하동IC-남해-다랭이마을
- **대중교통:** 서울남부버스터미널 남해행 버스(07:00~19:30, 배차간격 40분~1시간20분)-남해버스터미널에서 가천행 시내버스-가천 다랭이마을

먹을거리
- **해안의집**(한식, 055-863-0595, 남면 홍현리)
- **시골할매유자잎막걸리**(한식, 055-862-8381, 남면 홍현리)

잠자리
- **모롱이펜션**(055-863-5772, 남면 홍현리)
- **마루와아라펜션**(055-862-4100, 남면 홍현리)

주변관광지 **설흘산, 이충무공 전몰유허지**

해변 바닷길을 따라 멋진 드라이브를 하다 보면 도착하는 남해 최남단에 위치한 가천 다랭이마을. 다랭이논은 '경사진 산비탈을 개간해 층층이 만든 계단식 논'을 말한다. 이 마을에 언제부터 사람이 살게 되었는지 알 수는 없지만 신라 신문왕 때부터라고 추정된다. 옛날에는 마을 이름을 간천이라고 불렀으나 조선시대 중엽에 이르러 가천(加川)이라고 개명해 현재에 이르고 있다.

이곳은 아래부터 시작해 차례로 석축을 쌓고 그 위에 흙을 덮어 논밭을 일궜다고 한다. 석축 높이도 낮게는 어린이 키만 한 곳에서부터 어떤 것은 어른 키를 훌쩍 넘는 것도 있고 이렇게 만든 논밭의 층수가 100여 층에 이른다고 한다. 옆에서 보면 바다를 시작으로 도로까지 이르는 곳에 크고 작은 논밭들이 파랗게 층을 이루고 있다.

가천 다랭이마을은 여름에는 벼농사로 파란 물결이 되었다가 가을이면 황금물결 일렁이는 노란 계단으로, 겨울에는 마늘로 다시 파랗게 변한다고 하는데 마을이 초록빛을 담고 있다. 가끔 시금치도 눈에 들어오지만 대부분 마늘이다.

맨 아래쪽 계단논 아래는 까만 몽돌 해변이다. 해변 왼쪽은 까만 갯바위와 절벽이 바다와 연결되어 운치가 있고, 해변 오른쪽은 작은 개울 너머로 수백 명이 앉을 만한 넓은 바위가 평상처럼 자리 잡고 있다. 다랭이 논과 몽돌 해변을 함께 보고 있노라면 그 절경에 마음이 편해진다.

마을은 민박을 하거나 일시적으로 음식점을 하는 집이 많아 보인다. 경사가 심하고 좁은 마을 골목길을 지나다 보면 새끼줄이 둘러져있는 그리 크지 않는 돌무덤을 볼 수 있는데 바로 이것이 밥무덤이다. 이것은 제삿밥을 얻어 먹지 못하는 혼령들에게 밥을 주어 풍작과 풍어를 기원하고 마을의 평안을 축원하는 곳인데 지금도 매년 음력 10월 15일 밤이면 동제를 지낸다. 내려가다가 가천 암수바위를 꼭 보길 바란다.

가천 암수바위

다랭이마을에서 아래로 내려가면 가천 암수바위가 있다. 응봉산과 망산을 양쪽에 두고 남근처럼 불룩 솟은 수바위와 그 뒤로 누운 듯 나지막하게 서 있는 암바위인데 마을의 평안과 풍년을 가져오는 중요한 기원석이다. 가천 암수바위는 마을 가장 아래쪽 바다가 내려다보이는 곳에 모셔져 있다.

04위 합천 해인사

여행포인트	**교과서에서만 보던 고려팔만대장경을 직접 확인해보자.**	

여행포인트 교과서에서만 보던 고려팔만대장경을 직접 확인해보자.

주소 경남 합천군 가야면 치인리 10

문의 055-934-3000

홈페이지 www.haeinsa.or.kr/home.html

가는 길
- **자가용:** 경부고속도로-대구IC-88고속도로-해인사IC-해인사
- **대중교통:** ① 서울고속버스터미널 대구행 버스(06:00~23:55, 배차간격 20~30분)-대구 서부시외버스터미널에서 해인사행 버스-해인사 ② 서울역 동대구행 KTX 열차(수시운행)-전철 1호선 동대구역-1호선 성당못역-서부시외버스터미널에서 해인사행 버스(06:40~20:00 배차간격 40분)-해인사

먹을거리
- **산사의아침**(한식, 055-932-7328, 가야면 치인리)
- **가야산해인사홍도식당**(한식, 055-932-7368, 가야면 치인리)

잠자리
- **성림민박**(055-932-7279, 가야면 치인리)
- **해인사관광호텔**(055-933-2000, 가야면 치인리)

주변관광지 **가야산, 황매산, 합벽루**

불교 신자가 아니라 해도 누구든지 우리의 사찰에 관심이 있다면, 우리나라를 대표하는 삼보 사찰에 해인사가 포함된다는 것을 알 것이다. 해인사는 화엄10찰 중 하나로 고려시대에 불력으로 몽고 침입을 막으려는 신념으로 팔만대장경판을 봉안한 법보사찰이다. 해인사의 '해인'은 '화엄경'에 나오는 '해인삼매(海印三昧)'에서 유래했다고 한다.

해인사는 우리나라 불교의 성지며, 세계문화유산으로 지정되어 있고 국보·보물 등 70여 점의 유물이 산재해 있다. 가야산 자락에 위치해 가야산을 뒤로하고 매화산을 앞에 두고 있어 그 웅장한 모습과 주변 경관이 어우러지고 소나무숲과 산사가 연출하는 풍경은 언제 보아도 경탄을 자아내게 한다.

해인사는 대한불교 조계종 제12교구 본사며 가야산 해인사 일원은 사적 및 명승 제5호로 지정되어 있고 많은 관광객이 붐비는 곳이다. 해인사는 신라 애장왕 때 순응과 이정이 802년 창건에 착수했지만 순응이 죽자 이정이 완성했다. 918년 고려를 건국한 태조는 당시의 주지 희랑이 후백제 견훤을 뿌리치고 도와준 데 대한 보답으로 이 절을 고려의 국찰로 삼아 해동 제일의 도량이 되게 했다.

1398년(태조 7)에 강화도 선원사에 있던 고려 팔만대장경판을 지천사로 옮겼다가 이듬해 이곳으로 옮겨와 호국신앙의 요람이 되었다. 이 사찰은 창건 이후 일곱 차례의 대화재를 만나 그때마다 중창되었는데, 현재의 건물들은 대개 조선 말엽에 중건한 것으로 50여 동에 이른다. 창건 당시의 유물로는 대적광전 앞뜰의 삼층석탑과 석등 정도가 있을 뿐이다. 많은 문화재들 중 팔만대장경판은 우리나라를 대표하는 국보로 해인사 대장경판고에 보관되어 있다.

해인사의 문화재들

해인사에는 국보 제32호인 대장경판과 국보 제52호인 대장경판고가 있고, 보물 제264호인 석조여래입상이 널리 알려져있다. 해인사에 몇 차례 불이 났으나 팔만대장경판과 장경각만은 화를 입지 않고 옛 모습 그대로 보전되고 있으니 불심의 결과라 생각해본다. 또한 해인사에는 보물 제518호인 원당암 다층석탑 및 석등 그리고 보물 제128호인 반야사 원경왕사비 등이 있다.

05위 남해 독일마을

여행포인트	**마을을 둘러보며 독일 문화와 생활에 대한 간접 체험을 해보자.**	
주소	**경남 남해군 상동면 물건리 1133**	
문의	**055-867-1337**	
홈페이지	**www.germanvillage.co.kr**	
가는 길	• **자가용:** 경부고속도로-대진고속도로-남해고속도로-사천IC-창선 · 삼천포대교-수산-지족 창선교-물건리-독일마을	
	• **대중교통:** 서울남부버스터미널 남해행 버스(07:00~19:30, 배차간격 40분~1시간 20분)-남해버스터미널에서 삼동면 · 지족 방향 버스-독일마을	
먹을거리	• **어부림횟집**(해산물, 055-867-3362, 삼동면 물건리)	
	• **햇살복집**(해산물, 055-867-1320, 삼동면 물건리)	
잠자리	• **독일마을민박**(010-3343-4537, 삼동면 물건리)	
	• **남송가족관광호텔**(055-867-4710, 삼동면 물건리)	
주변관광지	**송정 솔바람 해변, 해오름예술촌**	

사천에서 삼천포대교와 창선대교를 건너고 남해 창선교를 건너 서쪽으로 달리다가 물건해수욕장 가기 전에, 산 아래서 이국적인 풍경을 만나게 되는데 이곳에 독일마을이 있다. 1960년대 우리 광부와 간호사들이 독일로 건너가 돈을 벌어 국내로 송금해 조국 경제에 도움을 주었다. 독일에서 일을 하다가 이런저런 사정으로 귀국하지 못했던 독일 거주 교포들의 정착생활 지원과 조국의 따뜻한 정을 느낄 수 있는 삶의 터전을 마련해주기 위해 조성된 곳이 독일마을이다.

이곳은 독일의 이국적 문화와 전통문화 예술촌을 연계한 특색있는 관광지 개발을 위해 3만여 평의 부지에 30여억원을 들여 기반을 조성하고 40여 동을 지을 수 있는 택지를 독일 교포들에게 분양했다. 주택은 독일 교포들이 신축했다. 그들은 직접 독일에서 재료를 수입해 독일 문화를 살린 전통 독일식 주택을 신축해 이국적인 정서를 자아내고 있다. 붉은색과 고동색 지붕과 하얀 벽면 그리고 그곳에 난 창은 독일에 있는 마을을 그대로 옮겨놓은 것 같다.

독일마을 앞에는 남해 12경 중 제10경인 물건방조어부림(勿巾防潮魚付林)이 있다. 방조어부림 앞에는 작은 포구가 있고 포구로 들어오는 곳에는 등대 두 개가 서있다. 집에서 매일 일출을 볼 수 있으니 큰 축복이다. 마을이 높은 곳에 있으니 내려다보이는 탁 트인 바다가 시원한 풍경을 자아낸다. 마을을 걸어가면 우리 동포들뿐만 아니라 동포와 결혼한 독일인의 모습도 볼 수 있다.

독일마을의 집과 길에는 꽃이 피어 방문객들의 발걸음을 가볍게 한다. 독일마을이지만 이곳 밭에서 자라는 곡물은 한국 토종이고 주변에서 피어나는 꽃들도 야생화가 많다. 이곳은 민박을 할 수 있으니 미리 예약하고 가면 민박집에서 멋진 일출도 만나볼 수 있다. 독일마을에서 아래로 내려가 물건방조어부림을 꼭 돌아볼 것을 권한다.

물건방조어부림

해수욕장 뒤의 물건방조어부림은 길이 1.5㎞, 너비 30m 규모로 바닷바람과 조류를 막고자 조성했다. 숲을 해치면 마을이 망한다는 전설이 있어 마을 사람들이 나무 한그루도 함부로 베지 않고 지켜오고 있다. 숲 속에 서있는 이팝나무 노거목은 서낭당나무가 되었고, 음력 10월 15일에는 마을의 평안을 비는 제사를 지낸다.

진해 벚꽃

여행포인트	벚꽃 만개한 진해에서 아이들과 즐거운 산책을 나서보자.	
주소	**경남 창원시 진해구 중원로터리 일대**	
문의	**055-225-2341**(창원시 축제기획팀)	
홈페이지	**http://gunhang.changwon.go.kr**	

가는 길
- **자가용:** 경부고속도로-중부내륙고속도로-남해고속도로-내서IC-5번 국도-현동IC-마창대교-양곡IC-장복터널-진해
- **대중교통:** 서울고속버스터미널 창원행 버스(06:10~23:25, 배차간격 25분~1시간)-창원버스터미널에서 시내버스 151번-경화역

먹을거리
- **고려갈비**(한식, 055-546-3631, 진해구 송학동)
- **남해횟집**(생선회, 055-552-7442, 진해구 용원동)

잠자리
- **나드리예펜션**(055-221-1761, 마산합포구 구산면 심리)
- **코리아나관광호텔**(055-541-0162, 진해구 가주동)

주변관광지 **진해루, 성흥사, 해양공원**

진해에 들어서는 길부터 벚꽃 천지다. 벚꽃은 가까이서 보아도 멀리서 만나도 아름답기 그지없다. 진해의 벚꽃은 제주도가 원산인 왕벚나무로 꽃이 커서 왕벚꽃이 아니라 나무가 크고 꽃도 많아 왕벚나무라고 한다. 일제가 관광수나 가로수로 벚꽃 10만여 그루를 심었는데 광복 후 시내 벚나무를 모조리 없애버렸다가 우리 꽃으로 판명된 후 본격적으로 조경에 나서 30여만 그루 넘게 심어 지금은 벚꽃 도시가 되었다.

3월 말부터 진해는 벚꽃세상이 되고 4월이면 도심 전체가 벚꽃 물결로 일렁인다. 그중에서도 최고로 꼽히는 3곳이 있다. 첫 번째는 벚꽃터널로 유명한 여좌천이다. 몇년 전 모 단막극에서도 이곳의 낙화하는 벚꽃이 나왔다. 드라마 〈로망스〉의 배경이 진해가 된 것도 드라마 작가가 그 단막극 속 장면에 반했기 때문이라고 한다. 여좌천을 따라 양쪽의 수십 년 된 벚나무가 꽃을 피우니 벚꽃터널이 되어 찾는 사람들에게 웃음을 준다. 이뿐만 아니라 하천에는 유채를 심어 벚꽃과 유채꽃이 어우러져 봄을 만끽할 수 있는 최고의 장소가 된다. 연인들의 모습이 많이 보이고 가족 단위 관광객들도 그들의 봄을 더욱 향기롭게 한다.

진해 벚꽃의 명소 중 두 번째는 경화역이다. 성주사역과 진해역 사이에 있는 경화역은 2006년 여객 업무를 중단했는데 벚꽃이 피는 시기가 되면 많은 사람이 경화역 내에서 봄 벚꽃을 즐긴다. 진해에서 벚꽃을 볼 수 있는 대표적인 세 번째 장소는 장복산이다. 창원에서 마진터널을 통과해 검문소까지에 이르는 1.5km의 도로 양쪽으로 벚꽃이 터널을 이루고 있다. 또한 제황산공원은 시내 중심에 있는 곳으로 일명 '일 년 계단'이라 불리는 365계단 양쪽으로 벚꽃과 개나리가 어우러져 더 아름답다. 마지막으로 안민도로와 해군사관학교 안의 벚꽃도 진해를 찾은 사람들에게 벚꽃의 아름다움을 몸소 느낄 수 있게 해준다.

여좌천 벚꽃 야경

진해에서 밤에 벚꽃을 만나기에 제일 좋은 곳은 여좌천이다. 시내에 자리 잡고 있어 접근성도 좋고 산책을 하면서 감상할 수 있다. 낮과 그리 다르지 않지만 불빛과 함께 어우러져 환상적 모습으로 다가와 그곳을 찾는 사람들에게 큰 기쁨이 된다. 연인들은 벚나무 아래서 밀어를 속삭이고 가족들도 손을 잡고 전해 오는 사랑을 나눈다. 개울가에는 유채꽃이 피어나 아름다운 봄밤을 만나볼 수 있다.

07위 통영 동피랑마을

🙋 여행포인트	**멋진 벽화를 배경으로 사진을 찍어보자.**	
📋 주소	**경남 통영시 동호동**	
📱 문의	**055-650-4681**(통영시 관광과)	
🖥 홈페이지	**www.utour.go.kr/main**	
🚗 가는 길	• **자가용:** 경부고속도로-대전IC-통영 · 대전고속도로-통영IC-중앙시장-동피랑마을 • **대중교통:** 서울남부버스터미널 통영행 버스(06:40~23:30, 배차간격 40분~1시간)-통영 버스터미널에서 택시 이용(3,000원 내외)-동피랑마을	
🍶 먹을거리	• **통영바다이야기**(생선회, 055-643-7575, 미수동) • **궁전횟집**(생선회, 055-646-5737, 미수동)	
🏠 잠자리	• **통영나폴리펜션**(055-649-5200, 당동) • **통영호텔갤러리**(055-645-3773, 도남동)	
⚓ 주변관광지	**남망산조각공원, 청마문학관, 충렬사, 해저터널**	

언제부턴가 벽화마을이 많이 생겨났는데 벽화는 마을에 활기를 불어넣고 있다. 우리나라 벽화마을의 선두주자는 통영 동피랑마을인데 이미 두 번째 벽화가 그려졌다. 동피랑이란 '동쪽에 있는 비탈'이란 뜻의 통영 사투리다. 참 정겨워지는 이름인데 이 산동네는 가난하고 힘없는 사람들이 옹기종기 모여 사는 동네였다. 아낙들이 고기를 잡으러 나갔던 남편을 동네 어귀에서 기다리던 그저 평범한 마을이었는데 2007년 통영시에서 동피랑마을을 재개발구역으로 지정해 이 마을이 없어질 위기에 처했다. 그러다가 푸른통영21에서 '제1회 전국 골목 벽화전'을 개최해 마을 벽에 벽화를 그리기 시작했고, 마을 벽화가 완성되자 동피랑마을은 전국적으로 널리 알려져 많은 사람이 찾아오기 시작했다. 동피랑마을이 명소가 되면서 통영 관광의 큰 몫을 차지하고 있다. 많은 사람이 이곳을 보러왔다가 연계관광을 하게 되니 지역 경제에도 많은 도움을 주고 있다. 이곳에서 내려가 근처에 있는 남망산조각공원을 돌아보는 것이 좋다.

골목을 따라 올라가는 길과 담장에는 주민들의 삶이 녹아있고 꿈이 살아있는 벽화가 그려졌다. 2010년 4월에는 제2회 전국 골목 벽화전을 개최해 동피랑의 벽화는 다른 옷을 입게 되었다. 동피랑 벽화는 처음보다 더 밝고 강렬한 색깔을 보여주고 있다.

이들이 만들어낸 벽화는 다양한 모습으로 다가온다. 동피랑에 사는 사람들의 꿈이 모두 다르듯 벽화도 다양한 이야기를 담고 있다. 이곳에서는 빠른 걸음보다는 천천히 벽화를 만나고 음미하는 것이 좋다. 외지에서 온 사람들이 이곳을 방문하면서 동피랑 사람들의 삶의 모습이 드러나는 경우가 많다. 그러니 이곳에서 카메라를 무조건 들이대는 것은 예의에 어긋난다. 최소한의 예의를 지키는 사람들만이 그곳을 방문할 자격이 있는 것이다.

남망산조각공원

동피랑에서 내려와 남망산 쪽으로 5분간 걸어가면 남망산조각공원이 있는데 각종 조각 작품이 설치되어 있다. 위로 오르면 오른쪽에 청마의 '깃발' 시비가 있고, 산꼭대기에는 이충무공의 동상이 서있는데 이곳에서는 남동쪽으로 거북등대와 한산도와 죽도 등 한려수도의 절경을 바라볼 수 있다.

08위 창녕 우포늪

여행포인트	**천연 늪을 관찰하며 아이들과 환경에 관한 이야기를 나눠보자.**
주소	**경남 창녕군 유어면 대대리**
문의	**055-530-1555**(우포늪관리사업소)
홈페이지	**www.upo.or.kr/main**
가는 길	• **자가용:** 경부고속도로-중부내륙고속도로-창녕IC-교차로에서 우회전-회룡마을에서 우회전-우포늪 세진주차장
	• **대중교통:** 서울남부버스터미널 창녕행 버스(09:45~17:05, 1일 5회 운행)-창녕버스터미널에서 도보 3분-영신버스터미널에서 세진주차장 방면 버스(07:00, 13:30, 18:00)-우포늪
먹을거리	• **우포늪식당**(한식, 055-532-8649, 유어면 세진리)
	• **도리원**(한식, 055-521-6116, 영산면 죽서리)
잠자리	**우포민박**(055-532-9052, 이방면 안리)
주변관광지	**관룡사, 부곡온천, 화왕산**

우포늪은 우리나라 대표 늪이다. '개발'이라는 이름으로 많은 늪이 사라지고 있지만 이곳은 아직도 천연 늪의 모습을 제대로 간직하고 있다. 우포늪은 1998년 3월 물새 서식처로서 중요한 습지 보호 협약인 람사르 협약에 등록돼 람사르 습지가 되었다. 2008년에는 경상남도에서 제10회 람사르 협약 당사국 총회가 열려 우포늪이 세계에 널리 알려지면서 우리나라 환경의 대표 관광지가 되었다.

우포늪은 네 지역으로 나뉜다. 창녕군 유어면 대대리, 세진리 일원의 우포늪을 중심으로, 이방면 안리 일원의 목포늪, 대합면 주매리 일원의 사지포 그리고 이방면 옥천리 일원의 쪽지벌로 이뤄진다.

우포늪에 봄이 오면 철새들은 떠날 준비를 하고 텃새가 우포늪의 지킴이가 되면서 늪은 초록빛 세상으로 물들기 시작한다. 봄에서 여름으로 넘어가면서 부들, 창포, 갈대, 줄, 올방개, 붕어마름, 벗풀, 가시연꽃 등이 무더기로 자란다. 봄에 만나는 자운영꽃은 잠시 여행객을 그 자리에 머물게 한다. 여름에는 가시연꽃이 자신의 잎을 뚫고 올라오는 꽃대에서 아름다운 꽃을 피워 보는 이의 발길을 붙잡는다. 그리고 사지포에는 물옥잠이 피어나 걷는 사람들에게 보랏빛 웃음을 준다.

가을이 되면 우포늪 주변이나 제방에 갈대가 피어나기 시작하고 11월이 되면 물안개가 피어올라 환상적인 풍경을 자아낸다. 또한 철새들이 날아와 새들의 천국을 만들기 시작한다.

특히 우포늪에 이른 아침 일출을 만나러 가면 지난 밤의 어둠을 털어내는 철새들의 모습을 볼 수 있다. 또한 그물에서 물고기를 꺼내는 어부의 여유로운 모습과 함께 멀리 어둠을 벗고 떠오르는 해를 만날 수 있어 좋은 경험이 된다.

이곳에는 많은 동물이 머문다. 가물치, 천연기념물 제324호인 수리부엉이, 큰기러기, 해오라기, 백로, 왜가리, 우렁, 환경부 보호종인 긴꼬리투구새우 등이 서식하고 청둥오리 등 철새들이 우포늪의 주인공이 된다.

우포둘레길 '생명길'

우포둘레길 '생명길'은 총 8.4㎞로 우포늪을 빙 돌아서 걸을 수 있도록 되어 있고 보통 걸음으로 걷노라면 2시간30분~3시간 정도 걸린다. 생태관→대대제방→소목주차장→목포제방→사초군락→생태관으로 돌아오는 코스다.

09위 통영 해저터널

여행포인트 동양 최초의 해저터널을 통과해보고 그 느낌을 말해보자.

주소 경남 통영시 도천동

문의 055-650-4683

홈페이지 www.utour.go.kr/main

가는 길
- **자가용:** 경부고속도로-대전IC-통영 · 대전고속도로-통영IC-통영시내-통영여객선터미널-해저터널
- **대중교통:** 서울남부버스터미널 통영행 버스(06:40~23:30, 배차간격 40분~1시간)-통영버스터미널에서 도천동행 시내버스-해저터널

먹을거리
- **통영바다이야기**(생선회, 055-643-7575, 미수동)
- **궁전횟집**(생선회, 055-646-5737, 미수동)

잠자리
- **통영나폴리펜션**(055-649-5200, 당동)
- **통영호텔갤러리**(055-645-3773, 도남동)

주변관광지 남망산조각공원, 청마문학관, 충렬사, 동피랑마을

한려수도로 가는 길목인 통영에 발을 들여놓으면 시작부터 바다를 느낄 수 있다. 앞바다에는 많은 섬이 바다 위에 떠있고 항구와 어우러진 모습을 보면 낭만적인 심상을 불러일으키는 곳이다. 연중 따스한 햇살과 바람이 도시를 채우는 통영은 언제 가도 상큼한 맛을 주는 여행지다. 항구에는 늘 고깃배와 사람들이 북적거리면서 삶의 향기를 나눠준다.

통영 도심 서쪽에는 해저터널이 자리하고 있어 오래전부터 통영을 여행하는 사람들에게는 꼭 한번 들러야 하는 코스가 되고 있다. 통영 해저터널은 1931년부터 1년4개월에 걸쳐 만들었는데 이는 동양 최초의 바다 터널로 길이 483m, 너비 5m, 높이 3.5m에 이른다. 터널 입구의 '용문달양(龍門達陽)' 이란 글귀는 '산양(미륵도)과 육지를 잇는다' 는 뜻이다. 이곳은 2005년 9월 14일 등록문화재 제201호로 지정되었다.

해저터널은 이곳을 처음 방문한 사람들에게는 꼭 가봐야 할 관광코스지만 이 지역에 사는 사람들에게는 없어서는 안 되는 지름길이다. 일제강점기에 지어져 터널의 양식은 일본스러운 면이 있지만 그래도 지금까지 버티고 있는 것을 보면 토목기술이 참 발달되었다는 것을 알 수 있다. 도천동 입구로 들어와서 출구로 나오면 미륵도 미수동 일대인데 출구를 나와 좌측으로 발걸음을 옮기면 미수 앞바다 모습이 눈에 들어온다.

이곳에서 만나는 야경 역시 멋져 사진작가들의 단골 출사지다. 바다를 따라 벤치가 늘어서있는데 그곳에 앉아 이야기를 나누는 사람들을 보면 참 정겹다. 이곳을 돌아본 후 통영 세병관에 들러보는 것도 좋다. 세병관은 17세기 초에 건립된 목조단층 건물로 경복궁 경회루(국보 제224호), 여수 진남관(국보 제304호)과 더불어 우리나라에서 가장 규모가 큰 건물에 속하는데 역사성과 학술적 예술적 가치가 높다.

충무김밥

통영에 가면 꼭 먹어봐야 할 음식이 있다. 바로 충무김밥이다. 김에 싼 밥, 오징어와 김치를 양념한 속과 같이 먹는 충무김밥은 어부들이 바닷가에서 조업을 하면서 편히 먹을 수 있는 끼니를 찾다가 만들어진 것이라고 한다.

시중의 김밥과 너무도 다른 칼칼한 맛에 계속 젓가락을 움직이게 된다. 충무김밥 거리가 따로 있을 정도로 통영을 대표하는 음식이 되었다. '뚱보할매김밥', '한일김밥' 등이 맛집으로 유명하다.

창녕 화왕산 억새꽃

여행포인트	**솜털 같은 억새를 배경으로 멋진 사진을 찍어보자.**	

여행포인트 솜털 같은 억새를 배경으로 멋진 사진을 찍어보자.

주소 경남 창녕군 창녕읍 옥천리

문의 055-530-1531(창녕군 생태관광과)

홈페이지 http://tour.cng.go.kr/main

가는 길
- **자가용:** 경부고속국도-중부내륙고속도로-창녕IC-관룡사-화왕산
- **대중교통:** 남부터미널 창녕행 버스(09:45~17:05, 1일 5회 운행)-창녕버스터미널-관룡사 행버스-화왕산

먹을거리
- **화왕산청국장마을**(한식, 055-521-3337, 계성면 사리)
- **화왕산장마을**(한식, 055-533-0066, 창녕읍 만흘리)

잠자리
- **소나무풍경펜션**(055-536-3889, 계성면 사리)
- **추억속으로**(055-521-2795, 계성면 사리)

주변관광지 부곡온천, 우포늪

　가을이 깊어가면 전국적으로 유명한 억새 군락지에 많은 사람의 발길이 이어지는데 경상남도 창녕군에 위치한 화왕산 역시 억새꽃이 피는 시기에 가면 숨이 멎을 정도로 아름다운 광경을 볼 수 있다. 관룡사 입구 주차장에서 출발해 관룡사를 돌아본 후 옆길을 통해 화암산으로 오르면 더 아름다운 정취에 젖을 수 있다. 늦가을에 임도를 따라 걸으면 그리 어려운 줄 모른다. 임도 왼편에는 돌탑이 몇 개씩 놓여있고 반쯤 달린 단풍잎이 마지막 정열을 펼치면서 여행객의 발길을 가볍게 한다. 크게 힘들이지 않고 오를 수 있는데 임도가 끝나는 부분에 산장으로 향하는 길이 있고 그 산장에서 휴식을 취한 후 다시 길을 재촉한다.

　산장에서 떠난 지 30분쯤 지나면 더 이상 오르막길이 없고 탁 트인 분지가 나타난다. 분지로 향하면서 하얀 솜털같이 부드러운 억새꽃을 만나게 되는데 가을 산행에 나선 등산객을 유혹한다. 한참 산길을 걸으면 드라마 촬영지가 나타난다. 드라마 〈허준〉 등 여러 사극을 찍은 곳으로 지나가는 사람들의 발길을 붙잡아 드라마 속으로 빨려들어가게 한다.

　화왕산성은 창녕 읍내의 동쪽 화왕산에 돌로 쌓은 산성이다. 처음 쌓은 연대는 확실하지 않으나 삼국시대 이전으로 보이며, 가야의 산성으로 생각된다. 험준한 북쪽의 바위산을 등지고 남쪽 봉우리 사이의 넓은 부분을 둘러싼 산성으로 둘레가 2600m다.

　다시 걸음을 옮긴다. 사람들은 청명한 하늘 아래 산 정상에서 만나는 하얀 억새꽃의 고운 기품에 쉽게 자리를 떠나지 못한다. 잠시 올라가면 정상이 눈에 들어오고 매바위에 닿는다. 앞의 절벽에 진달래가 눈에 들어오는데 봄에는 연분홍 진달래가 피어 정말 아름답다. 화왕산 하면 억새풀을 떠올릴 만큼 화왕산은 억새풀의 대명사가 되었다. 봉우리와 봉우리 사이 대규모 분지가 온통 억새꽃 하얀 솜이불을 두르고 있어 포근하다.

고즈넉한 관룡사

관룡산에 있는 관룡사는 통일신라시대에 창건된 사찰로 추정되고 조선 태종 때 대웅전이 건립되었으나 임진왜란 때 불탔고 광해군 9년에 다시 짓고 그 후 영조 25년에 보수해 현재에 이른다. 문화재로는 관룡사 약사전 삼층석탑, 용선대 석조석가여래좌상(보물 제295호), 관룡사 석조여래좌상(보물 제519호), 관룡사 약사전(보물 제146호) 등이 있다.

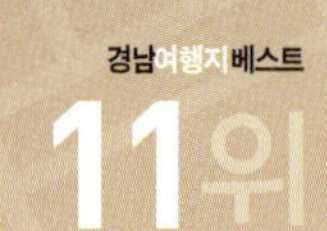

11위 남해 보리암

여행포인트	**금산의 바위마다 불교에 얽힌 전설을 이야기 해주자.**
주소	**경남 남해군 상주면 상주리 1865**
문의	**055-862-8601** (남해군 문화관광과)
홈페이지	**http://tour.namhae.go.kr/main**
가는 길	• **자가용:** 경부고속도로-대진고속도로-남해고속도로-사천IC-창선 · 삼천포대교-수산-지족 창선교-남면-보리암 • **대중교통:** 서울남부버스터미널 남해행 버스(07:00~19:30, 배차간격 40분~1시간20분)-남해버스터미널에서 복곡저수지행 버스(08:00, 17:10) 또는 상주 · 미조행 군내버스-복곡저수지 입구에서 하차 후 도보 2.5㎞-복곡저수지 주차장에서 보리암행 셔틀버스-보리암
먹거리	**다왕래장어구이** (장어, 055-867-5004, 창선면 지족리)
잠자리	**프랑스리조트** (055-867-2288, 미조면 송정리)
주변관광지	**상주 은모래 비치, 송정 솔바람 해변, 해오름예술촌**

남해 보리암에 가기 위해서는 주차장에서 셔틀버스를 타야 한다. 일출을 만나러 가는 경우는 이른 아침이니 입구부터 걸어가거나 자동차를 이용해야 한다. 자동차를 이용할 수 없는 경우는 걸어서 올라가면 되는데 30분 정도 걸린다.

보리암에 오르면 한려해상공원이 아름답게 펼쳐지는데 푸른 바다 위에 떠있는 섬이 아름답다. 우리나라에서 넷째로 큰 섬인 남해는 예부터 산과 바다가 아름다우며 물과 공기가 맑고 깨끗하기로 유명한 곳이다. 보리암이 있는 금산은 해발 681m로, 이곳에서 조선 태조 이성계가 200여 일간 기도를 한 후 산신의 영험을 얻어 조선왕조를 세웠다는 전설이 전해지기도 한다. 산을 오르면서 바라보이는 금산 전체가 기암괴석과 울창한 나무로 덮여있어 예부터 소금강으로 불린 남해안 최고의 경승지다.

원효대사가 이곳에서 초당을 짓고 수도하면서 관세음보살을 친견한 뒤로 산 이름을 보광산, 초당 이름을 보광사라고 했다. 훗날 이성계가 이곳에서 백일기도를 하고 조선왕조를 열었다는데, 그 감사의 뜻으로 1660년 현종이 이 절을 왕실의 원당으로 삼고 절 이름을 보리암으로 바꿨다고 한다.

많은 사람이 일출을 만나기 위해 새벽에 올라오는데 일출을 보기가 그리 쉽지는 않다. 조망대에 올라 일출을 기다리는 사람이 많은데 일출을 볼 수 있는 날에는 그들의 마음속에도 해가 떠오른다.

이곳에 있는 크고 웅장한 바위인 상사암, 여덟 개의 바위 모습이 신선 같다 하여 이름 붙여진 팔선대, 문장암, 대장봉 등은 '금산 38경'으로 불릴 만큼 아름다운 모습을 자랑한다.

빼어난 경치와 동물 형상의 바위가 많아 바위동물원으로 불리는 금산은 바위마다 불교에 얽힌 전설을 간직하고 있다. 신경쓰고 보지 않으면 그냥 지나치기 쉬우니 눈을 크게 뜨고 둘러보자. 내려오면서 상주 은모래비치에서 잠시 쉬어가는 것도 좋다.

상주 은모래비치

남해에서 빼어난 경관으로 잘 알려진 상주 은모래비치는 부채꼴 모양의 해안 백사장, 눈앞에 펼쳐진 작은 섬들은 바다를 호수 모양으로 감싸고 있으며, 금산을 배경으로 잔잔한 파도를 일으키고 있는 모습은 참 시원하다.

부산 해운대해수욕장

여행포인트 언제 방문해도 좋은 해운대에서 다양한 추억 거리를 만들어보자.

주소 부산시 해운대구 중1동 1015

문의 051-749-7614

홈페이지 http://sunnfun.haeundae.go.kr

가는 길
- **자가용** : 경부고속도로-당진 · 상주고속도로-중부내륙고속도로-경부고속도로-남해고속도로-부산IC-해운대 해수욕장
- **대중교통** : ① 서울고속버스터미널 부산행 버스(06:00~24:00, 배차간격 30분)-부산버스터미널-해운대행 시내버스-해운대해수욕장 ② 서울역 부산행 KTX-전철 1호선 부산역-서면역에서 2호선 환승-해운대역

먹을거리
- **벨라치타**(이탈리아음식점, 051-747-6170, 중동)
- **언덕위의집**(양식, 051-743-2212, 중2동)

잠자리
- **바다풍경펜션**(051-741-8897, 중동)
- **해운대그랜드호텔**(051-740-0114, 우동)

주변관광지 부산 아쿠아리움, 청사포, 송일정

부산에 가면 누구나 한 번쯤 들르는 해운대해수욕장과 동백섬. 해운대라는 지명은 신라 말기의 학자 최치원(崔致遠)이 어지러운 세상을 비관한 끝에 세상을 등지려고 해인사로 들어가던 길에 이곳에 이르러 절경에 감탄한 나머지 동백섬 암반 위에 자신의 호를 따서 '海雲臺'라 새긴 데서 비롯되었다고 한다. 이제는 사계절 관광객들이 찾아오는 명소가 되었다.

여름에는 가족과 연인, 친구와 함께 온 여행객들로 해변은 발디딜 틈이 없다. 10월에는 부산국제영화제의 개막과 폐막 행사 그리고 배우, 감독과의 대화 등이 해운대를 배경으로 펼쳐진다. 해운대 근처에는 부산 아쿠아리움도 있어 가족단위 관광객들이 아이들과 들르기에 좋다.

해운대 가까운 곳에 동백섬이 있는데 동백섬은 1999년 부산기념물 제46호로 지정되었다. 섬의 형태가 다리미를 닮았다 하여 '다리미섬'이라고도 부른다고 하는데 예전에는 독립된 섬이었으나 오랜 세월에 걸친 퇴적작용으로 현재는 육지화돼 해운대해수욕장의 백사장과 연결되어 있다.

동백섬 주차장에서 길을 따라 걷는 것이 참 기분이 좋다. 주차장에서 10분 정도 가면 누리마루 APEC하우스가 있다. 이곳은 2005년 11월에 열린 제13차 APEC 정상회담 회의장으로 사용하기 위해 부산광역시가 동백섬에 세운 건축물이다. 전체 건물 구조는 한국 전통 건축인 정자를 현대식으로 표현했고, 지붕은 동백섬 능선을 형상화했다. 정상회의 참가자들과 국내외 언론들에 의해 역대 APEC 정상회의장 가운데 풍광이 가장 뛰어난 곳으로 평가받기도 했다. 회담장 안팎에 테이블과 의자가 있어 창밖으로 보이는 바다와 광한대교가 시원스럽게 다가온다.

인어상과 전설

바닷가 바위에는 황옥공주의 전설에 따라 조성된 인어상이 있다. 본래 인어상은 1974년 처음 설치되었으나 1987년 태풍에 유실되었다. 손상된 상체 부분만 부산광역시립박물관에 보관되어 있고, 현재의 인어상은 1989년 새로 제작한 것이다. 높이 2.5m, 무게 4톤의 청동으로 제작했는데 황옥공주는 인어의 나라 미란다국 공주로 무궁나라 은혜왕에게 시집을 왔으나 보름달이 뜨는 밤이면 고향이 그리워 눈물을 흘렸다고 전해진다.

13위 거제 지심도

여행포인트	**섬 전체에 피는 동백꽃을 온가족이 만끽하자.**	

여행포인트 섬 전체에 피는 동백꽃을 온가족이 만끽하자.

주소 경남 거제시 일운면 지세포리

문의 055-681-6007

홈페이지 www.jisimdoro.com

가는 길
- **자가용:** 경부고속도로-대전IC-통영 · 대전고속도로-통영IC-거제대교-장승포-장승포여객선 터미널-지심도
- **대중교통:** 서울남부버스터미널 고현행 버스(06:40~24:00, 배차간격 30분~1시간)-고현 버스터미널에서 장승포행 버스-장승포버스터미널에서 하차 후 택시 이용-지심도여객터미널 에서 지심도행 승선(1일 5회 운항)-지심도

먹을거리
- **강성횟집**(생선회, 055-681-6289, 일운면 지세포리)
- **신선회센타**(생선회, 055-681-4737, 일운면 지세포리)

잠자리
- **나폴리펜션**(055-682-5001, 일운면 와현리)
- **필그림펜션**(055-681-2268, 일운면 와현리)

주변관광지 외도해상농원, 해금강, 대 · 소병대도

　한 예능 프로그램에서 지심도를 소개해 더 유명해진 섬이다. 지심도에 가기 위해서는 거제도 장승포 지심도터미널에 가야 한다. 아침 8시부터 오후 4시30분까지 5회 운항하나 승객이 많으면 운항횟수는 늘어나고 풍랑 상태에 따라 운항 여부가 결정되니 미리 확인하는 것이 좋다.

　바람이 불지 않으면 바다를 바라보면서 아름다운 모습을 카메라에 담거나 갈매기들과 즐거운 시간을 보낼 수 있지만 바람이 많이 불면 밖에 나갈 수 없으니 선실에 앉아 휴식을 취하는 것이 좋다. 동백꽃이 피는 봄에는 많은 사람이 몰려들어 북적댄다.

　장승포항에서 지심도까지는 5㎞ 정도 되는데 배로 15~20분 걸린다. 지심도는 위에서 내려다본 섬의 형상이 마음 심(心)자를 닮았다 하여 '지심도(只心島)'라 불린다고 한다. 출발한지 20분 만에 선착장에 닿고 배에서 내리면 선착장에서 지도를 받아 지심도 트레킹에 나서면 된다. 지그재그로 난 길을 따라 마을로 올라가면 동백숲 기운에 흠뻑 빠지는 경험을 할 수 있다.

　중간에 주민들의 집이 있는데 지금은 민박을 하거나 음식점이나 가게를 운영하는 모습을 볼 수 있다. 해안절벽으로 가면서 동백터널을 통과하게 되는데 지심도에는 동백터널이 곳곳에 있다. 지심도 자가발전소로 올라갔다가 다시 내려와 동백숲 속으로 난 길을 따라 걸으면서 지심도를 속속들이 느낄 수 있다. 겨울을 지난 동백꽃들이 하나 둘 앞을 다투며 꽃망울을 터뜨리기 시작하는 모습을 보는 것만으로도 정겹다.

　동백꽃은 완전히 피어났을 때는 선홍빛 자태를 뽐내는데 그 정렬적인 힘이 없어지면 선혈처럼 땅에 떨어진다. 지심도에는 초록빛 세상 속에서 검붉은 동백이 섬 구석구석을 꾸미고 있다.

지심도 동백

우리나라에 여수 오동도나 고창 선운사 등 동백꽃으로 유명한 곳이 많이 있지만 지심도는 섬 전체에 피어나는 동백꽃으로 유명하다. 지심도에서는 12월 초부터 동백꽃이 피기 시작한다. 이렇게 피어나 3월이 되면 절정에 달해 아름다운 동백꽃을 보기 위해 많은 사람이 즐겨 찾는 섬이 되었다. 봄의 중간 4월이면 일반적으로 꽃잎을 감춘다.

14위 부산 아쿠아리움

- **여행포인트** 아이들과 다양한 물고기 이름 대기를 해보자.
- **주소** 부산시 해운대구 중1동 1411-4
- **문의** 051-740-1700
- **홈페이지** www.busanaquarium.com
- **가는 길**
  - **자가용:** 경부고속도로-당진 · 상주고속도로-중부내륙고속도로-경부고속도로-남해고속도로-대제IC-부산 아쿠아리움
  - **대중교통:** ① 서울고속버스터미널 부산행 버스(06:00~24:00, 배차간격 30분)-부산버스터미널에서 해운대행 시내버스-아쿠아리움 ② 서울역 부산행 KTX 열차-전철 1호선 부산역-서면역에서 2호선 환승-해운대역 3 · 5번 출구로 나와 도보 10분
- **먹을거리**
  - **가야밀면**(냉면, 051-747-9404, 해운대구 좌동)
  - **더파티프리미엄**(해물뷔페, 051-744-7711, 해운대구 중1동)
- **잠자리**
  - **나비호텔**(051-747-8484, 해운대구 중동)
  - **해운대그랜드호텔**(051-740-0114, 해운대구 우동)
- **주변관광지** 동백섬, 해운대해수욕장, 청사포

　육지에 살면서 바다 속 세상에 대한 궁금증 한번 안가져 본 사람이 있을까? 부산 아쿠아리움은 이런 궁금증을 한 방에 풀어주는 곳이다. 어류도감에서나 볼법한 다양한 물고기를 직접 눈으로 확인해보고 다양한 이벤트를 만날 수 있는 곳.

　해운대해수욕장 바로 근처에 있어 바다를 더욱 가깝게 느낄 수 있다. 세계적 규모의 해저 테마 수족관인 부산 아쿠아리움은 국내 최대 규모로 2001년 개관했다. 개관 이후 부산 시민들 뿐만 아니라 해운대를 찾아온 여행객들까지 꾸준한 방문이 줄을 잇고 있는 부산의 명소다.

　이곳은 지상 1층, 지하 3층의 규모로 사십 여개의 테마별 수족관이 있어 각각의 특징에 맞게 다양한 물고기와 바다 생물을 만나볼 수 있다. 또한 해저터널이 있어 그곳을 걷고 있노라면 실제 바다속에 머무는 듯한 착각이 든다. 그 외에도 야외공원 등이 있어 바닷 속 세상을 거닐다 휴식을 취할 수도 있다.

　수족관 안에는 많은 종류의 물고기들이 좁은 공간안에서 유유히 돌아다니고 있다. 이곳의 메인수족관과 산호수족관 그 밖의 크고 작은 테마별 수족관에서는 아쿠아리움이 아니면 볼 수 없는 세계 곳곳의 바닷 속 모습을 보여준다.

　이곳에는 편의 시설도 잘 되어있다. 에스컬레이터가 설치되어 있어 이동이 편리하고, 지하 1층에는 패스트푸드점이 있어 간단한 요기도 할 수 있다. 온 가족이 함께하면 더 행복한 아쿠아리움은 살아있는 바다를 몸소 체험할 수 있는 곳이다. 아이들이 특히 좋아하는데 온가족이 함께 해운대해수욕장에서 휴가를 즐기고 마지막 코스로 방문하면 좋은 곳이다.

다양한 이벤트와 교육의 장

이곳에서는 계절별로 다양한 특별전과 고객 이벤트를 기획해, 끊임없이 새로운 모습을 선보이고 있으니 각종 이벤트 정보는 홈페이지를 참고하면 된다. 그리고 해양생물에 대한 전문지식을 가진 교육담당자의 전시안내는 물론 다양한 학교 연계 프로그램과 어린이 교육 프로그램 등을 마련해, 청소년들에게 유익한 교육의 장으로 활용되고 있으니 교육 효과도 크다고 할 수 있다.

15위 진주 진주성

🚶	**여행포인트**	**논개의 얼이 깃든 진주성의 이야기를 들려주자.**
📠	**주소**	**경남 진주시 본성동 415**
📱	**문의**	**055-749-2480**
🖥	**홈페이지**	**http://tour.jinju.go.kr**
🚗	**가는 길**	• **자가용:** 경부고속도로-대전 · 통영고속도로-서진주IC-진주성
		• **대중교통:** 서울남부버스터미널 진주행 버스(06:00~24:00, 배차간격 30분)-진주버스터미널에서 시내버스 15 · 25 · 37 · 38번-진주성(문의: 진주버스터미널 055-741-6039)
🍶	**먹을거리**	• **서울설렁탕**(설렁탕, 055-745-6003, 본성동)
		• **제일식당**(한식, 055-741-5591, 대안동)
🏠	**잠자리**	• **아시아레이크사이드호텔**(055-746-3734, 판문동)
		• **달강**(055-758-7885, 대평면 내촌리)
⚓	**주변관광지**	**진양호, 물문화관, 진주향교**

경상남도 진주 하면 제일 먼저 떠오르는 것이 남강과 어우러진 진주성이다. 또한 남강 바위벼랑 위의 촉석루는 영남 제일의 아름다운 누각이다. 사적 제118호로 지정되어 있는 진주성은 임진왜란 때 진주목사 김시민이 왜군을 대파해 임진왜란 3대첩 중 하나인 진주대첩을 치룬 곳이다. 진주성은 둘레 1760m, 높이5~6m 성곽으로 삼국시대에는 거열성, 통일신라시대에는 만흥산성, 고려시대에는 촉석성, 조선시대 이래로는 진주성 또는 진양성으로 불렸다.

진주성은 원래 고려말 해구(海寇)의 침범에 대비해 토성으로 쌓았던 것을 진주목사 김중광이 돌로 쌓았고, 조선 선조 24년(1591)에는 경상감사 김수가 진주성을 수축하고 외성을 쌓았다. 임진왜란 3대대첩 중 진주대첩이 벌어진 곳이다.

정문을 통해 들어가 성벽을 따라 걸으면 성이라는 것이 실감이 간다. 김시민 장군의 동상을 지나 영남포정사가 있다. 실제 포졸이 근무하는 것 같은 착각이 들 정도로 보초를 서는 병사의 모습이 진지하다. 북장대 등 망루와 가옥들을 보며 그 안에서의 생활을 상상해보는 것도 좋다.

성벽을 따라 걷다보면 남강에 떠있는 배 한 척을 볼 수 있다. 물론 모형으로 만들어졌지만 사공이 실제 노를 젓는 듯한 느낌이 든다. 여유가 있다면 한참 동안 남강의 풍광 속에 빠져 시간을 보내는 것도 좋다. 성을 따라 걷다보면 촉석루를 만나게 된다. 경상남도 문화재자료 제8호인 영남 제일의 명승인 촉석루는 조망 또한 일품으로 전시에는 지휘본부로 사용하고 평상시에는 선비들이 풍류를 즐기던 곳이었다고 한다.

고려시대에 진주목사였던 김지대가 처음으로 창건한 뒤 8차례 중건과 중수를 거쳤으나 한국전쟁 때 불타버려 1960년 5월 중건했다. 대들보는 강원도에서 가져온 것으로 '강중의 돌이 높이 솟아있다(江中有石矗矗)' 라는 뜻에서 촉석루라 부른다고 한다.

의기사와 의암

의기사는 임진왜란 제2차 진주성 싸움에서 수많은 장졸과 주민이 왜적들에게 희생당한 것을 복수하고자 적장을 끌어안고 남강에 투신한 논개의 얼을 기리기 위해 그 영정을 모신 곳이다. 촉석루에서 남강으로 빠져나가는 좁을 길을 따라가면 논개의 얼이 서린 전서로 새긴 의암(義巖)이라는 글씨가 보인다. 의암사적비는 의기논개지문이란 단칸짜리 보호각 안에 세워져있다.

양산 통도사

여행포인트	불교문화 해설사가 들려주는 문화재 안내를 듣고 싶다면 꼭 미리 신청하도록 하자.
주소	경남 양산시 하북면 지산리 583
문의	055-382-7182
홈페이지	**www.tongdosa.or.kr**

가는 길
- **자가용:** 경부고속도로-영동고속도로-중부내륙고속도로-경부고속도로-통도사IC-통도사
- **대중교통:** 서울역 울산행 KTX 열차(수시운행)-울산역에서 버스 13번(05:02~20:38, 배차간격 30~50분)-통도사

먹을거리
- **부산식당**(한식, 055-382-6426, 양산시 하북면 지산리)
- **OK목장**(한식, 055-383-0939, 울주군 삼남면 방기리)

잠자리
- **너른마당**(010-2943-2455, 양산시 하북면 초산리)
- **통도민박**(055-383-4341, 양산시 하북면 지산리)

주변관광지   배네골, 내원사계곡, 홍룡폭포

통도사는 해인사, 송광사와 더불어 삼보사찰에 속하며 5대 적멸보궁의 하나다. 통도사는 부처의 법신(法身)을 상징하는 진신사리를 모시고 있어 많은 사람이 즐겨 찾는 사찰이다.

통도사 입구를 들어가면 소나무 길이 이어져 마음까지 편하게 만들어준다. 주차장에서 다리를 건너 안으로 걸어가면 우측에 부도가 있고 '영축총림'이라는 간판을 가진 문을 지나 앞으로 걸어가면 시원한 바람이 온몸을 스쳐 지나간다. 성보박물관으로 가는 길과 주위에는 장승과 문인석, 십이지신상 등 다양한 석물이 즐비하고, 박물관 주위는 석탑, 사리탑, 탑의 기단부 등이 차지하고 있다.

「삼국유사」의 기록에 의하면 통도사는 신라의 자장이 당나라에서 불법을 배우고 돌아와 신라의 대국통이 되어 왕명에 따라 창건하고 승려의 규범과 법식을 가르치는 등 불법을 널리 전한 데서 비롯된다. 이때 부처의 진신사리를 안치하고 금강계단을 쌓아 승려가 되고자 원하는 많은 사람을 득도케 했다고 한다.

통도사 경내의 건물들은 대웅전과 고려말 건물인 대광명전을 비롯해 영산전, 극락보전 외에 12개 법당과 천왕문, 불이문, 일주문, 범종각 등 65동 580여 칸에 달하는 대규모 사찰이다. 이 건물들은 임진왜란 때 불에 탄 것을 선조 34년(1601년)과 인조 19년 두 차례에 걸쳐 중수했는데 대광명전을 제외하고는 모두 근세의 건물들이다.

통도사는 부처의 진신사리를 안치하고 있어 불상을 모시지 않고 있는 국보 제290호 대웅전, 보물 제334호 은입사 동제향로, 보물 제471호 봉발탑 등 문화재가 있다. 통도사에는 일정한 교육을 받은 통도사 신도로 구성된 불교문화 해설사가 주중과 주말을 막론하고 통도사의 전각과 문화재를 중심으로 안내해준다. 통도사 홈페이지를 통해 신청한 후 이용할 수 있다.

통도사 이름의 유래

통도사라는 이름은 절이 위치한 산의 모습이 부처가 설법하던 인도 영취산과 통한다는 뜻에서 그렇게 지었고, 또 승려가 되고자 하는 사람은 모두 이 계단을 통과해야 한다는 의미에서 통도라 했으며, 모든 진리를 회통해 일체중생을 제도한다는 의미에서 통도라 이름 지었다고 한다.

17위 부산 자갈치 시장

여행포인트	**다양한 해산물을 구경해보고 맛있는 식사를 즐기자.**	

주소　부산시 중구 남포동4가 37-1

문의　051-245-2594

홈페이지　www.jagalchimarket.org

가는 길
- **자가용:** 경부고속도로-당진 · 상주고속도로-중부내륙고속도로-경부고속도로-남해고속도로-대저IC-자갈치시장
- **대중교통:** ① 서울고속버스터미널 부산행 버스(06:00~24:00, 배차간격 30분)-부산버스터미널에서 자갈치시장행 시내버스-자갈치시장　② 열차: 서울역 부산행 KTX 열차(수시운행)-전철 1호선 부산역-1호선 자갈치역 하차-자갈치시장

먹을거리
- **18번완당집**(김초밥, 051-245-0018, 중구 남포동)
- **싱싱횟집**(생선회, 051-246-3165, 신동아회센터 3층)

잠자리
- **코모도호텔**(051-466-9101, 중구 영주동)
- **부산관광호텔**(051-241-4301, 중구 동광동)

주변관광지　용두산공원, 중앙공원, 부산민주공원

　사람들이 부산에 가면 많이 찾는 자갈치시장. 40~50대라면 한번쯤 자갈치시장 좌판에서 곰장어와 함께 마셨던 술 한잔의 추억을 가지고 있을 것이다. 1945년 해방되면서 일본에서 머물던 사람들이 부산으로 한꺼번에 몰려오면서 재산이 없었던 그들이 어물저장고, 냉장고 등이 있던 자갈치에 좌판을 연 것이 시장의 시초가 되었다. 6·25전쟁이 발발했을 때는 피난민들도 이곳에 좌판을 벌이면서 자갈치시장

에 더 많은 사람이 몰려와 번창하게 되었는데 이때 곰장어구이가 등장하게 되었다. 곰장어는 고기는 버리고 가죽만 취했고 값도 쌌다. 밑천이 없던 자갈치 아지매들은 이것을 구워 팔았고 당시 돈 없는 자갈치 사람들이 이를 안주 삼아 술 한잔하면서 삶의 향기도 함께 나누었다.

　'자갈치시장'이란 이름은 6·25전쟁 이후 이곳이 자갈밭에 있던 시장이어서 '자갈밭'과 장소를 나타내는 '처(處)'가 경상도 사투리로 발음되다 '치'가 되어 자갈치가 되었다는 이야기가 있다.

　자갈치시장은 부산광역시 중구 남포동과 서구 충무동에 있는 수산물시장으로 현대화 건물이 들어서면서 옛 정취는 사라져가고 있지만 그래도 아직까지 옛날의 정감있는 모습이 남아있다. 자갈치시장 현대화 건물은 1층, 2층은 수산물 상점 및 건어물 상점, 횟집으로 사용되고 있다. 많은 사람이 부산에 들르고 이곳 자갈치시장에서 맛있는 시간을 보낸다. 바다향기 가득한 자갈치시장에는 인정도 웃음도 함께 피어난다. 가족과 함께 즐거운 식사 시간을 가져보자.

놓치지 마세요!

자갈치시장축제

자갈치시장에서 해마다 10월에 열리는 관광축제인 자갈치시장축제는 부산을 상징하는 관광명소인 자갈치시장에서 '오이소, 보이소, 사이소'라는 슬로건을 내걸고 시작됐다. 정겨운 자갈치 아지매의 웃음소리와 수산시장 특유의 생동감, 다채로운 볼거리와 먹을거리, 살거리가 어우러진 해양수산물관광축제의 장이다. 축제기간에 부산에 가서 축제에도 참가하고 싱싱한 바다도 만나보면 더 즐거운 여행이 될 것이다.

18위 울산 진하해수욕장

여행포인트	이른 아침 멸치잡이 배와 함께 갈매기들이 떼지어 들어오는 모습을 지켜보자.
주소	울산시 울주군 서생면 진하리 307-2
문의	052-229-7642(울주군 관광진흥팀)
홈페이지	http://tour.ulju.ulsan.kr/menu01/leports05.php

가는 길
- **자가용**: 경부고속도로-영동고속도로-중부내륙고속도로-경부고속도로-울산고속도로-울산 IC-진하해수욕장
- **대중교통**: 동서울버스터미널 울산행 버스(06:00~23:50, 배차간격 40~50분)-울산버스 터미널에서 시내버스 1715 · 705번-진하해수욕장

먹을거리
- **선댄스레스토랑**(양식, 052-239-7008, 서생면 진하리)
- **누부야솔잎짚불산곰장어**(곰장어요리, 052-238-6004, 서생면 진하리)

잠자리
- **진하하늘바다펜션**(017-554-0026, 서생면 진하리)
- **블루오션뷰**(052-238-0006, 서생면 진하리)

주변관광지   간절곶, 고래박물관, 대왕암공원

사진 찍는 것을 좋아하는 사람도, 그저 감상하는걸 좋아하는 사람도 어떤 사물에 대한 느낌은 각기 다르겠지만 공통적인 생각을 가질 수 있다. 그중에서도 이른 아침 어둠을 뚫고 떠오르는 태양을 맞는 느낌은 모두에게 특별하게 다가온다.

우리나라에서 아름다운 일출을 볼 수 있는 곳은 많다. 아니 해가 뜨는 곳을 바라보면 모두 일출 모습을 볼 수 있겠지만 사람들은 독특한 느낌과 장소를 원한다. 특히 자연적으로 만들어진 섬이나 나무 등과 어우러진 아름다운 일출을 보는 것은 참 행복한 일이다.

강양항에서 일출을 담는 방법은 세 가지 정도다. 하나는 진하해수욕장에서 명선도로 떠오르는 일출을 담아내는 방법, 다른 하나는 이른 아침 멸치잡이 배가 강양항으로 들어오면 갈매기들이 떼를 지어 따라오는데 그때 이뤄지는 일출을 담는 방법, 진하해수욕장 앞바다에서 피어오르는 물안개와 일출의 조화로운 모습을 담아내는 방법이 있다.

2010년 3월 개통된 명선교는 새로운 사진촬영 명소로 자리 잡고 있다. 근처에 공원이 조성되어 밤에는 바람에 빙빙 돌아가는 바람개비와 어우러진 빛을 소재로 멋진 사진도 담아낼 수 있다. 이뿐만 아니라 명선교 야경도 아름다워 많은 사람이 이곳을 담기 위해 밤에도 찾아온다. 각각의 조명 색으로 변하면서 명선도는 서로 다른 얼굴로 다가온다. 바닷물과 어둠 그리고 빛이 교차하고 어우러지는 모습이 인상 깊다.

명선교에서 담아내는 명선도와 일출 그리고 멸치배의 움직임은 진하해수욕장과 강양항의 하이라이트가 되고 있다. 이곳은 좋은 사진을 찍기 위한 자리다툼이 심한 곳이다. 이른 새벽부터 진을 치고 날이 밝아오기를 기다리는 경우가 많으니 좋은 사진을 찍고 싶다면 서두르는 것이 좋다.

일출의 묘미 오메가를 담기

진하해수욕장에서 일출을 찍을 때 오메가를 담을 수 있다. 계절별로 보면 겨울이 오메가를 담을 확률이 높아진다. 오메가란 글자 Ω 모양으로 해가 뜨거나 해가 질 때를 말하는 것으로 해가 바다와 만나기 직전에 이뤄진다. 일출이나 일몰 사진을 담으러 많이 다니는 사람들도 자주 볼 수 없다. 맑은 날 이뤄지는 경우가 많은데 오메가를 사진에 담으면 누구라도 행복해진다.

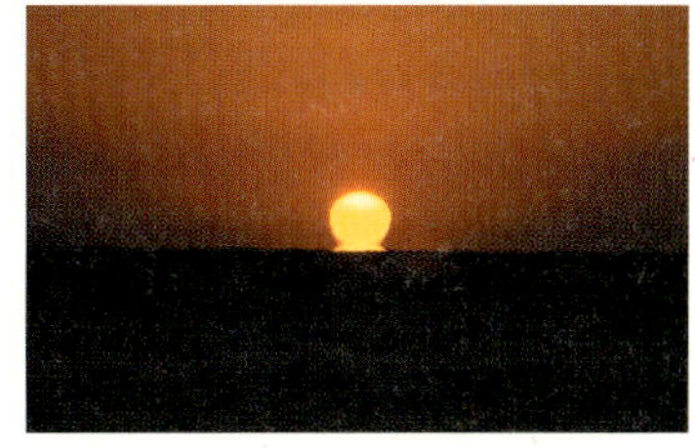

19위 통영 한산도

주소	**경남 통영시 한산면**	

주소   경남 통영시 한산면

문의   055-650-4690

홈페이지   www.gohansan.com

가는 길
- **자가용:** 경부고속도로-대전IC-통영 · 대전고속도로-통영IC-통영시내-산복도로길-통영유람선터미널-한산도
- **대중교통:** 서울남부버스터미널 통영행 버스(06:40~23:30, 배차간격 40분~1시간)-통영버스터미널-통영유람선터미널(하절기 09:00 ~18:00, 동절기 09:00~15:00, 수시운행)-한산도-제승당 (문의: 통영유람선터미널 055-643-4747)

먹을거리
- **가고파식당**(한식, 055-641-8388, 한산면 하소리)
- **보리수식당**(한식, 055-642-8262, 한산면 하소리)

잠자리
- **바들향펜션**(055-643-8891, 한산면 하소리)
- **추봉펜션**(055-648-1212, 한산면 추봉리)

여행포인트   이순신 장군의 유적지를 둘러보며 위인전 속 업적을 되돌아보자.

한산도에 가기 위해서는 통영여객선터미널에서 여객선을 타면 되는데 오전 7시부터 1시간 간격으로 운항하며 운행시간은 30분 정도 걸린다. 항구를 떠나 한산도로 가는 길에 많은 등대를 만나게 되는데 특히 연필등대가 눈에 띈다.

한산도는 한려수도 중에서도 그 중심부를 차지하는데 아름다운 자연경관뿐만 아니라 이순신 장군의 우국충절이 살아있는 섬이기에 더 깊은 생각을 하게 된다. 배를 타고 가는 동안 주변에는 미륵도, 거제도 등 큰 섬을 비롯해 화도, 서좌도, 송도, 추봉도 등 작은 섬들이 흩어져있다.

섬에 가까워지면서 거북등대를 볼 수 있는데 암초 위에 거북선 모양으로 만들어졌다. 바닷물이 들어올 때면 암초가 바닷물에 잠겨 마치 거북선이 출진하는 모습을 연상케 한다. 한산섬은 1593년 이순신 장군이 수군통제사의 본영을 여수에서 이곳으로 옮겨온 후 1597년 서울로 압송될 때까지 4년간 있었던 곳으로 임진왜란 당시 삼도수군통제영이 최초로 자리 잡은 곳이다.

앞바다는 세계 해전사에 빛나는 한산대첩을 이룬 역사의 현장으로 많은 생각을 하게 하는 곳이다. 봄이면 선착장 우측으로 시멘트 포장도로를 따라 걸으면서 동백꽃을 만나는데 분홍색과 빨간색 꽃이 피어나 아름다움을 보여준다. 선착장에서 10분 정도 걸어가면 제승당에 닿는다.

제승당은 충무공 이순신 장군이 왜적을 크게 무찌른 수군의 본영으로 제해권을 장악하고 국난을 극복한 한산대첩의 유서 깊은 사적지다. 그 안에는 노량해전도와 거북선, 무기류가 전시되어 있다. 한산정이 바로 뒤에 있는데 활을 쏘던 곳이다.

제승당에는 수루가 있는데 그곳에서 내려다보는 남해는 참 아름답다. 수루는 한산도 앞바다를 볼 수 있는 자리에 고증을 거쳐 1976년 충무공유적지 정화사업 때 복원된 일종의 망루인데 그곳에서는 이순신 장군의 시조를 만날 수 있다.

한산도 제승당과 건물들

한산도는 1976년 당시 박정희 대통령이 대대적인 정화사업을 벌여 지금의 모습을 갖추게 되었다고 한다. 경내에는 제승당, 충무사, 수루, 한산정 등과 유허비 등이 있어 이순신 장군의 우국충정을 느낄 수 있다.

20위 울산 십리대 숲

여행포인트	**대나무 숲을 옆에 끼고 온가족이 산책을 나서보자.**	

여행포인트 　대나무 숲을 옆에 끼고 온가족이 산책을 나서보자.

주소 　울산시 남구 신정동 646-4

문의 　052-229-6144(태화강 관리단)

홈페이지 　http://taehwagang.ulsan.go.kr/index.htm

가는 길
- **자가용:** 경부고속국도-울산IC-북부순환도로-다운오거리에서 우회전 후 좌회전-태화강
- **대중교통:** 서울고속버스터미널 울산행 버스(06:00~23:00, 배차간격 30분~1시간)-울산 버스터미널- 역 앞 롯데호텔 맞은편 정류장에서 시내버스 708 · 807번-동강병원에서 하차 후 도보 10분

먹을거리
- **처용**(한식, 052-244-4745, 우정동)
- **본정**(한식, 052-268-1164, 달동)

잠자리
- **해마루펜션**(011-576-4195, 어물동)
- **해와달펜션**(011-860-9430, 주전동)

주변관광지 　**반구대 암각화, 석남사 삼층석탑, 가지산**

서울에 한강이 있다면 울산에는 태화강이 있다. 태화강은 울산시민들에게 한없이 베푸는 포근함이 있고, 낭만과 서정을 일깨우는 어머니 같은 장소다. 태화강은 울산의 중심을 가르며 흐르고, 화룡연을 굽이돌아 학성을 지나면서 울산만에서 동해로 들어가 바다와 만난다.

동서 약 36㎢, 남북 28㎢ 유역은 그 대부분이 산악지대를 형성하나 강의 양쪽과 하류에는 기름진 평야가 펼쳐져 있다. 오늘날에는 울산시민의 중요한 식수원이 되고 있다. 태화강은 울산의 생명을 유지시키는 혈관이다.

울산의 십리대 숲은 울산광역시 태화강변에 자리 잡고 있으며 태화교와 삼호교 사이 태화강 양편에 형성된 대밭이다. 길이가 무려 4㎞나 되고 폭이 20~30m로 초록빛 가득한 모습이 참 보기에 좋다. 이 대나무 숲은 당초 중구 태화동 내오산 끝자락에 자생하던 것으로 일제강점기에 잦은 홍수 범람으로 농경지 피해가 많아짐에 따라 주민들이 홍수 방지용으로 백사장에 심은 대나무가 오늘의 십리대 숲으로 변했다.

늦겨울에는 대나무 숲에 바람이 불 때마다 서걱이는 소리가 봄을 불러들이고, 여름에 소나기가 내리면 후두둑거리는 소리가 대나무 숲을 지나면서 음악처럼 다가온다. 가을에도 겨울에도 초록빛 세상이 펼쳐지면서 곧은 절개를 배우게 한다.

태화강 걷기

오염되었던 강이 살아나면서 시민들이 즐겨 찾는 공원과 운동장이 되고 있다. 십리대 숲 옆에 만들어진 길은 아침저녁 산책하는 사람들로 북적인다. 늦가을과 겨울에는 철새가 몰려들어 산책의 즐거움을 더한다.

21위 거제 포로수용소유적공원

🧍 여행포인트	6 · 25가 남긴 상처와 교훈에 대해 생각해보자.
📇 주소	경남 거제시 고현동 362
📱 문의	055-639-8125
🖥 홈페이지	www.geojeimc.or.kr/pow

🚗 가는 길
- **자가용**: 경부고속도로-대전 · 통영고속도로-통영IC-14번 국도-거제-거제도포로수용소공원
- **대중교통**: 서울남부버스터미널 고현행 버스(06:40~24:00, 배차간격 30분~1시간)-고현 시외버스터미널에서 포로수용소행 시내버스-거제 포로수용소유적공원

🧴 먹을거리
- **백만석 포로수용소점**(멍게비빔밥, 055-638-3300, 상동동)
- **항만식당해물뚝배기**(해물뚝배기, 055-682-3416, 장승포동)

🏠 잠자리
- **둥우리펜션**(010-4765-1682, 일운면 망치리)
- **오션뷰펜션**(055-682-4400, 일운면 소동리)

⚓ 주변관광지 **거제박물관, 거제 자연예술랜드, 구조라해수욕장**

1950년 6월 25일 한반도에 전쟁이 발발했고 3년간의 전쟁 후 휴전이 되어 60년이 넘었다. 전쟁의 소용돌이 속에 거제도는 우리 전쟁사에 아픔의 장소가 되었다. 거제도는 옛날부터 유배지로 유명했으며 구한말과 임진왜란 때는 군사적 요충지로 많이 활용되었던 곳이다. 6·25전쟁이 일어난 후 유엔은 전쟁을 겪으면서 급증하는 포로를 이곳 거제도에서 효과적으로 관리하기 위해 1950년 11월부터 포로수용소를 설치했다. 1951년 6월에는 17만3000명의 포로를 수용하게 된다. 이곳에는 북한포로뿐만 아닌 중공군포로도 수용했으며 지급물자 면에서 제네바협정에 따라 한국군보다 좋은 대우를 받았다고 한다.

거제도포로수용소유적공원이 공식 명칭인 이곳에 들어서면 기념탑과 태극기를 중심으로 참전국 국기가 게양되어 있다. 탱크전시관을 지나 포로수용소 디오라마관으로 들어가면 전쟁의 축소판이 펼쳐져있다. 전쟁의 참혹한 모습이 눈에 들어온다. 6·25역사관에서 6·25 발발과 진행과정을 알 수 있어 학생들에게 좋은 자료가 되리라 생각한다. 이곳을 방문하는 누구라도 포로생포관, 포로수송, 여자포로관, 포로폭동 체험관, 포로설득관, 거제도포로수용소 유적관을 돌아보면서 6·25가 남긴 상처와 교훈에 대해 생각하며 애국심이 솟는 것을 느낄 수 있다.

포로막사에서는 그들의 생활상을 엿볼 수 있는 장면이 많이 있고, 거의 파괴된 기존 유적지는 그때 사용했던 막사와 PX 자리가 남아있다. 중간에 설치된 당시 전차와 비행기는 6·25의 참상을 느낄 수 있는 귀한 자료다. 1953년 7월 휴전협정으로 포로수용소는 폐쇄되었고 현재는 건물 잔해만 곳곳에 남아있어 역사의 한 자취로 교훈을 주고 있다. 거제도 포로수용소를 돌아보면서 우리 민족에게 아픔을 건네준 전쟁을 느낄 수 있다. 그리고 우리 문학사에 큰 획을 그은 둔덕면에 있는 청마생가와 기념관을 돌아보는 것도 좋다.

청마생가와 기념관

거제도 산방산 입구에 자리 잡은 청마기념관은 2008년 청마 유치환 선생의 문학정신을 기리고 그 업적을 고양하기 위해 건립되었는데 그의 삶과 문학세계에 젖어들 수 있다. 청마기념관 옆에는 복원된 아담하고 포근한 초가집의 청마생가가 자리 잡고 있는데 마치 고향에 온 듯한 느낌이 든다.

22위 산청 남사예담촌

여행포인트	**전통가옥에서 실제 숙박경험을 해보자.**	
주소	**경남 산청군 단성면 남사리 남사마을**	
문의	**055-972-7107**	
홈페이지	**http://yedam.go2vil.org**	
가는 길	• **자가용:** 경부고속도로-대진고속도로-단성IC-남사마을	
	• **대중교통:** 서울남부버스터미널 진주행 버스(06:00~24:00, 배차간격 30분)-진주버스터 미널대원사 · 중산리방향 버스-남사마을(문의: 진주버스터미널 055-741-6039)	
먹을거리	• **예담촌**(찻집, 055-972-0424, 단성면 남사리)	
	• **남사예담촌먹을거리**(한식, 010-6421-7151, 단성면 남사리)	
잠자리	• **산유화펜션**(070-4254-3733, 단성면 방목리)	
	• **사양정사**(011-789-0801, 단성면 남사리)	
주변관광지	**문익점 목화 시배지, 지리산, 성철 대종사 생가**	

우리나라에는 건축물이 옛 모습을 간직하고 있는 곳이 많다. '한옥마을' 이라는 이름을 가지고 있거나 '민속마을' 이라는 이름으로 우리 전통을 잘 간직하고 있다. 안동의 군자마을이나 함평의 모평마을, 영암의 구림마을, 담양의 창평마을 등 많은 곳에서 실제 숙박이 가능하다. 이곳을 찾는 사람들에게 우리 전통이 무엇인지 알 수 있게 하는 데 부족함이 없다.

경남 산청을 여행하다보면 전통 고가마을인 '남사 예담촌' 을 만날 수 있다. 전통가옥이 사라져가는 요즘 이곳은 전통가옥을 보존하고, 마을을 찾는 사람들을 따뜻하게 맞아주는 지리산 초입의 작은 마을이다.

초봄에 가면 봄빛 부서져 내리는 날 매화향이 가득 다가오는 것을 온몸으로 느낄 수 있다. 경상북도 안동에 하회마을이 있다면 경상남도 산청에는 남사마을이 있다고 할 정도로 남사예담촌은 양반마을, 전통 한옥마을로 유명하다.

남사예담촌의 '예담' 은 '옛스런 담' 이란 뜻을 가진 말인데 마을의 담장 너머에 숨어있는 우리 한옥의 아름다움을 품고 있고, 옛 선비들의 기상과 예절을 발견해 보라는 뜻이 숨어있다.

특히 봄날에 때를 맞춰 가면 마을 안에 700년 된 원정매의 후손 매화나무가 꽃을 피워내 여행객들의 발걸음을 붙잡고 그 향기로 말미암아 봄을 느끼게 한다. 물론 매화나무에서 피어나는 봄을 만날 수 없어도 철 따라 피어나는 꽃을 만나면서 또 다른 즐거움에 젖을 수 있다.

남사마을의 마을길을 따라 걷는 것도 재미있다. 예전에는 어느 곳을 가도 흙담을 볼 수 있었지만 지금은 토담은 사라지고 그 자리를 토담 대신 시멘트 벽돌이 채우고 있어 예스러움이 사라지고 있지만 남사마을에는 아직도 그 모습이 고스란히 살아있다.

마을길 걷기

남사마을은 아직 흙으로 된 담이 있고 오랜 시간을 온몸에 담고 있는 오래된 건축물들이 있다. 사람들이 사는 집도 있고 비어 있는 집도 있다. 마을을 걷다보면 유난히 정감 있고 고풍스럽게 느껴지는데 그 이유는 오래된 담장과 가옥 때문일 것이다. 열린 대문을 통해 집 안으로 들어가는 발길이 조심스럽다. 사람들이 살고 있는 집이 많으니 주민들에 대한 에티켓을 지켜야 할 것이다. 마을길은 참 정답다. 흙냄새가 나고 계절이 바뀔 때마다 색다르게 다가오는 모습이 좋다.

창원 주남저수지

여행포인트	**자연 도감에서나 볼 수 있는 철새들의 모습을 직접 확인해보자.**	

여행포인트　자연 도감에서나 볼 수 있는 철새들의 모습을 직접 확인해보자.

주소　경남 창원시 의창구 동읍 대산면

문의　055-212-2791(창원시청 주남저수지담당)

홈페이지　http://junam.changwon.go.kr/main2008

가는 길
- **자가용:** 경부고속도로-대진고속도로-남해고속도로-동창원IC-창원 방향 14번 국도-용잠삼 거리에서 우회전-주남저수지
- **대중교통:** 서울고속버스터미널 창원행 버스(06:00~19:40 배차간격 30분~1시간)-창원 버스터미널 하차-창원역 앞에서 시내버스 40번 · 41번 · 42번-주남저수지

먹을거리
- **주남오리알**(오리고기, 055-297-7776, 동읍 월잠리)
- **호수에그림하나**(해물파전, 055-251-7335, 동읍 월잠리)

잠자리
- **시티세븐 풀만 앰배서더**(055-600-0700, 대원동)
- **호텔시네마**(055-265-7812, 봉곡동)

주변관광지　**김종영생가, 창원향교, 마금산온천**

　우포늪, 천수만과 함께 철새도래지로 유명한 창원 주남저수지는 창원시 동읍에 있다. 약 602ha 면적으로 인근 구룡산과 백월산에서 흘러내리는 물과 낙동강 물을 수원으로 산남·주남·동판 등 3개 저수지로 구성되어 있다.

　주남저수지는 늪지가 있고 갈대가 자라고 있어 붕어마름, 개구리밥 등 각종 먹이가 많아 철새도래지로서 좋은 조건을 가지고 있다. 매년 11월에는 날씨가 따뜻하고 먹이가 많은 이곳으로 겨울을 지내기 위해 많은 철새가 날아든다. 천연기념물 제203호인 재두루미, 제205호인 노랑부리저어새, 제201호인 고니 등 20여 종의 수만 마리 혹은 수십만 마리 철새가 찾아들어 이듬해 초봄까지 이곳에서 지낸다.

　주남저수지는 봄부터 겨울까지 아름다운 풍경을 제공한다. 봄에는 철새들이 떠나며 겨울을 벗은 나무에서 초록빛 세상이 피어오른다. 여름에서 가을로 가면서 많은 수생식물이 자라나고 꽃을 피우면서 저수지 전체가 풍성해진다. 가을이 오면 한두 종의 철새가 날아들기 시작하고 가을이 깊어가면서 많은 철새가 날아와 이곳에 보금자리를 튼다.

　저수지와 앞의 논에는 수만 마리의 새가 머물면서 깊어가는 가을을 노래한다. 이곳은 멸종위기 50여 종 등 150여 종의 철새가 머물며 사람들에게 감동을 전하는 자연사박물관이다. 주남저수지는 머리 위로 비행하는 기러기와 가창오리의 화려한 군무 등을 비교적 가까운 거리에서 볼 수 있는 곳이다.

　아이들과 함께 철새를 직접 관찰하기에 좋은 장소다.

주남철새축제

주남저수지에서는 매년 11월 말에 주남철새축제를 연다. 철새도래지 주남저수지의 생태문화관광자원을 적극적으로 개발하고, 지역주민과 함께하는 한마당 축제 행사로 육성 발전시키기 위해 탐조행사를 기본으로 환경체험, 공예체험 및 전통 농경문화 체험 프로그램을 통해 지역주민과 관광객들이 하나가 된다.

전북

김제 벽골제

군산 동국사

부안 채석강

고창 선운사

고창 고인돌 유적

정읍 내장산

진안 마이산과 탑사

무주 설천봉

무주 설천봉 **2**

9 진안 마이산과 탑사

12 전주 덕진공원

전주 한옥마을

1 **8** 전주 전동성당

전주 한옥마을

남원 광한루

남원 광한루 **6**

순창 강천산

순창 강천산

남원 광한루

삶의 여유를 되찾는 고창 · 부안 1박 2일 여행

선암사, 내소사, 개암사 등 산사를 거닐며 사색에 잠겨도 좋고, 학원농장, 자연생태공원에서 자연의 아름다움을 느끼며 휴식을 취할 수도 있다.

1day

1 고창 돋움별마을

일년 내내 국화꽃이 피는 마을. 마을에는 국내 최초 1㎞에 달하는 담장 국화벽화가 이어져 이곳을 찾는 사람들에게 멋진 사진배경을 제공한다.

2 미당 시문학관

미당 시문학관은 선운리에 폐교된 초등학교를 리모델링해 개관한 곳이다. 문학관에는 서정주 시인이 생전에 쓴 육필 원고와 그의 작품집들이 보관 전시되고 그가 살아있을 때 사용하던 생활용품도 함께 전시되어 있다.

관람시간 | 09:00~18:00(하절기), 09:00~17:00(동절기)
휴관일 | 1월 1일, 매주 월요일

3 선운사

전라북도 고창군 아산면 삼인리에 있는 절. 절 자체만으로도 볼거리가 많지만 봄에 피어나는 동백과 여름에 피어나는 상사화 그리고 가을의 다양한 색을 담은 단풍이 가장 큰 볼거리다.

4 학원농장

청보리밭과 메밀밭이 여행자들의 발길을 붙잡는 곳. 바람이 불면 청보리밭이 파도처럼 일렁인다.

2day

1 채석강

채석강은 변산반도의 서쪽에 자리 잡은 해변으로 다양한 색의 판석들이 차곡차곡 쌓여있어 오묘한 형태를 빚어내고 있다. 당나라의 이태백이 뱃놀이를 하다가 물에 비친 달을 잡으려 뛰어들었다는 중국의 채석강과 비슷해 이름이 붙여졌다고 한다.

1 곰소항

전북에서 군산항 다음으로 큰 어항으로 서해어업의 전진기지이다. 특히 젓갈이 유명하다. 김장철이 되면 전국 각지에서 젓갈을 사려는 사람들로 발 디딜 틈이 없다.

2 줄포 자연생태공원

침수 방지를 위해 갯벌을 막아 만든 자연생태공원. 20여 만평의 갯벌저류지에 갈대숲 십리길이 조성되어 있다. 이뿐만 아니라 야생화단지, 바둑소공원, 은행나무 숲길 등이 마련되어 있다.

3 내소사

전나무 향기를 맡으며 찾아가는 고즈넉한 사찰. 보물 제291호로 지정된 대웅전은 조선 중기 사찰건축의 대표적인 작품이다. 특히 대웅전의 꽃살문은 현존하는 것 중 가장 오래된 것이다.

4 개암사

흐드러지게 핀 배롱나무를 볼 수 있는 조용한 사찰. 찾아오는 사람이 많지 않아 사색을 즐기기 좋은 곳이다. 보물 제292호인 대웅전의 우람한 기둥이 안정감을 준다.

01위 전주 한옥마을

여행포인트	한옥마을에서 숙박하며 우리 전통가옥과 현대가옥의 차이점에 대해 말해보자.	
주소	전주시 완산구 풍남동 3가 102	
문의	063-281-5044	
홈페이지	http://tour.jeonju.go.kr	

가는 길
- **자가용:** 경부고속도로-천안·논산고속도로-호남고속도로-전주IC-월드컵경기장 방향-첫 번째사거리에서 좌회전-전주 시내 방향-기린로-전주한옥마을
- **대중교통:** 센트럴시티버스터미널 전주행 버스(05:30~24:00, 배차간격 10~20분)-전주버스터미널에서 시내버스 5-1·7번(배차간격 15~25분)-전주한옥마을

먹을거리
- **만성한정식**(한정식, 063-232-4141, 다가동)
- **전주중앙회관**(비빔밥, 063-285-4288, 중앙동)

잠자리
- **아세헌**(063-287-1677, 풍남동)
- **동락원**(063-287-2040, 풍남동)

주변관광지 최명희문학관, 경기전, 오목대, 술박물관

한옥마을에 들어서면 우리의 정서에 맞는 건축물이 가득해 마음이 편안해진다. 이곳은 우리의 아픈 역사를 돌아보게 한다. 일제강점기에 일본인들이 전주에 들어와 처음 거주한 곳은 서문 밖, 지금의 다가동 근처 전주천변이었다. 서문 밖은 주로 천민이나 상인들의 거주 지역으로 당시 성 안과 밖은 엄연한 신분 차이가 있어 성곽은 계급 차이를 나타내는 상징물로 존재했다.

1907년 일본인에 의해 성곽 서반부가 강제 철거되었고, 1911년 말에 성곽 동반부가 남문을 제외하고 모두 철거되면서 일본인들이 성 안으로 들어오게 되었다. 실제로 서문 근처에서 행상을 하던 일본인들이 다가동과 중앙동으로 진출했다고 한다.

그 후 1934년까지 전주 거리가 격자화되고 상권이 형성되면서 일본 상인들이 전주 최대 상권을 차지하게 되었으니 통한의 아픔이었고 이런 상황은 해방 전까지 지속되었다.

1930년 전후로 일본인들의 세력 확장에 대한 반발로 한국인들은 교동과 풍남동 일대에 한옥촌을 형성하기 시작했다. 일본식과 대조되는 화산동 양풍(洋風) 선교사 촌과 학교, 교회당 등과 어우러지는 멋진 모습을 연출하게 되었다. 오목대에 올라 바라보면 팔작지붕의 곡선 용마루가 즐비한 명물이 바로 전주 한옥마을의 진면목이다.

이곳에는 볼거리가 많다. 경기전, 최명희문학관, 전동성당, 술박물관, 오목대 등과 한옥으로 이어지는 마을을 걷노라면 기분이 좋아진다. 골목에서는 아름다운 무늬의 담장을 만날 수 있고 여름에는 장미가 늘어진 모습을, 가을에는 울긋불긋 단풍도 볼 수 있다. 이곳은 지금 아름다운 한옥이 가득하다. 담장과 골목이 어우러져 우리의 멋을 한층 더하고 있다. 또한 전통 한옥 숙박도 가능하니 꼭 체험해보자. 예약은 필수다.

경기전

경기전은 이성계의 어진을 봉안하고 제사 지내는 전각으로 1991년 1월 9일 사적 제339호로 지정되었다. 경기전은 왕조의 발상지라 여기는 전주에 세운 전각인데 세종 때 붙인 이름이고 건물은 정유재란 때 불탄 것을 1614년(광해군 6)에 다시 지었다.

02위 무주 설천봉

여행포인트	**도시에서는 볼 수 없는 설천봉 운해를 보는 것만으로도 특별한 경험이 된다.**
주소	**전북 무주군 설천면 만선로 185**
문의	**063-324-2114**(무주관광안내)
홈페이지	**http://tour.muju.org**

가는 길
- **자가용:** 경부고속도로-회덕IC-대전터널-무주 방향-대전·통영고속도로-무주IC 진입해 좌회전-사산삼거리에서 좌회전-치목터널-구천동터널-덕유산리조트-리조트 내 곤돌라 이용-설천봉
- **대중교통:** 서울남부터미널 무주행 버스(07:40, 09:20, 10:40, 14:40, 14:35)-무주버스터미널에서 덕유산리조트행 시외버스 또는 무료 셔틀버스(무주할인마트 앞 출발)-배방삼거리 하차-리조트 내 곤돌라 이용-설천봉

먹을거리
- **향적**(고기, 063-322-6957, 설천면 심곡리)
- **옛터**(한식, 063-322-9177, 설천면 삼공리)

잠자리
- **무주리조트**(063-322-9000, 설천면 심곡리)
- **해오름펜션**(063-322-8911, 설천면 삼공리)

주변관광지 **무주리조트, 나제통문, 백련사**

덕유산은 전라북도 무주와 경상남도 거창의 경계지역에 자리한 국립공원으로 해발 1614m다. 사시사철 아름다운 모습으로 사람들을 매혹시켜 어느 때 가도 멋진 풍경을 만날 수 있다. 사계절 변화가 뚜렷하고 계절별로 남다른 멋이 숨어있다. 봄에는 초록빛 세상 속에서 피어오르는 철쭉, 여름에는 짙은 녹색으로 어우러지는 녹음과 원추리꽃 등의 야생화, 가을에는 붉고 노랗게 물드는 단풍 그리고 겨울에는 온 세상을 솜이불처럼 감싸는 설경이 장관을 이룬다. 이 때문에 사람의 발길이 사시사철 끊이지 않는다.

특히 계절과 관계없이 피어나는 설천봉 운해는 한 번 보면 다시 와야 하는 중독성을 가지고 있다. 수채화처럼 다가오는 포근함과 자연의 경이로움을 느낄 수 있다. 내려다보이는 풍경은 글자 그대로 황홀하다. 향적봉은 무주구천동 33경 중 제33경으로 그 위에서 바라보는 세상은 아름다움 자체다.

겨울에는 서리꽃으로도 불리는 상고대와 눈꽃으로 가득한 산을 오르는 기분은 정말 좋다. 등산이 목적이라면 무주구천동 삼공매표소부터 정상까지 천천히 오르는 약 4시간 코스를 통해 산과 호흡하면서 아름다운 운해나 상고대를 만날 수 있다. 시간이 많지 않거나 오직 겨울산의 상고대와 설화를 즐기길 원한다면 덕유산 무주리조트에서 곤돌라를 타고 올라 설천봉~향적봉~중봉에 이르는 1.7km의 왕복 1시간 코스를 이용하면 된다. 곤돌라를 타고 15분이면 해발 1530m 설천봉에 닿는다.

설천봉에서 잠시 주위의 아름다운 설경을 감상하고 정상인 향적봉까지 천천히 오르면 되는데 약 30분밖에 소요되지 않아 짧은 산행만으로 백두대간 능선과 환상적인 상고대를 감상할 수 있다. 덕유산에서 상고대와 눈꽃이 가장 멋있는 곳은 설천봉과 향적봉 사이 산행로다. 눈이 내린 산은 늘 안전사고에 조심해야 한다.

덕유산 주목

향적봉 아래에는 살아서 천년, 죽어서 천년을 산다는 덕유산국립공원의 상징인 주목이 7000그루 넘게 있다. 덕유산의 또 다른 자랑거리로는 전 세계적으로 우리나라에만 서식한다는 구상나무가 이곳에서 군락을 이루고 있어 그야말로 환상적인 풍경을 자아낸다.

03위 고창 선운사

여행포인트	**시각과 미각을 모두 만족시키는 여행. 풍천장어를 빼놓지 말고 먹어보자.**
주소	**전북 고창군 아산면 선운사로 250**
문의	**063-561-1422**
홈페이지	**www.seonunsa.org**

- 가는 길
  - **자가용:** 서해안고속도로-선운산IC-22번 국도-오산저수지-반암삼거리 우회전-선운사
  - **대중교통:** 센트럴시티버스터미널 고창행 버스(07:00~19:00, 배차간격 40~50분)-고창 버스터미널에서 선운사행 군내버스(1일 24회 운행)-선운사(문의: 고창군내버스 063-564-3943)

- 먹을거리
  - **산장회관**(장어, 063-563-3434, 아산면 삼인리)
  - **연기식당**(063-561-3815, 아산면 삼인리)

- 잠자리
  - **선운사산노을펜션**(063-561-1561, 부안면 선운리)
  - **선운사산과바다펜션**(063-533-2061, 부안면 선운리)

- 주변관광지 **고창읍성, 고인돌박물관, 미당 시문학관**

선운산은 늘 붉은 빛으로 다가온다. 봄에 가면 붉은 동백꽃이 수줍게 피어나는 것을 만날 수 있고, 늦여름에 가면 꽃무릇(석산)이 햇빛을 안으면서 피어나 영롱한 아름다움을 선사한다. 가을의 붉은 단풍은 내장산이나 백양사의 단풍을 능가할 정도로 아름답다. 그럼 겨울은 어떨까? 시각이 아닌 미각이다. 살이 통통하게 오른 풍천장어를 붉은 고추장에 재워 구워 먹는 맛은 타의 추종을 불허한다.

선운산은 높이 336m로 본래 도솔산이었으나 백제 때 창건한 선운사가 유명해지면서 선운산으로 이름이 바뀌었다. 주위에는 구황봉, 경수산, 개이빨산, 청룡산 등 산들이 솟아있는데 높지는 않지만 '호남의 내금강'이라 불릴 만큼 계곡이 아름답고 숲이 울창하다.

선운사는 대한불교 조계종 제24교구 본사로 577년 검단선사가 창건했으며, 그 후에 폐사되어 1기의 석탑만 남아있던 것을 1354년 효정선사가 중수했다. 1472년부터 10여 년간 극유가 성종의 숙부 덕원군의 후원으로 대대적으로 중창했는데 정유재란으로 본당을 제외하고 모두 불타버렸다.

주요 문화재로는 보물 제279호 금동보살좌상, 보물 제280호 지장보살좌상, 보물 제290호 대웅전 등이 있다. 일주문 근처의 천연기념물 제367호로 지정된 송악과 서정주의 시비 '선운산 동구'도 빼놓지 말고 살펴봐야 한다.

사진 찍기 좋은 선운사

선운사에는 사진을 찍기 위해 많은 사진작가가 찾는다. 천연 기념물 제184호로 지정된 선운사 뒷산의 동백나무숲은 500년 이상 된 동백나무 3000여 그루에서 터뜨리는 동백꽃이 일품이다. 늦여름이 되면 선운사에 이르는 길과 선운사 주변에는 붉은 상사화가 피어나기 시작한다. 해가 떠올라 상사화 꽃송이에 내릴 때 가장 아름다운 상사화 모습이 되어 그곳을 찾은 사람들의 가슴을 설레게 한다. 또한 가을이 깊어가는 때는 단풍이 아름다운 모습을 자랑한다. 특히 선운사 입구부터 이어지는 단풍나무는 붉고 노란 빛으로 꽃처럼 피어나 숨조차 쉬지 못하도록 한다. 그리고 개울에 반영된 단풍은 또 다른 세계로 인도한다. 겨울에 눈이 내리면 설경으로 이어지는 선운사는 글자 그대로 산수화 한 폭이 되어 태어난다.

04위 정읍 내장산

	여행포인트	단풍을 배경으로 멋진 가족사진을 찍어보자.
	주소	전북 정읍시 내장동 내장산
	문의	063-538-7875
	홈페이지	http://naejang.knps.or.kr

- **자가용**: 경부고속도로-천안 · 논산고속도로-호남고속도로-태인IC-정읍 방향-내장산국립공원
- **대중교통**: 센트럴시티버스터미널 정읍행 버스(배차간격 30~40분)-정읍버스터미널에서 시내버스 171 · 171-1번-내장산터미널-내장산국립공원

먹을거리
- **단풍미인한우관**(063-536-8855, 신정동)
- **별장호반가든**(063-536-7940, 쌍암동)

잠자리
- **웨스턴캠프펜션**(063-534-0001, 송산동)
- **경기민박**(063-538-5055, 내장동)

주변관광지 백양사, 선운사, 줄포생태공원

　'우리나라에서 단풍이 가장 아름다운 산' 하면 제일 먼저 떠오르는 곳이 바로 내장산이다.

　내장산은 봄, 여름, 가을, 겨울 어느 하나 아름답지 않은 계절이 없지만 그중에서 가을의 단풍이 으뜸이다. 내장사는 내장산의 멋진 자연풍경과 절묘하게 조화를 이루며 아름다운 풍경을 제공해 사시사철 많은 사람이 찾아와 등산을 하고 또 내장사를 돌아본다.

　내장산은 동쪽으로 장군봉·연자봉·신선봉이, 남쪽으로는 영취봉·연지봉이, 서쪽으로는 불출봉·서래봉 등에 에워싸여 있다. 봄에는 각종 야생화가 꽃을 피우면서 아름다운 세상을 열어가고, 여름에는 초록빛 나뭇잎이 녹음으로 다가와 시원함을 전하고, 가을에는 단풍이, 겨울에는 설경으로 마음을 사로잡는다.

　내장산은 예부터 조선 8경의 하나로 이름나 있으며 「동국여지승람」에는 남원 지리산 등과 함께 호남 5대 명산으로 손꼽았다. 여름이 지나고 가을이 되면 전국 각지에서 몰려온 사람들이 이곳을 찾아 단풍을 즐긴다. 붉고 노란 단풍이 꽃처럼 피어나 아름다운 산과 절을 물들이면서 이곳을 찾는 사람들에게 큰 즐거움을 준다.

　내장산 아래에는 내장사가 있다. 내장사는 대한불교조계종 소속으로 전북 정읍시 내장동의 '호남의 소금강' 으로 불리는 내장산 기슭에 자리 잡고 있다. 내장사는 636년 영은조사가 50여 동의 대가람으로 창건한 사찰인데 처음 이름은 영은사였다. 그 후 내장사는 몇 차례 소실과 중건을 계속해오던 중 6·25사변이 일어나 1951년 전부 불타버렸고 현재의 사찰은 1970년 이후 다시 지어졌다. 내장사는 1979년 전라북도 기념물 제63호로 지정되었다. 내장산에 왔다면 놓치지 말고 들러보자. 시원한 가을 바람을 맞으며 온가족이 내장산 등반을 시도해보자.

내장사 단풍

가을이 깊어가는 11월 초가 되면 이곳을 찾는 사람들로 또 다른 물결을 이룬다. 내장사 단풍길은 일주문을 들어서면서부터 시작되고, 중생의 백팔번뇌를 상징하듯 모두 108그루 단풍나무가 터널을 이뤄 내장사를 찾는 이들의 마음속에도 단풍이 진다.

05위 부안 채석강

여행포인트	**퇴적 절벽을 직접 보고 형성 과정에 대해 알아보자.**	
주소	**전북 부안군 변산면 격포리**	
문의	**063-580-4388**	
홈페이지	**www.buan.go.kr/02tour/index.jsp**	

가는 길
- **자가용:** 서해안고속도로-부안IC-30번국도-부안읍-새만금전시관-해안도로 직진-채석강
- **대중교통:** 센트럴시티버스터미널 부안행 버스(06:50~19:30, 배차간격 40분~1시간)-부안터미널에서 격포행 버스(배차간격 30분)-채석강(문의: 부안스마일교통 063-582-6363)

먹을거리
- **군산식당**(꽃게탕, 063-583-3234, 변산면 격포리)
- **격포채석강횟집**(063-581-8818, 변산면 격포리)

잠자리
- **서해오션빌펜션**(063-582-8786, 변산면 격포리)
- **대명리조트부안**(1588-4888, 변산면 격포리)

주변관광지 **부안영상파크, 적벽강, 내소사**

채석강은 변산반도에 자리
잡은 관광지 중 가장 많은 관
광객이 찾는 곳이다. 내소사와
함께 변산반도를 대표한다. 채
석강은 부안군 변산반도 맨 서
쪽에 있는데, 격포항 오른쪽
닭이봉 아래에 있다. '변산팔

경' 중 하나인 채석강은 산에서 바다로 흘러내린 절벽이 바닷물에 침식되어 아름
다운 경관을 이루고 있다.

'채석강' 이라는 이름을 처음 들으면
한강이나 금강처럼 강이라는 생각을
하겠지만 바닷가에 위치한 아름다운
절벽의 모습이다. 채석강은 중국 당나
라의 이태백이 배를 타고 술을 마시다
가 강물에 뜬 달을 잡으려다 빠져 죽었
다는 채석강과 비슷해 이름 지어졌다.

이곳 절벽은 마치 만 권의 책을 겹겹
이 쌓아올린 것 같은 모습을 하고 있으
며, 모습을 보노라면 서양화가가 그린
유화처럼 여러 가지 색이 조화를 이룬
다. 채석강이 끝나는 북쪽에는 격포해
수욕장이 있어 그 아름다움의 극치를
이룬다. 또한 닭이봉으로 올라가면 팔
각정 전망대가 있는데 이곳에 오르면
위도와 칠산 앞바다를 볼 수 있다.

채석강 옆의 해수욕장에서는 여름철
에는 해수욕을 하거나 수상스포츠를
즐길 수 있다.

격포항과 아름다운 일몰

채석강에서 격포항으로 넘어가면 또 다른 아름다운
모습을 만난다. 격포항에서 나무로 만들어진 관람
데크를 따라 걷다보면 아름다운 절벽과 어우러진
바다의 모습에 빠려들기도 한다. 빼어난 경관 때문
에 사진작가들이 자주 찾는 곳이기도 하다.

이곳은 조선시대에는 전라우수영 관할의 격포진이
있었다. 1986년 1종항으로 승격된 격포항은 위도,
왕등도 등 서해 도서와 연계된 해상교통의 중심지
일 뿐만 아니라 앞바다 칠산어장의 입항이기도 하
다. 주변 바다에는 주꾸미, 갑오징어, 꽃게, 우럭,
광어, 전어, 백합 등 수산물이 많아 횟집과 음식점
에서 값싸게 즐길 수 있다.

이곳에서 바라보는 일몰은 참 아름답다. 붉게 물들
어오는 바다를 바라보노라면 가슴속까지 뜨거움이
번지는 것 같다. 카메라에 담지 않는다 해도 가슴속
에 담아놓을 수 있다면 그것으로 채석강이나 격포
항에서 바라보이는 일출을 영원히 기억할 수 있을
것이다.

06위 남원 광한루

여행포인트	**춘향이와 이몽룡의 사랑 이야기를 들려주자.**	

주소 전북 남원시 천거동 78

문의 063-620-8901

홈페이지 www.gwanghallu.or.kr

가는 길
- **자가용** : 경부고속도로-군산 · 천안고속도로-익산 · 장수고속도로-완주교차로-임실 방향- 남원-남원시청-광한루
- **대중교통** : 센트럴시티터미널 남원행 버스(06:00~22:20, 배차간격 1시간~1시간 10분)- 남원버스터미널에서 택시(기본요금)-광한루

먹을거리
- **새집추어탕**(추어탕, 063-625-2443, 천거동)
- **현식당**(한식, 063-626-5163, 천거동)

잠자리
- **춘향가**(063-636-4500, 어현동)
- **들꽃향기펜션**(010-3638-7641, 주천면 고기리)

주변관광지 **춘향테마파크, 만인의총**

남원 하면 제일 먼저 떠오르는 것은 명승 제33호로 지정된 광한루다. 우리의 고전인 「춘향전」을 통해 국민 모두가 알고 있는 성춘향과 이몽룡이 처음 만나 사랑을 맺은 장소인 광한루. 이곳은 애타는 사랑의 흔적이 가

득하다. 광한루 아래에 펼쳐진 연못과 그 위에 세워진 오작교가 잘 어우러져 아름다운 풍경을 연출한다. 33m의 오작교는 평범한 다리지만 성춘향과 이몽룡의 사랑이 깃든 곳이기에 사뭇 다른 느낌을 준다. 연못 안에는 도교에서 신선이 사는 곳으로 일컫는 세 개의 섬이 있다.

광한루는 황희 정승이 남원으로 유배됐을 때 지은 것으로, 원래 이름은 광통루(廣通樓)였는데 세조 때 정인지가 광한루라 고쳐 부르게 되었다. 그 후에 150여 년을 지탱했으나 정유재란 때 소실되었고, 인조 16년(1638)에 복원했다.

광한루의 규모는 앞면 5칸이고 옆면 4칸이며 지붕은 옆면에서 볼 때 여덟 팔(八)자 모양을 한 팔작지붕이다. 누마루 주변에는 난간을 둘렀고 기둥 사이에는 4면 모두 문이 달려있다. 여름에는 사방이 트이게끔 안쪽으로 걸 수 있도록 해놓았다.

춘향전의 무대로도 널리 알려진 곳으로 넓은 인공 정원이 주변 경치를 한 층 돋우고 있어 한국 누정의 대표적 문화재 중 하나로 손꼽힌다.

호수에는 지상의 낙원을 상징하는 연꽃을 심고, 견우와 직녀가 은하수에 가로막혀 만나지 못하다가 칠월칠석날 단 한 번 만난다는 사랑의 다리 '오작교'를 연못 위에 설치했다. 이 돌다리는 4개의 무지개 모양 구멍이 있어 양쪽의 물이 통하게 되어 있으며, 한국 정원의 가장 대표적인 다리다.

춘향제를 아시나요?

춘향의 사연이 얽혀있는 곳이 많아 사람들이 남원을 춘향골이라고 부른다. 이곳에선 춘향의 정절과 절개를 부덕의 상징으로 기르고 숭모하기 위한 춘향제가 매년 4월 말부터 5월 초에 개최된다. 이 축제 기간에 춘향제향, 전국춘향선발대회, 춘향국악대전, 씨름대회, 그네뛰기, 전국궁도대회, 시조경창대회 등 다채로운 행사가 열리는데 축제는 남원시청에 문의하면 날짜를 알 수 있다.

07위 고창 읍성

여행포인트	읍성의 외적 방어 기능과 통치 기능을 알려주자.
주소	**전북 고창군 고창읍 교촌리 275-3**
문의	**063-564-2121**
홈페이지	**http://culture.gochang.go.kr/site_eupsung**
가는 길	• **자가용:** 서해안고속도로-고창IC-덕산삼거리-서문2길-판소리길-고창읍성
	• **대중교통:** 센트럴시티버스터미널 고창행 버스(07:00~19:00, 배차간격 40~50분)-고창 버스터미널에서 택시(기본요금)-고창읍성
먹을거리	• **초원식당**(한식, 063-561-1215, 고창읍 읍내리)
	• **우진갯벌장어**(장어, 063-564-0101, 고창읍 월곡리)
잠자리	• **석정온천민박**(063-561-0468, 고창읍 월산리)
	• **넥스텔**(063-564-8999, 고창읍 월암리)
주변관광지	**문수사, 판소리박물관, 고창 고인돌유적**

우리나라 3대 읍성은 서산의 해미읍성, 순천의 낙안읍성 그리고 고창의 고창읍성이다. 그 중 고창읍성은 1965년 4월 1일 사적 제145호로 지정되었다. 성의 둘레는 1684m, 높이는 4~6m, 면적은 16만5858m²다.

조선시대 단종 때 건립된 것으로 추정되고 당시 많은 공력을 들여 3년간 쌓은 성으로 고창 지역 통치와 외적 방어라는 2가지 목적을 두고 만들었다. 동문, 북문, 서문 3문이 남아있으며, 치성은 여섯 군데, 그리고 수구문은 두 군데가 있고 옹성이 있다.

읍성은 본디 외적의 방어라는 목적도 있었지만, 주로 행정적 역할을 많이 했다. 이곳에도 동헌이 있어 수령이 백성들을 다스린 중심지라 할 수 있다. 실제로 고창읍성에 들어가보면 객사가 있어 당시 사신이 머물거나 궐패를 두고 의식을 치르기도 한 사실을 유추할 수 있다. 또한 특이하게 감옥이 있어 죄를 저지른 이들을 가두는 장소로 쓰이기도 했다. 현재는 거의 모든 건물을 고창군에서 다시 건립해 관람객들을 맞이하고 있다.

특히 고창읍성 길은 한국의 아름다운 길 100선에 포함되어 있다. 안으로 들어가 성을 따라 걷노라면 조선시대로 빨려들어가는 것 같다. 성을 따라 걸으며 운치있는 시간을 가져보자. 혼자서 걸어도 좋고 가족끼리 여행 이야기를 나누며 산책을 하기에도 좋다.

답성놀이를 해보자

이 성의 답성민속은 성돌기, 성밟기에 어원을 두고 지금까지 우리네 고유민속으로 전래되고 있다. 성을 밟으면 무병장수하고 극락승천한다는 전설 때문에 매년 답성놀이가 계속되고 있다. 성을 한 바퀴 돌면 다리병이 낫고, 두 바퀴 돌면 무병장수하며, 세 바퀴 돌면 극락승천한다는 말이 전해 내려온다. 성을 돌 때는 반드시 손바닥만 한 돌을 머리에 이고 세 번 돌아야 하며 성 입구에 그 돌을 쌓아 두도록 했다. 고창군에서는 답성민속을 기리기 위해 음력 9월 9일 중양절을 '군민의 날'로 정하고 모양성제와 함께 답성놀이를 재현하고 있으니 이때 방문해 축제에 참여하는 것도 좋다.

08위 전주 전동성당

여행포인트	천주교 신도들의 순교 의의를 생각해보자.
주소	전주시 완산구 전동 200
문의	063-284-3222
홈페이지	www.jeondong.or.kr

가는 길
- **자가용:** 경부고속도로–천안 · 논산고속도로–호남고속도로–전주IC–전주 시내–팔달로 방향–덕진공원–금암광장–전동성당
- **대중교통:** 센트럴시티버스터미널 전주행 버스(05:30~24:00, 배차간격 10~20분)–전주 버스터미널에서 시내버스 5-1 · 5-2 · 79번–전동성당

먹을거리
- **천년누리봄**(주막, 063-288-8813, 경원동)
- **중앙숯불**(소고기, 063-231-1771, 풍남동)

잠자리
- **양사재**(063-282-4959, 교동)
- **아세헌**(063-287-1677, 풍남동)

주변관광지 오목대, 최명희문학관, 경기전

전주 한옥마을 초입에 들어서면 아름다운 성당을 발견한다. 첫눈에 보기에도 소박하고 아담한 이 성당은 사적 제288호로 지정된 전동성당이다. 전주 전동성당은 100년의 전통을 간직한 순교 일번지로 천주교 신자들의 성지순례뿐만 아니라 일반 관광객들도 자주 들르는 관광코스가 되었다.

전동성당은 보두네 신부가 1908년 성당 건축을 시작해 1914년에야 힘든 과정을 거쳐 외형 공사를 마쳤다. 성당 건립 공사는 중국인이 맡아서 진행했는데 벽돌을 직접 구워 썼고, 주춧돌은 허가를 얻어 남문 밖 성벽의 돌을 가져다 썼다. 전동성당은 보두네 신부의 온몸을 다 바친 헌신으로 완공되었는데 모든 시설을 완비하고 23년이 걸려 1931년 축성식을 가진 대역사였다.

전동성당은 한국 천주교회 최초의 순교자인 윤지충과 권상연이 1791년 신해박해 때 처형당한 풍남문이 있던 바로 그 자리에 건립됐다. 전동성당은 순교지를 보존하고 있는 신앙의 요람으로 붉은색과 회색 벽돌로 지은 건물인데 겉모습이 서울 명동성당과 비슷하고 천주교 초기 성당 중에서 가장 아름다운 건물 중 하나로 꼽힌다.

전동성당은 비잔틴 양식과 로마네스크 양식을 혼합한 건물로 순교지를 알리는 머릿돌과 순교자 권상연과 윤지충, 유중철·이순이 동정 부부를 채색화한 스테인드글라스가 눈길을 끈다. 성당 안은 개방되어 있는데 종교를 가지지 않은 사람이라도 눈을 감고 기도하고 싶어진다.

특히 아름다움과 웅장함이 동양에서 제일가는 성당 건물 중 하나로 주목을 받고 있어 외국인들도 자주 들르는 코스가 되었다.

한국 천주교회 최초의 순교터

전주 전동성당이 자리 잡은 전주 풍남문 밖 은 한국 천주교회 최초의 순교자인 윤지충(바오로)과 권상연(야고보)이 박해의 칼날 아래 참수형을 당한 최초의 순교터며, 또한 호남의 사도인 유항검과 초기 전라도 교회의 지도급 인물들이 신유박해 때 순교한 장소라는 의미를 가지고 있다.

09위 진안 마이산과 탑사

여행포인트	**온가족이 돌을 쌓아 함께 소원을 빌어보자.**	

주소 전북 진안군 마령면 동촌리 8

문의 063-433-0012

홈페이지 www.maisantapsa.co.kr

가는 길
- **자가용:** 경부고속도로-천안ㆍ논산고속도로-호남고속도로-전주IC-26번 국도-진안 방향-진안군-진안로터리에서 우회전-마이산
- **대중교통:** 센트럴시티버스터미널 진안행 버스(10:10, 15:10)-진안버스터미널에서 마이산행 군내버스(07:30~18:00, 배차간격 30~40분)-마이산(문의: 진안버스터미널 063-433-2508)

먹을거리
- **한국관**(한식, 063-433-0710, 진안읍 단양리)
- **금복회관**(한식, 063-432-0651, 진안읍 단양리)

잠자리
- **마이산펜션**(063-432-0361, 상전면 수동리)
- **평강팜스테이**(063-433-0797, 진안읍 오천리)

주변관광지 **용담호, 진안 홍담스파, 운장산**

마이산 주차장에서 내려 탑사 쪽으로 향하다 도중에 저수지를 만난다. 가을에는 저수지 둑에 구절초가 피어나 향기가 진동을 한다. 잠시 위로 올라가면 금당사를 만날 수 있다.

10분 정도 올라가면 마이산이 눈에 들어온다. 서봉과 동봉으로 이뤄진 마이산은 소백산맥과 노령산맥의 경계에 있으며, 동봉과 서봉의 모양이 말의 귀처럼 생겨 마이산이라는 이름이 붙었다. 멀리서 보면 그 모습이 독특하게 다가온다. 산 전체가 거대한 바위인 탓에 나무는 그리 많지 않으나 군데군데 관목과 침엽수, 활엽수가 자란다.

마이산 자락의 탑사에 도착하면 각종 탑이 눈에 들어온다. 탑사는 1885년 이갑용이 마이산에 들어와 솔잎을 먹고 살면서 수도하다 1900년 무렵부터 탑을 쌓기 시작했다. 그는 1920년대 초에 초가 암자를 지어 돌미륵불을 안치하고 불공을 드리기 시작했으며 1935년에 목조함석지붕의 인법당과 산신각을 지어 부처님을 모셨다고 한다. 그때는 절 이름을 가지지 않았으나 그가 평생 동안 만불탑을 축성했기 때문에 언제부턴가 탑사로 불리기 시작했다.

이갑용은 98세의 나이로 세상을 떠날 때까지 108기의 탑을 완성했다. 현재 80여 기가 남아있어 '마이산탑(馬耳山塔)'이라는 이름으로 전라북도 기념물 제35호로 지정되어 있다. 이갑용의 손자 이왕선이 한국불교 태고종에 사찰등록을 하면서 정식으로 탑사라는 이름을 쓰게 되었다. 탑 하나 하나에 정성이 들어가 있어 그 믿음이 더 굳건해 보인다.

은수사

탑사에서 다시 300m 정도 산길을 더 올라가면 마이산 봉우리 암벽 바로 아래 위치한 은수사를 만날 수 있다. 은수사 마당에는 천연기념물로 지정된 줄사철나무와 청실배나무가 있는데 청실배나무는 태조 이성계가 심은 나무라는 설이 전해지며 겨울에는 역(逆)고드름 현상으로 유명하다

고창 학원농장

여행포인트	봄엔 청보리, 여름엔 메밀꽃을 직접 보고 관찰일기를 써보자.
주소	**전북 고창군 공음면 선동리 산 119-2**
문의	**063-564-9897**
홈페이지	**www.borinara.co.kr**

가는 길
- **자가용:** 서해안고속도로-고창IC-무장면 방향-청보리밭 방향-학원농장
- **대중교통:** 센트럴시티버스터미널 고창행 버스(07:00~19:00, 배차간격 40~50분)-고창 시외버스터미널에서 무장행 버스(배차간격 20분)-무장에서 공음행 군내버스-선산에서 하차 후 도보 10분

먹을거리
- **학원농장**(보리밥, 063-564-9897, 학원농장 내)
- **청보리가든**(한식, 063-562-2024, 공음면 선동리)

잠자리
- **산사의아침펜션**(063-562-6868, 아산면 삼인리)
- **청보리밭황토한옥민박**(063-561-0845, 공음면 선동리)

주변관광지 | **동호해수욕장, 무장읍성**

고창에 가면 선운사와 더불어 사람들이 많이 찾는 곳이 있으니 학원농장이다. 호남평야 끝자락 넓은 구릉지대에 자리한 학원농장은 우리의 정서에 딱 맞는 청보리와 메밀이 초록빛 물결과 하얀 파도 같은 꽃을 피워내 관광객들을 불러 모으는 곳이다.

학원농장은 전 국무총리 진의종씨와 부인 이학 여사가 1960년대 초반 고창군의 광활한 미개발 야산 10만 평을 개간해 설립했다고 한다. 뽕나무를 심고, 목초를 재배해 한우 비육사업을 하고, 보리와 수박을 재배하며 땅을 일궜다. 1992년 설립자의 장남이 귀농해 정착하면서 보리와 콩을 대량으로 재배하고 장미, 카네이션 등 화훼농업을 병행하면서 관광농업을 시작해 관광객들이 찾아오기 시작했다. 보리와 메밀이 번갈아 만들어내는 아름다운 농장 풍경을 인정받아 2004년 말에 전국 최초로 학원농장 주변이 경관농업특구로 지정되기에 이르러 전국에서 관광객들이 몰려들고 있다.

보리는 늦은 가을에 파종하면 11월말에는 새싹이 뾰족 솟아 잔디 키만큼 자라며 그 후에는 성장을 멈추고 눈 속에서 봄을 기다린다. 눈이 내리면 초록빛 보리가 눈 위에 솟은 모습이 아름답다. 겨울에 보리가 얼어 죽지 않도록 밟아주는데 겨울 추위를 이겨낸 보리는 3월초 새봄과 더불어 무럭무럭 자라 4월초에는 이삭이 팬 후 누렇게 익기 시작하는 5월 중순까지가 제일 아름다운 시기여서 이때 '청보리' 라고 부른다. 5월 중순부터 익기 시작한 보리는 6월초에 수확한다. 보리 수확을 한 후에는 한두 달 지난 뒤에 메밀을 심는다. 메밀은 7~8월에 파종해 10월말에 수확하는데 메밀꽃이 피는 9월이 메밀밭을 찾기에 가장 좋은 시기다. 온가족이 학원농장을 천천히 둘러보며 메밀꽃 향기에 취해보자.

사진에 담기 좋은 학원농장

디지털 카메라가 보급되고 토요휴무제가 실시된 이후 사진 찍는 것을 취미로 하는 아마추어 사진가들이 늘어나고 있다. 이곳 학원농장도 좋은 출사지인데 4월 중순부터 5월 중순까지의 청보리밭 촬영과 왕소금을 뿌려놓은 것 같은 넓은 메밀꽃밭을 담는 9월이 적기다. 날씨 등 여건에 따라 달라질 수 있으니 농장에 확인하고 가는 것이 좋다.

11위 순창 강천산

🧍 **여행포인트**	**예쁜 단풍잎을 말려 압화를 만들어보자.**	

여행포인트 예쁜 단풍잎을 말려 압화를 만들어보자.

주소 전북 순창군 팔덕면 청계리

문의 063-652-5420

홈페이지 http://tour.sunchang.go.kr

가는 길
- **자가용:** 경부고속도로-천안·논산고속도로-호남고속도로-88고속도로-순창IC-경성로-순창로-교성로-백산교차로-강천로-강천산
- **대중교통:** 센트럴시티버스터미널 순창행 버스(09:30, 10:30,13:30, 14:45, 16:10)-순창버스터미널에서 강천사행 버스(09:50~17:30, 1일 18회)-강천산

먹을거리
- **옥천골한정식**(한정식, 063-653-1008, 순창읍 교성리)
- **민속집**(한정식, 063-653-8880, 순창읍 남계리)

잠자리
- **하얀파크**(063-653-7718, 복흥면 대방리)
- **녹색영농조합법인펜션**(063-653-7117, 구림면 안정리)

주변관광지 순창전통고추장민속마을, 회문산자연휴양림

전라북도 순창군과 전라남도 담양군의 경계에 있는 강천산은 583.7m 높이로 원래는 용의 꼬리처럼 생겨 용천산이라고 불렸다. 강천산은 주변에 있는 광덕산과 산성산으로 이어지는데 산이 품고 있는 깊은 계곡과 맑은 물 그리고 기암괴석과 절벽이 서로 어우러져 멋진 모습을 만들어내 '호남의 소금강'으로 불리기도 한다.

진입로 좌측에는 강천호가 있는데 수정처럼 맑아 호수에 비친 하늘이 마음을 맑게 한다. 강천산으로 오르면서 오른쪽으로 높이 40m의 병풍폭포를 만나는데 계곡물에는 송어가 살고 있다. 또 한참 올라가 현수교 밑을 지나면 골짜기가 널찍해지고 거대한 절벽에서 세 가닥 물줄기가 쏟아져 내리는데 바로 구장군폭포다. 옛날 전쟁에서 패한 아홉 장수가 절벽 위에서 뛰어내려 목숨을 끊으려다 죽더라도 한 번 더 싸워보자고 결심하고 다시 전장에 나가 승리를 거뒀다는 전설이 흐르는 곳이다.

강천산에서 가장 좋은 볼거리는 11월 초순에 절정을 이루는 단풍인데 내장산이나 백양사의 단풍 못지않게 아름답다. 깊은 가을 입구부터 펼쳐지는 단풍 터널은 그곳을 지나는 사람들이 발걸음을 멈출 정도로 아름답다. 이뿐만 아니라 강천산에 봄이 오면 진달래꽃과 산벚꽃이 피어나 등산객들 얼굴에 살포시 미소를 머금게 한다.

강천산은 그리 높은 산은 아니지만 병풍바위, 용바위 등 바위와 비룡폭포, 금강문 등 널리 알려진 곳이 많다. 또 이곳에서 광덕산과 산성산에 이르기까지 선녀계곡, 원등골 등 잘 알려진 계곡만 10여 개나 된다. 특히 정상 근처 길이 50m에 이르는 구름다리는 이곳을 찾는 사람들에게 신선한 즐거움을 선물한다.

강천사

강천산으로 향하다 보면 중간에 강천사에 닿는다. 강천사는 대한불교 조계종 제24교구 본사인 선운사의 말사로, 887년(진성여왕 1년) 도선국사가 창건했다. 고려시대인 1316년(충숙왕 3년) 덕현이 오층석탑과 12개 암자를 창건해 사세를 확장했으며, 조선시대 1482년(성종 13년)에는 신말주(申末舟)의 부인 설(薛)씨의 시주를 얻어 중창했다. 현재 이곳에는 대웅전과 보광전, 관음전, 요사채 등의 건물이 들어서있다. 현존하는 문화재로는 대웅전 앞에 있는 전라북도 유형문화재 제92호인 삼층석탑과 금강문(金剛門), 삼인대(전라북도 유형문화재 제27호) 등이 있다. 또한 삼층석탑 북쪽 약 1m 지점에는 중대석과 보주만 남아있는 석등이 있는데 가을철 은행나무 잎이 노랗게 물들 때 사진에 담기에 좋다.

전주 덕진공원

여행포인트	연못에 피어있는 연꽃을 보고 수생식물에 대해 이야기해보자.	

여행포인트 연못에 피어있는 연꽃을 보고 수생식물에 대해 이야기해보자.

주소 전북 전주시 덕진구 덕진동2가 1314-4

문의 063-239-2607

홈페이지 http://tour.jeonju.go.kr

가는 길
- **자가용:** 경부고속도로-천안 · 논산고속도로-호남고속도로-전주IC-월드컵경기장 방향-첫 번째사거리에서 좌회전-전주 시내 방향-덕진공원
- **대중교통:** 센트럴시티터미널 전주행 버스(05:30~24:00, 배차간격 10~20분)-전주버스터미널에서 택시(기본요금)-덕진공원

먹을거리
- **고궁**(비빔밥, 063-251-3211, 덕진동2가)
- **현대옥**(국밥, 063-282-7214, 전동3가)

잠자리
- **하록당**(010-5293-1015, 완산구 교동)
- **양사재**(063-282-4959, 완산구 교동)

주변관광지 최명희문학관, 경기전, 오목대, 술박물관

어느 지역이든 대표하는 공원이 있는데 덕진공원은 전주의 대표적 공원으로 전주 시민들이 자주 찾는 곳이다. 덕진공원은 전주역에서 북쪽으로 3km 떨어진 지점에 있는 덕진호 일대 유원지로, 시민공원이라고도 한다. 전주 덕진공원은 고려시대부터 조성된 연못을 기반으로 만들어진 공원으로 남쪽으로 3분의 2를 차지하는 연못과 북쪽의 보트장을 동서로 가로지르는 현수교가 중간에 있어 양분되고 있다.

전주 덕진공원은 전주팔경 중 하나로 손꼽히는데 덕진공원 하면 제일 먼저 생각나는 것이 바로 '연꽃'이다. 물론 덕진공원에는 연꽃 말고도 볼거리가 많다. 연못 중앙에 있는 아치형 현수교를 거닐면서 바라보는 연못 또한 한 폭의 수채화를 보는 듯한 느낌이 들게 한다. 현수교를 건널 때의 출렁거림은 사람들에게 또 다른 즐거움을 준다.

취향정 옆에 500여 석을 갖춘 야외공연장이 마련되어 있다. 공연이 수시로 열려 이곳 을 찾은 사람들에게 즐거움을 더해주고 있다.

덕진공원 안에는 '내 눈망울에서는'의 신석정 시비, 백양촌 신근의 '江' 시비, 김해강 시비 등이 있어 이곳에서 시를 읽으며 잠시 사색에 잠겨도 좋다. 또한 전봉준 장군상 등 석조기념물들이 조성되어 뜻깊은 덕진동원의 면모를 보여준다.

공원에는 연꽃 향기에 취한다는 뜻의 취향정과 왕버드나무가 있다. 취향정은 1917년 당시 전주 지역 대표적 친일파였던 박기순이 자신의 회갑을 기념하려고 전주의 덕진 호반 서쪽 물가에 세운 정각인데 그가 억지로 사유화했던 곳이다. 해방되면서 전주 시민의 품으로 돌아왔다. 취향정 옆에서 200년 동안이나 지키고 서있는 14m 높이의 왕버들은 슬픈 역사를 삭이면서 그 자리를 지키고 있다. 여름에 덕진공원에 가면 연꽃의 아름다움에 매료되고 은은한 향에 취한다.

덕진공원의 연꽃

덕진공원에서 가장 깊은 인상을 주는 것은 바로 연꽃이다. 여름이 되면 이곳에는 수많은 연꽃이 피어나 찾는 사람들에게 즐거움을 준다. 여름이면 활짝 핀 연꽃이 호수 수면의 절반을 덮어 커다란 볼거리를 제공한다. 여름(7~8월)이면 연꽃의 향기가 진동하는 덕진공원에는 연꽃을 보기 위해 많은 관광객들이 몰려오고 전통 문화행사가 다채롭게 열린다.

13위 고창 고인돌유적

여행포인트	**유적지를 돌아보며 선사시대 생활에 대한 이야기를 나눠보자.**
주소	**전북 고창군 고창읍 도산리 676**
문의	**063-560-2576**
홈페이지	**www.gcdolmen.go.kr**

가는 길
- **자가용:** 서해안고속도로-고창IC-아산 방향-주고 교차로-고인돌 교차로-고인돌박물관
- **대중교통:** 센트럴시티버스터미널 고창행 버스(07:00~19:00, 배차간격 40~50분)-고창 버스터미널에서 고인돌박물관행 군내버스(수시운행)-고인돌박물관(문의: 고창군내버스 063-564-3943)

먹을거리
- **꺼먹고무신**(장어, 063-561-1564, 아산면 선운리)
- **오산식당**(한식, 063-562-9595, 고창읍 도산리)

잠자리
- **방장산자연휴양림**(061-394-5523, 장성군 북이면 죽청리)
- **고인돌 정보화마을**(063-563-7299, 고창읍 도산리)

주변관광지 **문수사, 판소리박물관, 고창읍성**

고창 하면 생각나는 것이 많은데 고인돌도 그중 하나다. 사적 제391호로 지정된 고창 지석묘군은 강화와 화순의 고인돌 유적과 함께 2000년 12월 세계문화유산으로 등재되었다.

고인돌의 축조 기술은 현대 과학으로도 설명하기 어려운 불가사의한 기술이다. 고창 지석묘군은 국내 최대 규모로 고창군 고창읍 도산리와 죽림리 일대 매산마을을 중심으로 총 447기가 분포되어 있다. 고창군은 2004년부터 유적지를 정비하고 고인돌박물관, 선사마을 재현 공간, 체험실습장, 탐방로 등을 갖춘 고인돌공원을 조성했다.

2008년 9월에 개관한 고인돌박물관은 지상 3층 규모로, 1층에는 기획전시실과 3D입체영상실, 다목적 강당이 들어섰고 2층 상설전시실에는 청동기시대의 생활상을 묘사한 조형물과 대형 벽화, 영상시설, 고인돌 관련 정보검색대, 세계 거석문화 소개 코너가 설치되어 있다. 3층은 선사시대 방식의 불 피우기, 암각화 그려보기 등 선사문화를 체험할 수 있는 시설로 꾸며져 있다.

실내보다는 실외에 설치된 선사마을이 더 인상적이다. 실제로 작은 마을을 건설해 놓고 여러 채의 움집이나 다른 형태의 집이 있어 집 안에도 들어가볼 수 있도록 해놓았다. 사실 박물관보다는 그곳이 더 실감이 나고 교육적 효과도 크다. 어른, 아이 할 것 없이 인기가 많다.

선사시대로 이끌어주는 고창고인돌 탐방

고창 지석묘군에 가면 고인돌 탐방을 해야 한다. 고창읍 도산리와 죽림리 일대 매산마을을 중심으로 동서로 약 1.7km 범위에 447기가 분포하고 있으며 우리나라에서 가장 큰 고인돌 군집을 이루고 있는 지역이다. 10톤 미만에서 300톤에 이르는 다양한 크기의 고인돌이 분포하고 있으며 탁자식, 바둑판식, 지상석곽형 등 다양한 형식의 고인돌이 분포하고 있다. 탐방코스는 1코스부터 5코스까지(고창읍 죽림리, 아산면 상감리 일대) 1.8km, 6코스(고창읍 도산리)는 고창읍 도산리 1.7km에 이르는데 트레킹을 하면서 선사시대 속으로 들어가 보는 것도 좋다.

군산 동국사

여행포인트	우리나라에서 흔히 볼 수 없는 일본식 사찰을 보고 우리 사찰과 다른 점을 이야기해보자.

주소   군산시 금광동 135-1

문의   063-462-5366

홈페이지   www.dongguksa.or.kr

가는 길
- **자가용:** 서해안고속도로-군산IC-구암사거리-경암사거리-군산화물역사거리-미원사거리 -동국사길-동국사
- **대중교통:** 센트럴시티버스터미널 군산행 버스(06:00~23:00, 배차간격 20~30분)-군산버스터미널에서 택시(기본요금)-동국사

먹을거리
- **복성루**(짬뽕, 063-445-8412, 미원동)
- **군산횟집**(생선회, 063-442-1114, 금동)

잠자리
- **유로빌리지36**(063-471-1112, 옥구읍 오곡리)
- **군산리버힐관광호텔**(063-453-0005, 성산면 성덕리)

주변관광지   **구히로쓰 가옥, 군산 세관건물, 군산내항 부잔교**

전라북도 군산시 금광동 한 골목길에 자리한 동국사는 한국 유일의 일본식 사찰이다. 일본 불교가 우리나라에 들어온 것은 부산 개항과 함께 순수한 불교 포교 목적이 아니라 한국을 일본에 동화시키려는 일본 정부의 의도에 의해서였다. 이후 조선총독부는 일본 불교를 포교하고자 1911년 6월 3일자로 사찰령을 발령한다. 이를 계기로 일본 불교는 전국에 별원, 출장소, 포교소 등을 건립했고 그중 동국사는 일본인 승려 우치다에 의해 일제강점기인 1913년 '금강사'라는 이름으로 창건되었다. 우리들이 일반적으로 생각하는 한국 전통 사찰과는 다른 양식을 띠고 있다.

주요 건물은 대웅전, 요사채, 종각 등이 있으며 8·15광복 뒤 김남곡 스님이 동국사로 이름을 바꿔 오늘에 이르렀다. 현재는 대한불교 조계종 제24교구인 선운사 말사다. 대웅전은 요사채와 복도로 연결되어 있고 정면 5칸, 측면 5칸의 정방형 단층팔자지붕 홑처마 형식의 일본 에도시대 건축양식으로, 외관이 화려하지 않으며 소박한 느낌을 준다. 지붕의 물매는 75도 급경사를 이루고, 건물 외벽에 미서기문이 많으며, 용마루는 일직선으로 전통한옥과는 대조를 이룬다.

건물 외벽에는 창문을 많이 달았고, 우리나라 처마와 달리 아무런 장식도 없는 특징을 가지고 있다. 일제강점기에 지어져 현재까지 남아있는 일본식 사찰은 이곳이 유일하다. 특히 동국사 대웅전은 대한민국 근대 문화유산으로 2003년 등록문화재 제64호로 지정되었다. 또한 2008년에는 동국사 석가삼존불이 전라북도 유형문화재 제213호로 지정되었다.

군산의 근대문화유산

군산 하면 일제 침략기 시대의 아픈 이야기가 생각난다. 일제강점기에 호남평야에서 생산된 쌀을 일본으로 가져가는 항구도시로서 수탈의 역사가 군산의 근대문화유산을 통해 나타나 있다. 후손들에게 이와 같은 아픈 식민지 역사가 되풀이되지 않도록 하기 위해서라도 그 흔적을 보존해야 할 필요가 생겼고, 근대문화유산이라는 이름으로 보존 관리하고 있다. 근세 일본 무가의 고급주택인 야키 형식의 대규모 목조주택 구히로쓰 가옥, 벨기에에서 붉은 벽돌과 건축자재를 수입해 건축했다는 군산 세관건물, 호남평야의 쌀들을 일본에 반출했던 군산내항 부잔교, 일제강점기 식민지 지배를 위한 대표적 금융시설이었던 옛 조선은행 건물 등이 있으니 군산 동국사와 함께 돌아보는 것이 좋다.

군산 새만금방조제

🚶 **여행포인트** **새만금 간척사업으로 인해 발생한 생태계 파괴 등 환경문제에 대해 알려주자.**

📧 **주소** **전북 군산시 옥도면 신시도리**

📱 **문의** **063-445-5735**

🖥 **홈페이지** **www.saemankum.go.kr**

🚗 **가는 길**
- **자가용:** 서해안고속도로-동군산IC-구암사거리-정암사거리-새만금방조제
- **대중교통:** 센트럴시티버스터미널 군산행 버스(06:00~23:00, 배차간격 20~30분)-군산 버스터미널에서 버스 8 · 9번 버스-비응항

🍴 **먹을거리**
- **한주옥**(한식, 063-445-6139, 영화동)
- **압강옥**(한식, 063-452-2777, 사정동)

🏠 **잠자리**
- **해뜨는민박**(063-465-8755, 옥도면 신시도리)
- **군산웰컴관광호텔**(063-461-9901, 오식도동)

✂ **주변관광지** **동국사, 채만식 문학관, 군산 근대문화유산**

말도 많고 탈도 많았던 새만금방조제가 2010년 완공된 후, 서해안 지도가 바뀌었다. 만경강과 동진강 하구 일대에서 진행되는 새만금간척 사업으로 총길이 33.9㎞의 방조제를 축조해 401㎢의 토지를 조성하는 대규모 사업이다. 이로 인해 만경호와 동진호, 계화호 등 3개 담수호가 생겨 새로운 볼거리를 제공하고 있다. 새만금방조제는 지금까지 세계에서 가장 긴 방조제로 알려졌던 네덜란드 자위더르

방조제의 32.5㎞보다 더 길어 세계에서 가장 긴 방조제가 되었다. 이뿐만 아니라 새만금방조제를 만드는 데 소요된 공사기간인 19년, 33.9㎞에 달하는 세계 최장의 방조제 길이, 건설에 투입된 1억2000만㎥ 흙 등 많은 기록을 가지고 있다.

또한 새만금방조제 주변 지역의 연계관광을 통해 금산사와 내소사 산사기행, 최명희 문학관과 아리랑 문학관 문학기행, 전동성당을 둘러보는 성지순례, 고창 고인돌과 김제 벽골제를 함께보는 역사기행 등 테마관광이 더욱 쉬워졌다.

원래 새만금사업을 시작할 때는 농지를 확보하고 부족한 수자원을 마련하는 것이 목적이었으나 2009년 발표한 '새만금종합실천계획' 을 통해 군산을 명품 복합 도시로 개발해 동북아의 경제 중심지로 도약하는 데 목적을 두고 있다. 하지만 개발 논리에 의해 생태계 파괴와 환경의 변화가 생기고 어부들의 삶에도 변화를 가져올 수밖에 없다. 이 때문에 말도 많고 탈도 많았다. 이제는 많은 사람에게 볼거리를 제공하는 것으로 그 역할을 대신하고 있다.

방조제 구간에는 휴게소가 몇 군데 설치되어 이곳을 들르는 사람들에게 쉼터를 마련해 주고 있다. 각종 설치물들은 관광객들에게 방조제의 새로운 인상을 심어준다.

16위 김제 금산사

여행포인트	금산사의 보물들을 찾아보며 문화재에 대한 이야기를 해주자.
주소	전북 김제시 금산면 금산리 39
문의	063-542-0048
홈페이지	www.geumsansa.org

가는 길
- **자가용:** 경부고속도로-천안·논산고속도로-호남고속도로-금산사IC 진입해 좌회전 후 직진-금산사
- **대중교통:** 센트럴시티버스터미널 전주행 버스(05:30~19:40, 배차간격 10~20분)-전주버스터미널에서 79번 버스(06:24~22:45 배차간격 20~30분)-금산사

먹을거리
- **흥부바지걸쳐입고**(갈비, 063-548-9048, 금산면 청도리)
- **조양월**(민물매운탕, 063-543-4700, 금산면 청도리)

잠자리
- **모악유스호스텔**(063-548-4401, 금산면 금산리)
- **모악산장**(063-548-4411, 금산면 금산리)

주변관광지 **김제벽골제, 아리랑문학관**

금산사는 전라북도 김제시 금산면 모악산 남쪽 기슭에 있는 대사찰이다. 금산사는 599년 백제 법왕의 자복사찰로 창건되었다. 이후 진표율사에 의한 6년여의 중창으로 사찰다운 모습을 갖추게 되었다. 금산사가 미륵신앙의 성지로 자리매김한 것은 진표율사 때부터라고 한다.

1598년 임진왜란 때 왜병의 방화로 미륵전 등과 40여 암자가 소실되었는데 1601년 수문(守文)이 재건했다. 고종(高宗) 때 이르러 미륵전·대장전·대적광전 등을 보수하고, 1934년에 다시 대적광전·금강문·미륵전 등을 중수했다.

금산사는 일대가 사적 제496호로 지정되어 있다. 금강문과 천왕문을 지나 안으로 들어가면 오른쪽에 보물 제28호인 금산사 당간지주가 눈에 들어온다. 당간지주는 사찰을 상징하는 깃발이나 괘불을 세울 때 버팀목으로 사용하는 석조물이다.

보재루를 지나면 대적광전이 앞에 보인다. 절 마당이 넓게 펼쳐지고 양쪽에 보리수가 눈에 들어온다.

미륵전의 정면 서쪽에 앞면과 옆면 각 3칸씩의 다포식 팔작지붕 대장전이 자리잡고 있는데 이 전각은 보물 제827호로 지정되어 있다. 바로 그 앞에 석등이 있는데 보물 제828호로 지정된 고려시대의 팔각석등이다. 대적광전 오른쪽에는 보물 제22호로 지정된 독특한 형태의 노주가 있다. 대적광전 오른쪽 앞마당에는 육각다층석탑이 있는데 보물 제27호로 지정되어 있다. 탑의 재질이 흑색의 점판암으로 된 특이한 경우다. 대적광전에서 동남쪽으로 10m 떨어진 곳에 보물 제23호 석련대가 있다. 불상의 대좌로 정확한 이름은 석조연화인데 하나의 화강석으로 각 면에 조각한 기법이 정교하고 아름답다. 미륵전을 지나 계단을 올라가면 적멸보궁이 있고 바로 옆에 방등계단과 오층석탑이 있다.

천천히 둘러보며 불교 미술품들을 감상해보자.

금산사의 하이라이트인 미륵전

미륵전은 국보 제62호로 지정되어 있는데 미래의 부처님인 미륵이 불국토인 용화세계에서 중생을 교회하는 것을 상징화한 법당이다. 지금의 모습은 인조 13년(1635)에 수문대사가 재건했다고 한다. 다층의 사찰 건축으로서 미륵전은 법주사 팔상전과 함께 한국 건축사의 위대한 업적으로 꼽힌다.

17위 김제 벽골제

여행포인트	테마연못에서 우리 조상들의 물 대는 방법을 체험해보자.	

여행포인트 테마연못에서 우리 조상들의 물 대는 방법을 체험해보자.

주소 전북 김제시 부량면 신용리 119-1

문의 063-540-4986

홈페이지 http://byeokgolje.gimje.go.kr

가는 길
- **자가용:** 서해안고속도로-서김제 IC-29번 국도 정읍 방향-벽골제
- **대중교통:** 센트럴시티버스터미널 김제행 버스(06:40∼19:50, 배차간격 1시간20분∼2시간 40분)-김제버스터미널에서 부량 · 화호 · 평교행 버스-벽골제

먹을거리
- **벽골제가든**(한식, 063-547-3933, 부량면 용성리)
- **고각**(홍합짬뽕, 063-546-6577, 부량면 대평리)

잠자리
- **유로빌리지36**(063-471-1112, 옥구읍 오곡리)
- **모악산장**(063-548-4411, 금산면 금산리)

주변관광 망해사, 귀신사, 금산사

전라북도 김제시 부량면 용성리 포교 마을에서 월승리 사이에 축조된 백제시대 저수지인 벽골제는 제천 의림지, 밀양 수산제와 더불어 우리나라 최고(最古)의 3대 저수지로 사적 제111호로 지정되었다.

「삼국사기」에 의하면 벽골제는 백제 비류왕 27년인 330년에 쌓았고, 790년에 증축되었다는 기록이 있다. 제방은 포교리를 기점으로 월승리까지 남북으로 일직선을 이루어 약 3km가 남아있다. 그리고 벽골제에는 거대한 석주가 3군데에 한 쌍씩 있어 수문지임을 알려준다. 수문지 발굴조사 결과에 의하면 정밀도 높은 수준 측정법을 전제로 해서 가능한 축조라고 하니 백제시대 토목기술이 상당히 발달되었음을 증명하는 유적이라 할 수 있다.

벽골제단지는 공원을 이루고 있으며 언제 가도 휴식을 취할 수 있는 공간으로 조성되어 많은 시민과 관광객이 찾아오는 문화공간으로 변했다. 이곳에는 우리나라 최대의 저수지인 벽골제와 우리 농경문화를 주제로 자료를 수집하고 전시하는 벽골제농경문화박물관, 소설 조정래의 「아리랑」을 모토로 세운 아리랑문학관, 김제 우도농악관 등이 있고 야외에는 각종 설치미술품과 농업 관련 구조물들이 있어 우리 농경문화에 대한 학습을 할 수 있는 공간이 되었다.

이곳에는 테마연못이 있는데 가운데에 섬을 조성해 초정과 물레방아를 설치하고 빙 둘러진 물길을 따라 무자위, 용두레, 맞두레를 설치했다. 여기에서 사람들은 우리 조상들의 물 대는 방법을 체험할 수 있다. 또한 연자방아와 디딜방아를 설치해 우리 조상들의 도정 과정을 직접 확인해 볼 수 있다.

조정래의 '아리랑문학관'

김제의 만경으로부터 시작해 우리나라 '일제강점기 40여 년'의 민족 고난과 항전, 선택과 대응을 그린 대하소설 「아리랑」을 중심으로 조정래 소설가를 기리는 교육공간이다. 조정래 작가는 소설 「아리랑」을 통해 우리 민족의 독립 운동사를 복원하고 단절된 과거 농경 전통을 조명해 문화사적 가치를 부각시켰다. 이곳에는 「아리랑」 및 조정래 작가와 관련된 350점의 전시물이 있다.

18위 부안 내소사

여행포인트　**대웅전 꽃살문을 보고 그림을 그려보자.**

주소　**부안군 진서면 석포리 268**

문의　**063-581-3082**

홈페이지　**www.naesosa.org**

가는 길
- **자가용:** 서해안고속도로-줄포IC-보안사거리에서 좌회전-곰소-내소사
- **대중교통:** 센트럴시티버스터미널 부안행 버스(06:50~19:30, 배차간격 40분~1시간)-부안터미널에서 내소사행(줄포 경유) 군내버스(06:00~20:30, 배차간격 30분~1시간)

먹을거리
- **곰소쉼터휴게소**(젓갈정식, 063-584-8007, 진서면 진서리)
- **내소식당**(한식, 063-582-7281, 진서면 석포리)

잠자리
- **변산반도펜션**(063-581-7128, 변산면 지서리)
- **하이안맨션펜션**(063-583-0271, 진서면 운호리)

주변관광지　**부안영상파크, 채석강, 개암사**

　부안의 곰소에서 10분 정도 달려 도착하는 내소사. 누구든지 일주문을 통과해서 앞으로 걸어가면 탄성을 지르게 된다. 길 옆에 전나무가 서 있다. 이 길을 걷는 여행객 모두의 표정이 밝아 보인다. 쪽쪽 뻗은 길을 따라 몇 발자국 안으로 들어가면 전나무 향기가 온몸울 휘감는다. 내소사 전나무 숲길의 명성은 이미 잘 알려져 있다.

　일주문에서 10분 정도 걸으면 왼쪽으로 작은 연못이 있다. 봄과 여름에 연못에는 수련이 피어난다. 그 모습을 바라보면 마음이 참 편해진다. 오른쪽에는 드라마 〈대장금〉을 찍었다는 안내판이 서 있다. 다시 천왕문을 향해 걸으면 이제는 단풍나무가 반겨주는데 가을에는 아름다운 단풍을 만날 수 있다.

　천왕문을 지나면 절집마당이다. 마당에는 300년 되었다는 보리수와 400년 되었다는 느티나무가 서 있다. 모두 세월을 온몸에 두르고 위풍당당하게 서 있었다. 초록빛 이끼를 담은 느티나무 모습이나 열매를 매달고 승리자의 모습으로 서 있는 인도산 보리수나 모두 내소사의 상징처럼 단단한 모습이다.

　내소사는 선운사의 말사로 전북 부안군 진서면 석포리 능가산 자락에 자리 잡고 있다. 내소사는 633년 백제의 승려 혜구두타가 창건해 처음에는 소래사라고 했다. 1633년 청민이 보물 제291호인 대웅전을 지었는데, 건축양식이 매우 정교하고 환상적이어서 가히 조선 중기 사찰건축의 대표적 작품이라 할 수 있다.

　절 마당의 한쪽에 서 있는 보물 제277인 고려동종, 보물 제1268호인 영산회괘불탱, 전북유형문화재 제124호인 삼층석탑, 설선당과 전북유형문화재 제125호인 요사체 등 여러 문화재가 있다.

내소사 대웅전 꽃살문

내소사에 가면 대웅전의 꽃살문을 꼭 살펴봐야한다. 이 꽃살문은 현존하는 사찰의 꽃살문 가운데 가장 오래된 것으로 알려져 있다. 연꽃, 국화, 해바라기 등 꽃무늬가 문살에 섞여 있다. 나무로 섬세한 잎사귀까지 표현한 나무 조각은 세월의 흔적과 함께 수수한 멋을 내고 있는데 참 정겹다. 정면 여덟 짝의 꽃무늬 문살은 나무를 깎아 만들 수 있는 조각의 아름다움을 그대로 보여준다. 원래는 채색되었는데 시간이 흐르면서 색깔이 없어졌지만 그 본래의 아름다운 모습은 이곳을 찾는 사람들의 마음을 빼앗는다.

장성 백양사

신안 증도 태평염전

목포 유달산과 노적봉

영광 백제불교 최초 도래지
24

9

담양 한국대나무 박
12

장성 백양사

17 신안 증도 태평염전

강진 다산초당

21 목포 유달산과 노적봉

강진 다산초
16

15 해남 두륜산 대흥사

진도 운림산방

진도 운림산방
19

완도수목원
20

보길도 윤선도 원림

보길도 윤선도 원림
3

담양 메타세쿼이아길
구례 화엄사
광양 매화마을
소쇄원
7 담양 메타세쿼이아길
18 담양 명옥헌 원림
8 구례 화엄사
22
광주 환벽당
순천 송광사
11
10 순천 선암사
광양 매화마을
13
여수 오동도
14
여수 향일암
보성 차밭
순천 순천만
5
1
여수 향일암
6
보성 차밭
완도 청산도
도 청산도

두근두근 전남1박2일코스

때묻지 않은 자연을 온몸으로 느끼는 1박2일 전남여행.

순천을 시작으로 여수를 둘러보는 여행. 생태공원에서 만나는 갈대부터 오동도를 둘러싼 희귀 수목까지 도시에서는 접하지 못할 최고의 생태체험여행.

1day

1 송광사

승보사찰로서 유서 깊은 조계종의 발상지. 가을에 만나는 송광사의 단풍은 아름답고 봄과 여름의 초록빛 세상 또한 빼놓을 수 없다. 송광사에서 선암사까지 등산을 할 수도 있는데 3~4시간이면 된다.

2 선암사

조계산 기슭 동쪽에 자리 잡고 있는 산사. 선암사에 걸어가는 길은 특히 운치 있다. 입구에는 아치형의 승선교가 있는데 받침대가 자연암반으로 되어 견고하며, 중앙부의 용머리가 신비로움을 준다.

3 순천만 생태공원

생태의 보고 순천만은 오염원이 적어 갯벌, 염습지가 잘 발달해 염생식물이 풍부하다. 또한 넓게 펼쳐진 갈대 군락은 흑두루미를 비롯해 검은머리갈매기, 황새, 저어새, 노란부리백로 등 국제적 희귀조류와 우리나라 새들의 서식지다.

문의 | 061-749-3007
관람시간 | 09:00~18:00
입장료 | 성인 2,000원, 청소년 1,500원, 어린이 1,000원

4 순천만 일몰

순천만 생태공원을 관람한 후에 용산으로 올라가면 넓은 순천만을 만날 수 있다. 특히 해가 질 무렵 S자 코스로 지나가는 배와 철새를 일몰 속에서 한 컷의 사진으로 담아내는 것이 정석이다.

2day

1. 향일암 일출

계절에 따라 일출시간이 다르기에 시간에 맞게 일출 전 30분 전쯤 향일암에 오르는 것이 좋다. 어둠 속에서 솟아오르는 태양을 만나는 것은 아이들에게 새로운 경험이 될 것이다.

2. 전라남도 해양수산과학관

국내 최대 원통형 수조가 있는 곳. 남해안 연안의 희귀한 토속해수 관상어를 전시하고 있고 국내 최대 거북수족관도 함께 있다. 체험수족관에서는 많은 종류의 해양생물을 직접 잡아보고 만져볼 수 있다.

문의 | 061-644-4134
관람시간 | 09:00~18:00
휴관일 | 매주 월요일
입장료 | 성인 3,000원, 청소년 2,000원

3. 진남관

전라좌수영 진남관은 조선시대 400여 년간 수군의 본거지로 전승의 사명을 다한 역사적 현장으로 여수를 상징하는 곳이다.

4. 오동도

여수의 대명사처럼 되어버린 오동도. 멀리서 보면 섬의 모양이 오동잎처럼 보이고, 섬 전체에 오동나무가 많아 오동도라 불리게 되었다고 한다. 현재는 동백나무와 이대를 비롯해 후박나무, 팽나무 등 200여종의 희귀 수목이 숲을 이루고 있다.

01위 순천 순천만

여행포인트	**갯벌, 갈대, 철새 등 순천만의 자연을 온몸으로 느끼고 감상을 말해보자.**

주소 **전남 순천시 대대동 162-2**

문의 **061-749-3007**

홈페이지 **www.suncheonbay.go.kr**

가는 길
- **자가용:** 경부고속도로-천안 · 논산고속도로-호남고속도로-순천IC-22번 국도-남교오거리-순천만
- **대중교통:** 센트럴시티버스터미널 순천행 버스(06:10~24:00, 배차간격 20분~1시간)-순천버스터미널 시내버스 97 · 98번(1일 10회)-순천만

먹을거리
- **대대선창집**(짱뚱어탕, 061-741-3157, 대대동)
- **강변장어구이**(장어구이, 061-742-4233, 대대동)

잠자리
- **라비스타펜션**(061-744-5566, 대룡동)
- **갈대이야기펜션**(061-746-5400, 대룡동)

주변관광지 **낙안읍성, 선암사, 송광사**

순천이 유엔환경계획(UNEP)이 공인하는 '2010 리브컴 어워즈' 은상을 수상하며 '세계에서 둘째로 살기 좋은 도시'로 선정되었다.

순천만은 넓은 갯벌과 갈대밭으로 이뤄진 자연의 보고다. 김승욱 소설가의 단편 「무진기행」의 무대

가 되고, 2003년에는 국토해양부에서 습지 보호지역으로 지정됐고, 2006년 1월 연안습지 최초로 람사르협약에 등록된 우리나라 대표적인 생태관광지다.

순천만은 세계 5대 연안습지로 자리매김하고 있는데 순천만이 각광받게 된 것은 2568ha의 넓은 갯벌과 갈대 그리고 철새가 조화를 이루며 깨끗하게 보존되어 있기 때문이다.

순천만은 남북으로 길게 뻗은 여수반도와 고흥반도가 에워싸고 있는 항아리 모양의 내안이다. 경관이 아름답고 생물 다양성이 풍부하다. 강 하구를 비롯해 갈대밭과 염습지 그리고 갯벌과 섬 등이 다양한 모습을 보여준다. 주변에는 간척지인 광활한 논이 있고 양식장과 갯마을이 있어 풍경을 더 아름답게 한다.

사진작가들에게는 순천만 S자 코스가 단골 출사지로 인기가 있어 용산 전망대에는 일몰을 담기 위해 수십 명의 사진작가가 장사진을 치고 있다. 일몰의 순간 유유히 물길을 따라 달려오는 배를 바라보면서 황금물결을 이루는 그 물길의 흔적을 바라보는 것 또한 큰 즐거움이 된다. 순천만은 사계절 어느 때 가도 좋다. 순천만 천문대와 문학관을 둘러보는 것도 좋고 와온해변의 일몰도 놓치지 말자!

와온해변 일몰

순천만 용산 전망대에 오르면 좌측으로 작은 섬 하나가 있는데 솔섬이고 그곳이 와온해변이다. 이곳은 동쪽으로는 여수시 율촌면 가장리, 남서쪽으로는 고흥반도와 순천만에 인접해 짱뚱어, 새꼬막, 숭어, 맛조개 등 수산자원이 풍부하다. 이뿐만 아니라 순천에서 아름다운 일몰지로 유명한데 솔섬으로 떨어지는 일몰은 숨이 멎을 정도로 아름답다.

완도 청산도

여행포인트	**노란 유채꽃을 배경으로 멋진 사진을 찍어보자.**	
주소	**전남 완도군 청산면 도청리**	
문의	**061-550-6495**	
홈페이지	**www.chungsando.co.kr**	

가는 길
- **자가용:** 서해안고속도로-목포IC-강진-완도-완도여객선터미널-청산도
- **대중교통:** 센트럴시티버스터미널 완도행 버스(08:10, 10:20, 15:10, 17:20)-완도버스터미널에서 택시(기본요금)-완도여객선터미널에서 청산도행 페리(운행시간 문의 필수)-청산도 (문의: 완도여객선터미널 061-550-6000, 청산버스 061-552-8546)

먹을거리
- **실비회관**(해산물, 061-554-7775, 청산면 도청리)
- **청해반점**(백짬뽕, 061-554-6332, 청산면 도청리)

잠자리
- **잠자리섬이랑**(061-555-3344, 청산면 동촌리)
- **도락민박**(061-552-8873, 청산면 당락리)

주변관광지 **범바위, 상서리 옛담장, 구들장논**

영화 〈서편제〉와 드라마 〈봄의 왈츠〉를 통해 널리 알려진 섬 청산도. 완도에서 남쪽으로 19.2㎞ 떨어진 다도해 최남단 해역에 자리 잡고 있는데 하늘, 바다 그리고 산 모두 푸르다고 해 '청산(靑山)'이라는 이름을 갖게 되었다. 또한 어디를 가나 자연경관이 유별나게 아름다워 옛날부터 청산여수(靑山麗水)라 불리기도 했다. 다도해 해상국립공원으로 지정되어 무공해 청정지역으로 보존되고 있다.

2007년 전통을 보존하고 지속가능한 생태주의를 실천하려는 '슬로시티' 국제연맹이 청산도를 전남 신안군 등과 함께 아시아에서 처음으로 슬로시티(Slow City)로 지정했다. 청산도는 느림의 미학을 온몸으로 느낄 수 있는 섬이다. 푸른 바다와 아름다운 산, 섬 전체를 이어주는 오솔길과 세월을 온몸으로 표현하는 담장 그리고 남해에서 볼 수 있었던 다랭이논 등 모두가 느림을 담아내는 풍경이다.

청산도에서는 자동차를 가지고 들어가거나 버스 혹은 택시를 이용할 수도 있다. 하지만 이곳은 슬로시티인 만큼 걸어서 여행하거나 자전거를 타고 여행할 것을 권한다. 언덕을 올라가면 제일 먼저 닿는 곳이 〈서편제〉 세트장과 〈봄의 왈츠〉 세트장이다. 황톳길을 따라 등짐을 진 아버지를 가운데 두고 흰 저고리에 검은 치마를 입고 가방을 멘 딸과 북을 든 아들의 모습이 보이는 것 같다. 봄에 이곳에 가면 유채꽃으로 가득하다. 노란 유채꽃과 멀리 바다의 파란 물결이 조화를 이룬다. 여름에 가면 모내기를 한 초록빛 세상이 어우러져 멋진 풍경을 만들어낸다.

청산도는 60년대만 해도 1300명이 넘는 인구가 사는 큰 섬이었다고 한다. 고등어 파시가 열린 덕에 부산으로 나가는 배가 다닐 정도였고 청산초등학교는 전교생이 1200명이나 될 정도로 큰 학교였다. 그러나 지금 청산도는 전체적으로 인구가 감소하는 추세다. 그와는 반대로 청산도를 찾는 관광객의 수는 매년 늘고있으니 아이러니한 일이다.

청산도 슬로길

슬로길 제1코스는 항길~동구정길~서편제길로 이어지는 2.6㎞ 구간으로 1시간30분 정도 소요된다. 제2코스는 초분에서 시작되는 연애 바탕길로 2.4㎞며 소요시간은 1시간이다. 제3코스는 낭길로 1.8㎞이고 40분 걸린다. 제4코스는 범길로 1.8㎞이며 40분이 소요되고, 제5코스는 용길로 6㎞ 정도 들길인데 1시간50분 걸린다. 제6코스는 돌담길과 들국화길로 3.3㎞인데 1시간10분 정도 걸린다.

03위 보길도 윤선도 원림

여행포인트	어부사시사를 읽으며 윤선도에 대해 알아보자.
주소	전남 완도군 보길면 부황리 200
문의	**061-550-5177**(보길 관광안내소)
홈페이지	**http://bogil-do.com**
가는 길	• **자가용:** 서해안고속도로-목포IC-강진-완도-화흥포항-노화 동천항-보길도-윤선도 원림
	• **대중교통:** 센트럴시티버스터미널 완도행 버스(08:10, 10:20, 15:10, 17:20)-완도버스터미널에서 화흥포항 셔틀버스-화흥포항에서 동천항 페리(06:40~18:00, 배차간격 1시간)-노화도에서 보길도행 버스-보길도(문의: 화흥포항 061-555-1010, 보길버스 061-553-7077)
먹을거리	• **보길도의아침**(해산물, 061-554-1199, 보길면 부황리)
	• **세연정횟집**(생선회, 061-553-6782, 보길면 부황리)
잠자리	• **낙원펜션**(061-554-9624, 보길면 예송리)
	• **이레민박**(061-552-0423, 보길면 예송리)
주변관광지	**망끝전망대, 예송갯돌해변, 송시열 글쓴바위**

　　보길도에 가려면 완도 화흥포항에서 출발하는 방법과 해남 땅끝마을 갈두항에서 출발하는 방법이 있다. 갈두항에서 노화도에 닿고 노화도에서 완도로 가는 다리를 통해 보길도로 가면 된다. 노화도 산양 선착장에서 20분 정도 가면 노화읍이 나타나고 완도대교가 눈앞에 펼쳐진다. 다리를 건너 가면 세연정을 발견할 수 있다. 2008년 1월 8일 명승 제34호로 지정되었다. 윤선도가 병자호란 때 왕을 호종하지 않았다고 유배되었다가 풀려나 1637년(인조 13) 보길도에 들어온 뒤 1671년 죽을 때까지 7차례에 걸쳐 드나들면서 13년 동안 산 곳이다. 때문에 그의 자취가 섬 곳곳에 남아있고 지금도 보길도 하면 윤선도를 생각하지 않을 수 없다.

　　어부사시사 시비를 만난 후 길을 따라 올라가면 세연지가 눈에 들어온다. 세연지는 산에서 흘러내리는 개울을 판석(板石)으로 만든 보를 설치해 둑을 조성하고 자연적으로 수위 조절이 되도록 한 연못이었는데 봄에 가면 주위에 동백꽃이 피어 정취를 더한다. 세연지 옆에 단을 조성해 3칸짜리 정자를 짓고 세연정이라 했다. 세연이란 주변 경관이 물에 씻은 듯 깨끗하고 단정해 기분이 상쾌해지는 곳이란 뜻인데, 주변의 자연경관과 어울리는 모습이 보기에 좋다. 크고 작은 바위들이 점점이 드러난 세연지의 자연적인 곡선미와 축대로 둘린 회수담의 인공미가 서로 대비되면서도 잘 어울린다.

　　길을 따라 오르다보면 문학 테마공원을 만날 수 있다. 윤선도의 어부사시사를 돌아가면서 설치해 여행객들이 읽으면서 새롭게 만날 수 있으리란 생각이 든다. 정자도 지어놓아 쉬어갈 수 있도록 했다.

송시열이 시를 새긴 바위

보길도에 가면 송시열이 시를 새긴 바위가 있는데 돌아보면 더 좋다. 마을길과 산길을 따라 잠시 가면 작은 주차장이 있고 그곳에서 찾아가야 하는데 눈에 잘 보이지 않는다. 나무계단이 끝나는 곳에 쇠막대기에 묶인 줄이 있는데 바로 그곳에 그의 시가 있다. 사람들이 탁본을 해 검은색으로 남아있어 안타까움이 크다. 우암 송시열이 제주도 유배길에 오를 때 보길도를 지나다가 잠시 쉬면서 석벽에 한시 한 수를 남겨놓았는데 자신의 신세를 한탄하는 내용의 시다.

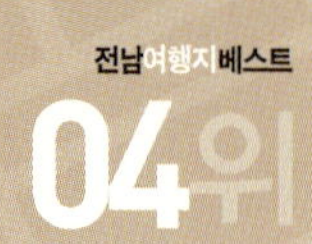

04위 담양 소쇄원

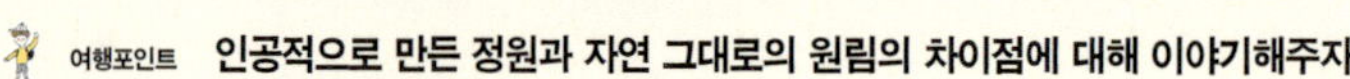

🧍 여행포인트	인공적으로 만든 정원과 자연 그대로의 원림의 차이점에 대해 이야기해주자.
📖 주소	**전남 담양군 남면 지곡리 123**
📱 문의	**061-382-1071**
🖥 홈페이지	**www.soswaewon.co.kr**

🚗 **가는 길**
- **자가용:** 경부고속도로-천안·논산고속도로-호남고속도로-동광주IC-광주교도소 방향-887번 도로-소쇄원
- **대중교통:** 센트럴시티버스터미널 광주행 버스(05:00~다음날 01:00, 배차간격 10분)-광주버스터미널에서 시내버스 38번(05:40~22:25, 배차간격 15분)-전남대 후문에서 하차-시내버스 187번으로 환승(06:20~22:30, 배차간격 1시간)-소쇄원

🍴 **먹을거리**
- **들풀산채정식**(정식, 061-381-7370, 고서면 분향리)
- **울림산장**(붕어찜, 061-383-0779, 남면 지곡리)

🏠 **잠자리**
- **명아원**(061-381-2079, 용면 쌍태리)
- **산내음펜션**(061-381-1118, 용면 월계리)

🌿 **주변관광지** **식영정, 환벽당, 광주호, 가사문학관**

소쇄원은 전남 담양군 남면 지곡리에 있는데, 양산보(梁山甫)가 은사인 정암 조광조가 기묘사화로 능주로 유배되어 세상을 떠나자 세상을 버리고 자연 속에서 숨어 살기 위해 꾸민 원림이다. '정원'은 인공적으로 조성한 것이고, '원림'은 자연 그대로의 상태를 활용했다는 점에서 차이가 있으니 소쇄원은 정원보다는 원림으로 불러야 더 자연스럽다. 도시에서 흔히 볼 수 있는 정원의 모습보다 정돈된 미는 떨어질지 몰라도 자연스러운 멋이 옛 선비들의 풍류를 떠오르게 한다.

소쇄원은 1983년 7월 사적 제304호로 지정되었고 많은 사람이 찾아와 자연 속의 원림을 즐기고 있다. 이곳은 물이 흘러내리는 계곡을 사이에 두고 각 건물을 지어 자연과 건축물이 조화를 이뤄 우리 민족의 멋스러움이 자연스럽게 머무르는 것을 느낄 수 있다. 소쇄원으로 오르는 길은 대나무 숲이 있어 바람이 불 때마다 서걱이는 소리가 음악처럼 다가온다.

5분 정도 걸어 올라가면 길 왼쪽으로 대봉대를 만난다. 시골에서 볼 수 있는 원두막과 같은 형태로 지어져 편안한 마음으로 머물 수 있다. 소쇄원은 제월당과 광풍각, 오곡문, 애양단, 고암정사 등 10여 동의 건물로 이루어져 있다. 소쇄원의 중심이 되는 제월당은 '비 개인 하늘의 상쾌한 달'이라는 뜻의 주인을 위한 집이다. 정면 3칸, 측면 2칸의 팔작지붕 건물이다. 광풍각은 '비 갠 뒤 해가 뜨며 부는 청량한 바람'이라는 뜻의 손님을 위한 사랑방으로 1614년 중수한 정면 3칸, 측면 3칸의 역시 팔작지붕 한옥이다. 광풍각에는 영조 31년(1755) 당시 소쇄원 모습이 그려진 그림이 남아있다.

소쇄원에서 아름다운 자연과 어우러지는 원림을 만나고 잠시 광주호 쪽으로 가다보면 오른쪽 언덕에 있는 식영정에 올라 잠시 쉬어가도 좋다.

식영정

전라남도 기념물 제1호로 지정된 식영정은 원래 16세기 중반 서하당 김성원이 스승이자 장인인 석천 임억령을 위해 지은 정자로 임억령이 '식영정'이라 이름 지었는데 '그림자가 쉬고 있는 정자'라는 의미다. 이곳은 정철이 성산에 와 있을 때 머물렀던 곳 중 하나인데 김성원은 송강 정철의 처가 쪽 친척이며, 송강이 성산에 있을 때 함께 공부하던 동문이다. 배롱나무 꽃이 피어나는 늦여름에 방문하는 것이 좋다.

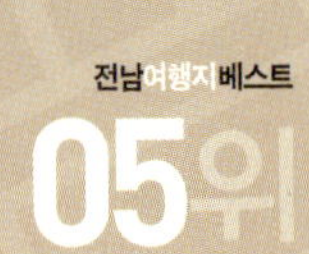

보성 차밭

🧍 여행포인트	**아이들과 찻잎따기 체험을 해보자.**	
🗾 주소	**전남 보성군 보성읍 봉산리 1288**	
📱 문의	**02-511-3455**	
🖥 홈페이지	**http://dhdawon.com**	

🚙 **가는 길**
- **자가용:** 경부고속도로-천안 · 논산고속도로-호남고속도로-동광주IC-29번 국도-화순-보성읍-18번국도-대한다원
- **대중교통:** 센트럴시티버스터미널 보성행 버스(15:10)-보성버스터미널에서 율포행 버스(1일 15회, 배차간격 30분)-대한다원

🍴 **먹을거리**
- **거시기꼬막식당**(꼬막정식, 061-858-2255, 벌교읍 벌교리)
- **꼬막회관**(꼬막정식, 061-857-9919, 벌교읍 회정리)

🏠 **잠자리**
- **꽃뜰펜션**(061-852-9633, 회천면 회령리)
- **해오름펜션**(061-862-2288, 장흥군 안양면 수문리)

⚓ **주변관광지**   **대원사, 태백산맥문학관**

남도 여행을 하면서 다른 곳에서는 만나지 못하는 풍경이 있는데 바로 녹차밭이다. 일 년 내내 초록빛을 뿜어대는 녹차밭은 이제 보성을 대표하는 상징적인 존재가 되었다. 녹차는 '차' 이상의 '차'로 건강에 좋다고 널리 알려져 있다. 녹차에서 떫은맛을 내는 탄닌의 주된 구성 요소인 카테킨을 꾸준히 섭취하면 혈관 및 간장의 콜레스테롤 농도 상승을 억제하고 체외 배출을 촉진해 고혈압을 예방하는데 효과적이라고 한다. 보성의 많은 녹차밭 중 대한다원은 보성 녹차밭의 대명사처럼 여겨지고 있다. 녹차가 우리들 생활 속에 깊숙이 자리 잡게 될 수 있도록 하는 데는 대한다원의 장영섭 회장의 공이 크다. 그는 6·25 전쟁으로 황폐해진 차 밭과 주변의 산을 인수하여 '대한다업주식회사'를 설립하였다. 그 후에 주변의 민둥산에 넓은 차밭을 조성한 후 삼나무, 편백나무 등 많은 관상수와 방풍림을 심어 아름다운 풍경을 만들어냈다.

보성의 녹차밭은 어느 계절에 가도 마음을 푸르게 해 준다. 연초록빛이 흐르는 봄에는 주변의 풍경과 어우러져 생명이 약동하는 것을 느낄 수 있다. 녹색이 짙어지는 여름에는 들어오는 입구의 메타세쿼이아 나무 길을 올라가면서 주변의 짙은 녹색과 하나가 된다. 가을의 청량한 풍경과 겨울의 눈이 내린 녹차밭의 풍경 또한 아름답다. 또한 이른 아침 녹차밭을 배경으로 떠오르는 일출을 보는 것도 남다른 즐거움이 된다. 이곳은 영화 〈선물〉 〈목포는 항구다〉와 드라마 〈여름향기〉등의 촬영지로도 유명하다. 요즘 이곳은 계절과 관계없이 많은 사람이 찾아온다. 녹차 밭을 촬영하기에 가장 좋은 때는 봄에 찻잎이 돋아나는 시기인데 햇빛과 어우러진 모습이 정말 아름답다. 녹차밭 구경뿐만 아니라 녹차를 이용한 다양한 음식을 맛볼 수 있다. 한 여름 다원을 돌아본 후 먹는 녹차 아이스크림과 녹차 빙수는 더위를 한번에 물러나게 한다. 연말이나 연초에 보성에 간다면 빛과 함께하는 녹차밭의 야경을 즐길 수 있다.

보성 차밭 빛의 축제

매년 연말이 되면 녹차밭과 빛의 만남이 이뤄진다. 이곳 녹차밭 주변에서는 봇재다원과 다향각 전망대를 중심으로 대형 트리와 주변 도로 등에 조명기구 설치로 다양한 볼거리를 제공해 한 해를 보내면서 새해를 맞는 희망의 메시지를 전하고 있다. 매년 시기가 달라질 수 있는데 보성군청(www.boseong.go.kr/ko/culture)에 문의하면 알 수 있다.

06위 여수 향일암

🚶 여행포인트	**향일암의 유래에 대한 이야기를 해주자.**	

주소　　전남 여수시 돌산읍 율림리 산7

문의　　061-644-4742

홈페이지　www.hyangiram.org

가는 길
- **자가용:** 경부고속도로-천안·논산고속도로-호남고속도로-서순천IC-순천-여수-돌산대교 – 죽포삼거리에서 좌회전-향일암
- **대중교통:** 센트럴시티버스터미널 여수행 버스(06:00~23:20, 배차간격 40분~1시간)-여수버스터미널에서 향일암행 버스(1일 6회)-향일암

먹을거리
- **금오식당**(한식, 061-644-8769, 돌산읍 율림리)
- **여수돌게식당**(한식, 061-644-0819, 여수시 봉산동)

잠자리
- **향일암흙집펜션**(010-8661-4761, 돌산읍 율림리)
- **향일암풍경**(061-641-8045, 돌산읍 율림리)

주변관광지　진남관, 오동도, 돌산대교

전라남도 여수시 돌산읍 금오산에 위치한 향일암은 대한불교 조계종 제19교구 본사 화엄사 말사로 남해 제일의 관음기도 도량이며 전국 최대 일출명소 중 하나로 꼽힌다. 2009년 12월 20일 원인 모를 화재로 향일암 사찰 건물 여덟 채 중 대웅전, 종각, 종무소 등 3채가 불에 타 많은 사람이 안타깝게 여기고 있다. 여수시에서는 향일암 대웅전과 종각, 종무소 등의 건물 복원공사를 시작해 2011년 말 완공할 계획이다.

야간열차를 타고 여수역에 내려 버스를 타고 향일암 아래 시내버스 정류장에 도착해 일출시간이 가까워질 때 천천히 향일암에 오르면 마음이 평안해진다. 어둠을 더듬고 계단을 오르고 바위 틈 작은 굴을 지나 잠시 올라가면 향일암 마당에 닿는다.

향일암 마당에서 바다를 바라보면 어둠이 가득한 모습이다. 차츰 어둠은 검은 빛에서 푸른 빛을 더하기 시작한다. 시간이 지나면 하늘이 모습을 보이기 시작하고 멀리 바다도 희미하게 다가온다. 사실 이곳 향일암에서 일출을 보는 게 쉬운 것은 아니다. 사진을 찍는 사람들은 삼대가 공덕을 쌓아야 이곳에서 일출을 만날 수 있다고 한다. 이곳에서의 일출은 구름 속에서 만나는 경우가 많다. 온통 구름밭인 상태에서 떠오르는 태양이 더 아름답게 다가온다.

일출을 만난 후에 용왕전과 삼성각을 돌아보는 것도 좋다. 대웅전의 우측에 위치한 전각인 용왕전은 관세음보살을 주불로 모시고 해상용왕과 남순동자가 협시하고 계신다. 대웅전 좌측에 위치한 삼성각은 산신, 칠성, 독성 세 분의 서인을 함께 봉안하고 있다. 바위굴을 통과해 위로 올라가면 관음전이 있는데 원효대사가 수도 도중 관세음보살을 친견한 곳으로 관세음보살을 모신 전각이고 옆에는 해수관세음보살이 서 계신다. 이곳에서 만나는 일출도 참 아름답다.

향일암 유래

향일암은 '여수군지'에 원효대사가 의자왕 19년(659년)에 원통암(圓通庵)이란 이름으로 창건했다고 기록되어 있다. 또한 광종 9년(950년)에 윤필거사가 이곳에서 수도하면서 원통암을 금오암이라 개칭했고, 조선시대 숙종 39년(1713)에 돌산주민들이 논과 밭 52두락을 헌납해 1715년 인묵대사가 지금의 자리로 암자를 옮기고 '해를 바라본다'는 뜻의 향일암이라 불렀다고 한다.

07위 담양 메타세쿼이아길

여행포인트	매점에서 자전거를 빌려 온몸으로 바람을 맞으며 메타세쿼이아길을 둘러보자.

주소　전남 담양군 담양읍 학동리

문의　061-380-3150(담양군 관광레저과)

홈페이지　http://tour.damyang.go.kr/tourism

가는 길
- **자가용:** 서해안고속도로-고창 · 담양고속도로-88고속도로-담양IC-담양공고교차로에서 담양 방향-학동교차로-메타세쿼이아길
- **대중교통:** 센트럴시티버스터미널 담양행 버스(10:10, 16:10)-담양버스터미널에서 택시(기본요금)-메타세쿼이아길

먹을거리
- **봉산원조갈비**(떡갈비, 061-381-1235, 봉산면 기곡리)
- **한상근대통밥집**(대통밥, 061-382-1999, 월산면 화방리)

잠자리
- **죽림원**(061-383-4530, 담양읍 객사리)
- **나무늘보**(061-383-6006, 금성면 봉서리)

주변관광지　죽녹원, 관방제림, 창평 슬로시티

담양 하면 제일 먼저 생각나는 곳이 메타세쿼이아 가로수길이다. 전국적으로 가로수 조성사업이 한창일 때 담양군에서 3~4년생 메타세쿼이아 묘목을 심은 것이 현재의 울창한 가로수 터널길이 되어 관광객들을 불러들인다.

담양에는 메타세쿼이아 가로수길이 몇 군데 있다. 그중에서 담양군청 동쪽의 학동교 차로에서 금월리 금월교에 이르는 옛 24번 국도가 대표적이다. 옛 국도 바로 옆으로 새롭게 국도가 뚫리면서 이곳은 산책을 할 수 있는 아름다운 길로 변모했다.

메타세쿼이아길이 널리 알려지자 학동리 앞 1.5㎞ 구간은 아예 차량통행을 금지시켜 주민들과 관광객들의 전용 도로가 되었다. 가로수길 중간에 벤치를 만들고 오두막을 지어 그곳에 앉아 여유로운 시간을 보낼 수 있도록 했다. 가로수길의 끝에는 간이화장실이 있고 매점이 들어서있다. 자전거를 빌려줘 길을 즐길 수 있게 했다. 아름다운 길은 입소문을 타고 알려졌고 영화 〈화려한 휴가〉에서 주인공 김상경이 택시를 타고 한가로이 달리는 장면이 나오면서 더욱 사람들이 몰려들었다.

언제든지 이곳에 가면 엔돌핀이 팍팍 솟는 것을 느낄 수 있다. 봄에 만나는 초록빛 가득한 메타세쿼이아길은 생생한 봄을 느끼게 하고, 여름에 가면 생동감이 느껴지며, 가을에는 연갈색 나뭇잎이 양탄자처럼 깔려있다. 눈 내린 겨울 길은 참 멋스럽게 다가오니 사계절 언제 가도 즐거움이 묻어나온다. 이곳은 걸어다니면서 누군가와 이야기를 나눠도 좋고 자전거를 타고 달려도 기분이 좋아진다.

이곳은 산림청과 생명의 숲가꾸기 운동본부 등에서 주관한 '2002 아름다운 거리숲' 대상을 수상했고, 2006년 건설교통부 선정 '한국의 아름다운 길 100선'의 최우수상을 수상한 길로 많은 사람이 아름다운 거리 · 아름다운 숲으로 인정하고 있다. 가족과 함께 여유롭게 산책을 즐겨보자.

구례 화엄사

여행포인트 화엄사에서는 무려 11개 국보와 보물이 있다. 온가족이 보물을 찾으며 경내를 둘러보자.

주소 전남 구례군 마산면 황전리 12

문의 061-782-0015

홈페이지 www.hwaeomsa.org

가는 길
- **자가용:** 경부고속도로-천안·논산고속도로-호남고속도로-남원IC-춘향터널-19번 산업국도-밤재터널-구례IC-19번 국도-냉천삼거리에서 좌회전-마광삼거리에서 직진-화엄사
- **대중교통:** 서울남부버스터미널 구례행 버스(07:30~19:30, 배차간격 2시간)-구례시외버스터미널에서 화엄사행 시내버스(08:00~20:10, 배차간격 20분)-화엄사

먹을거리
- **전주식당**(콩나물국밥, 061-782-4067, 마산면 황전리)
- **이시돌식당**(061-782-4015, 마산면 냉천리)

잠자리
- **리틀프린스펜션**(061-783-4700, 마산면 황전리)
- **화엄각펜션**(061-782-9911, 마산면 황전리)

주변관광지 **화개장터, 노고단, 연곡사**

지리산 자락에 위치한 화엄사를 찾는 날은 늘 새로운 기분이 든다. 화엄사(華嚴寺)는 전라남도 구례군 마산면 황전리에 위치한 백제시대 사찰로 백제 성왕 22년에 인도 스님인 연기조사가 창건했고, 절의 이름은 화엄경(華嚴經)의 두 글자를 따서 붙였다고 한다.

화엄사는 국내에서 유일하게 부처님 사리탑 3점이 있어 여느 적멸보궁에 버금간다. 일주문을 지나면 금강문 그리고 잠시 올라가면 천왕문이 방문자를 기다리고 보제루에 이른다. 일주문에서 대웅전까지 일직선으로 배치된 여느 사찰과 달리 모든 건축물이 태극 형상을 이루고 있는 것이 특징이다. 보제루를 끼고 돌면 넓은 마당이 나오며, 대웅전과 각황전이 한눈에 들어온다. 마당에는 동·서 두 개의 탑이 사선방향으로 보이며 동쪽 탑의 윗부분보다 한 단 높은 터 위에 대웅전이 있고, 서쪽 탑의 위쪽엔 각황전이 자리하고 있다. 밖에서 보면 지붕이 2층집으로 보이는 국보 제67호 각황전은 목조 건물로는 국내 최대 규모로 웅장한 느낌을 준다. 각황전은 6개의 거대한 기둥이 버티고 있고, 앞에는 국보 제12호인 석등이 있는데 높이 6m가 넘는 거대한 모습이다. 각황전 옆으로 난 108계단을 오르면 사사자삼층석탑(국보 제35호)이 나온다. 화엄사를 창건한 연기조사가 어머니의 명복을 빌며 세운 탑이란 전설이 있다. 보물 제299호인 대웅전은 화엄사 건물 중 각황전 다음으로 크다. 지금 있는 건물은 조선 인조 8년(1630)에 벽암대사가 다시 세운 것이라고 한다. 대웅전 앞에 동·서로 쌍탑이 있는데 서편의 보물 제133호로 지정된 서오층석탑은 조각과 장식이 가득하다. 보물 제132호인 동오층석탑은 아무런 장식이 없어 단정하게 보인다. 대웅전 우측으로 가면 구층암으로 가는 길이 있다. 구층암으로 가는 길의 끝에는 대나무숲이 있고, 이 숲을 지나면 반은 무너져 내려 쓰러질 듯이 보이는 석탑이 모습을 드러낸다. 이 탑이 구층암 석탑이고, 그 뒤로 보이는 아담한 건물이 구층암 승방이다.

구층암 모과나무 기둥

구층암에서 가장 소중한 것은 스님이 기거하는 승방에 있는 모과나무 기둥이다. 이 기둥은 인간의 손끝이 전혀 닿지 않았다고 한다. 기둥은 나뭇가지의 흔적, 나무의 결과 옹이까지도 그대로 드러낸다. 독특한 이 기둥은 자연과 건축의 조화를 한눈으로 보여주니 화엄사에 들르면 꼭 만나보도록 권한다.

09위 장성 백양사

여행포인트	알록달록 오색창연한 단풍을 배경으로 가족사진을 찍어보자.

주소 전남 장성군 북하면 약수리 26

문의 061-392-7502

홈페이지 www.baekyangsa.kr

가는 길
- **자가용:** 경부고속도로-천안·논산고속도로-호남고속도로-백양사IC-쌍웅교삼거리에서 우회전-약수삼거리 좌측 도로로 직진-로터리에서 직진 후 좌회전-백양사
- **대중교통:** 센트럴시티버스터미널 장성행 버스(08:35, 09:00, 14:30, 15:40 16:40)-장성버스터미널에서 백양사행 군내버스(06:30~19:40, 배차간격 1시간)-백양사

먹을거리
- **정읍식당**(한정식, 061-392-7427, 북하면 약수리)
- **백양전통식당**(한정식, 061-392-7406, 북하면 약수리)

잠자리
- **남창계곡사계절온천펜션**(061-394-0014, 북하면 신성리)
- **토루**(061-393-7555, 남면 마령리)

주변관광지 축령산휴양림, 홍길동 테마파크, 필암서원

백양사는 가을에 가야 제격이다. 다른 계절에 가면 볼 것이 없다는 말이 아니다. 가을에 가면 어느 곳보다 더 아름다운 단풍 관광지 백양사를 즐길 수 있다는 의미다. 단풍이 꽃으로 피어난다는 표현이 적절한 곳이 바로 백양사다.

전남 장성군 북하면 약수리 26번지에 자리 잡은 백양사는 백제시대 고찰로 유구한 역사와 백양산의 빼어난 경관으로 이름이 높다. 백양사의 유래 중에서 일반적인 것은 1400여 년 전 백제 무왕 때 여환조사가 창건했다는 설인데 원래 이름은 백암사였고, 1034년 중연선사가 크게 보수한 뒤 정토사로 불렸다고 한다. 조선 선조 때 환양선사가 영천암에서 금강경을 설법하는데 수많은 사람이 구름처럼 몰려들었다고 한다. 법회 3일째 되던 날 하얀 양이 내려와 스님의 설법을 들었고, 7일간 계속된 법회가 끝난 날 밤 스님의 꿈에 흰 양이 나타나 '나는 천상에서 죄를 짓고 양으로 변했는데 이제 스님의 설법을 듣고 다시 환생해 천국으로 가게 되었다'며 절을 했다. 이튿날 영천암 아래에 흰 양이 죽어있었는데 그 후 절 이름을 백양사라고 고쳐 불렀다고 한다.

백양사 건물로는 환양이 세웠다는 지방유형문화재 제32호인 극락전(極樂殿)이 가장 오래되었고, 지방유형문화재 제43호인 대웅전은 1917년 백양사 중건 때 지은 것으로 석가모니불·보살입상·16나한상(羅漢像)이 봉안되었다. 또한 같은 해에 건립한 지방유형문화재 제44호인 사천왕문(四天王門)과 1896년경에 세운 명부전(冥府殿)이 있다.

이 밖에 백양사 재건에 힘쓴 소요(逍遙)의 유업을 기리기 위해 세운 소요대사 부도와 석가모니의 진신사리가 안치되어 있는 구층탑이 있다. 아름답게 깊어가는 가을을 마음속으로 함께 담아낼 수 있는 곳이 바로 백양사이다. 단풍이 절정일 때 쌍계루의 반영은 정말 아름다워 관광객들의 단골 피사체가 된다.

백양단풍축제

장성군에서는 오색 단풍이 물드는 백양사 주변에서 매년 백양단풍축제를 연다. 특별히 애기단풍의 아름다움과 천년고찰이 하나가 되어 열리는 단풍축제는 백양사 단풍을 백배 즐길 수 있는 프로그램이 많다. 보통 10월 말부터 11월 초에 열리는데 일정은 장성군청 홈페이지(www.baekyangsa.kr)에서 확인하면 된다.

전남여행지베스트

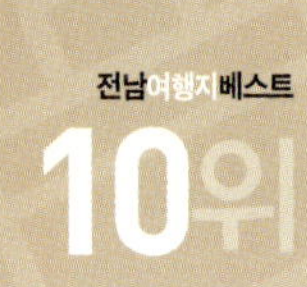

10위 순천 선암사

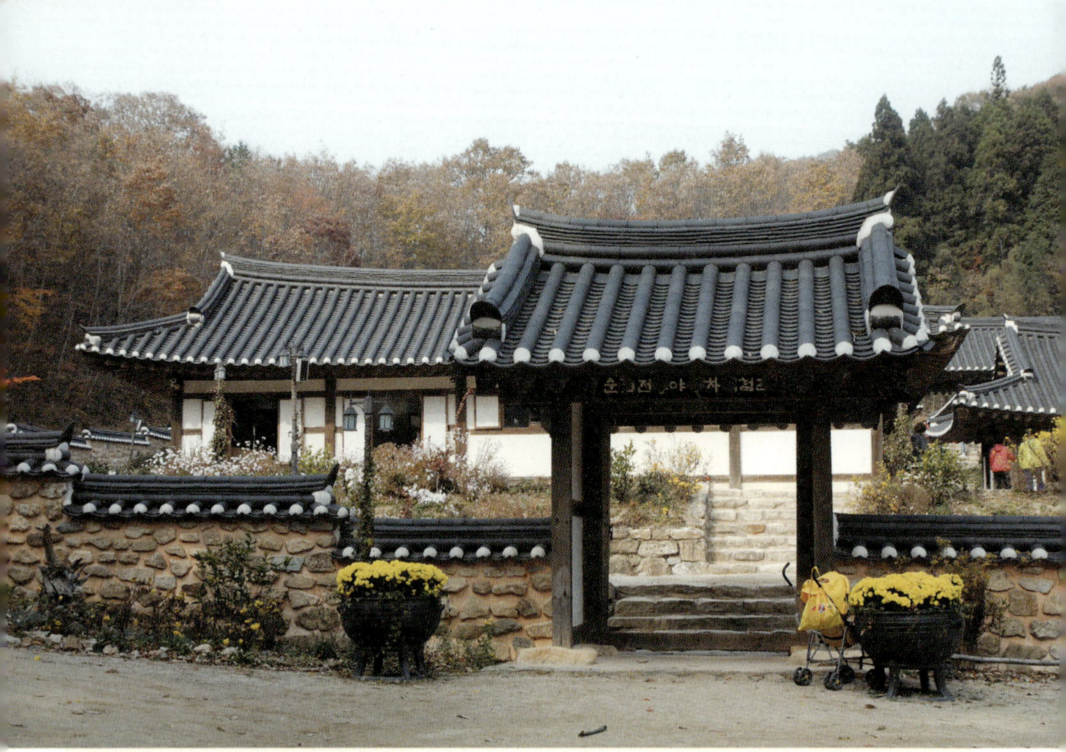

여행포인트	**봄에 찾아간다면 우리나라에서 가장 큰 매화나무를 만날 수 있다.**
주소	**전남 순천시 승주읍 죽학리**
문의	**061-754-5247**
홈페이지	**www.seonamsa.net**
가는 길	• **자가용:** 경부고속도로-천안 · 논산고속도로-호남고속도로-순천IC-서면-승주-선암사 • **대중교통:** 센트럴시티버스터미널 순천행 버스(06:10~24:00, 배차간격 20분~1시간)-순천버스터미널에서 시내버스 1번(배차간격 40분)-선암사
먹을거리	• **선암사향토가든**(한식, 061-751-9076, 승주읍 죽학리) • **길상식당**(한식, 061-754-5599, 승주읍 죽학리)
잠자리	• **선암민박**(061-754-5232, 승주읍 죽학리) • **낙안민속자연휴양림**(061-754-4400, 낙안면 동내리)
주변관광지	**낙안읍성, 송광사, 순천만**

조계산 동쪽 기슭에 자리 잡고 있는 선암사는 종교를 떠나 사람들의 발길을 붙잡는 고즈넉함이 배어있다.

선암사는 사적 제507호로 지정되어 있는데 아도화상이 비로암으로 창건했다고도 하고, 875년(헌강왕 5) 도선국사가 창건하고 신선이 내린 바위라 하여 선암사라고도 한다. 고려 선종 때 대각국사 의천이 중건했는데, 임진왜란 이후 거의 폐사로 방치된 것을 1660년(현종 1)에 중창했고, 영조 때 화재로 폐사된 것을 1824년(순조 24) 해붕이 다시 중창했다.

자연과 함께하는 선암사의 출발점은 승선교라고 말할 수 있다. 보물 제400호로 지정된 승선교는 멀리서 보아도 아름답고 품위가 있으며 또한 아래에서 올려다보는 모습도 단아하다. 아름다운 곡선을 간직한 다리를 멀리서 사진으로 담으면 마음까지 꽉 차 오른다. 가을에 가면 여기저기 단풍과 어우러져 더 멋진 모습을 연출한다. 가을 단풍이 한창일 때 승선교의 곡선 속에 강선루를 넣어 사진에 담으면 참 아름답다. 또한 반영된 모습도 멋지다. 시냇물의 너비가 넓은 편이라 다리 규모도 큰데, 커다란 무지개 모양으로 아름답게 놓여있다.

승선교를 건너 잠시 올라가면 선암사의 문루(門樓) 역할을 하는 팔작지붕 2층 누각인 강선루가 있다. 경내에는 보물 제395호 선암사 삼층석탑과 보물 제1311호 대웅전 등 다수의 중요문화재가 있어 역사적 가치가 크다. 선암사는 천왕문이 없어 이상한 생각이 들겠지만 주련이 생략된 보기 드문 선찰이라는 점에서 유별나다. 봄에 선암사에 간다면 꼭 봐야 할 것이 있으니 무우전의 고매다. 사백년이 넘은 고매와 그보다 수령이 짧은 칠십여 그루의 고매는 선암사를 찾은 사람들의 발길을 붙잡는다. 특히 봄에는 매화 향기가 온 산사를 물들인다.

선암사 승선교

보물 400호로 지정된 승선교는 선암사에 들어가기 전 작은 계곡 위에 무지개 모양의 돌다리다. 다리는 전체가 화강암으로 되어있고 기저부에 자연암반이 있다. 양쪽 작은 계곡 사이에 자연석을 쌓아 석벽을 이루고 있으며 주위의 석축도 시멘트를 사용한 보강이 없어 자연미를 잘 간직한 아름다운 다리다.

11위 순천 송광사

여행포인트	온 가족이 휴식형 템플스테이를 직접 체험해보자.	
주소	전남 순천시 송광면 신평리 12	
문의	061-755-0107	
홈페이지	**www.songgwangsa.org**	

가는 길
- **자가용:** 경부고속도로-천안·논산고속도로-호남고속도로-송광사IC-벌교 방향-신평삼거리에서 좌회전-834번 지방도-송광사
- **대중교통:** 용산역 순천행 새마을·무궁화호 열차-순천역에서 송광사행 버스(05:45~19:15, 배차간격 30~40분)-송광사

먹을거리
- **길상식당**(한식, 061-755-2173, 송광면 신평리)
- **광신식당**(한식, 061-755-2555, 송광면 신평리)

잠자리
- **유심천스포츠관광호텔**(061-729-5800, 가곡동)
- **송광사민박**(061-755-2213, 송광면 신평리)

주변관광지 **낙안읍성, 선암사, 순천만 생태공원**

언제 찾아가도 마음이 편한 송광사는 전라남도 순천시 송광면 조계산 서쪽에 자리하고 있다. 사적 제506호로 지정된 한국 삼보(三寶)사찰 가운데 승보사찰로서 유서 깊은 절집이다.

송광사는 신라말 혜린선사에 의해 창건되었는데 창건 당시 이름은 송광산 길상사(吉祥寺)였으며 100여 칸쯤 되는 절로 30~40명의 스님이 살 수 있는 크지 않은 사찰이었다. 그 뒤에 고려 인종 때 석조대사가 절을 크게 확장하려고 준비하던 중 타계해 뜻을 이루지 못했다.

이후 50여 년 동안 버려진 상태로 머물다가 보조국사 지눌스님의 정혜결사가 이곳으로 옮겨졌다. 9년 동안의 중창불사로 절의 면모를 새롭게 하고 정혜결사운동에 동참한 많은 사람을 지도해 한국 불교의 새로운 전통을 확립했고 이후 송광사가 한국 불교의 중심으로 각광받기 시작했다. 정유재란, 6·25사변 등 숱한 재난을 겪었으나 지속적인 중창불사로 지금의 위용을 갖출 수 있게 되었다.

이곳에는 단풍나무가 많아 봄에 돋아나는 초록빛 세상이 참 아름답고, 가을에는 붉고 노랗게 물든 단풍이 물속에 투영돼 새로운 세상을 만들어준다.

이곳엔 많은 사찰 문화재가 있는데 국보 제42호인 목조삼존불감, 국보 제43호인 고려고종제서, 국보 제56호인 국사전을 비롯해 대반열반경소(보물 제90호), 경질(보물 제134호), 경패(보물 제175호), 금동요령(보물 제179호), 묘법연화경 관세음보살보문품 삼현원찬과문(보물 제204호), 대승아비달마잡집론소(보물 제205호), 묘법연화경찬술(보물 제206호), 금강반야경소개현초(보물 제207호), 하사당(보물 제263호), 약사전(보물 제302호), 영산전(보물 제303호) 즉 노비첩, 수선사형지기(보물 제572호)가 있다. 이 밖에도 능견난사 등 지방문화재 8점이 있으며, 추사 김정희의 서첩, 영조의 어필, 흥선대원군의 난초 족자 등 많은 문화재가 사내 박물관에 소장되어 있다.

휴식형 템플스테이

송광사에서는 충만한 기운을 느끼며, 자신만의 호젓한 시간을 갖고 싶은 사람들을 위해 휴식형 템플스테이가 준비되어 있다. 기간은 1박2일, 2박3일 등이 있는데 템플스테이에 지장이 없는 누구나 참석할 수 있다. 별도의 프로그램을 진행하는 것이 아니고 조석예불, 후원공양, 울력 등 정해진 규율을 지키면서 자신을 찾아볼 수 있는 시간을 가질 수 있다.

12위 담양 한국대나무 박물관

여행포인트 대나무를 가지고 체험활동이 가능하다. 대나무 악기를 연주해볼 수도 있다.

주소 전남 담양군 담양읍 천변리 401-1

문의 061-380-3479

홈페이지 www.damyang.go.kr/museum

가는 길
- **자가용:** 서해안고속도로-고창 · 담양고속도로-88고속도로-담양IC-담양공고교차로 담양 방향-백동사거리-한국대나무박물관
- **대중교통:** 센트럴시티버스터미널 담양행 버스(10:10, 16:10)-담양버스터미널에서 시내버스 311 · 322번-한국대나무박물관

먹을거리
- **덕인관**(떡갈비, 061-381-7881, 담양읍 백동리)
- **진우네집국수**(국수, 061-381-5344, 담양읍 객사리)

잠자리
- **죽녹원민박**(061-381-2441, 담양읍 객사리)
- **담양리조트 관광호텔**(061-380-5000, 금성면 원율리)

주변관광지 금성산성, 관방제림, 환벽당

담양 여행 계획을 짤 때면 갈 곳이 너무 많음에 놀라게 된다. 무엇보다 담양 하면 떠오르는 단어가 '대나무'다. 그뿐만 아니라 시내 거리에도 대나무와 연관된 조형물들이 설치되어 있어 담양을 '대나무의 고장'이라고 부르는 데 부족함이 없다는 생각이 든다.

담양에는 많은 대나무가 있어 대나무를 이용한 공예가 조선시대부터 시작돼 500년 역사를 가지고 있다.

대나무박물관은 1998년 3월 12일 개관했으며 입구에 있는 원형 물줄기를 뿜어내는 분수가 재미있다. 실외에 전시된 우리 조상들의 대나무 제품을 보면서 실생활에 어떻게 사용되었는지 알 수 있다.

실내 전시실로 들어가면 대나무를 이용한 제품이 많음에 놀라게 되고, 조상들의 지혜로운 대나무 사용에 머리를 끄덕이게 된다. 죽부인, 죽염, 대나무 숯, 대나무 돗자리, 젓가락, 부채, 밥상, 머리빗 심지어 핸드백까지 대나무로 만들어지고 지금도 사용되고 있다.

이뿐만 아니라 대나무로 작품을 만들어 전시해 놓은 것을 보면 대나무를 이용할 수 있는 부분이 참 많다는 생각이 든다. 그리고 옆 건물로 들어가면 외국의 대나무 공예를 만날 수 있다. 또한 건너편 건물에서는 대나무를 소재로 만든 북이나 장구를 칠 수 있는 체험공간이 마련되어 있다.

이곳에 조성된 대나무 관련 단지의 주요 시설은 대나무박물관, 무형문화재전수관, 죽종장, 죽공예체험교실, 담양문화원, 판매점 그리고 공원시설 등이 있고 박물관은 실내외 전시실로 구성되어 많은 볼거리를 제공한다. 대나무 테마공원인 죽녹원도 꼭 가보길 권한다.

놓치지 마세요!

죽녹원

담양군이 2003년 5월 성인산 일대 약 16만㎡에 울창한 대숲을 조성해 개원한 대나무 정원으로, 죽림욕을 즐기면서 산책할 수 있다. 총 2.2㎞의 산책로는 운수대통길 · 죽마고우길 · 철학자의 길 등 8가지 주제로 구성된다. 생태전시관, 인공폭포, 생태연못, 야외공연장이 있으며 밤에도 산책을 할 수 있도록 대숲에 조명을 설치했다.

13위 광양 매화마을

여행포인트	이른 봄 흐드러지게 핀 매화를 배경으로 멋진 사진을 찍어보자.	

주소 전남 광양시 다압면 도사리 414

문의 061-772-4066

홈페이지 http://maehwa.invil.org

가는 길
- **자가용:** 경부고속도로-대진고속도로-남해고속도로-하동IC-섬진교-검문소 앞에서 우회전-매화마을
- **대중교통:** 서울남부버스터미널 하동행 버스(07:30~22:00, 배차간격 2시간)-하동버스터미널에서 시내버스 35-1번-매화마을

먹을거리
- **해돋이**(한식, 061-772-1898, 광양시 다압면 도사리)
- **돌팀이횟집**(재첩국, 055-883-5523, 하동군 하동읍 화심리)

잠자리
- **청탑농장민박**(061-772-3350, 광양시 진상면 어치리)
- **꽃피는산골민박**(061-772-5541, 광양시 진상면 어치리)

주변관광지 백운산, 섬진강, 망덕포구

　　이른 봄이 오면 광양시 다압면 도사리에 위치한 매화마을의 주변 밭과 산 능선은 새하얗게 피어난 매화로 눈이 부시다. 10만여 그루의 매화나무가 꽃망울을 터뜨리기 시작하는 3월 초부터 말

까지 매화마을은 매화꽃을 즐기려는 봄맞이 관광객들로 붐빈다.

　　특히 산과 밭에 서있는 매화나무 사이로 내려다보이는 섬진강과 어우러져 아름다운 풍경을 만들어낸다. 이곳은 사진작가들의 단골 출사지로 이름나 있을 뿐만 아니라 일반 관광객들도 사진을 찍으면서 매화빛 추억을 담아낸다.

　　매화마을에서는 직접 만든 장류를 많이 판매한다. 매실을 이용한 각종 장류와 밑반찬이 사람들의 시각뿐만 아니라 후각과 미각을 자극한다.

　　매화마을의 중심에는 청매실농원이 있다. 홍쌍리 여사의 대를 이은 매화 사랑으로 맺어진 결실이기도 하다. 청매실농원의 기와집과 흐드러진 매화가 어우러져 한참 동안 혼을 빼앗는다. 언덕 위에 자리 잡은 밭에는 창고로 쓰이는 작은 집 하나가 있는데 그 자체도 매화와 어우러져 하나의 소품이 된다. 아름다운 풍경 속으로 빨려들어가는 느낌이다.

　　동네 아주머니들은 인근 지리산에서 채취한 나물이나 자신들이 재배한 농산물을 가지고 와서 팔기에 바쁘다. 금강산도 식후경이라고 근처에서 파는 해물파전은 더 흥겹게 매화를 만나게 해 준다. 3월 광양 매화축제가 열리는데 이 시기에 맞춰 매화마을을 방문하면 더 다양한 추억을 담을 수 있다.

광양 매화축제

날씨에 따라 달라질 수 있지만 매년 3월 초순부터 매화가 꽃망울이 터지기 시작해 중순에 반쯤 피어나고 하순이면 만개한다. 보통 3월 중순에 매화축제가 열리는데 온통 매화꽃으로 가득한 매화마을에 들어서면 그 향기가 몸과 마음속에 가득하다. 매화와 관련된 행사가 축제기간 중에 끊이지 않아 이곳을 찾은 사람들에게 행복한 시간을 만들어준다.

여수 오동도

여행포인트	**오동도에서만 탈 수 있는 동백열차를 꼭 경험해보자.**	

주소   전남 여수시 수정동 332-39

문의   061-690-7303(오동도 관리소)

홈페이지   www.yeosutravel.net

가는 길
- **자가용:** 경부고속도로-천안 · 논산고속도로-호남고속도로-완주JC-17번 국도 여수 방향-여수사-여수역-오동도
- **대중교통:** 센트럴시티버스터미널 여수행 버스(06:00~23:20, 배차간격 30분~1시간)-여수버스터미널에서 시내버스 333번(수시운행)-오동도(문의: 오동운수 061-653-3003)

먹을거리
- **두꺼비식당**(게장, 061-643-1881, 봉산동)
- **황소식당**(게장, 061-642-8007, 봉산동)

잠자리
- **오동도펜션**(061-663-0339, 종화동)
- **나르샤관광호텔**(061-686-2000, 학동)

주변관광지   **진남관, 흥국사, 돌산대교**

겨울이 끝날 무렵 여수 오동도는 검붉은 동백꽃으로 가득 차 사람들의 발길을 꽉 붙잡는다. 오동도에는 걸어서 가거나 동백열차를 이용하는 방법이 있다. 걸어서 가면 10분 정도, 동백열차를 타면 5분이면 오동도에 도착하고 잠시 언덕을 오르면 동백숲이 기다리고 있다.

오동도는 멀리서 보면 생김새가 오동잎처럼 보이고 옛날에는 오동나무가 빽빽해 그렇게 불렀다고 한다. 한때는 이충무공이 이 섬에 대나무를 심게 한 후 대나무가 번성하자 죽도(竹島)라 불렀다고 하는데 섬 중간중간에 많은 대나무를 발견할 수 있다. 오동도는 남해안 도서지역에서 자생하는 상록 난대성 수종인 동백, 신우대, 후박 등이 자라는데 특히 동백나무는 전국 최대 군락지로 3000여 그루가 자라고 있다. 초록 잎 사이에서 피어나는 붉은 꽃은 정열적으로 다가온다. 동백꽃은 10월부터 피기 시작해 다음해 4월까지 온 섬을 뒤덮는다.

오동도 동백은 겨울철에 피어 다른 지역에서 봄에 피는 춘백(春栢)과는 다르다고 한다. 길을 따라 피어있는 동백을 보면 묘한 느낌이 든다. 한참 걷다보면 용굴로 내려가는 계단이 보인다.

오동도 남쪽 암석동굴에는 500년 묵은 지네가 살고 있었다. 이 지네는 날씨가 흐리면 기다란 촉수를 밖에 내놓고 있어 이 섬에 해조류를 채취하러 가는 아낙네들은 접근하지 않았다. 그러던 어느 날 처음으로 이 섬에 해조류를 채취하러 왔던 여인이 이런 사실을 모르고 동굴 가까이 접근했다가 머리가 쌀가마니만 한 지네를 보고 비명을 지르며 실신했는데 이 소식을 듣고 남자들이 배를 타고 몰려가 여인을 구하고 밤낮 사흘 동안 불을 피워 연기를 동굴 속으로 흘려보내 지네를 잡았다고 한다. 오동도 중심부에 위치한 등대는 높이가 25m이고 여기에 오르면 여수 돌산도와 경남 남해도까지 보인다. 오동도에 들렀다면 가까이에 있는 하멜등대를 찾는 것도 좋다.

하멜등대

전남 여수시 종화동에 위치한 높이 10m의 이 등대는 광양항과 여수항을 오가는 선박을 위해 만든 것으로, 해가 지면 자동으로 불을 밝혀 5마일 정도를 비춘다. 이 등대는 네덜란드인 하멜이 여수에 머무르다가 1666년에 건너간 것을 기념하기 위해 하멜등대로 부르게 되었다. 붉은색의 등대가 파란 바다와 어울려 질긴 그리움을 전해준다.

15위 해남 두륜산 대흥사

여행포인트	**가족의 희망과 소원을 담아 발원문을 넣고 윤장대를 돌려보자.**	

주소 전남 해남군 삼산면 구림리 799

문의 061-534-5502

홈페이지 www.daeheungsa.co.kr

가는 길
- **자가용:** 서해안고속도로-목포IC-2번 국도-13번 국도 해남 방향-해남읍-대흥사
- **대중교통:** 센트럴시티버스터미널 해남행 버스(07:30~17:55, 1일 7회)-해남버스터미널에서 대흥사행 군내버스(06:30~19:40, 배차간격 30분)-종점에서 하차 후 도보 30분-대흥사 (문의: 해남버스터미널 061-534-0881)

먹을거리
- **태양정**(한식, 061-534-6800, 삼산면 구림리)
- **전주식당**(한식, 061-532-7696, 삼산면 구림리)

잠자리
- **제비민박**(061-534-5529, 삼산면 구림리)
- **거목장민박**(061-535-1456, 삼산면 구림리)

주변관광지 **땅끝마을, 미황사, 윤선도 유적지**

해남 두륜산의 빼어난 절경을 배경으로 자리 잡은 대흥사(大興寺)는 대한불교 조계종 제22교구 본사로 대단히 중요한 위상을 차지하는 도량이다.

대흥사의 창건 시점은 정확하지 않은데 응진전 앞에 세워져있는 삼층석탑의 제작 연대가 통일신라 말기로 추정되므로 늦어도 통일신라 말기 이전에 창건된 고찰로 보아야 한다.

주차장에서 일주문을 지나 오른쪽으로 오르면 부도군이 있고 좀 더 올라가면 해탈문이 있다. 그 뒤로 침계루가 나오는데 이곳은 북원의 출입문으로 남·북원을 가로지르는 계류 금당천에 면해 자리한 이층 누각이다. 안으로 들어가면 대웅보전이 중심에 서있다. 이곳은 대흥사의 중심 법전으로 대흥사 가람 북원에 자리한다. 대웅보전은 정면 5칸, 측면 4칸의 단층 전각으로 다포계 양식의 팔작지붕 건물이다. 특히 이 건물의 외부장엄 중 눈길을 끄는 것은 어칸 상부에 자리한 2행 종서의 '대웅보전(大雄寶殿)'이라는 편액인데 이광사의 글씨라고 한다.

대웅보전 옆에는 윤장대가 있는데 이는 불교경전을 넣은 책장에 축을 달아 회전하도록 만든 일종의 장경각이다. 일반인도 윤장대를 돌리면 경전을 읽지 않아도 공덕을 쌓을 수 있으며, 윤장대에 자신의 희망과 소원을 담은 발원문을 넣고 돌리면 발원이 성취되는 성물이다.

대웅보전 옆에 응진당과 산신각도 있는데 건물 한 채에 연이어 수용한 점이 특이하다. 근처에 보물 제320호인 삼층석탑이 있는데 전하는 말에 의하면 신라 자장이 중국에서 가져온 석가여래의 사리를 모신 사리탑이라 한다. 탑의 형태는 2단의 기단 위에 삼층의 탑신을 세운 신라의 일반형 석탑이라고 한다. 대흥사 남원으로 가면 천불전, 가허루, 봉향각, 영화당, 세심당, 적묵당, 문수전 등 많은 건물이 있고, 임진왜란 때 승병을 일으켜 왜적 격퇴에 앞장선 서산대사를 모시는 사당인 표충사가 있다.

새벽숲길 템플스테이

대흥사에서 숲길을 걸으면서 일상에 찌든 삶을 생각해보고 자아를 찾아가는 길에 서보는 것도 좋다. 대흥사 '새벽숲길'은 스스로를 성찰하기에 더 없이 소중한 공간이다. 초입에서 일주문까지 10여리 길을 걸으면서 숲 터널을 이루는 동백나무, 삼나무, 단풍나무, 떡갈나무, 굴참나무 등을 마주하며 삶의 무게를 덜어보자.

강진 다산초당

여행포인트	**조선시대 최고의 실학자 정약용의 업적과 삶에 대해 이야기해주자.**	

주소　전남 강진군 도암면 만덕리

문의　061-430-3782

홈페이지　www.edasan.org

가는 길
- **자가용:** 서해안고속도로-목포IC-2번 국도 강진 방향-남포사거리에서 우회전-계라삼거리에서 좌회전-백련사 방향-다산초당
- **대중교통:** 센트럴시티버스터미널 강진행 버스(07:30~19:40, 1일 6회)-강진버스터미널에서 백련사행 버스(06:00~18:40, 배차간격 1시간~1시간30분)-백련사-다산초당

먹을거리
- **다산정**(해산물, 061-434-9123, 도암면 만덕리)
- **청자골종가집**(한정식, 061-433-1100, 군동면 호계리)

잠자리
- **다산촌민박**(061-433-5555, 도암면 만덕리)
- **알뜰슈퍼민박**(061-434-8487, 도암면 만덕리)

주변관광지　**영랑생가, 백련사, 무위사**

　다산초당은 다산유물전시관에서 언덕길을 따라 내리막길을 지나 다시 오르막길을 올라가야 한다. 길 초입은 가파르지만 걷다보면 정겨움이 느껴지는 길이다. 주변이 온통 침엽수와 대나무로 뒤덮여 어두운 분위기다. 제멋대로 휘어지고 꺾인 나무뿌리가 모습을 드러낸 길을 지나 호흡을 가다듬으며 산을 오르면 다산초당이 보인다.

　정약용이 유배생활을 하면서 머문 다산초당에 도착해 마루에 앉아 숨고르기를 하면 다산 선생님의 미소가 은은하게 다가오는 것을 느낀다. 다산초당(茶山草堂)은 원래 작은 초가집이었는데 시간이 흐르면서 허물어진 것을 1958년 해남 윤씨 후손들이 다산유적보존회를 조직해 기와를 올려 새롭게 지었다고 한다. 해남 윤씨는 다산의 외가인데, 선비화가 윤두서의 손녀가 바로 다산의 어머니다.

　다산초당은 사적 제107호로 지정되어 있다. '다산초당(茶山草堂)' 현판은 추사 김정희의 글씨라고 한다. 잠시 마루에 앉아 정담을 나누다 다산초당에서 위로 올라가면 바위에 새겨진 '정석(丁石)'이라는 글씨가 있는데 이것은 다산이 유배생활을 마치고 고향으로 돌아가기 전에 새겼다고 한다. 이곳은 조선시대 실학자 정약용이 18년 동안 유배생활을 했던 곳이다. 정약용은 이곳에서 제자들을 가르치며, 한편으로는「목민심서」「흠흠신서」「경세유표」등 500여 권의 책을 저술했다.

　정약용은 1801년 신유박해 때 천주교와 관련되었다는 이유로 경상도 장기현으로 유배되었다가 '황사영 백서사건'이 터져 황사영이 다산의 조카사위라는 이유로 다시 유배지를 바꿔 강진으로 유배된다. 이때「자산어보」를 남긴 그의 형 정약전은 흑산도로 유배됐다.

　이렇게 시작된 그의 강진 생활은 정약용 개인에겐 고통의 시간이었지만, 이 기간 동안 실학을 집대성해 후세에 그 업적을 남겼다는 점에서 큰 의미가 있다. 다산은 1818년 유배생활을 마치고 이곳을 떠난다. 그해는 바로「목민심서」가 완성된 해이기도 하다.

다산유물전시관

다산초당 남쪽 800m 지점에 위치한 다산유물전시관은 다산 정약용 선생의 생애와 업적 등을 쉽게 이해할 수 있도록 꾸며져있다. 다산의 영정, 다산연보, 가계도, 학통, 다산의 일생, 다산의 업적과 유물 등이 입체감 있게 전시되어 있다.

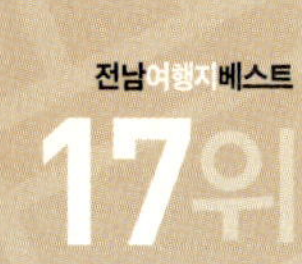

17위 신안 증도 태평염전

여행포인트	**염전에서 소금이 어떻게 만들어지는지 직접 확인해보자.**
주소	**전남 신안군 증도면 대초리**
문의	**061-275-0829**
홈페이지	**www.saltmuseum.org**

가는 길
- **자가용:** 서해안고속도로-선운산 IC-광주 · 목포고속도로-북무안IC-해제 방향-지도읍-증도대교-증도
- **대중교통:** 센트럴시티버스터미널 지도행 버스(07:30, 16:20)-지도버스터미널에서 증도행 버스-증도

먹을거리
- **안성식당**(짱뚱어탕, 061-271-7998, 증도면 중동리)
- **솔트레스토랑**(샤부샤부 061-261-2277, 증도면 대초리)

잠자리
- **솔꿍펜션**(016-787-9954, 증도면 우전리)
- **황토펜션**(010-4577-7734, 증도면 우전리)

주변관광지 **우전리 해수욕장, 짱뚱어다리, 갯벌생태전시관**

    2010년 3월 30일 신안군 지도읍 사옥도와 증도면 증도를 연결하는 증도대교가 개통되면서 증도는 이제 섬이 아니다. 증도대교가 건설되기 이전에는 사옥도 지신개 선착장과 증도 버지 선착장을 오가는 철부선이 하루 5~7회 운항되어 15분 정도면 증도에 닿을 수 있었다. 지금은 자동차로 들어갈 수 있다. 증도대교 개통으로 섬에 빨리 들어갈 수 있지만 슬로시티 증도와는 잘 어울리지 않는 것 같아 아쉬움이 남는다.

    증도는 2007년 12월 아시아 최초로 슬로시티로 지정되었다. 슬로시티 지정 배경에는 증도면의 갯벌염전이 큰 역할을 했다. 신안 증도 천일염은 대표적인 슬로푸드(Slow Food)로 손꼽힌다. 태평염전은 국내 최대 단일 염전으로 근대문화유산의 가치를 지니고 있어 2007년 11월 22일 등록문화재 제360호로 지정되었다. 1953년 한국전쟁 후 이북 피난민 정착을 위해 전증도와 후증도를 둑으로 연결하고 그 사이 갯벌에 조성한 염전이다.

    증도는 태평염전의 관광자원으로서의 우수성과 지자체인 신안군의 적극적인 지원으로 친환경 관광지로의 변신을 꾀하고 있다. 그 일환으로 염성식물원 등이 조성되어 있다. 증도의 자연과 염전, 소금창고가 어우러져 연출하는 경관은 한 폭의 그림을 보는 듯하다. 이곳은 친환경적인 요소가 강하다. 염생식물은 소금기가 많은 땅에서 자라는 식물로 바닷가와 내륙에서는 염분이 있는 호숫가와 암염(岩鹽)이 있는 지대에서 자라는 식물을 말한다. 그곳에서 만날 수 있는 대표적 식물은 칠면초인데 바닷가 갯벌에서 무리 지어 자라고 있어 아름다운 자연을 느낄 수 있다. 특히 칠면초의 붉은 빛깔이 어우러져 깊어가는 가을을 더욱 아름답게 수놓는다. 염전 입구에 있는 소금박물관에도 꼭 둘러봐야 한다.

소금박물관

증도에는 2007년에 문을 연 소금박물관이 있고 오른쪽에는 염생식물원이 있다. 소금박물관은 소금의 역사와 문화 등 소금에 관한 정보를 제공하고 그 자료를 전시하고 있다. 소박하고 작은 규모의 전시관이지만 소금에 대한 모든 것을 알고 느낄 수 있다.

전남여행지베스트

18위 담양 명옥헌 원림

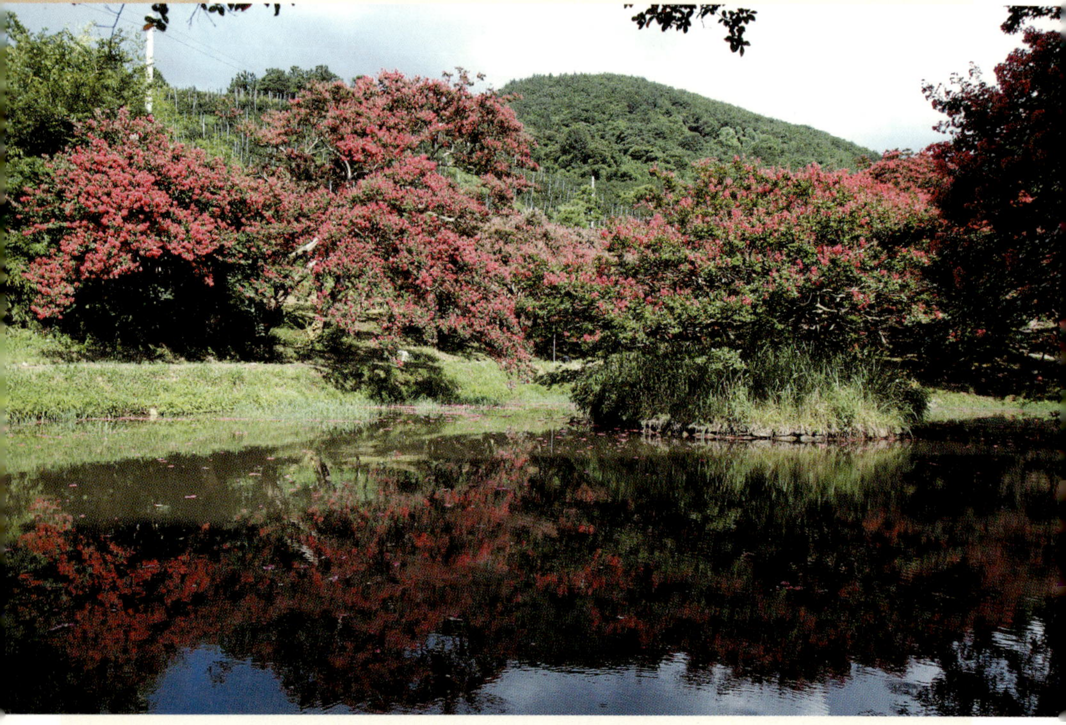

여행포인트	**도시에서는 보기 힘든 배롱나무 꽃을 보고 그림을 그려보자.**
주소	**전남 담양군 고서면 산덕리 513**
문의	**061-380-3752**(고서면사무소)
홈페이지	**http://tour.damyang.go.kr**
가는 길	• **자가용:** 서해안고속도로-고창 · 담양고속도로-88고속도로-창평IC-고서 방향-후산마을- 명옥헌 원림 • **대중교통:** 센트럴시티버스터미널 광주행 버스(05:00~다음날 01:00, 배차간격 10분)-광주버스터미널에서 고서행 군내버스 225번(08:00~21:00, 배차간격 1시간)-명옥헌에서 하차 후 도보 20분
먹을거리	• **세레나데**(떡갈비, 061-383-9030, 담양읍 반룡리) • **덕인관**(떡갈비, 061-381-7881,담양읍 백동리)
잠자리	• **담양펜션**(061-382-9800, 용면 용치리) • **신양파크호텔**(062-228-8000, 광주시 동구 지산동)
주변관광지	**추월산, 금성산성, 가마골용소**

여름이 깊어갈 때 담양에 들르면 꼭 찾아가는 곳이 있으니 바로 명옥헌이다. 한여름 명옥헌에서 분홍색 배롱나무를 만날 수 있는데 7월 말부터 8월 중순까지 절정을 이룬다.

명옥헌은 전남 담양군 고서면 산덕리 후산마을에 있고 전라남도 기념물 제44호로 지정되어 있다. 명옥헌 원림은 산기슭을 타고 내리는 계류를 이용한 윗연못과 아랫연못, 아랫연못을 바라볼 수 있도록 북서향으로 앉은 정자로 이루어져 있다.

조선 중기 명곡(明谷) 오희도가 자연을 벗 삼아 살았는데 그의 아들 오이정이 선친의 뒤를 이어 이곳에 은둔하면서 정자를 짓고, 네모난 연못을 파서 주변에 적송, 배롱나무 등을 심어 가꾸었다. 시냇물이 흘러 한 연못을 채우고 다시 그 물이 아래의 연못으로 흘러가는데 물 흐르는 소리가 옥이 부딪치는 소리와 같다고 해 연못 앞 정자 이름을 명옥헌(鳴玉軒)이라고 했다. 정자는 정면 3칸, 측면 2칸이며 사방이 마루이고 가운데에 방이 있다. 마루 높이가 다른 정자보다 높은 편인데, 그래서인지 소박한 난간이 빙 둘러져 있다.

여름에 명곡헌을 찾는 사람은 연한 분홍에서 진분홍을 거쳐 보라에 가까운 분홍까지, 보기만 해도 입이 벌어지는 배롱나무 꽃잔치를 만날 수 있다. 이 정원은 담장이 없이 옆으로 벌어진 산자락과 입구의 작은 언덕으로 아늑히 감싸져 있다.

한여름 마을 집들을 지나 작은 언덕을 넘자마자 다가오는 분홍빛 세상에 사람들은 환호한다. 연못가에 분홍빛 등불이 켜진 것 같다. 배롱나무에 꽃이 활짝 피어있고 일부 꽃들은 나무에서 떨어져 물 위에 둥둥 떠다니며 또 다른 꽃을 피우고 있다. 못의 서남쪽에는 늘씬한 소나무 대여섯 그루가 줄지어 있어 시원한 모습이다. 연못 언덕에도 역시 배롱나무 고목들이 얽혀 서있다.

후산리 은행나무

명옥헌에서 마을로 내려와 삼거리에 이르면 이정표가 있는데 그곳으로 올라가면 후산리 은행나무가 있다. 후산리 은행나무가 이름난 것은 인조대왕이 말을 맸다는 이야기가 전하는 까닭인데 그 이름도 '인조대왕 계마행수(繫馬行樹)' 라 하여 명성이 자자한 나무다. 이 은행나무는 키가 30m에 달하고 수령이 600여 년인데 전라남도 기념물 제45호로 지정되었다.

19위 진도 운림산방

여행포인트	한국 남종화에 대한 설명을 해주자.
주소	전남 진도군 의신면 사천리 64
문의	061-543-0088
홈페이지	http://namdokorea.com/kr2/index.html

가는 길
- **자가용:** 경부고속도로-천안 · 논산고속도로-호남고속도로-해남-18번 국도 진도 방향-진도 읍내 초입 두 갈래길에서 좌회전-터미널 신호등사거리-3번 군도-4번 군도-온왕묘-운림산방
- **대중교통:** 센트럴시티버스터미널 진도행 버스(07:35, 09:00, 15:30, 16:35)-진도버스터 미널에서 사천리행 시내버스(1일 5회) 또는 택시(10분 거리)-운림산방

먹을거리
- **우리집산장**(061-544-2618, 의신면 사천리)
- **기와섬**(061-543-5900, 진도읍 쌍정리)

잠자리
- **낙조펜션**(061-542-3006, 지산면 가학리)
- **세방펜션**(010-6313-5355, 지산면 가학리)

주변관광지 남도석성, 금골산 오층석탑, 신비의 바닷길

전통 남화의 성지인 운림산방은 1981년 10월 29일 지방기념물 제51호로 지정되었다. 첨찰산을 깃봉으로 많은 봉우리가 어우러져 있는데 산꼭대기에 걸린 구름이 숲을 이루는 날이 많아 '연화부'를 지었던 소치의 사상으로도 운림(雲林)이라는 이름이 걸맞다. 여름에 배롱나무 꽃이 피어 운림산방 앞의 연못에 반영되면 참 아름답고 연못의 수련이 소박하게 피어나 그 아름다움을 더해준다.

바로 이곳 운림산방에서 소치는 미산 허형을 낳았고 미산이 이곳에서 그림을 그렸으며 의제 허백련이 미산에게 처음으로 그림을 익힌 곳이기도 하다. 이처럼 유서 깊은 운림산방은 소치 - 미산 - 남농 - 임전 등 4대에 걸쳐 전통 남화를 이어준 한국 남화의 본거지이기도 하다.

전통 남화의 성지라 할 수 있는 운림산방은 조선조 남화의 대가인 소치 허유가 말년에 거처하던 화실의 당호로 일명 '운림각'이라고 한다. 소치는 스승인 추사 김정희가 호를 붙여준 것이며 젊었을 때는 련이라 했고 자는 마힐(麻詰)이다.

운림산방 앞에 있는 연못은 한 면이 35m 정도며, 그 중심에는 자연석으로 쌓아 만든 둥근 섬이 있고 여기에는 소치가 심었다는 백일홍 한 그루가 있는데 꽃이 붉은 빛으로 피어나면 그 고고함이 비할데가 없다.

소치가 서화에 뛰어나 민영익은 '묵신'이라 했으며 정문조는 여기에 시를 더하여 삼절이라 했고, 김정희는 중국 원나라 4대 화가의 한 사람인 황공망을 '대치'라 했는데 그와 견줄 만하다고 소치라 했다고 한다.

1856년 추사가 세상을 떠나자 소치는 고향으로 돌아와 자연경관이 아름다운 첨찰산 아래 쌍계사 남쪽에 자리를 잡아 집을 짓고 화실을 만들어 여생을 보냈다. 이곳에서 위로 올라가면 '진도아리랑' 비가 아담하게 서있다. 놓치지 말고 들렀다 가자.

진도 쌍계사

운림산방 왼쪽에 신라 문성왕 때 도선국사가 창건한 쌍계사가 있다. 절 양쪽으로 계곡물이 흐른다고 하여 절 이름을 쌍계사라고 했는데, 조선 인조 26년(1648)에 의웅이 중건했다. 쌍계사는 대웅전과 명부전, 요사채 등으로 이루어진 아담한 절집으로 아기자기한 모습이다.

20위 완도수목원

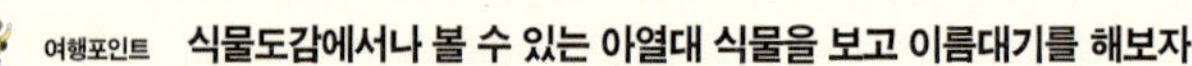

🧭 여행포인트	**식물도감에서나 볼 수 있는 아열대 식물을 보고 이름대기를 해보자**	
주소	**전남 완도군 군외면 대문리 산 109-1**	
문의	**061- 552-1532**	
홈페이지	**www.wando-arboretum.go.kr**	

🚕 가는 길
- **자가용:** 경부고속도로-천안·논산고속도로-호남고속도로-광주-강진-남창-원동 수목원
- **대중교통:** 센트럴시티버스터미널 광주행 버스(05:00~다음날 01:00, 배차간격 10분)-광주버스터미널에서 완도행 버스(1일 7회)-원동정류장에서 하차 후 택시(5~10분 거리)-수목원

먹을거리
- **청실횟집**(생선회, 061-552-4559, 완도읍 군내리)
- **귀빈회관**(한식, 061-553-2648, 완도읍 개포리)

잠자리
- **솔밭펜션**(061-552-1900, 완도읍 정도리)
- **캡틴하우스**(061-552-2020, 완도읍 정도리)

주변관광지
- **청해진 유적지, 장보고 기념관, 해신 드라마 촬영지**

국토 최서남단에 있으면서 산과 바다 그리고 수목이 어우러진 멋진 자연조건을 간직한 늘 푸른 완도수목원은 우리나라 최대 난대림 집단자생지이면서 유일한 난대수목원이다. 1991년 개원한 완도수목원은 전라남도에서 운영하고 있다.

천혜의 자연조건을 간직한 완도수목원은 황칠나무, 완도호랑가시나무 등 국내 최대 희귀 난대식물 700여 종이 집단 자생한다.

전라남도 완도군 군외면(郡外面)에 위치한 완도수목원은 전문수목원 조성 및 난대 희귀수목의 증식·관리, 생태 분류학적 연구, 자연학습 교육 및 식물자료 정보의 국제적 교환, 지역의 특색 수종과 국내외 수종의 조화로운 전시 등을 위해 노력하고 있다.

수목원 안에 길을 잘 조성해 놓아 편하게 둘러볼 수 있다. 사계절 형태는 다르지만 각 계절 나름의 멋스러움을 간직하고 있다. 봄에 가면 연초록빛 나뭇잎의 색감이 환상적이다. 그리고 나뭇잎 사이 피어나는 꽃과 나무 사이에 식재된 야생화의 아름다운 모습도 보기 좋다. 여름에는 짙푸른 녹음이 톡톡 튀어오르면서 활력을 불어넣어준다. 가을의 수목원은 다른 곳과 마찬가지로 아름다운 단풍을 만날 수 있다. 겨울의 수목원은 나목의 쓸쓸함 속에서도 여유로운 시간을 선사한다. 겨울에도 난대 온실은 꽃이 피어있다. 사계절 늘 푸르름을 간직해 이곳을 찾는 방문객들에게 밝은 웃음을 선사한다.

완도수목원 온실

완도수목원 온실은 열대·아열대식물원과 선인장·다육식물원으로 나뉘어 많은 식물이 식재 전시되고 있다. 열대·아열대식물원은 워싱턴야자·코코스야자·카나리아야자·켄차야자 등 야자류, 고무나무·벤자민고무나무·관음죽 등 관엽식물류, 망고·구아바·바나나·한라봉·금귤·하귤 등 열대·아열대과일류, 로즈마리·라벤더·백묘국·시클라멘·구근베고니아 등 허브·초화류 등이 있다. 선인장·다육식물원은 금호·펜타금 등 선인장류와 알로에·용설란 등 다육식물이 식재 전시되어 있다.

21위 목포 유달산과 노적봉

여행포인트	유달산을 오르며 임진왜란 당시 이순신 장군의 업적을 이야기해주자.
주소	전남 목포시 죽교동 300
문의	061-270-8411
홈페이지	http://tour.mokpo.go.kr/home/tour
가는 길	• **자가용:** 경부고속도로-천안 · 논산고속도로-호남고속도로-광산IC-13번 국도-송정-나주 -1번국도-무안-목포 시내-중앙로-무안동-유달산 진입로 • **대중교통:** 용산역 목포행 KTX · 새마을호 열차-목포역에서 도보 20분-유달산
먹을거리	• **홍도전복**(홍어, 061-244-5560, 남교동) • **옥정 하당점**(한정식, 061-287-0999, 상동)
잠자리	• **등대하우스**(061-244-8747, 죽교동) • **신안비치호텔**(061-243-3399, 죽교동)
주변관광지	**갓바위, 삼학도, 조각공원**

해발 288m인 유달산은 노령산맥의 마지막 봉우리로 목포 삼학도와 함께 목포에 살고 있는 사람들의 정신적 지주 역할을 해오고 있다. 높지 않은 산이지만 산에 매달린 기암절벽에서 자연의 아름다움이 묻어 나온

다. 구불구불 골목길을 지나 오르면 유달산 정문 쪽에 큰 바위 노적봉이 있다. 유달산으로 올라가기 전 계단 건너편에 자리 잡고 있다.

이순신 장군이 임진왜란 때 적을 물리치기 위해 전술적으로 이용한 곳이 바로 노적봉이다. 이순신 장군은 이 노적봉을 짚과 섶으로 둘러 군량미가 산더미같이 쌓인 것처럼 보이도록 위장한 후에 적을 공략했다고 한다.

이를 본 왜적들은 저렇게 많은 군량을 쌓아두었으니 군사는 얼마나 많겠느냐고 지레짐작을 하고 도망쳤다고 한다.

노적봉 시민의 종을 만나고 다시 계단을 올라 유달산으로 올라가는 길에 복을 비는 사람 모습을 한 복바위를 만난다. 다시 길을 따라 오르니 이순신 장군 동상이 서있고 오포대가 기다린다. 오포대는 지방문화재 자료 제138호로 지정되어 있는데 정오포대의 준말로 구한말과 일제 침략 기에 포를 쏘아 정오를 알리는 신호였다고 한다.

정자에 오르니 탁 트인 목포항과 삼학도가 보인다. 세 개의 섬이 연결되어 있는데 앞으로 섬으로 다시 복원한다고 하니 더 멋스러운 모습이 되리라 생각한다. 시내와 바다가 한눈에 들어와 시원한 모습에 가슴이 트인다.

다시 유달산으로 올라가면 어린이 헌장탑이 있고 이난영의 '목포의 눈물' 비가 눈에 들어온다. 노래비를 돌아본 후 갓바위를 둘러보는 것도 좋다.

갓바위

목포 갓바위는 해수와 담수가 만나는 영산강 하구에 있는 바위 이름이다. 파도·해류 등에 의해 바위가 침식되는 현상과 암석이 공기·물 등의 영향으로 어떻게 변화되어 가는가를 잘 보여주는 것으로 지질학적 가치가 매우 크다. 유달산에서 자연사박물관 쪽으로 가다가 갓바위로 가면 되는데 갓바위를 만나면 자연의 신비로움에 젖는다.

22위 광주 환벽당

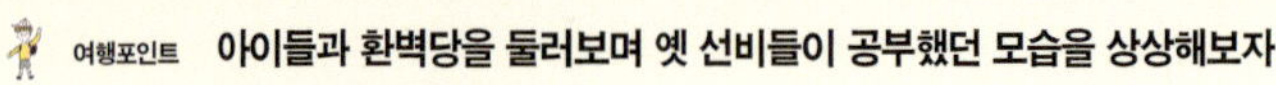

	여행포인트	아이들과 환벽당을 둘러보며 옛 선비들이 공부했던 모습을 상상해보자.
	주소	광주시 북구 충효동 387
	문의	062-510-1225
	홈페이지	http://utour.gwangju.go.kr/index.do
	가는 길	• **자가용:** 경부고속도로-천안 · 논산고속도로-호남고속도로-동광주IC-광주교도소 방향- 887도로-환벽당 • **대중교통:** 센트럴시티버스터미널 광주행 버스(05:00~다음날 01:00, 배차간격 10분)-광주버스터미널에서 시내버스 38번(05:40~22:25, 배차간격 15분)-전남대 후문에서 하차-시내버스 187번으로 환승(06:20~22:30, 배차간격 1시간)-환벽당
	먹을거리	• **세레나데**(양식, 061-383-9030, 담양군 담양읍 반룡리) • **전통식당**(한정식, 061-382-3111, 담양군 고서면 고읍리)
	잠자리	• **한옥에서**(061-382-3832, 담양군 창평면 삼천리) • **황토흙집펜션**(061-381-5885, 담양군 대덕면 매산리)
	주변관광지	**소쇄원, 식영정, 가사문학관**

　많은 사람이 환벽당을 담양에 있다고 생각하기 쉬운데 사실 환벽당이나 취가정은 광주광역시에 있다. 담양의 식영정 앞에서 다리를 건너면 바로 광주광역시다. 다리를 건너 좌측으로 조금만 가면 길가에 환벽당이 있다.

　이정표를 따라 계단을 올라가면서 봄에는 초록빛 행렬이 기다리고, 여름이 깊어 가을로 가는 길에는 붉은 꽃무릇이 지천이라 몇 걸음 내딛지 않아도 그 모습이 아름다워 호흡이 멎는 것 같다. 가을에 오르는 길은 주변 단풍과 어우러져 한층 고풍스러움을 더한다.

　환벽당은 1972년 1월 29일 광주광역시 기념물 제1호로 지정되었는데 담양이 아닌 광주광역시 북구 충효동 언덕 위에 있다. 이곳은 조선 중기의 문신 김윤제(金允悌)가 낙향해 후학을 가르치던 정자로 담양을 찾는 사람들은 한 번쯤 들르곤 한다.

　건물 규모는 정면 3칸, 측면 2칸의 팔작지붕 목조와가(木造瓦家)이며, 당호는 신잠이 지었다. 송시열이 쓴 제액이 걸려있어 품위를 보탠다.

　김윤제의 제자 가운데 대표적인 인물로는 정철과 김성원 등이 있다. 임진왜란 때 의병장 김덕령과 김덕보 형제는 그의 종손으로 역시 김윤제의 영향을 크게 받았다. 특히 정철은 16세 때부터 27세에 관계에 나갈 때까지 환벽당에 머물면서 학문을 닦았던 것으로도 유명하다. 그 안에 머물면서 시를 짓고 담소를 나누며 인생을 이야기했을 선비들의 모습을 생각하면 부러운 마음이 든다. 환벽당에서 다시 마을길로 내려와 5분 정도 걸으면 취가정이 있는데 이곳도 함께 둘러보면 좋다.

취가정

취가정은 광주광역시 북구 충효동에 있는 조선시대 말기의 정자인데 환벽당에서 마을길을 따라 5분 정도만 걸어가면 취가정 입구가 나온다. 계단을 따라 잠시 올라가면 시비(詩碑)가 있고 그 앞에 취가정이 서있다. 취가정은 충장공 김덕령이 출생한 곳이다. 임진왜란 때 의병장 김덕령의 혼을 위로하고 그의 충정을 기리기 위해 1890년(고종 27) 후손 김만식 등이 세웠다. 6·25전쟁으로 불탄 것을 1955년 재건했고, 그곳에서 내려다보면 넓게 펼쳐진 논과 밭이 보인다. 정자 앞에 서있는 소나무는 정자의 운치를 한결 더해준다.

23위 화순 운주사

여행포인트	**국내에서 가장 큰 와불을 직접 눈으로 확인하자.**
주소	**전남 화순군 도암면 대초리 20**
문의	**061-374-0660**
홈페이지	**www.unjusa.org**

가는 길

- **자가용:** 경부고속도로-천안·논산고속도로-호남고속도로-광주IC-화순 능주-평리사거리-클럽900-도장리-도암삼거리-운주사
- **대중교통:** 센트럴시티버스터미널 광주행 버스(05:00~다음날 01:00, 배차간격 10분)-광주버스터미널 운주사행 버스 218·318번(배차간격 30분~1시간)-운주사(문의: 화순교통 062-373-5666)

먹을거리

- **양지식당**(추어탕, 061-372-1602, 능주면 관영리)
- **전원회관**(짱뚱어탕, 061-372-1663, 능주면 관영리)

잠자리

- **화순리조트**(061-372-8000, 북면 옥리)
- **도곡미송온천호텔**(061-375-9800, 도곡면 천암리)

주변관광지

- **박아산휴양림, 도원서원, 화순고인돌**

천불산 다탑봉 운주사는 천불천탑으로 세상에 널리 알려져있다. 운주사 경내로 들어가면서 석탑이 많음에 놀라게 된다. 우리 불교의 깊은 혼이 서린 운주사는 우리나라 여느 사찰에서는 발견할 수 없는 특이한 형태의 불사를 한 불가사의한 신비를 간직하고 있다. 일주문을 들어서면 제일 먼저 만나는 보물 제796호 구층석탑이 있는데 높이 10.7m로 운주사에서 가장 높고 수려한 탑이다. 가는 옥개석(지붕돌)과 처마의 끝이 백제식 목조건물처럼 치솟아 세련미가 넘친다.

그 뒤로 칠층석탑이 두 개 차례대로 서있다. 광배를 갖춘 불상이 있는데 비로자나부처님의 수인을 하고 있는 사다리꼴형 판석에 돋을새김으로 새겼다. 보물 제797호인 석조불감은 팔작지붕 형태 돌집으로 그 안에 두 분의 석불이 서로 등을 대고 앉아있다. 다시 대웅전 쪽으로 가면 보물 제798인 원형다층석탑이 있는데 자연적인 거북형 영귀산에 자리한 명당탑에 비해 인공적인 거북형 하대석 위에 자리한 10각 기단부, 연꽃문양 기단갑석에 둥근 탑신석과 원형의 옥개석을 갖춘 아름다운 석탑이다. 원과 원으로 이어진 우주 전체를 조형하고 있는 듯한 인상이 들었다

잠시 절 마당으로 들어가면 오른쪽에 종무소가 있고 왼쪽에 범종각이 있다. 바로 위쪽엔 대웅전이 있고 오른쪽에는 지장전이 있다. 다시 산 쪽으로 가면 원형구형탑이 있는데 날씬하게 솟아오른 기단면석에 놓인 넓고 둥근 초가지붕 같은 기단갑석 위로 점차로 작아지는 육중한 원형의 옥개석이 탑신을 과감히 생략한 채 겹겹이 올라있는 모습이 아름답다. 지금은 운주사에 석탑 17기, 석불 80여 기만 남아있다.

산으로 가는 그 계단을 따라 올라가면 오층석탑이 바위 위에 있는데 옥개석 생김이 직선적이고 신라계 석탑 양식이라고 한다. 바로 근처에 칠층석탑이 있는데 넓은 바위를 온통 기단석으로 해서 서있는 모습이 이채롭다. 근처의 와불도 꼭 둘러봐야 한다.

운주사 와불

운주사 서쪽 산 능선에 거대한 두 분의 와불이 있다. 각각 12.7m, 10.3m 크기로 머리를 남쪽으로 향하고 누워있는 형태다. 운주사를 창건한 도선국사가 천불천탑을 세운 후 와불을 마지막으로 일으켜 세우려 했으나 새벽닭이 울어 누워있는 형태로 두었다는 전설이 전해진다. 국내 와불 중에서 가장 큰 석불이다.

24위 영광 백제불교 최초 도래지

여행포인트	**교과서에 나오는 불교역사를 직접 눈으로 확인해보자.**	
주소	**전남 영광군 법성면 진내리 806**	
문의	**061-350-5999**	
홈페이지	**http://yeonggwang.go.kr/tour**	

가는 길
- **자가용:** 서해안고속도로-영광IC-23번 국도-22번 국도-법성면사무소-백제불교 최초 도래지
- **대중교통:** 센트럴시티버스터미널 영광행 버스(07:00~22:00, 배차간격 1시간)-영광버스 터미널에서 홍농행 군내버스(배차간격 20분)-법성포-백제불교 최초 도래지(문의: 군내버스 061-352-1303)

먹을거리
- **일번지식당**(굴비정식, 061-356-2268, 법성면 법성리)
- **명가어찬**(굴비정식, 061-356-5353, 법성면 법성리)

잠자리
- **아리아관광호텔**(061-352-7676, 영광읍 녹사리)
- **영광해수온천랜드**(061-353-0808, 백수읍 대신리)

주변관광지 **불갑사, 백수해안도로**

전라남도 영광군 법성포는 굴비의 고장이며 백제불교 도래지로 알려져있다. 주차장이 넓은 후문을 통해 들어가면 공원이 보이고 바닷물이 빠진 포구는 여유로움 그 자체다. 바닷물이 들어오면 풍요로운 모습으로 다가온다. 공원을 지나 제일 먼저 도착하는 곳은 웅장한 사면대불이다.

법성포(法聖浦)는 '불법(佛法)이 들어온 성스러운 포구' 라는 뜻으로 이 지역이 백제불교 전래지임을 지명에서도 알 수 있다. 백제 침류왕이 즉위하던 해인 384년 법성포구에 입항한 중국 선박에서 한 승려가 내렸고 백제 조정 관료들이 극진히 맞아들였는데 그는 인도 승려 마라난타였고 이듬해 절을 짓고 도승 12명을 배출했다고 한다.

바로 그 순간이 백제에 불교가 들어온 시점이 되었고 1600여 년이 지난 지금, 백제불교의 첫 전래지인 법성면 진내리 일대는 국제적인 불교 관광지로 자리매김하기 시작했다.

부지만 4000여 평에 만다라광장과 108계단, 만불전, 부용루, 스투파 양식 탑 전시장, 간다라 양식의 불교전시관, 마라난타 존자상 등이 들어서있다.

건축물만 언뜻 보면 순간적으로 인도나 태국 등 외국에 와있는 듯한 느낌이 든다. 만불전에서 108계단을 내려가면 부용루가 있고 다시 내려가면 잘 조성된 만다라광장이 있다. 다시 왼쪽 위로 올라가면 탑원이 있는데 불탑과 감실형 불당으로 구성되어 있으며 감실형 불당은 불상과 소탑을 봉안하는 감실이라고 한다.

아래로 조금 내려오면 간다라 유물관이 있는데 그곳에서 석가의 일생과 불교 유물을 만날 수 있다. 바다 쪽으로 존자정이 있는데 이곳에서 법성포 앞 바다를 내려다보고 있으면 시원한 바람이 온몸을 스치고 지나간다.

법성포 굴비정식

굴비 하면 전라남도 영광의 법성포라고 말한다. 법성포의 길 옆에는 굴비를 가공하고 판매하는 가게가 많다. 그리고 굴비를 재료로 만든 음식을 파는 음식점도 많아 이곳은 늘 붐빈다. 도로 옆에는 버스와 많은 승용차가 주차되어 있다. 그만큼 식사를 하러 오는 사람이 많다는 것이다. 노릿노릿한 굴비와 함께 먹는 법성포 굴비정식은 입맛을 돌아오게 한다.

제주도

Rangking Rangking
제주여행지베스트

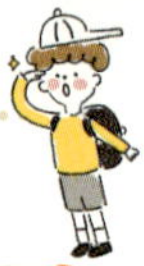

용두암

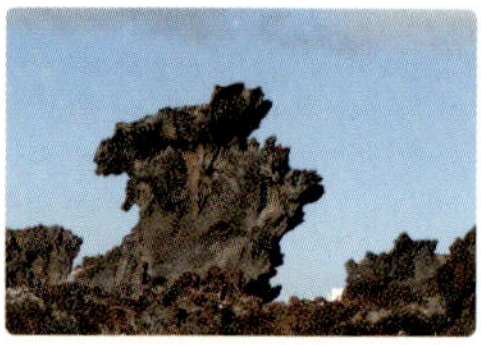

곽지해수욕장

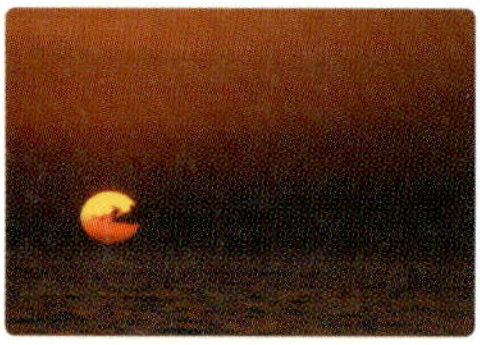

협재해수욕장

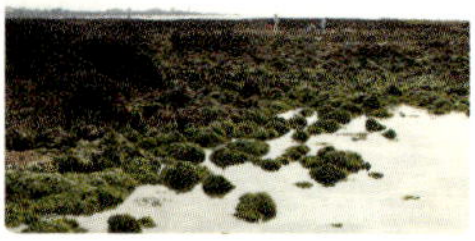

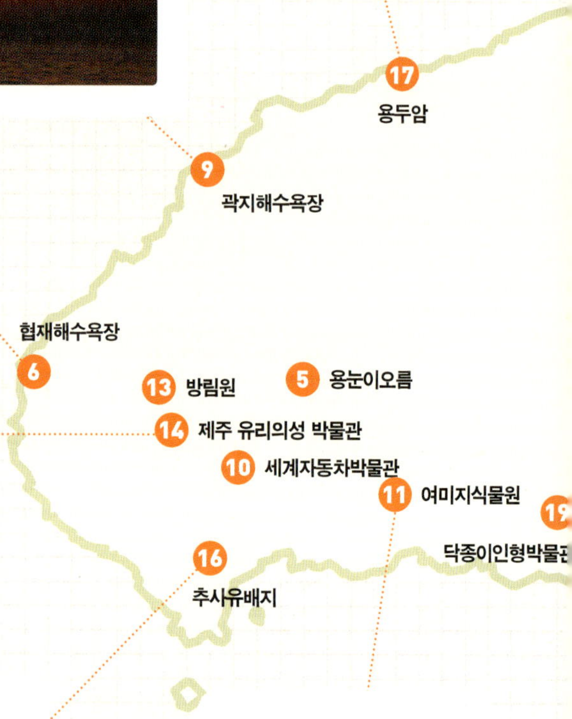

제주 유리의성 박물관

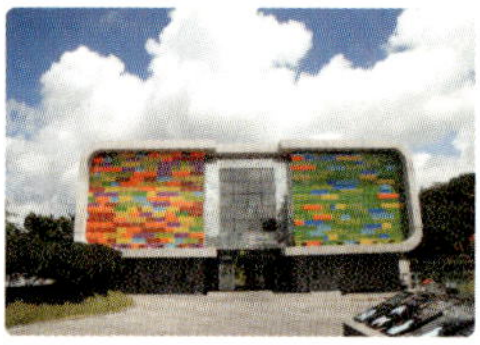

추사유배지

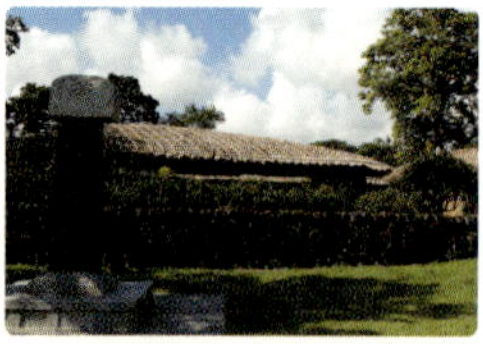

여미지식물원

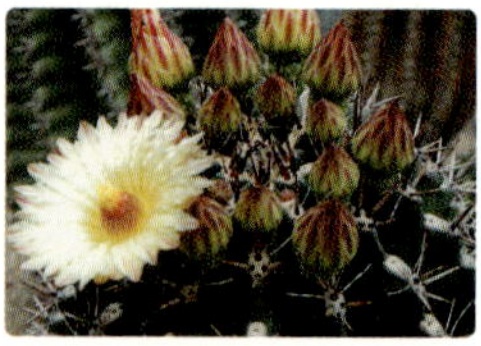

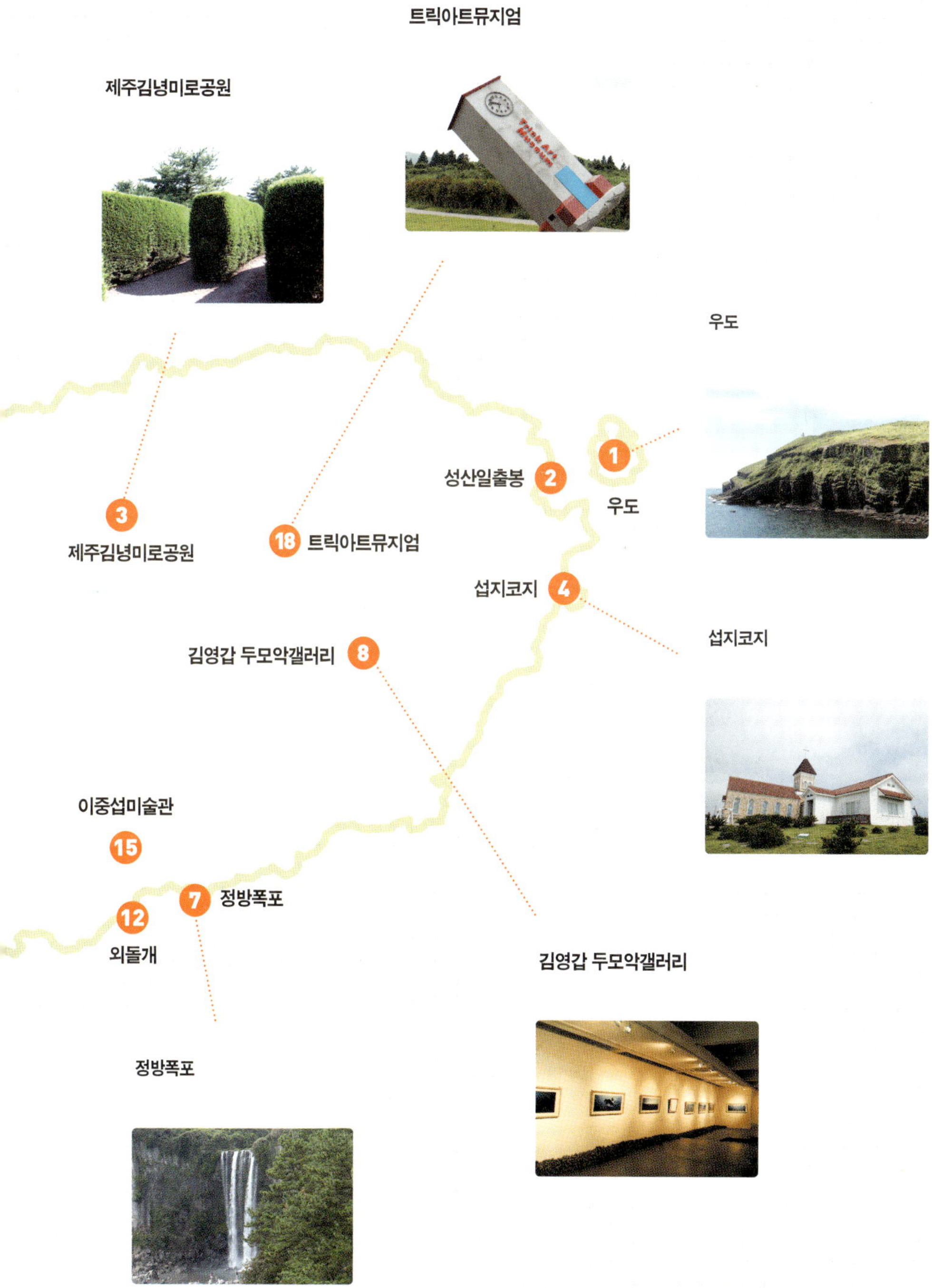

트릭아트뮤지엄

제주김녕미로공원

우도

성산일출봉 **2** **1**
우도

3
제주김녕미로공원

18 트릭아트뮤지엄

섭지코지 **4**

김영갑 두모악갤러리 **8**

섭지코지

이중섭미술관

15

12 **7** 정방폭포

외돌개

김영갑 두모악갤러리

정방폭포

두근두근 제주 2박 3일 코스

금요일 혹은 월요일 하루를 휴가 내고 떠나는 알짜배기 제주 여행

온가족이 함께 즐길 수 있는, 특히 아이와 함께 할 수 있는 다양한 체험이 있는 여행이다.
대중교통으로 가기에 불편한 곳도 많으니 렌터카를 이용해 여행하는 것이 편리하다.

1day

1. 제주 유리의성 박물관

유리를 주제로 한 유리 조형 테마파크. 유리의 다양한 변신을 만날 수 있다. 특히 유리공예 체험은 놓치지 말자.

입장료 | 성인 9,000원, 청소년 8,000원, 어린이 7,000원
관람시간 | 09:00~19:00, 연중무휴

2. 여미지식물원

여미지식물원은 제주도 대표 식물원으로 각종 난대식물이 주종을 이루고 있다. 실외에는 외국정원이 설치되어 있어 산책하면서 여유로움을 가질 수 있다.

입장료 | 성인 7,000원, 청소년 4,500원, 어린이 3,500원
개관시간 | 09:00~18:00, 옥외 정원은 일몰시까지

3. 외돌개

150만 년 전 화산 폭발로 섬의 모습이 바뀔 때 생긴 곳. 바다 한복판에 홀로 우뚝 솟아있다고 하여 '외돌개' 라는 이름이 붙여졌다. 여미지식물원에서 서귀포 쪽으로 30분 정도 달리면 도착할 수 있다.

4. 정방폭포

우리나라에서 유일하게 물이 바다로 직접 떨어지는 해안폭포. 제주도 3대 폭포 중 하나다. 투명카약 체험을 할 수 있다. 병풍처럼 펼쳐진 기암절벽 사이로 흐르는 맑은 물을 따라 아름다운 추억을 만들 수 있다.

입장료 | 성인 2,000원, 청소년 · 어린이 1,000원
관람시간 | 08:00~18:00

2day

1 우도

제주도 여행의 백미, 섬 속의 섬 우도. 언제 가도 즐거운 곳이다. 우도 올레길을 천천히 걸으며 우도의 진짜 모습을 감상해보자.

도선료 | 왕복 5,500원, 자동차 왕복 22,000원 *문의 (성산포 여객터미널 064-782-5671)

2 등대와 답다니탑 망대

우도에 도착했음을 알리는 하얀 등대와 답다니탑 망대. 우도에는 망대가 두 개가 있는데 이곳과 비양도에 있다. 망대는 제주의 4 · 3사건 당시 우도 사람들에 의해 만들어졌다.

3 하수고동해수욕장

하얀 모래사장과 에메랄드빛 바다가 아름다운 곳. 여러 색깔을 품고 있는 바다와 아름다운 모래는 이곳을 찾은 사람들의 입에서 감탄사가 저절로 흘러나오게 한다.

4 비양도

우도 속의 섬 비양도. 현무암으로 이뤄진 0.06㎢의 작은 섬이지만 다리로 연결되어 있다. 끝 부분에 등대가 있어 멋진 사진을 찍기에 좋다.

5 우도봉

우도는 소가 누워 머리를 든 모습을 하고 있는 섬인데 오름 남쪽에 위치한 정상부를 소의 머리 부분이라 하여 우두봉(牛頭峰)이라고도 부른다. 132.5m의 우두봉에 오르면 멀리 성산포 일출봉과 우도와 성산포를 오가는 배의 모습도 보인다.

3day

1 섭지코지

드라마 〈올인〉으로 더 유명해진 바닷가와 절벽. 해안은 바닷물이 들어오는 것에 따라, 해수면의 높이에 따라 물속에 잠겼다 나타났다 하는데 기암괴석이 절경을 이뤄 아름다운 풍광을 만들어준다.

2 김영갑갤러리

사진가 김영갑이 제주도를 온몸과 영혼으로 담아낸 사진 작품을 전시한 곳이다. 제주를 사랑한 사진가가 찍은 제주 본연의 모습을 온몸으로 느껴보자.

입장료 | 성인 3,000원, 청소년 2,000원, 어린이 1,000원
관람시간 | 09:30~18:00(3~6월, 9~10월), 09:30~19:00(7~8월), 09:30~17:00(11~2월)
휴관일 | 설날 · 추석 당일, 매주 수요일

01위 우도

여행포인트	**온가족이 우도 올레길 걷기를 체험해보자.**	
주소	**제주 제주시 우도면 연평리**	
문의	**064-728-4333**	
홈페이지	**http://cyber.jeju.go.kr**	

가는 길
- **자가용:** 제주공항-1132번 지방도로-함덕-성산포항-우도
- **대중교통:** 제주공항-시외버스터미널-동회일주노선 시외버스-성산포항-우도-우도 순환버스
  (문의 : 우도해운 064-783-0448, 우도버스 064-782-6000)

먹을거리
- **해와달그리고섬**(갈치조림, 064-784-0941, 우도면 비양도)
- **우도 해올레가든**(한식, 064-782-0334, 우도면 연평리)

잠자리
- **빨간머리앤의집펜션**(064-784-2171, 우도면 연평리)
- **로그하우스**(064-782-8212, 우도면 연평리)

주변관광지 **우도봉, 비양도**

성산포에서 멀리 왼쪽으로 바라보이는 섬이 우도다. 천혜의 아름다운 섬 제주도에 속한 우도로 가는 길은 성산포항에서 시작된다. 성산포항에서 배가 수시로 운항한다.

성산포항을 출발한 배는 양쪽 등대를 밀어내고 우도를 향해 달리기 시작한다. 15분 정도 달리면 선착장에 도착하는데 근처에는 우도를 여행하는 데 필요한 각종 탈것을 빌려주는 곳이 있다. 이곳에서 순환버스를 이용할 수 있고 자전거, 스쿠터, 전동카트 등을 빌려 이동할 수도 있다.

걷다보니 하얀 등대가 보이고 그 옆에 답다니탑 망대가 있다. 우도에는 망대가 두 개 있는데 이곳과 비양도에 있다. 망대는 우도 북쪽에 있어 우리나라 남해안 쪽을 관찰했다고 한다. 다시 앞으로 가면 영화 〈인어공주〉 촬영지를 알리는 표지판이 서있고, 그 옆에는 해녀들이 불을 피우고 옷을 갈아입는 불턱이 있다.

우도에는 함석지붕이 많다. 파란색, 초록색, 붉은색으로 칠한 지붕이 주위 풍경과 어우러져 무척 아름답다. 우도봉에 오르는 것도 추천한다. 성산포에서 우도로 방향으로 바다에서 바라보았을 때 동쪽 끝에 있는 가장 높은 봉우리가 우도봉이다. 우도는 소가 누워 머리를 든 모습을 하고 있는 섬인데 오름 남쪽에 위치한 정상부를 소의 머리 부분이라 하여 우두봉이라고도 부른다.

정상은 군부대의 경계로 막혀있다. 다시 아래로 내려와 왼쪽에 있는 등대로 올라간다. 정상에는 우도 항로표지 관리소, 즉 우도등대가 서있는데 1906년 3월 최초로 점등한 원형 콘크리트 등탑은 높이 16m다. 등대 주변으로는 국내 최초로 등대시설을 해양친수문화 공간으로 조성한 등대공원이 있다. 여유를 가지고 우도 전체를 조망하며 걸어보자.

우도 올레길

제주도에서는 올레길 걷기가 선풍적인 인기를 얻고 있다. 우도는 사계절 걷기여행을 하기에 적당하다. 우도 올레길은 15.9km이고 이 길을 걷는 데는 5시간 정도 소요된다. 걷기만 하지 말고 쉬엄쉬엄 쉬고 또 사진을 담는다면 그 이상의 시간도 걸린다. 우도를 걸을 때 걷기대회에 참석한 사람들처럼 빨리 걷는 것보다는 자연을 온몸으로 느끼면서 천천히 걷는 것이 좋다. 유채꽃 피어나는 돌담길을 걷고, 초록빛 세상과 옥색 바다를 바라보며 걷노라면 이곳이 바로 천국이 아닐까 생각된다.

02위 성산일출봉

여행포인트		화산 폭발 후 생겨난 일출봉의 생성과정에 대해 알아보자.
주소		제주 서귀포시 성산읍 성산리 114
문의		064-710-6655~6(일출봉 관리사무소)
홈페이지		http://cyber.jeju.go.kr
가는 길		• **자가용:** 제주공항-종합경기장 입구-광양사거리-거로사거리-번영로-남조로교차로-선흘 입구-대천동사거리-성읍민속마을 좌회전-수산리-고성교차로-성산일출봉
		• **대중교통:** 제주공항-시외버스터미널-동회일주도로 시외버스-성산일출봉 하차 도보 5분
먹을거리		• **오조해녀의집**(전복죽, 064-784-7789, 성산읍 오조리)
		• **우리봉식당**(갈치조림, 064-782-0032, 성산읍 성산리)
잠자리		• **서산포스카이호텔**(064-784-7000, 성산읍 고성리)
		• **성산게스트하우스**(064-784-6434, 성산읍 성산리)
주변관광지		• **우도, 섭지코지, 김영갑갤러리**

제주도에서 일반적으로 산을 생각하면 한라산과 일출봉이 제일 먼저 떠오른다.

일출봉(日出峯)은 서귀포시 성산읍에 있는 산이다. 분화구 높이는 182m이며, 성산일출봉에서의 일출은 영주십경 중 하나다. 일출봉 분화구와 주변 1km 해역은 성산일출봉 천연보호구역으로 2000년 7월 지정되어 보호되고 있다. 성산 일출봉 정상에서 바라보는 일출광경은 영주십경 중 으뜸이라 하는데 푸른 바다 멀리 수평선에서 이글거리며 솟는 일출은 가슴속까지 타오르게 한다.

성산일출봉은 약 10만 년 전 제주도의 수많은 분화구 중 드물게 바다 속에서 폭발한 화산체인데 용암이 물에 섞일 때 일어난 폭발로 용암은 고운 화산재로 부서져 분화구 둘레에 원뿔형으로 쌓여있다. 우도에 가는 길에 바라보이는 일출봉 모습 그리고 멀리 산양해수욕장 부근에서 바라보이는 모습 모두 눈길을 끈다.

원래 화산섬이었는데 약 2만 년 전에 신양해수욕장 부근 땅과 섬 사이에 자갈과 모래가 어우러지며 쌓여 육지와 연결되었다고 추정된다. 봄과 여름에는 초록빛 풀밭과 어우러지는 말을 볼 수 있는데 평화로운 모습으로 다가온다. 예전에는 농사를 짓기도 했지만 지금은 억새밭을 이뤄 아름다운 풍광을 더한다. 일출봉에 오르면 나무로 된 데크가 있어 관람하기에 편하다. 일출봉 정상에는 지름 600m, 바닥면 높이 해발 90m에 면적이 8만여 평이나 되는 분화구가 자리 잡고 있는데 그 자체만으로도 참 아름답다.

영주십경은 무엇일가요?

제주는 섬 전체가 우리나라의 다른 도나 다른 나라에 비해 아름답고 독특한 자연 풍광을 가지고 있다. 옛 선인들은 이러한 경관 중에서 특히 빼어난 곳 열 군데를 정해 '영주십경'이라고 불렀는데, 여기에서 '영주'는 '탐라'와 같이 쓰이는 제주의 옛 이름이다. 제주 영주십경에는 성산일출(城山日出), 영실기암(靈室奇岩), 정방하폭(正房夏瀑, 정방폭포), 사봉낙조(紗峰落照), 귤림추색(橘林秋色), 녹담만설(鹿潭晩雪), 산방굴사(山房窟寺), 고수목마(古藪牧馬), 산포조어(山浦釣漁), 영구춘화(瀛丘春花)가 여기에 해당한다. 물론 지금의 가공된 자연미가 아닌 원래 그대로의 아름다운 곳 10곳이라고 생각하면 된다.

03위 제주 김녕미로공원

여행포인트	**온가족이 누가 먼저 종을 울리나 미로게임을 즐겨보자.**	

주소 제주 제주시 구좌읍 김녕리 산 16

문의 064-782-9267

홈페이지 www.jejumaze.com

가는 길
- **자가용:** 제주공항-삼양-조천-함덕-만장굴 입구
- **대중교통:** 제주공항-제주시외버스터미널-동회일주노선-만장굴 입구-도보 20분-김녕미로공원

먹을거리
- **해녀촌**(해산물, 064-783-5438, 구좌읍 김녕리)
- **맥반석식당**(한식, 064-784-4446, 구좌읍 세화리)

잠자리
- **해피휴펜션**(064-784-8020, 구좌읍 종달리)
- **바다와호수사이**(064-784-4447, 구좌읍 하도리)

주변관광지 **김녕해수욕장, 김녕사굴, 만장굴**

우리들이 살아가는 과정에서 한두 번은 자신의 삶이 미로에 갇힌 듯한 느낌이 들 때가 있을 것이다. 그 과정에서 방향을 똑바로 잡고 앞으로 나가면 드디어 해결점을 찾고 목적지에 마련된 종을 울릴 수 있다.

제주 김녕의 미로공원에 가면 실제로 미로 속으로 들어가 중앙에 있는 목표점에 이르러 종을 울리면 승자가 된다. 꼭 실제 삶과 같다.

제주 김녕미로공원은 만장굴과 김녕사굴 중간에 있다. 이곳은 관엽식물 미로공원으로, 키가 큰 나무 사이로 여기저기 길을 만들어 방향감각을 잃게 하는 미로로 이루어진 정원이다. 김녕미로공원은 제주대학교에서 퇴직한 미국인 더스틴(F.H. Dustin) 교수가 1983년부터 이곳의 땅을 일궈 나무를 심고 가꾼 공원이다. 그는 정년 퇴직 후에도 제주도에 정착하고 싶어 미로공원 만들기 프로젝트를 시작했다고 한다. 그는 1987년부터 미로 디자이너 애드린 피셔의 설계를 바탕으로 공원을 조성했고 1997년 일반에 개방해 많은 관광객이 찾고 있다.

공원에는 1200여 그루의 렐란디(Leylandii)나무가 있는데 그 향기는 사람의 정신을 맑게 해주고 심리적 압박감을 완화시켜주는 효력을 가지고 있어 그 길을 걷노라면 저절로 마음이 편해진다. 미로의 붉은 빛이 감도는 바닥은 송이(Scoria)라는 제주 천연 화산석으로 깔았는데 오염된 공기를 정화시키고, 인체의 혈액순환을 촉진하는 효과를 지니고 있으니 걸으면서 온몸으로 즐거움을 가득 담아낼 수 있다.

미로의 총 연장은 932m이고 입구에서 출구까지 가장 짧은 코스는 190m이다. 총길이 60m에 이르는 세 개의 다리와 전망대에서 내려다보이는 경관이 참 아름답다.

미로게임을 즐기세요

김녕미로공원에 같이 간 일행들과 미로게임을 즐기면 좋다. 방법은 출발점에서 동시에 출발한 뒤 미로를 통과해 제일 먼저 목적지에 닿아 종을 울리는 팀이 승리하게 된다.

04위 섭지코지

주소	제주 서귀포시 성산읍 고성리 57	
문의	064-760-4282	
홈페이지	http://cyber.jeju.go.kr	
가는 길	• **자가용:** 제주공항-1132번 지방도로-함덕-김녕-성산-섭지코지	
	• **대중교통:** 제주공항-시외버스터미널-동회일주노선 시외버스-성산일출봉-섭지코지	
먹을거리	• **섭지해녀의집**(생선요리, 064-782-0672, 성산읍 신양리)	
	• **제주마루**(한식, 064-783-0222, 성산읍 고성리)	
잠자리	• **섭지코지파도소리민박**(064-783-3345, 성산읍 고성리)	
	• **섭지코지하우스**(064-782-2889, 성산읍 고성리)	
주변관광지	**일출봉, 코끼리랜드, 미니 제주월드**	
여행포인트	**드라마 촬영지를 배경으로 멋진 사진을 찍어보자.**	

드라마 〈올인〉으로 더 유명해진 바닷가와 절벽 그리고 바위. 원래 '섭지'의 뜻은 드나들 수 있는 골목이 약 100m 내외로 비좁다는 뜻의 협지에서 유래했다고 한다. '코지'는 '곶'을 의미하는 방언이라고 한다. 지명에서 알 수 있듯 코의 끄트머리처럼 비죽 튀어나온 지형인데 위치상으로는 서귀포시 성산읍 해안에 자리 잡고 있다.

섭지코지는 성산일출봉에서 신양해수욕장 방향으로 2㎞에 걸쳐 바다를 향해 길게 뻗어있다. 뱃머리 모양을 하고 있는 바닷가 쪽의 고자웃코지와 해수욕장 가까이에 있는 정지코지로 이루어져 있다. 언덕 위에는 왜적이 침입하면 봉화불을 피워 마을의 위급함을 알렸다는 봉수대가 있다. 높이 약 4m, 가로세로 9m 정방형으로 비교적 원형이 보존되어 있다.

연대에서 동북 방향으로 가면 언덕을 오르게 되는데 제주말로 '송이'라고 하는 붉은색 화산재로 이루어진 붉은 오름이다. 올라가면 정상에 서있는 하얀 등대가 파란 하늘과 주변의 노란 유채꽃 그리고 바다의 파란 빛과 어우러져 멋진 모습으로 다가온다.

등대에 오르는 길은 철제계단이 마련되어 있어 쉽게 올라갈 수 있으며 등대 난간에 올라서면 빼어난 섭지코지 절경이 눈앞에 펼쳐진다. 파도와 바위가 노니는 모습을 바라보는 것도 참 좋다. 그리고 절벽 아래로 보이는 촛대 모양으로 솟아오른 바위는 하늘을 향해 치솟은 뾰족한 정수리에 갈매기 배설물로 흰 눈이 내린 것처럼 느껴져 시선이 끌린다.

이곳은 TV드라마 〈여명의 눈동자〉, 영화 〈단적비연수〉의 촬영지로도 알려져있고 〈올인〉의 촬영이 있은 후에 폭발적으로 찾는 사람이 늘어났다. 하얀 등대를 배경으로 사진을 찍어보자.

선녀바위를 꼭 만나보세요

섭지코지 앞 해안은 해수면 높이에 따라 물속에 잠겼다 나타났다 하는데 기암괴석이 절경을 이뤄 아름다운 풍광을 만들어준다. 바닷가에는 외돌개처럼 생긴 높이 30m, 둘레 15m 선녀바위가 솟아있는데, 용왕의 아들이 이곳에 내려온 선녀에게 반해 선녀를 따라 하늘로 승천하려다 옥황상제의 노여움을 사 그 자리에서 선돌이 되었다는 전설이 어려있다.

섭지코지에서 영화 〈단적비연〉 〈이재수의 난〉 〈천일야화〉, 드라마 〈올인〉 등이 촬영되었는데 올인의 세트장이 언덕에 있어 사람들의 발길을 붙잡는다.

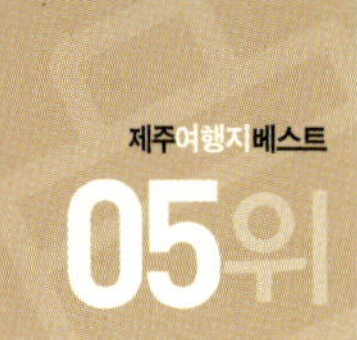

05위 용눈이오름

여행포인트	**온가족이 용눈이오름 산책을 해보자.**	
주소	**제주 제주시 구좌읍 종달리 산28**	
문의	**064-710-3314**	
홈페이지	**http://cyber.jeju.go.kr**	

가는 길
- **자가용:** 제주공항-종합경기장 입구-광양사거리-거로사거리-번영로-선흘 입구에서 직진-대천동사거리에서 좌회전-송당사거리에서 우회전-1136번 지방도-손자봉 왼쪽 진입-용눈이오름
- **대중교통:** 제주공항-제주시외버스터미-구좌방면-구좌읍사무소 하차해 택시로 30분 정도 이동

먹을거리
- **그때그맛**(한식, 064-784-1431, 성산읍 수산리)
- **드랭이가든**(한식, 064-782-2553, 성산읍 수산리)

잠자리
- **제주비자빌**(064-784-5911, 성산읍 세화리)
- **그린나래**(064-782-7071, 성산읍 수산리)

주변관광지 **세화송당온천관광지, 다랑쉬오름**

제주도에는 한라산, 산방산, 송악산 등의 산과 용눈이오름 등 370여 개 오름이 있다. 제주도에 가면 높고 낮은 봉우리를 많이 볼 수 있는데 대부분이 오름이다. '오름'은 '큰 화산의 옆쪽에 붙어 생긴 작은 화산'을 말한다. 마그마를 지표로 끌어내는 길이 가지를 쳐서 옆쪽으로 다른 분화구를 이루거나 주화도 위치가 이동되면서 이루어졌는데 360여 개나 된다고 한다. 이 중 구좌읍 종달리에 용눈이오름이 있는데 제주도 오름 중에서 가장 아름다운 오름 중 한 군데여서 연중 많은 사람이 찾아온다. 특히 제주 사진가 고 김영갑 선생이 가장 사랑했던 곳으로 유명하다. 이 오름의 높이는 해발 247m이고 둘레는 2685m이다.

용눈이오름은 용이 누워있는 모습이라고도 하고, 산 한가운데가 패어있는데 이 부분이 용이 누워있는 자리 같다고도 하고, 또한 위에서 내려다봤을 때 화구의 모습이 용의 눈처럼 보인다 하여 용눈이오름이라 하며, 한자로 용와악(龍臥岳)이라고 표기한다.

용눈이오름의 북쪽에는 다랑쉬오름, 서남쪽에는 손지오름이 있어 용눈이오름에 올라가서 바라보면 또 다른 풍경을 만날 수 있다. 주차장에서 오르는 길은 완만하다. 등산이라는 느낌보다는 산보를 하는 마음으로 오르면서 제주도의 오름을 눈으로 보고 마음으로 느껴보자.

용눈이오름은 전체적으로 산세가 동사면 쪽으로 얕게 벌어진 말굽형 화구를 이루고 있다. 용눈이오름을 오르면서 무덤을 볼 수 있는데 무덤 주위에 돌을 쌓아 우마가 접근하지 못하도록 해놓았다.

이곳은 오름의 경사가 낮아 천천히 주변을 돌아보며 제주의 오름을 온몸으로 느낄 수 있는 곳이다. 높은 산에 함께 오르는 것이 부담되는 경우 용눈이오름을 온가족이 함께 걸으며 자연을 맘껏 느껴보자.

용눈이오름의 야생화

용눈이오름으로 오르는 길이 정비되어 불편한 점이 없는데 초록빛이 머무르는 동안의 오름에는 개민들레, 할미꽃, 솜방망이, 미나리아재비. 무릇, 꽃향유, 엉겅퀴, 꿀풀, 이질풀 등 많은 야생화가 피어난다. 길가에 수줍게 피어난 야생화를 만나면서 이야기를 나누며 오르는 길은 더 많은 즐거움을 준다. 오름이 잔디와 풀밭으로 덮여있어 마치 산을 개간해 농장으로 만들어놓은 듯해 잘 정돈된 정원이라는 느낌이 들기도 한다.

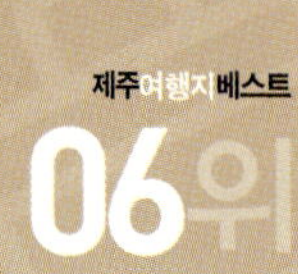

06위 협재해수욕장

여행포인트	**협재해수욕장을 배경으로 온가족이 캠핑을 즐겨보자.**
주소	**제주 제주시 한림읍 협재리 2497-1**
문의	**064-796-3001**(한림읍사무소)
홈페이지	**http://culture.jeju.go.kr**
가는 길	• **자가용:** 제주공항-1132번 지방도- 하귀-애월-곽지-곽지과물해변-협제해수욕장 • **대중교통:** 제주공항-제주시외버스터미널-서회일주노선 시외버스(배차간격 20분)-협재해수욕장(문의: 제주시외버스터미널 064-753-1153)
먹을거리	• **야자수식당**(064-796-0001, 한림읍 협재리) • **클럽메드해조대**(064-796-8010, 한림읍 협재리)
잠자리	• **카리브썬**(064-796-0200, 한림읍 동명리) • **바다그리기**(064-796-6840 한림읍 협재리)
주변관광지	**한림공원, 곽지과물해변**

제주도를 여행하면서 자주 만나는 곳이 해수욕장이다. 제주도 해안의 어느 곳을 가도 아름다운 풍경이 펼쳐지는데 드넓은 백사장이 사람들의 발길을 붙잡는다.

제주 12번 국도를 달리다 한림을 지나 한경으로 가는 도중에 해변으로 들어가면 협재해수욕장에 닿는다. 협재해수욕장에 첫발을 들여놓는 순간 바다 색깔의 아름다움에 매료되고 만다.

제주시 한림읍에 위치한 협재해수욕장은 5000여 평의 넓이를 자랑하는데 제주도 해수욕장 가운데 가장 크다. 협재해수욕장은 조개껍질이 많이 섞인 은모래가 넓게 펼쳐져있다. 이곳은 수심이 깊지 않고 경사가 완만해 여름 휴양지로 각광받는 곳이다. 이러한 여건은 수영을 잘하지 못하는 사람들도 여유롭게 시간을 보내기에 적당하다.

이곳에선 모래장난을 하거나 바닷가에서 조개를 잡고, 수상 스포츠를 즐기고, 송림에 누워 책을 보면서 여유로운 시간을 보낼 수 있다. 걱정을 내려놓고 주변을 산책하는 것도 좋다. 협재해수욕장은 제주도 올레길 14코스에 포함되어 있는데 올레꾼들이 걸으면서 잠시 쉬어갈 수 있는 곳이기도 하다. 시원한 바닷바람을 온몸으로 맞으며 걸으면 몸에 붙은 피곤을 씻어낼 수 있다. 협재해수욕장에서 바라보는 일몰은 참 아름답다. 계절에 따라 바다에 떠있는 듯한 섬을 배경으로 가라앉는 일몰을 보는 것도, 바다에 직접 떨어지는 붉은 해를 만나는 것도 큰 즐거움이다. 붉은 빛이 머무르는 바다는 생명력을 느끼게 한다.

이곳은 각종 편의시설도 잘 갖춰져 있고 소나무 숲과 잔디밭이 있어 야영하기에도 적당한 곳이다. 가족 단위나 연인들의 캠핑 장소로 인기가 높다. 앞 바다에서는 전복, 소라 등 해산물이 많이 잡혀 맛있는 바다를 즐기는 데도 부족함이 없다.

협재해수욕장의 색깔

많은 사람이 협재해수욕장의 매력에 빠지는 또 다른 이유는 바다의 색깔 때문이다. 바닷물 깊이에 따라 변하는 바다 색깔은 바다의 아름다움 그 자체에 빨려들게 하기 때문에 한번 이곳을 찾은 사람은 중독되고 만다. 연한 초록빛이 있는가 하면 비취빛이 춤을 추고, 남색 바다가 노닐면서 생명력을 노래하고 코발트색 바다가 가슴속으로 몰려들기도 한다. 협재해수욕장에서 바다를 보고있노라면 누구나 시인이 되어 시 한 수 읊을 수 있다.

07위 정방폭포

여행포인트	제주도 3대 폭포 중 하나를 보고 그림을 그려보자.
주소	제주 서귀포시 동홍동 278
문의	064-760-2505(서귀포시 문화예술과)
홈페이지	http://www.jejutour.go.kr
가는 길	• **자가용:** 제주공항-신제주-평화로-창천사거리(서귀포 방향)-칼호텔-정방폭포 • **대중교통:** 제주공항-600번 공항리무진 버스-칼호텔 앞-정방폭포
먹을거리	• **숲섬갈치요리전문점**(생선요리, 064-733-6848, 서귀동) • **언덕위의풍차횟집**(생선회, 064-732-7999, 동홍동)
잠자리	• **해변의집영빈**(064-732-3488, 서귀동) • **송정게스트하우스**(064-763-5775, 올레 6코스, 서귀동)
주변관광지	**이중섭미술관, 소정방폭포, 천지연폭포**

제주도에는 크고 작은 폭포가 많은데 그중에서 정방폭포는 천지연폭포, 천제연폭포와 더불어 제주도 3대 폭포로 알려져있고 정방하폭이라고도 한다. 또한 제주 영주십경(瀛州十景) 중 하나로 일컬어지고 있는데 1995년 제주기념물 제44호로 지정되었다가 2008년 8월 명승 제43호로 변경 지정되었다. 서귀포 시내에서 1.5km 정도 동남쪽에 있기 때문에 접근성도 좋다.

정방폭포는 제주도 한라산 남쪽 사면에서 발원해 남쪽 바다로 흘러내리는 애이리내 끝에 있는 폭포다. 폭포수가 육지에서 바다로 직접 떨어지는 동양 유일의 해안 폭포다. 폭포 높이는 23m, 너비는 10m 정도 되고 폭포 아래 못의 깊이도 5m 정도다. 이곳에서는 주상절리가 잘 발달한 해안 절벽에서 수직으로 떨어져 장엄한 모습의 폭포를 볼 수 있다. 소리 또한 웅장해 마치 오케스트라 연주를 듣는 것과 같다. 이뿐만 아니라 주변에 있는 노송과 어우러지고 남쪽 바다의 푸른 해안과 섞이면서 한 폭의 동양화 같은 장관을 이루고 있다.

정방폭포에는 전해져 내려오는 설화가 있다. 중국 진시황은 세상을 모두 손아귀에 넣고 권세를 부리며 살았지만 몸이 늙어가는 것은 어쩔 수 없어 영생을 꿈꾸는 그에게 걱정거리가 되었다. ‘서불’ 이라는 신하가 폭군인 진시황의 곁을 떠나고 싶어 제주도 한라산에 사람이 먹으면 영원토록 살 수 있는 불로초가 있어 자신이 구해 오겠다고 말한다. 이 말을 들은 진시황은 그에게 만약 불로초를 캐어 온다면 나라의 절반을 준다는 말까지 했다. 이에 서불은 동남동녀 500명을 차출해 달라고 한다. 이유는 한라산 산세가 험하고 또한 불로초는 아무 눈에나 띄는 것이 아니라 오직 마음과 몸이 정결하고 흠이 없는 동남동녀만 볼 수 있다는 것이었다.

서불은 원하는 모든 물건과 그들을 데리고 제주로 떠났으나 이는 모두 거짓말이었다. 그들은 한라산에 올라 구경을 하고 섬을 한 바퀴 돌아보다 정방폭포에 이르러 구경을 하고 다시 서쪽으로 떠난다는 글귀를 새겨 두고 동쪽으로 떠났다고 한다. ‘서불이 이곳을 지나가다’라는 뜻을 가진 ‘서불과지(徐市過之)’ 였는데 지금은 발견할 수 없다고 한다. 서귀포(西歸浦)라는 명칭도 여기서 유래되었다는 설이 있다.

08위 김영갑 두모악갤러리

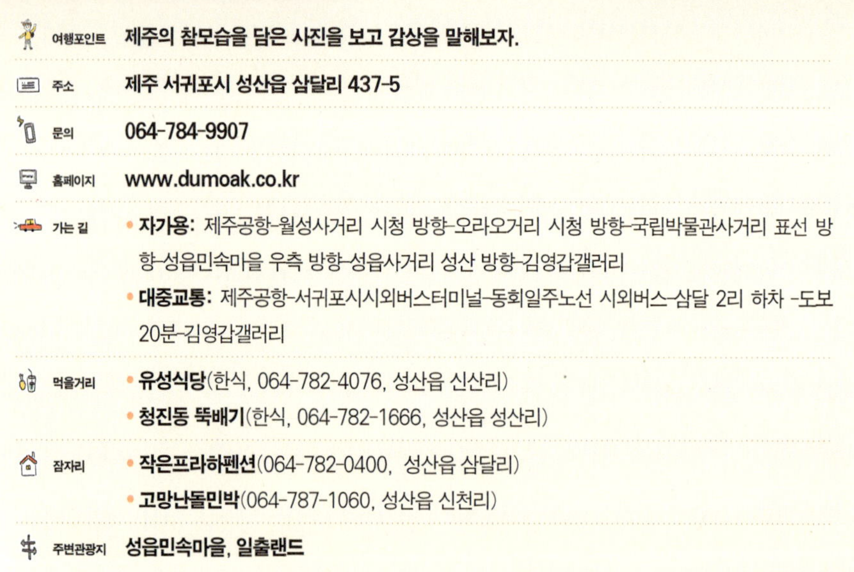

여행포인트	제주의 참모습을 담은 사진을 보고 감상을 말해보자.	
주소	제주 서귀포시 성산읍 삼달리 437-5	
문의	064-784-9907	
홈페이지	**www.dumoak.co.kr**	
가는 길	• **자가용:** 제주공항-월성사거리 시청 방향-오라오거리 시청 방향-국립박물관사거리 표선 방향-성읍민속마을 우측 방향-성읍사거리 성산 방향-김영갑갤러리 • **대중교통:** 제주공항-서귀포시시외버스터미널-동회일주노선 시외버스-삼달 2리 하차 –도보 20분-김영갑갤러리	
먹을거리	• **유성식당**(한식, 064-782-4076, 성산읍 신산리) • **청진동 뚝배기**(한식, 064-782-1666, 성산읍 성산리)	
잠자리	• **작은프라하펜션**(064-782-0400, 성산읍 삼달리) • **고망난돌민박**(064-787-1060, 성산읍 신천리)	
주변관광지	**성읍민속마을, 일출랜드**	

두모악갤러리는 김영갑의 제주도 사진이 전시된 사진 전문 갤러리다. 이곳은 폐교의 풀숲 우거졌던 곳을 아름다운 정원으로 바꾸고 갤러리로 탈바꿈시킨 곳으로, 그의 삶과 예술혼을 만날 수 있다.

제주 사람 김영갑. 그는 충남 부여에서 태어났지만 그를 부여 사람이라고 말하기보다는 제주 사람이라고 말하는 것이 더 자연스럽다. 이는 그의 예술처럼 살다 간 삶이 제주에서 이뤄졌기 때문일 것이다. 김영갑은 1982년 청년의 나이에 제주도를 방문한 후 제주 사랑이 깊어져 결국 3년 만에 제주도에 정착했다. 20여 년을 제주에서 지내는 동안 제주도에 대한 사랑을 사진으로 표현했다. 하지만 그는 몸의 근육이 오그라드는 루게릭병에 걸려 48년의 짧은 생을 마감해야만 했다.

투병 중에도, 태풍이 불어 닥치던 날에도 바다로 나가 자연 그대로의 모습을 카메라에 담기 위해 바위에 몸을 감고 벼랑 끝에 서서 휘몰아치는 태풍 앞에서 셔터를 눌러댔으니 그것은 열정이었다. 사랑이었다. 미치지 않으면 미치지 못한다는 '불광불급(不狂不及)'이었다.

비록 그가 앓고 있던 병이 그의 발목을 잡았지만 제주도 사랑과 예술에 대한 열정은 꺾지 못했던 것이다.

두모악갤러리에는 제주도의 모습을 필름에 담아온 김영갑의 흔적이 고스란히 남아있다. 그가 남긴 유작들과 작품 속에 비치는 삶의 흔적들 앞에서 혼신을 다한 남다른 작가정신을 느낄 수 있다. 작품 하나 하나를 만나면 그의 제주 사랑과 사진에 대한 열정을 느낄 수 있다. 어떤 작품은 수채화처럼, 어느 작품은 판타지 소설 속의 모습으로, 또 다른 작품은 영화의 배경처럼 다가온다. 제주의 풍광뿐만 아니라 제주 사람들의 삶의 모습도 담아놓아 그의 따스함을 느낄 수 있다.

댕기머리 김영갑의 무덤은?

제주를 고향보다 더 사랑했던 김영갑은 근육이 오그라들며 온몸이 장작처럼 굳어버리는 루게릭병으로 2005년 5월 29일, 48년의 짧은 생을 마감했는데 그의 무덤은 바로 김영갑갤러리다. 그가 세상을 떠난 후 그의 육신을 태운 재는 투병 중에 손수 가꾸었던 두모악갤러리와, 갤러리 뒤란에 심어두고 애인처럼 아꼈던 감나무에 뿌려졌다.

09위 곽지해수욕장

여행포인트	**온가족이 해수욕을 마치고 노천탕 체험을 해보자.**
주소	**제주 제주시 애월읍 곽지리**
문의	**064-728-8884**(애월읍사무소)
홈페이지	**http://cyber.jeju.go.kr**
가는 길	• **자가용:** 제주공항-1132호 지방도-하귀-애월-곽지-곽지과물해변
	• **대중교통:** 제주공항-제주시외버스터미널-서회일주노선 시외버스-하귀-애월-곽지-곽지과물해변
먹을거리	• **한담의바다풍경**(양식, 011-9356-3444, 애월읍 애월리)
	• **우리집**(해물 뚝배기, 064-796-8049, 한림읍 귀덕리)
잠자리	• **해변산책**(064-799-6161, 애월읍 곽지리)
	• **허브인**(064-796-6604, 한림읍 귀덕리)
주변관광지	**협재굴, 협재해수욕장, 이호해수욕장**

제주공항에서 일주도로를 따라 바닷가 아름다운 경치를 바라보며 서쪽 해안으로 10km 정도를 달리다보면 병풍처럼 둘러싸인 오름을 배경으로 푸른 바다와 백사장이 넓게 펼쳐진 마을을 만나게 되는데 이곳이 제주 애월읍에 위치한 곽지리마을이다. 이곳에서 해안으로 조금만 걸으면 곽지해수욕장이 나온다. 해수욕장에 도착하면 정겨운 제주도 여자의 모습을 한 조각상이 여행객을 맞는다.

곽지해수욕장은 길이 약 350m, 폭 70m인 백사장이 있는데 수심 1.5m 정도로 깊지 않아 좋은 해수욕장 조건을 갖추고 있다. 곽지해수욕장 왼쪽에 아름다운 협재해수욕장이 있고, 오른쪽에 조랑말 등대가 있는 이호해수욕장이 있다.

선사시대 패총이 발견되기도 한 이곳은 현무암 종류인 패사층이 퇴적된 곳으로, 지금도 대합 등 조개가 많이 서식하고 있어 물놀이와 겸해 조개류도 잡을 수 있어 일석이조 효과를 거둘 수 있다. 백사장 뒤로 소나무 숲이 있어 잠시 머물며 휴식을 취할 수도 있다. 또한 해수욕장 광장에 설치된 분수에서 내뿜는 물줄기는 시원함을 더해준다. 해안에서는 제트스키를 타거나 바나나보트를 탈 수도 있어 해수욕을 하면서 해양스포츠도 함께 즐길 수 있다. 또한 곽지해수욕장에서 바라보는 일몰 또한 아름다워 그저 바라만 보아도 마음까지 붉게 물드는 것을 느낄 수 있다.

과물노천탕 체험

여름에 곽지해수욕장에 가면 꼭 체험해봐야 할 것이 있으니 바로 과물노천탕 체험이다.

이곳에서는 차가운 용천수가 솟아난다. 돌담으로 둘러싸인 이 샘물은 몸을 씻는 것은 물론 식수로도 이용된다고 한다. 물맛이 좋기로 소문나 가뭄 때는 인근의 납읍, 어도, 어음에서도 이 물을 식수로 이용한다고 한다. 이곳은 남자와 여자 공간이 따로 마련되어 있는데 해수욕을 즐기고 이곳에서 몸을 씻을 수 있어 좋다. 이곳에서는 옷을 벗고 몸을 닦을 수 있어 바닷물을 완전히 씻어낼 수 있으니 무료로 사용할 수 있는 천연 샤워장이다. 남탕은 비교적 규모도 크고 바다 쪽으로 쌓은 돌담이 낮아 바다를 바라보면서 용천수를 즐길 수도 있으나 여탕은 남탕보다 규모가 작고 돌담벽이 높아 엿볼 수 없다.

10위 세계자동차박물관

여행포인트	**미니 자동차 체험을 통해 안전운전에 대해 몸소 배워보자.**	

주소   제주 서귀포시 안덕면 산창리 2065-4

문의   064-792-3000

홈페이지   www.koreaautomuseum.com

가는 길
- **자가용:** 제주공항-신제주 입구-동광IC-중문 방면 좌회전-상창사거리-산양 방면 우회전-1136번 지방도로-우측 방향-세계자동차박물관
- **대중교통:** 제주공항-600번 공항 리무진버스-중문관광단지-숨비나리 하차-도보 10분

먹을거리
- **화순정낭갈비**(갈비, 064-794-8954, 안덕면 화순리)
- **생원전복**(전복요리, 064-792-2109, 안덕면 화순리)

잠자리
- **산방산게스트하우스**(064-792-2533, 안덕면 사계리)
- **유니콘펜션**(064-792-1116, 안덕면 사계리)

주변관광지   **안덕계곡, 산방산, 소인국테마파크**

우리나라는 1가구 1 자동차 시대를 넘어 이제는 한 가정에서도 몇 대의 자동차를 가지게 되었다. 김영락 회장은 세계를 여행하면서 은퇴생활을 즐기던 중 미국과 유럽에서 방문한 자동차와 비행기 박물관에 깊은 감명을 받았고 차와 비행기는 단순히 사람들을 이동시키는 도구가 아니라 미래 후손들을 위해 보관되어야 한다고 생각해 제주에 세계자동차박물관을 세웠다.

박물관 입구부터 자동차의 여러 가지 모습을 볼 수 있다. 입구를 지나 자동차를 주차하고 박물관으로 들어가는 길부터 세계의 멋진 자동차들을 만나게 된다. 세계자동차박물관은 아시아 최초 개인 소장 자동차박물관이다. 관람대에서 대한민국 최남단 환상의 섬 마라도도 볼 수 있다.

이곳에는 또한 클래식카 70여 대, 경비행기 3대 그리고 어린이들이 직접 시운전을 할 수 있는 미니자동차 체험관까지 마련되어 있다. 자연스럽게 자동차와 친해지고 안전운전을 배우는 신나는 체험장이자 교육장소이니 어린이들에게는 또 다른 즐거움을 준다. 처음 발길을 붙잡는 것은 역사상 최고의 자동차로 손꼽히는 명차 벤츠 300SL이다. 양쪽 문을 활짝 열었을 때 모습이 새가 날개를 펼친 듯 아름답다. 공기저항을 줄이기 위해 문의 개폐를 위로 할 수 있도록 디자인된 차로 밀레밀리아, 르망 등 레이싱 대회에서 우수한 성적을 거두었다.

8억여원을 들여 구입한 전 세계에 단 6대만 존재하는 나무자동차, 힐만 스트라이트8은 1928년 생산된 차로 운행할 수 있을까 하는 의문이 든다. 앨비스 프레슬리와 마릴린 먼로의 사랑을 듬뿍 받은 애마 캐딜락 엘도라도는 매끈하게 잘 빠진 레드컬러다.

이외에도 세계 최초의 자동차인 독일의 벤츠 페턴트카, 영화 〈킹콩〉에 나왔던 미국의 포드A, 1000만 대 이상 팔린 포드T, 영국 왕실의 전용차로 사용한 영국 롤스로이스 실버스퍼 등 명차들이 전시되어 있다.

우리나라 자동차 전시코너

우리나라 최초 택시였던 '시발택시'를 포함한 국산 클래식카와 세계적 클래식카 70여 대가 전시되어 세계 자동차 변천사를 한눈에 볼 수 있다.

11위 여미지식물원

여행포인트	세계 최대의 온실식물원 안의 식물들을 관찰해보자.
주소	제주 서귀포시 색달동 2920
문의	064-735-1100
홈페이지	www.yeomiji.or.kr
가는 길	• **자가용:** 제주공항-중문 방면-동광IC-청천삼거리 중문 방면 좌회전-예래입구-중문관광로-여미지식물원
	• **대중교통:** 제주공항-600번 공항리무진 버스-중문관광단지-여미지식물원
먹을거리	• **오르막가든음식점**(흑돼지, 064-738-7755, 대포동)
	• **신우성타운**(흑돼지, 064-738-7830, 색달동)
잠자리	• **귤향기펜션**(064-738-3515, 색달동)
	• **호텔신라**(064-735-5114, 색달동)
주변관광지	주상절리, 중문해수욕장, 외돌개, 천지연폭포

제주도에 가면 아름다운 풍경을 만나고 자연에 대한 경이로움에 자신도 모르게 기쁨이 솟는 것을 느낄 수 있다. 바로 이런 천혜의 아름다움과 함께 다양한 열대식물을 만날 수 있는 곳이 서귀포시

색달동 중문관광단지에 있는 여미지식물원이다.

자연에 대한 관심은 특히 꽃과 식물 그리고 그것을 담는 사진에 모아지는데 이곳에도 많은 사람이 찾아와 아름다운 식물들을 연신 카메라에 담는다. 여미지식물원은 1989년 10월 문을 열었고 1992년에는 한국기네스협회로부터 동양 최대 온실로 인정받았다. 매년 많은 사람이 찾는 제주의 관광명소로 이름을 떨치고 있다.

식물원에 도착하면 우뚝 솟은 38m 높이의 전망대를 만나게 되는데 그곳에서 내려다보는 풍경이 아름답다. 해바라기 모형의 3800여 평 온실식물원은 유리온실로 세계 최대 규모를 자랑한다. 온실 안에는 잎의 지름이 1.5m에 이르는 빅토리아 수련 등 50여 종의 수련으로 조성된 물의 정원과 바나나, 망고, 커피나무 등 낯익은 열대과일을 심어놓은 과수원도 있다.

실외식물원은 네 나라의 민속정원이 있고 여러 형태의 테마공원으로 조성해 열대, 아열대식물 2000여 종이 전시되고 있다. 여미지식물원은 식물원들과 종자 교류를 통해 세계화를 위한 노력을 하고 있다.

여미지식물원에서 만나는 희귀한 식물

이곳에는 희귀한 식물도 많아 방문객들에게 색다른 느낌을 준다. 예를 들면 벌레를 잡아먹는 식충식물, 40kg에 달하는 과일이 열리는 잭프루트, 세계 최초로 종이 원료로 쓰였던 파피루스 등이 있어 지금껏 만나보지 못한 식물의 세계를 관찰할 수 있다.

12위 외돌개

여행포인트	**아이들에게 외돌개 설화를 들려주자.**	
주소	**제주 서귀포시 서홍동 791**	
문의	**064-760-3033**	
홈페이지	**http://cyber.jeju.go.kr**	

가는 길
- **자가용:** 제주공항-동회일주도로 1132번-비석거리-동문로터리 중문 방면-선반내에서 외돌개 방면-외돌개
- **대중교통:** 제주공항-600번 공항리무진 버스-외돌개

먹을거리
- **조림명가**(생선조림, 064-767-8562, 서귀동)
- **안거리밖거리**(정식, 763-2552, 서귀동)

잠자리
- **푸른바다펜션**(064-739-1331, 서홍동)
- **외돌개나라**(064-732-1183, 서홍동)

주변관광지
- **천지연폭포, 제주올레 7코스 외돌개~월평 올레, 삼매봉**

제주 올레길 7코스가 시작되는 지점. 앞바다에 촛대처럼 솟아오른 아름다운 바위를 보노라면 아름다운 제주 바다의 모습에 저절로 탄성이 흘러나온다. 제주도 해금강으로 일컬어지는 서귀포 칠십리 해안가 절벽에 있는 기암 중 가장 눈에 띄는 것이 있으니 바로 20m 높이로 바닷속에서 푸른 바닷물을 헤치고 솟아오른 기둥바위 외돌개다. 서귀포 시내에서 서쪽 약 2km쯤 되는 지점에 삼매봉이 있고 그 산자락의 수려한 해안가에 우뚝 솟은 바위 외돌개는 마치 바닷가 수호신처럼 굳건한 모습으로 서있다.

외돌개는 150만 년 전 화산 폭발로 용암이 제주도의 모습을 바꿔놓을 때 생성됐다. 외돌개 꼭대기에는 몇 그루의 작은 소나무가 자생하고 있어 바위와 바다와 어우러져 그림 한 폭을 보는 듯하다. 외돌개는 보는 방향에 따라 여러 모양을 하고 있어 또 다른 즐거움을 준다.

외돌개는 혼자 외롭게 바다에 서있다고 해서 붙여진 이름인데 외돌개, 할망바위, 장군석 등 새 개 이름을 가지도 있다. 알려진 바위들이 전설이나 설화를 많이 가지고 있는 것처럼 외돌개도 다음과 같은 설화가 전해 내려온다.

고려말에 탐라에 살던 몽골족 목자(牧子)들이 고려에서 중국 명(明)나라에 제주마를 보내기 위해 말을 징집하는 일을 자주 행하자 이에 반발해 목호(牧胡)의 난을 일으켰다. 최영 장군은 범섬으로 도망간 이들을 토벌하기 위해 외돌개를 장군의 형상으로 치장해 놓고 최후의 격전을 벌였는데, 목자들은 외돌개를 대장군으로 알고 놀라 스스로 목숨을 끊었다고 한다. 그래서 이 외돌개는 '장군석' 이라는 이름으로도 불린다.

지금 와서 생각하면 어찌 외돌개를 장군의 형상으로 치장해 놓았을까 싶지만 그 늠름한 위상을 보면 절로 고개가 끄떡여 진다.

외돌개 일몰

외돌개 앞바다에서 일몰을 보는 것이 참 좋다. 넓은 잔디밭이 펼쳐지고 주변은 천연적인 낚시 포인트로 휴식과 레저를 겸한 특이한 유원지가 되고 있다. 인기 드라마였던 〈대장금〉 촬영지이기도 한 이곳에서 외돌개 뒤로 보이는 범섬에 석양이 내릴 때의 경관은 더없이 아름답다. 붉게 변하는 바다를 바라보면서 휴식 시간을 갖는 것은 또 다른 즐거움을 준비한 별책부록처럼 느껴진다.

13위 방림원

여행포인트	**다양한 식물들을 보고 관찰일기를 작성해보자.**	

여행포인트 다양한 식물들을 보고 관찰일기를 작성해보자.

주소 제주 제주시 한경면 저지리 예술인마을 내

문의 064-773-0090

홈페이지 www.banglimwon.co.kr

가는 길
- **자가용:** 제주공항-95번 서부관광도로-제2산록도로 우회전-이시돌목장-1116번 지방도 -금악초등학교-저지 방향- 방림원
- **대중교통:** 직접 연결되는 버스가 없으므로 택시나 렌터카 이용

먹을거리
- **만나와메추라기**(보리밥, 064-772-3255, 한경면 저지리)
- **어멍네**(한식, 064-772-7880, 한경면 조수리)

잠자리
- **차귀도펜션**(064-772-5545, 한경면 고산리)
- **제주프렌즈**(064-772-2620, 한경면 판포리)

주변관광지 생각하는 정원, 제주돌마을공원, 유리의 성

　제주도에서 아름다운 꽃이나 식물을 만날 수 있는 곳 중 한 곳인 방림원은 세계 야생화박물관으로 불린다. 이곳 원장이 20년 동안 야생화 작품활동을 해오다 사람들과 함께 야생화를 즐기고자 전 세계 야생화를 모은 국내 최초의 야생화 전문 식물원인 방림원을 건립했다. 방림원은 원장 부부의 성을 따서 방림원이라고 했다. 원장은 '방'이고 남편은 '임'이니 합쳐서 방림원으로 이름 지었다고 한다.

　이곳은 수생식물관, 양치류관, 백화동산, 팔도식물지도, 형제폭포, 방림굴, 유리온실, 야외전시장, 방림동산, 마른연못 등으로 구성되어 있는데 먼저 유리온실을 살펴보자. 세계 여러 종류의 야생화가 전시되어 있는데 계절별로 꽃을 피우고 있는 야생화도 많이 있다.

　수생식물관은 수생식물들이 작은 소품과 어우러진 공간인데 토피어리 모습도 보이고 중간중간에 설치된 소품들은 멋을 더해준다.

　양치류관에는 세계 각국의 고사리 중 원숭이고사리, 넙적고사리, 금고사리, 과음고사리, 상록고사리, 참나무고사리 및 희귀한 고사리 약 400여 종과 식충식물, 백두산 고산식물이 전시되어 있다.

　야외의 백화동산에는 한국에서 자생하는 식물과 귀화식물 등 모두 100여 종의 식물이 식재되어 계절에 맞는 야생화가 피어난다. 야외전시장에는 각종 토피어리 종류가 있으며 잠시 쉴 곳도 있다. 정원 뒷부분에 있는 형제폭포는 자연 형태를 그대로 살린 15m의 계곡 양쪽에서 시원한 물줄기가 떨어지고 있어 청량함을 더해준다.

방림원 안의 방림굴

야외전시장을 돌아보면서 연못을 지나면 방림굴이 보인다. 방림굴은 방림원 공사를 하던 중 발견되었는데 길이 17m, 높이 7m 규모의 용암굴이다. 굴 안에서는 제주도에서도 희귀한 붉은 송이돌이 발견되었는데 천장과 벽에 양치류와 다른 식물을 식재해 신비로움을 더한다.

14위 제주 유리의 성 박물관

| | 여행포인트 | **다양한 유리공예 체험을 해보고 느낌을 말해보자.** |

여행포인트 　다양한 유리공예 체험을 해보고 느낌을 말해보자.

주소 　제주 제주시 한경면 저지리 3135-1

문의 　064-772-7777

홈페이지 　www.jejuglasscastle.com

가는 길
- **자가용:** 제주공항–중문 방면–신제주 입구–중문 방면–1132번 지방도–서광1교차로–1136번 지방도–서광서리–유리의 성 박물관
- **대중교통:** 제주공항–제주시외버스터미널–서회일주노선 시외버스(배차간격, 20분)–한경면사무소–읍면순환버스(배차간격 2~3시간, 택시 이용 권장)–명리동 하차 도보 10분–유리의 성

먹을거리
- **명리동식당**(한식, 064-772-5571, 한경면 저지리)
- **물통한방오리**(오리, 064-773-5292, 한경면 저지리)

잠자리
- **에덴통나무빌리지**(064-772-3808, 한경면 저지리)
- **제주프렌즈**(064-772-2620, 한경면 판포리)

주변관광지 　**오설록 티 뮤지엄, 소인국 테마파크, 안덕계곡**

제주여행을 준비하면서 많은 사람이 '무엇인가 특별한 게 없을까?'를 생각하는 데 제주 유리의 성 박물관이 그 특별함을 선물한다. 제주시 한경면 저지리에 위치한 이곳은 2008년 10월 개관해 많은 사람이 찾는 명소가 되었다.

국내 최고의 유리 예술가들이 3년에 걸친 준비기간과 1년여의 공사기간을 거쳐 국내 최고 유리박물관을 탄생시켰다고 한다. 투명한 유리 소재와 첨단 건축기법이 조화를 이룬 작품이라고 말할 수 있는데 이곳은 거의 모든 것이 유리로 되어있다. 입구부터 와인잔이 반기는 모습이 범상치 않다. 오른쪽으로는 물고기 모양 작품들이 살아 움직이는 것 같은 작은 공원이 있고 박물관 건물의 다양한 색체가 마음을 붙잡는다.

박물관 안으로 들어서면 콩나무가 위로 솟아오르는 것을 볼 수 있는데 잭과 콩나무가 생각난다. 위로 향하는 콩나무가 동화 속으로 이끈다. 앞으로 잠시 걸어가면 유리벽을 거슬러 올라가는 연어를 형상화한 작품이 들어온다.

실외로 나오면 또 다른 풍경이 펼쳐진다. 연못으로 가면 아름다운 모습이 눈에 들어온다. 수선화로 표현된 작품들은 마치 살아서 향기까지 전해주는 것 같고 물속에서 새롭게 태어난 모습 또한 시원한 풍경을 전한다. 전시실에는 유리를 이용한 각종 작품이 전시되어 있는데 유리의 효용성에 대해 생각하게 한다.

야외로 나오면 돌과 유리를 이용한 담장이 있고 각종 작품이 서있다. 사람들은 아름다운 작품들을 배경으로 사진 찍기에 바쁘다. 작품에 정성이 들어간 흔적이 보인다.

이뿐만 아니라 다양한 색체가 가득한 작품은 바라만 보아도 행복하다는 것을 느끼게 한다. 아이들과 함께 할 수 있는 유리공예 체험을 놓치지 말자.

유리공예 체험

'램프워킹'은 섭씨 1200~1300도 불로 유리막대를 녹여 목걸이나 핸드폰걸이를 만드는 체험이고, '블로잉 체험'은 유리막대를 1500도 정도 되는 불가마에 넣어 가열하고, 그 후에 원심력을 이용해 막대 끝에 있는 구멍에 입을 대고 불어 컵을 만드는 체험으로 처음에 불로 녹인 다음, 입에 대고 불어서 컵 모양을 만든다. 이 밖에 '샌드 블라스트' '비즈 체험' '유리병 체험'을 할 수 있다. 체험비용은 변화가 있을 수 있으니 문의(064-772-7777)한 후에 경험해보면 된다.

15위 이중섭미술관

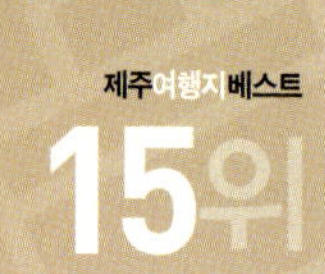

여행포인트		**천재 화가 이중섭의 생애와 작품에 대한 감상을 나눠보자.**
주소		**제주 서귀포시 서귀동 532-1**
문의		**064-733-3555**
홈페이지		**http://jslee.seogwipo.go.kr**

오시는길
- **자가용:** 제주공항-공항입구삼거리-제주일보 앞-남영고 앞-노형오거리-축산단지-노루생이 삼거리-어리목 입구-회수사거리-법화사 입구-시청 입구-서홍동사무소-서홍사거리우회전-중앙로터리-천지동사무소-이중섭미술관
- **대중교통:** 제주공항-600번 공항리무진 버스-뉴경남관광호텔-도보10분

먹을거리
- **안거리밖거리**(한식, 064-763-2552, 송산동)
- **죽림횟집**(생선회, 064-733-7689, 서귀동)

잠자리
- **송정게스트하우스**(064-763-5775, 서귀동)
- **유로펜션**(064-763-1003, 토평동)

우리나라 미술사에 큰 획을 그은 서양화가며 천재 화가인 이중섭을 기리기 위한 미술관이 2002년 개관해 관람객을 맞고 있다. 1996년에는 그가 6·25전쟁으로 피난해 거주했던 일대를 이중섭 거리로 이름 지었다. 또한 1997년 4월에는 그가 살았

던 집과 건물을 복원해 이중섭 거주지와 그의 호인 대향(大鄕)을 따서 대향전시실을 꾸몄고, 드디어 2002년에는 이중섭미술관이 개관했다.

이중섭은 6·25전쟁이 일어나자 1951년 1월 가족과 함께 서귀포에 거주하면서 작품활동을 했다. 불운한 시대의 천재 화가로 일컬어지는 대향 이중섭 화백은 서귀포의 아름다운 풍광과 넉넉한 이 고장 인심을 소재로 '서귀포의 환상' 등 많은 작품을 남겼다.

길지 않은 기간 그의 서귀포 체류는 그 후 대향 이중섭 예술에 지대한 영향을 끼쳤음을 느낄 수 있다. 가장 한국적이면서 가장 현대적인 작가로 알려진 이중섭은 서귀포로 내려와 '게와 어린이' '섶섬이 보이는 풍경' 등 주옥같은 작품을 많이 남겼다.

전쟁 중 세 들어 살던 초가 바로 옆 서귀포항이 내려다보이는 언덕 위에 있는 미술관 앞에는 이중섭 공원이 있다. 그러나 개관 당시에는 원래 그려진 그림이 없어 일부 복사본만 전시하다 뒤에 이를 안타깝게 여긴 문화인들의 기증과 노력으로 현재는 이중섭의 서귀포 생활 당시 모습이 담긴 작품을 비롯해 여러 작품이 전시되고 있다.

이중섭이 살던 초가집

미술관 아래로 조금 내려가다 오른쪽으로 이중섭이 살던 초가집이 있다. 그가 살던 방에는 소박한 그의 사진이 액자 속에 들어있다. 이 집에서 이중섭이 장남 태성, 차남 태현과 함께 1951년 1월부터 12월까지 살면서 활동했다. 그가 머물렀던 방의 크기는 1.4평, 부엌 크기는 1.9평으로 그 자체만으로도 어려웠던 환경을 여실히 대변해주고 있다. 마루 벽에는 담배를 손에 든 그의 모습이 작품 속에 머물러 있어 그의 삶의 단면을 느낄 수 있게 한다.

16위 추사유배지

여행포인트	추사 김정희 선생이 살았던 곳을 둘러보며 그의 작품에 대한 설명을 들려주자.	
주소	제주 서귀포시 대정읍 안성리 1661-1	
문의	064-760-3406	
홈페이지	www.seogwipo.go.kr	
가는 길	• **자가용:** 제주공항-신제주 입구 한림 방향-1132번 지방도-신광사거리-추사로-추사유배지	
	• **대중교통:** 제주공항-제주시외버스터미널-서회일주노선 시외버스(배차간격 20분)-대정-추사유배지	
먹을거리	• **보성식당**(한식, 064-794-7782, 대정읍 보성리)	
	• **토담골도예촌**(한식, 064-794-9958, 대정읍 상모리)	
잠자리	**바닷가하우스**(064-794-0977, 대정읍 상모리)	
주변관광지	**소인국테마파크, 제주조각공원**	

추사 김정희는 충남 예산군 신암면 용궁리에서 영조의 사위인 김한진(金漢藎)의 증손으로 태어났고, 1840년 55세 되던 해에 동지부사로 임명되어 중국행을 앞두고 안동 김씨 세력과의 권력싸움에서 밀려 이곳으로 유배되었다. 1840년부터 1848년까지 9년 동안 제주에 유배되어 머물면서 제주 문화에 깊은 영향을 미쳤다.

서귀포시 대정읍성 동문 자리 안쪽에 자리 잡은 추사유배지는 조선 후기 문신이자 서화가였던 김정희가 유배생활을 했던 곳이다. 유배 초기에는 포교 송계순의 집에 머물다 몇 년 뒤 강도순의 집으로 이사했다. 이 집은 제주 4·3사건 때 불타고 빈터로 남아있다가 1984년 강도순 증손의 고증에 따라 다시 지었다.

초가는 주인이 살았던 안채인 안거리, 사랑채인 밖거리(바깥채), 한쪽 모퉁이에 있는 별채인 모거리, 제주도 특유의 화장실인 통시와 대문간, 방앗간, 정낭으로 이루어져 있다. 김정희는 밖거리에서 마을 청년들에게 학문과 서예를 가르쳤고, 모거리에 기거하며 추사체를 완성하고 '완당세한도'를 비롯한 여러 점의 서화를 남겼다.

2010년 5월 추사의 정신을 담은 '추사관'이 개관해 새로운 관광명소로 자리 잡았다. 서귀포시 대정읍 안성리의 '추사관'은 그가 제주 유배 시절 그렸던 '세한도(국보 제180호)'를 모티브로 외관이 설계되었다고 한다. 총사업비 75억원을 들여 지하 2층, 지상 1층, 연면적 1192m² 규모로 지어져 추사기념홀을 비롯한 3개 전시실, 교육실, 수장고 등이 들어섰다.

부국문화재단, 추사동호회, 유홍준 전 문화재청장 등이 기증한 유물 100여 점 중 일부인 60여 점이 전시되어 있다. 복제품과 탁본 등도 전시되어 있는데 그의 삶과 작품세계를 느낄 수 있다.

추사 김정희가 머물렀던 집

추사관에서 밖으로 나가면 추사가 머물렀던 집으로 연결된다. 이곳은 2002년 4월 17일 제주기념물 제59호로 지정되었다 2007년 10월 10일 국가지정문화재 사적 제487호로 지정되었다.

김정희가 머물러 살던 초가 네 동을 옛 모습대로 복원해 놓아 이곳을 찾는 사람들은 제주의 옛 가옥의 형태 살펴볼 수 있다. 김정희는 이곳에 머물면서 추사체를 완성했고 국보 제188인 '완당세한도(阮堂歲寒圖)'를 비롯한 많은 서화를 그렸으며, 제주지방 유생들에게 학문과 서예를 가르치는 등 많은 공적을 남겼다.

17위 용두암

	여행포인트	**용두암 전설에 관한 이야기를 나눠보자.**
	주소	**제주 제주시 용담 2동**
	문의	**064-728-2753**(제주시청 관광과)
	홈페이지	**http://cyber.jeju.go.kr**
	가는 길	• **자가용:** 공항입구 우측 방향-용문로-용한로-용담로-용운로-용두암(공항에서 5분 정도) • **대중교통:** 제주공항-중앙로 방면 시내버스-용담로타리-바닷가 쪽으로 도보 5분
	먹을거리	• **용두암해촌**(생선구이 · 조림, 064-742-1516, 용담3동) • **용운횟집**(생선회, 064-711-6171l, 용담2동)
	잠자리	• **타워펜션**(064-713-1551, 용담2동) • **라마다프라자 제주호텔**(064-729-8100, 삼도2동)
	주변관광지	**제주목관아지, 제주향교, 관덕정**

제주도 여행을 하는 사람들이 공항이나 여객선터미널에서 렌터카를 빌려 제일 먼저 찾아가는 곳이 바로 용두암이다. 용두암은 2001년 3월 7일 제주도기념물 제57호로 지정되어 관리되고 있다.

용두암은 글자 그대로 용의 머리를 닮았고 바위의 높이가 10m나 된다. 신비로운 모습을 하고 있는 이곳은 사람들이 제주에 오면 즐겨 찾는 명승지다.

용두암은 화산폭발로 용암이 굳어져 형성된 것으로 암석은 붉은색 현무암질로 이루어져 있는데 50만~60만 년 전의 용암류로 구성된 층으로 추정된다. 용두암은 용암이 위로 뿜어 올라가면서 만들어진 것으로 우리나라 지질학적으로도 연구 가치가 있다.

제주도에 가면 대부분의 관광지에서 입장료를 내야 하는데 이곳 용두암은 입장료를 받지 않아 더 많은 사람이 즐겨 찾는다.

그리고 용두암에서 동쪽으로 200m 정도 떨어져있는 한천의 하류지역에 높이 7~8m의 기암계곡인 용연이 있다. 옛날에 용이 놀던 못이라는 전설에 따라 '용연'이라는 이름이 붙여졌다고 한다.

용두암을 잘 살펴보기 위해서는 서쪽으로 100m쯤 떨어진 곳이 적당하다. 남들이 다 보는 그런 풍경이 아니라 색다른 용두암을 만나고 싶다면 깜깜한 밤에 찾아가보자. 라이트 불빛에 비친 용두암이 또다른 모습으로 다가온다.

용두암 전설

용두암은 전설을 여러 가지 가지고 있다. 옛날에 용이 되어 하늘로 날아 올라가는 것이 소원이던 한 마리 백마가 장수의 손에 잡혀 그 자리에서 굳어져 바위가 되었다는 이야기가 있고, 용왕의 사자가 한라산에 불로장생 약초를 캐러 왔다가 산신이 쏜 화살을 맞고 바다로 떨어졌는데 몸은 바다에 잠기고 머리 부분만 바다 위로 떠올라 용머리 모습이 되었다는 전설, 그리고 용두암 용궁에 살던 용 한 마리가 하늘로 승천하고자 했으나 그리 쉬운 일이 아니었는데 한라산 신령의 옥구슬을 가지면 승천할 수 있다는 것을 알게 되었다. 용은 한라산 신령의 옥구슬을 몰래 훔쳐 용연 계곡을 통해 무사히 몸을 숨겨 내려왔으나 용연이 끝나는 바닷가에서 승천하려다 들키고 말았다. 하늘을 날다 한라산 신령의 화살에 맞고 바다에 떨어진 용은 승천하지 못한 한과 고통으로 몸을 뒤틀며 울부짖는 형상으로 굳어 바위가 되었다는 전설이 있으나 오직 전설일 뿐이다.

트릭아트뮤지엄

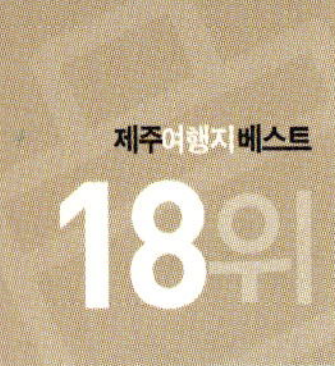

여행포인트	마치 진짜인 것처럼 멋진 사진을 찍어보자.
주소	제주 서귀포시 표선면 성읍리 2381
문의	064-787-8774
홈페이지	http://www.trickart.co.kr
가는 길	• **자가용:** 제주공항-봉개-코끼리랜드-대천사거리 직진-트릭아트뮤지엄 • **대중교통:** 제주공항-시외버스터미널-표선 6호 버스-트릭아트뮤지엄
먹을거리	• **바스메**(말고기, 064-787-3930, 표선면 성읍리) • **정의골식당**(한식, 064-787-2240, 표선면 성읍리)
잠자리	• **해비치리조트**(064-780-8000, 표선면 표선리) • **와하하게스트하우스**(064-787-4948, 표선면 표선리)
주변관광지	성읍민속마을, 일출랜드

사람들이 그림 속의 대상과 소통할 수 있다면 어떨까? 바로 이런 상상을 현실화시킨 곳이 있으니 제주의 트릭아트뮤지엄이다.

트릭아트 미술관 안으로 들어가면서 신비한 그림 세계에 빨려들어간다. 트릭아트는 글자 그대로 속임수를 이용한 그림이다. 우리들이 만나는 대부분의 그림은 2차원에 그려져있으나 트릭아트 작품은 3차원으로 그려져 그곳을 찾은 관람객들은 그림 안에 머무르는 듯한 착각을 일으킨다.

트릭아트뮤지엄은 국내 첫 초대형 착시미술 체험공간으로 시설동, 기념품동, 카페테리아 등이 조성되어 있다.

미술관에서는 사람들의 착시현상을 이용한 유쾌한 그림을 전시하고 있다. 그림을 이해한 후 그림 속 장면과 하나가 된다. 여기저기서 연방 플래시를 터트린다. 예컨대 매서운 눈매의 여성에게 소매를 붙들리거나 맹수 목구멍으로 넘어가는 상황이 연출되기도 한다. 이곳은 어린아이부터 나이 드신 어르신들까지 누구에게나 즐거움을 준다.

이곳에서는 세계의 명화를 많이 만나볼 수 있다. 작품이 교체되어 전시가 이뤄진다고 한다. '농부의 결혼식'에서는 같이 짐을 들어줄 수도 있고 '무대 위의 무희'에서는 무희와 같이 춤을 출 수 있다. 여인이 주는 우유를 받아 마실 수도 있다. 이는 트릭아트가 제공하는 선물이다.

명화 구역 말고도 쥬라기 구역, 아쿠아리움 구역, 이집트 구역 등 수많은 구역에서 공룡의 습격을 피해 도망쳐볼 수도, 거울 반대편의 또다른 나를 볼 수도, 동물과 함께 놀 수도 있다. 많은 구역으로 구성돼 다양한 연령대 사람들이 모두 즐길 수 있다.

트릭아트 관람 및 사진촬영 포인트

모든 작품은 만질 수 있고 사진을 찍을 수도 있다. 이뿐만 아니라 플래시까지 터트릴 수 있으니 자신이 원하는 작품을 담을 수 있다. 작품만을 촬영하면 밋밋하니 함께 간 일행이 배우가 되어 연출하고 담아보면 더 큰 즐거움을 얻을 수 있다. 한 작품에서도 각도를 바꾸면 다른 분위기를 연출해준다. 어둠이 머무르는 곳이니 흔들림에 주의해야 한다. 작품을 찍을 때는 렌즈 안에 작품이 들어오도록 하면 좋다.

19위 닥종이인형박물관

여행포인트	닥종이인형 만들기 체험을 해보자.	
주소	제주 서귀포시 법환동 제주월드컵경기장 내	
문의	064-739-3905	
홈페이지	www.storium.co.kr	
가는 길	• **자가용:** 제주공항-서부관광도로-중문관광단지-제주월드컵경기장-닥종이인형박물관 • **대중교통:** 제주공항-600번 공항리무진 버스-중문관광단지-닥종이인형박물관	
먹을거리	• **한스패밀리레스토랑**(양식, 064-738-7386, 중문동) • **법환어촌계횟집**(생선회, 064-739-4545, 법환동)	
잠자리	• **호도하우스**(064-738-1152, 법환동) • **티아일랜드**(064-738-1577, 법환동)	
주변관광지	**천지연폭포, 외돌대, 정방폭포**	

가끔 주변에서 닥종이 제품을 볼 수 있는데 참 따뜻하게 느껴진다. 우리에게 낯익은 한지는 닥나무 껍질로 만든 우리나라 전통 종이다. 닥나무가 주재료여서 부르기 쉽게 닥종이라고 한다. 그 닥종이로 인형을 만드는 것이다.

독특한 소재를 테마로 한 닥종이인형박물관은 세계에서 가장 아름다운 경기장으로 평가받는 제주월드컵경기장 내에 있다.

거창한 박물관을 생각했다면 조금 실망할지 모르지만 안으로 들어가 닥종이 제품을 보노라면 마음이 살며시 풀어지면서 미소가 돈다. 이곳에서는 많은 닥종이 작품을 만나볼 수 있는데 종이로 만들었다고 믿기지 않을 정도로 그 섬세함에 놀라고 은은한 색감을 보면서 참 포근해진다. 닥종이인형은 우리의 한지 닥종이를 원하는 소재에 맞게 덧붙여 만든 것으로 이곳에는 가족, 겨울이야기, 꽃 시리즈, 옛날 옛적에, 학교풍경, 창작물 등을 테마로 다양한 작품이 전시되어 있다.

어린 시절의 동심을 담은 인형, 살며시 떠오르는 학창시절의 해학적이면서도 인간적인 표현, 축구를 하는 아이들의 모습, 체조를 하는 소녀의 아름다움, 놀이기구를 타는 아이들의 재미있는 표정, 영화 속 주인공을 인형으로 만든 모습, 가족을 주제로 한 아름다운 가정의 모습을 보노라면 옛 추억 속으로 빨려들어간다. 닥종이인형 만들기 체험까지 할 수 있는 닥종이인형박물관은 아이들과 함께 동심으로 돌아가는 기회를 만들어 준다.

'추억 속으로'

닥종이인형박물관에 입장하면 또 다른 즐거움을 만날 수 있다. 바로 '추억 속으로' 라는 주제로 60년대부터 80년대의 생활상을 만날 수 있다. 대한뉴스와 CF, 대학가요제 등 1950~80년대 동영상과 1953년 한국을 찾은 메릴린 먼로의 앳된 모습은 물론 제1회 미스코리아대회 등 대한뉴스를 통해 그때 시대상을 만나볼 수 있다. 또 제주도와 관련된 추억을 담은 5·16도로 착공과 제1회 탐라미스선발대회, 해녀 매스게임 등의 화면이 정겹게 다가온다.

박물관 내부 곳곳에 뉴스 앵커석, 일기예보 스튜디오, 다방 뮤직박스, 1970년대 교복 등 사진 촬영용 배경과 소품 등을 마련해 관람객들의 눈길을 끌고 교실의 한 모습이 펼쳐져 그곳에서 어린 시절을 추억해볼 수 있다. 난로 위에 쌓인 도시락을 보면서 어른들의 입가에는 사르르 미소가 흐르고 어린아이들은 새로운 호기심을 가지게 된다.

전국버스터미널

가평시외버스터미널	031-582-2308
강화시외버스터미널	032-934-9811
동서울버스터미널	02-446-8000
문산시외버스터미널	031-952-2657
서울고속버스터미널	02-535-4151
서울남부버스터미널	02-521-8550
센트럴시티버스터미널	02-6282-0600
안성버스터미널	031-403-8251
안성시외버스터미널	1688-1845
여주시외버스터미널	031-882-9596
용인시외버스터미널	031-338-3181
포천시외버스터미널	031-535-7301

강원도

강릉버스터미널	033-641-3186
강릉시외버스터미널	033-643-6092
고한사북버스터미널	033-591-2860
삼척버스터미널	033-572-7444
삼척시외버스터미널	033-572-2085
속초버스터미널	033-631-3181
속초시외버스터미널	033-633-2328
양구시외버스터미널	033-481-3456
양양시외버스터미널	033-671-4411
영월시외버스터미널	033-374-2451
원주버스터미널	033-747-4181
원주시외버스터미널	033-746-5223
정선시외버스터미널	033-563-9265
춘천시외버스터미널	033-241-0285

태백시외버스터미널	033-552-3100
횡계시외버스터미널	033-335-5289

충청도

공주버스터미널	041-855-2319
공주시외버스터미널	041-858-5114
논산버스터미널	041-735-3677
논산시외버스터미널	041-735-2372
단양시외버스터미널	043-422-2239
당진시외버스터미널	041-355-2665
보령시외버스터미널	041-936-5757
보은시외버스터미널	043-543-1580
부여시외버스터미널	041-835-3535
서산시외버스터미널	041-665-4808
아산시외버스터미널	041-542-6848
영동시외버스터미널	043-744-1700
예산시외버스터미널	041-333-2921
옥천시외버스터미널	043-731-5108
제천버스터미널	043-648-3182
제천시외버스터미널	043-644-5533
진천시외버스터미널	043-533-2376
천안버스터미널	041-551-4933
청양시외버스터미널	041-943-7345
청주버스터미널	043-230-1600
청주시외버스터미널	043-234-6543
충주버스터미널	043-848-2747
충주시외버스터미널	043-845-0001
태안시외버스터미널	041-675-5105
황간시외버스터미널	043-742-4015

찾아보기

5 천만이 검색한
가족여행지

초판 1쇄 2011년 11월 2일
초판 3쇄 2012년 4월 23일

—

글 · 사진   이병헌

—

발행인   김우석
편집장   이정아
책임편집   서랑례
마케팅   공태훈 김용호

—

디자인   디박스
일러스트   나수은
출력   한국커뮤니케이션
인쇄   자윤프린팅

—

발행처   중앙북스(주)
등록   2007년 2월 13일 제2-4561호
주소   (100-732) 서울시 중구 순화동 2-6번지
전화   1588-1950
팩스   (02)2000-6174
홈페이지   www.joongangbooks.co.kr

ⓒ이병헌. 2011

ISBN 978-89-278-0269-3 14910
      978-89-278-0273-0 (set)